应用型人才培养规划教材·公共基础课系列

现代实用礼仪

主　编◎吕彦云

副主编◎范淑梅　高雅杰　罗保军

马中华　王双玲

清华大学出版社

北京

内 容 简 介

本书是一本实用的现代礼仪教程。全书共七章，内容包括绪论、现代个人形象礼仪、现代职场礼仪、现代社交礼仪、现代商务礼仪、现代商业服务礼仪、现代商务礼仪危机与处理。为了便于学习，每章在具有可操作性的环节上配有图片及文字说明；为了便于读者对礼仪环节的掌握，每章后均配有练习题和案例分析，并在开篇用相关的商务礼仪故事作为案例导入，以加深学习印象，具有针对性强、具体生动、实用有效等特色。

本书旨在普及现代社会的礼仪知识，提高人们在商务活动中的礼仪素养，不仅适合用作高等院校商务专业的教材，对职场商务人士也有一定的指导意义。

图书在版编目（CIP）数据

现代实用礼仪/吕彦云主编. —北京：清华大学出版社，2014（2018.1 重印）
应用型人才培养规划教材·公共基础课系列
ISBN 978-7-302-34582-4

Ⅰ. ①现… Ⅱ. ①吕… Ⅲ. ①礼仪-高等学校-教材 Ⅳ. ①K891.26

中国版本图书馆 CIP 数据核字（2013）第 283756 号

责任编辑：陈仕云
封面设计：刘 超
版式设计：文森时代
责任校对：赵丽杰
责任印制：刘祎淼

出版发行：清华大学出版社
　　　　　网　　　址：http://www.tup.com.cn，http://www.wqbook.com
　　　　　地　　　址：北京清华大学学研大厦 A 座　　　　　邮　　　编：100084
　　　　　社 总 机：010-62770175　　　　　邮　　　购：010-62786544
　　　　　投稿与读者服务：010-62776969，c-service@tup.tsinghua.edu.cn
　　　　　质 量 反 馈：010-62772015，zhiliang@tup.tsinghua.edu.cn
　　　　　课 件 下 载：http://www.tup.com.cn，010-62788951-223
印 装 者：北京密云胶印厂
经　　销：全国新华书店
开　　本：185mm×230mm　　　　印　　张：19.5　　　　字　　数：396 千字
版　　次：2014 年 3 月第 1 版　　　　　　印　　次：2018 年 1 月第 4 次印刷
印　　数：6001～7000
定　　价：34.00 元

产品编号：053394-01

前　言

　　随着全球经济一体化，东西方文化礼仪的碰撞与交融，形成了全球经济一体化背景下的现代礼仪文化。在现代社会中，只有知礼守礼，才能得到他人的尊重。如今我国经济总量已位居世界第二，我国的各行各业都要走向世界，为适应当今社会的需要，必须掌握现代社会的礼仪技能与知识。

　　全书共包括七章，涉及绪论、现代个人形象礼仪、现代职场礼仪、现代社交礼仪、现代商务礼仪、现代商业服务礼仪、现代商务礼仪危机与处理。为了便于学习，根据编者多年的课堂教学经验，在参阅大量资料的基础上，每章在具有可操作性的环节上配有图片及文字说明；为了便于读者对礼仪环节的掌握，每章后均配有练习题和案例分析，并在开篇用相关的商务礼仪故事作为案例导入，以加深学习印象，具有针对性强、具体生动、实用有效等特色。

　　本书插图主要由长春工业大学艺术设计学院王丽娜同学绘制，吕彦云负责一部分插图绘制。第一章、第二章由长春职业技术学院马中华、吉林财经大学王双玲负责编写，第三章、第四章由沈阳大学的高雅杰、范淑梅负责编写，第五章、第六章、第七章由长春工业大学的吕彦云、罗保军及人文信息学院的常颖负责编写，全书由吕彦云负责编写统稿。

　　本书的出版得到了清华大学出版社编辑们的指导与大力支持，在此表示衷心感谢！

　　由于作者水平有限，书中难免有不妥之处，敬请各位专家、同行以及广大读者批评指正。

编　者

2013 年 12 月

CONTENTS

目录

第一章 绪论／1

第一节 礼仪的起源与发展／1

一、礼仪的起源／1

二、礼仪的形成／2

三、礼仪的发展／3

第二节 现代礼仪的概念与功能／6

一、现代礼仪的概念与内容／7

二、现代礼仪的功能／8

第三节 现代礼仪的特点与原则／10

一、现代礼仪的特点／10

二、现代礼仪的原则／12

练习题／14

案例分析／14

第二章 现代个人形象礼仪／16

第一节 言谈礼仪／16

一、称谓礼仪／17

二、问候礼仪／20

三、寒暄礼仪／22

四、交谈礼仪／24

五、说服礼仪／29

六、演讲礼仪／31

七、聆听礼仪／34

第二节 举止礼仪／37

一、微笑礼仪／38

CONTENTS

目录

二、站姿礼仪 / 41

三、坐姿礼仪 / 42

四、走路礼仪 / 45

五、蹲姿 / 46

六、坐车礼仪 / 48

七、恰当的手势 / 50

第三节 着装礼仪 / 53

一、着装的基本原则 / 53

二、男士西服着装礼仪 / 59

三、女士套裙着装礼仪 / 64

第四节 仪容礼仪 / 67

一、美容化妆 / 68

二、发型礼仪 / 71

三、首饰佩戴礼仪 / 74

练习题 / 75

案例分析 / 76

小测验 / 77

第三章 现代职场礼仪 / 78

第一节 求职礼仪 / 78

一、求职前的准备 / 78

二、面试时注意事项 / 83

三、求职后的礼仪 / 85

第二节 职场沟通礼仪 / 86

一、沟通的重要性 / 86

二、沟通的类型 / 87

CONTENTS

目 录

三、同事之间的沟通 / 88

四、与上司之间的沟通 / 89

五、与客户之间的沟通 / 91

第三节 办公室礼仪 / 93

一、办公室行为礼仪 / 94

二、办公室仪表礼仪 / 95

三、办公区域礼仪 / 96

练习题 / 97

案例分析 / 98

第四章 现代社交礼仪／99

第一节 见面礼仪 / 99

一、东方礼节 / 100

二、西方礼节 / 102

三、东西方通用礼节 / 104

第二节 介绍礼仪与名片使用礼仪 / 107

一、介绍礼仪 / 108

二、名片使用礼仪 / 113

第三节 拜访礼仪 / 118

一、拜访前的准备 / 118

二、拜访的礼节 / 119

三、拜访中的注意事项 / 122

第四节 接待礼仪 / 123

一、室内布置 / 123

二、家庭待客礼仪 / 124

三、商务日常接待 / 125

CONTENTS

四、商务会议接待（重要客人接待）/ 126

五、引导礼仪 / 128

六、奉茶礼仪 / 129

七、送客礼仪 / 130

八、接待规格 / 131

第五节 馈赠礼仪 / 132

一、礼品的选择 / 132

二、礼品要精心包装 / 135

三、礼品馈赠时机 / 135

四、赠送礼节 / 136

五、受礼礼节 / 137

第六节 舞会礼仪 / 138

一、参加舞会前的准备礼仪 / 138

二、邀舞礼仪 / 139

三、跳舞礼仪 / 141

四、注意事项 / 141

第七节 餐饮礼仪 / 142

一、中餐礼仪 / 142

二、西餐礼仪 / 146

三、自助餐礼仪 / 148

四、工作餐 / 150

五、商务宴请 / 154

六、家宴礼仪 / 160

练习题 / 161

案例分析 / 164

阅读小资料 / 165

CONTENTS

目录

第五章　现代商务礼仪／166

第一节　现代商务通信礼仪／166

一、电话礼仪／166

二、手机礼仪／171

三、网络通信礼仪／174

四、商务信函礼仪／177

第二节　现代商务会议礼仪／185

一、商务洽谈礼仪／186

二、商务会展礼仪／193

三、商务年会礼仪／196

第三节　现代商务仪式礼仪／201

一、开业仪式礼仪／202

二、剪彩仪式礼仪／210

三、交接仪式礼仪／213

第四节　现代商务位次礼仪／216

一、行进中的位次排列礼仪／216

二、乘车的位次礼仪／218

三、会客与谈判的位次排列礼仪／221

四、会议与宴会的位次排列礼仪／224

第五节　签字仪式与旗帜礼仪／228

一、签字仪式礼仪／228

二、旗帜礼仪／231

练习题／232

案例分析／234

CONTENTS

目录

第六章 现代商业服务礼仪 / 237

第一节 宾馆服务礼仪 / 237

一、宾馆的环境礼仪 / 238

二、门童服务礼仪 / 239

三、总台服务礼仪 / 241

四、客房服务礼仪 / 243

第二节 餐饮服务礼仪 / 245

一、准备工作 / 246

二、接待服务礼仪 / 248

三、结账服务礼仪 / 251

四、送客礼仪 / 251

第三节 导游服务礼仪 / 252

一、导游准备礼仪 / 252

二、导游迎接礼仪 / 252

三、导游住宿礼仪 / 253

四、导游参观讲解礼仪 / 253

五、旅游驾驶员服务礼仪 / 255

六、送客礼仪 / 255

七、注意事项 / 255

第四节 商场服务礼仪 / 256

一、商场环境礼仪 / 257

二、商场营业员服务礼仪 / 260

第五节 银行服务礼仪 / 261

一、准备礼仪 / 262

二、大堂经理礼仪 / 264

CONTENTS

目录

三、柜台服务礼仪 / 264

练习题（模拟训练）/ 266

案例分析 / 267

第七章　现代商务礼仪危机与处理 / 269

第一节　现代商务礼仪危机概述 / 269

一、现代商务礼仪危机的概念 / 269

二、引发现代商务礼仪危机的因素 / 270

第二节　主要贸易伙伴国家的礼俗 / 275

一、美国 / 275

二、日本 / 278

三、德国 / 281

四、法国 / 284

五、英国 / 286

六、俄罗斯 / 289

第三节　现代商务礼仪危机处理 / 291

一、化解商务礼仪危机的原则 / 291

二、现代商务礼仪危机处理措施 / 293

练习题 / 294

案例分析 / 295

参考文献 / 297

第一章 绪 论

【学习要求】
① 了解礼仪的起源与发展。
② 了解现代礼仪的概念与功能，掌握现代礼仪的内容。
③ 了解现代礼仪的特点，掌握现代礼仪的原则。

第一节 礼仪的起源与发展

礼仪小故事

> 刚刚参加工作的王丽和刘娟，在公关部接受礼仪培训，休息时王丽问刘娟："礼仪是从什么时候开始的？""应该是周朝，最早的礼仪书是《周礼》"，刘娟非常自信地回答道。"好像不对吧？我在周口店山顶洞人遗址，看到展厅里有用兽齿、鱼骨、贝壳、石珠穿成的项链，那个时候人们就知道装扮自己，这也可以看成是最早的服饰礼仪呀！"王丽反驳道。
>
> 思考：你知道礼仪是如何起源的吗？

礼仪是人类文明的产物，是随着社会的进步而逐渐形成的，它的历史悠久而漫长。早在有文字记载的年代之前，礼仪的活动就已经出现了，它的起源可以追溯到人类社会形成之初。

一、礼仪的起源

在我国以及欧洲和非洲的旧石器时代的壁画中，考古学家们发现了大量的原始人描绘的欢庆活动和宗教仪式的壁画。这些壁画表明，在人类形成之初的原始社会，人类处于原始蒙昧的状态，对大自然的日月星辰、山崩海啸、风雨雷电等种种自然现象无法解释，而产生了神秘感和敬畏感，形成了对天地的信仰，为保佑风调雨顺而祭拜神灵，这些祷告、祭祀就是原始的礼仪活动。当他们捕获到猎物和欢庆丰收时，要围成一圈载歌载舞，或者手足舞蹈模仿动物和狩猎过程，来表达他们喜悦的心情和对上苍恩赐的感激之情。这些活动在现今的非洲原始部落依然有体现，也是原始庆典礼仪的雏形。

在北京周口店旧石器时代山顶洞人的遗址中，考古学家挖掘了大量穿孔的兽齿、鱼骨、贝壳、石珠等装饰物，其中有一枚保存完好的骨针和制作精巧的七颗小石珠，石珠的孔眼由一面钻成，珠表面被染成红色。由此发现可以推断，山顶洞人不仅已懂得缝衣御寒，而且懂得装扮自己，他们有了审美的观念。这说明服饰礼仪在旧石器时代已经开始，这些服饰特点在当今的大洋洲土著人的服饰装扮上仍然有体现，他们喜欢在头顶上装饰鸟的羽毛，耳环、项链、手镯和脚链都是用贝壳、果核、动物的骨头或牙齿制成。

我国最早的墓葬遗址也在北京周口店，山顶洞人将死者埋葬在下室，考古人员在尸体上及尸体周围发现了赤铁矿粉和赤铁石。有人认为尸体上及尸体周围的赤铁矿粉象征血液，人死血枯，在死者周围洒上同色的物质，是希望死者在另外的世界中复活。这说明他们已经有了原始的宗教信仰。

人类进入新石器时期，原始礼仪渐具雏形。例如，陕西省西安市半坡遗址是黄河流域一处典型的原始社会母系氏族公社村落遗址，属新石器时代仰韶文化，距今 6000 年左右。半坡遗址中发现成人死后埋入公共墓地，有的有随葬陶器及骨珠等装饰品，有的没有随葬品。遗址中还发现成人墓葬均为浅竖穴墓坑，多为单人仰身、直肢葬，头向西北，也有少数二次葬、屈肢葬和俯身葬，另有两座同性合葬墓。死亡儿童埋在居住区，多采用瓮棺葬，即以钵、盆与瓮或两瓮相对对扣为葬具，往往在葬具器盖的底部有意识地凿一个小孔，似为灵魂出入口，而且女孩土坑墓中随葬品精致丰富，有木板葬具，表明当时对女孩的爱重。仰韶文化时期的遗址表明当时已经有尊卑有序、男女有别、老少各异的原始礼仪。

总之，原始社会的人类由于科学文化处在萌芽状态，对于大自然的现象无法解释，无法克服。如电闪雷鸣、地震、火山、日食、流星雨、海啸等使人们感到恐惧，相信天地间有神的存在，于是崇拜和尊奉神灵。同时原始人对自身生命延续、梦幻等现象无法解释，于是产生了灵魂不灭，形成了对祖先的崇拜与信仰。人们开始祭祀、崇拜、赞颂神灵和祖先，期望以人们的虔诚感动神灵，多为人类赐福，少降灾难，祈祷祖先显灵，拜求降福免灾，祈祷神灵保佑风调雨顺，并形成了各种敬神拜祖的仪式。因此，礼仪主要起源于人类对天地的信仰和对祖先的信仰，同时由于原始社会没有阶级，只有等级，如首领与成员、男与女、老与幼等，在群体生活中形成一种尊卑有序、男女有别、老少各异的天然的人伦秩序。

二、礼仪的形成

随着原始社会的解体，人类进入奴隶社会。这个时期的礼仪，由于知识的丰富，人们认识水平的提高，礼仪被作为典章制度和道德教化使用。礼仪除了原始社会祭祀天地鬼神和表达喜怒哀乐的功能外，还要求社会成员按照礼仪规范约束自己的言行，达到稳定社会秩序、"以礼治国"维护国家统治的目的，礼仪成为维护奴隶主尊严和权威的工具。

奴隶社会对礼仪建树最多的是周朝的周公旦所著的《周礼》。周公旦是周文王的第四子周武王的同母弟弟，周武王死后，其子成王年幼，由他摄政当权，他制礼作乐，建立典章制度，对礼仪的形成起了至关重要的作用，他所著的《周礼》是我国流传至今的第一部礼仪专著。

《周礼》全书共有六篇：《天官冢宰》《地官司徒》《春官宗伯》《夏官司马》《秋官司寇》《冬官司空》。六官的分工大致为：天官主管宫廷，地官主管民政，春官主管宗族，夏官主管军事，秋官主管刑罚，冬官主管营造。六官之下又各有属官，是谓百官。其中，天官乃王之辅弼，为六官之首，百官之长。

周公所制定的"礼"，是维护统治者等级制度的政治准则、道德规范和各项典章制度的总称，后来发展为区分贵贱尊卑的等级教条。"乐"则是配合各贵族进行礼仪活动而制作的舞乐。舞乐的规模，必须同享受的级别保持一致。周公制定礼的体系最为系统，既有祭祀、朝觐、封国、巡狩、丧葬等国家大典，也有如用鼎制度、乐悬制度、车骑制度、服饰制度等具体规制，还有各种礼器的等级、组合、形制、度数的记载。如《周礼》规定了贵族饮宴列鼎的数量和鼎内的肉食种类：王九鼎（牛、羊、乳猪、干鱼、干肉、牲肚、猪肉、鲜鱼、鲜肉干）、诸侯七鼎（牛、羊、乳猪、干鱼、干肉、牲肚、猪肉）、卿大夫五鼎（羊、乳猪、干鱼、干肉、牲肚）、士三鼎（乳猪、干鱼、干肉）。乐舞数量也有差异。礼乐制度自周公制定后，任何人都不能修改，周王有权惩罚违礼的贵族。

《周礼》提出了许多重要的礼仪概念和规范。如《周礼·春官宗伯》记载："大宗伯之职，掌建邦之天神、人鬼、地示之礼，以佐王建保邦国。以吉礼事邦国之鬼神示，以禋祀祀昊天上帝……以凶礼哀邦国之忧，以丧礼哀死亡，以荒礼哀凶札，以吊礼哀祸灾……以宾礼亲邦国……以嘉礼亲万民，以饮食之礼，亲宗族兄弟；以婚冠之礼，亲成男女；以宾射之礼，亲故旧朋友；以飨燕之礼，亲四方之宾客；以脤膰之礼，亲兄弟之国；以贺庆之礼，亲异姓之国。"它标志着中国最早的、比较完整的国家礼仪制度的初步形成。

《周礼》是一部通过官制来表达治国方案的著作，正是由于这些完备的礼仪制度，使西周的社会、政治秩序获得了长期的稳定。《周礼》在巩固和发展周王朝的统治上起了关键性的作用，也因此成为"以礼治国"的典范。

西周末期，诸侯争霸，继承西周的东周王朝无力恪守传统礼制，出现了"礼崩乐坏"的局面。

三、礼仪的发展

春秋战国时期，诸侯争霸，面对"礼崩乐坏"的局面，出现了以孔子、孟子、荀子为代表的礼学家，以及大量的有关礼仪的理论学说和著作典籍。

孔子是我国古代著名的教育家和思想家，他修《诗》《书》，订《礼》《乐》，主张"不学礼，无以立"，以诗书礼乐教授弟子。孔子采辑周、鲁各国即将失传的礼仪加以整理记录，编订了《仪礼》一书。《仪礼》共十七篇：士冠礼第一，士婚礼第二，士相见礼第三，乡饮酒礼第四，乡射礼第五，燕礼第六，大射礼第七，聘礼第八，公食大夫礼第九，觐礼第十，丧服第十一，士丧礼第十二，既夕礼第十三，士虞礼第十四，特牲馈食礼第十五，少牢馈食礼第十六，有司彻第十七。《仪礼》详细地记载了各种礼节仪式，如第一篇士冠礼就是讲解古代贵族子弟到了二十岁，可以作为本族一个正式成员，为此而特别举行一种加冠典礼，从而使本人和宗族都明确认定他已成人，人生的一个崭新的重要的阶段开始了。这篇礼文记载了这项礼节的详细经过。

孔子许多礼仪观念在《论语》中都有体现。如："非礼勿视，非礼勿听，非礼勿言，非礼勿动"，"质胜文则野，文胜质则史。文质彬彬，然后君子"，"兴于诗，立于礼，成于乐"，"唯酒无量，不及乱"，"食不语，寝不言"，"席不正，不坐"等。

总之，孔子对我国礼仪的发展起到至关重要的作用，他系统地阐述了礼仪的种类及仪式。

孟子是战国时期儒家代表人物，他和弟子一起，整理《诗经》《书经》，编写了《孟子》一书，提出："老吾老，以及人之老；幼吾幼，以及人之幼"，"君子以仁存心，以礼存心。仁者爱人，有礼者敬人。爱人者人恒爱之，敬人者人恒敬之"，"仁之实，事亲是也；义之实，从兄是也。智之实，知斯二者弗去是也；礼之实，节文斯二者是也；乐之实，乐斯二者，乐则生矣；生则恶可已也，恶可已，则不知足之蹈之、手之舞之"，"上无礼，下无学，贼民兴，丧无日矣"，"非礼之礼，非义之义，大人弗为"等观点。孟子继承并发扬了孔子的思想，把仁、义、礼、智、信作为基本道德规范，与孔子合称为"孔孟"。

荀子是战国末期的思想家，重视社会秩序，反对神秘主义的思想，重视人为的努力。其代表作《荀子》共三十篇，其中《礼论第十九》对礼仪的起源、成因、演变、实质、内容及作用都有全面论述，如："礼起于何也？曰：人生而有欲，欲而不得，则不能无求；求而无度量分界，则不能不争；争则乱，乱则穷。先王恶其乱也，故制礼义以分之，以养人之欲，给人之求。使欲必不穷于物，物必不屈于欲，两者相持而长，是礼之所起也。""故礼者，养也。刍豢稻粱，五味调香，所以养口也；椒兰芬茝，所以养鼻也；雕琢、刻镂、黼黻、文章，所以养目也；钟鼓、管磬、琴瑟、竽笙，所以养耳也；疏房、檖貌、越席、床第、几筵，所以养体也。故礼者，养也。""礼有三本：天地者，生之本也；先祖者，类之本也；君师者，治之本也。无天地恶生？无先祖恶出？无君师恶治？三者偏亡焉，无安人。故礼，上事天，下事地，尊先祖而隆君师。是礼之三本也。""凡礼，始乎棁，成乎文，终乎悦校。故至备，情文俱尽；其次，情文代胜；其下，复情以归大一也。天地以合，日月以明，四时以序，星辰以行，江河以流，万物以昌，好恶以节，喜怒以当，以为下则顺，以为上则明，万变不乱，贰之则丧也。礼岂不至矣哉！立隆以为极，而天下莫之能损益也。本末相顺，终始相应，至文以有别，至察以有说。天下从之者治，不从者乱；从之者安，不从者危；从之者存，不从者亡。小人不能测也。"此外，荀子在其《修身》中提出"容貌、态度、进退、趋行，由礼则雅，不由礼则夷固僻违、庸众而野。故人无礼则不生，事无礼则不成，国家无礼则不宁"。

荀子系统地阐述了礼仪的本质与功能，指出礼是治国的根本，是"人道之极"，"天下从之者治，不从者乱，从之者安，不从者危，从之者存，不从者亡"，对礼在维护社会安定方面的作用予以高度评价。把礼仪理论提高到一个新的高度，强调人无礼则不生，事无礼则不成，国无礼则不宁。

西汉初期著名的思想家董仲舒在他所著的《春秋繁露》一书中，把儒家的伦理思想概括为"三纲五常"，即所谓的"君为臣纲，父为子纲，夫为妻纲"这三纲。董仲舒认为，在人伦关系中，君臣、父子、夫妻三种关系是最主要的，而这三种关系存在着天定的、永恒不变的主从关系：君为主，臣为从；父为主，子为从；夫为主，妻为从。"五常之道"实际上是"三纲"的具体化。董仲舒又认为，仁、义、礼、智、信五常之道则是处理君臣、父子、夫妻、上下尊卑关系的基本法则，治国者应该给予足够的重视。坚持五常之道，就能维持社会的稳定和人际关系的和谐。他的这一观点被汉武帝刘彻采纳，使儒家礼教成为定制。

西汉礼学家戴德和其侄子戴圣编订《礼记》，戴德选编的八十五篇本叫《大戴礼记》，在后来的流传过程中若断若续，到唐代只剩下了三十九篇。戴圣选编的四十九篇本叫《小戴礼记》，即我们今天见到的《礼记》。东汉末年，著名学者郑玄为《小戴礼记》作了出色的注解，到唐代被列为"九经"之一，到宋代被列入"十三经"之中，为士者必读之书。

由郑玄作注而能够传世的《礼记》，共收四十九篇文字，《礼记》大体上可分成八类：有专记某项礼节的，如《奔丧》《投壶》；有专说明《仪礼》的，如《冠义》《昏义》《乡饮酒义》《射义》《燕义》《聘义》《丧服四制》；有杂记丧服丧事的，如《檀弓》《曾子问》《丧服小记》《杂记》《丧大记》《奔丧》《问丧》《服问》《间传》《三年问》《丧服四制》等；有记述各种礼制的，如《王制》《礼器》《郊特牲》《玉藻》《明堂位》《大传》《祭法》《祭统》《深衣》等篇；有侧重记日常生活礼节和守则的，如《曲礼》《内则》《少仪》等篇；有记孔子言论的，如《坊记》《表记》《缁衣》《仲尼燕居》《孔子闲居》《哀公问》《儒行》等；有结构比较完整的儒家论文，如《礼运》《学记》《祭义》《经解》《大学》《中庸》；此外还有授时颁政的《月令》，意在为王子示范的《文王世子》。

总之，《礼记》的内容主要是记载和论述先秦的礼制、礼仪，解释仪礼，记录孔子和弟子等的问答，记述修身做人的准则。如《仲尼燕居第二十八》记载："子曰：'礼者何也？即事之治也。君子有其事，必有其治。治国而无礼，譬犹瞽之无相与？……'"" 子曰：'礼也者，理也。乐也者，节也。君子无理不动，无节不作……'"等。通过记录孔子及其弟子等的问答，论述礼仪的含义及作用。

《周礼》《仪礼》《礼记》合成"三礼"，是我国古代最早、最重要的礼仪著作。

宋代时期，出现了以北宋程颢、程颐为代表的理学家，提出"礼即是理也"。南宋著名的儒家主要代表人物朱熹，继承了北宋程颢、程颐的理学，完成了理气一元论的体系。朱熹是理学的集大成者，朱子认为，"礼"是对世俗社会影响和干预的最有力手段。"礼者，天理之节文，人事之仪则也。"尤其是朱熹晚年带领其门生所编撰礼书《仪礼经传通解》对后世影响深远，此书是礼制方面的鸿篇巨制，他在生前并没有全部完成，而是由其弟子黄干、杨复先后续补修成的。

《仪礼经传通解》全书包括《家礼》五卷、《乡礼》三卷、《学礼》十一卷、《邦国礼》四卷、《王朝礼》十四卷。朱熹主张"修齐治平"，故《仪礼经传通解》以家、乡、邦国、王朝这样的施礼范围来划分礼仪类别，即以《士冠礼》《士昏礼》为家礼，以《士相见礼》《乡饮酒礼》《乡射礼》为乡礼，以《燕礼》《大射》《聘礼》《公食大夫礼》为邦国礼，以《觐礼》为王朝礼，以《丧服》《士丧礼》《士虞礼》归于丧礼，以《特牲馈食礼》《少牢馈食礼》《有司彻》归于《祭礼》。其中《王朝礼》以下的各卷为丧礼和祭礼部分，是由其弟子黄干、杨复续补完成。《仪礼经传通解》既是汇集古代礼制记载的集大成之作，也是朱子礼学思想最主要、最集中的代表性著作，朱熹形成了完整的封建理学理论，其中家庭礼仪的研究《朱子家礼》最为著名，对后人影响深远。

清代后期，古代礼仪盛极而衰，西方礼仪传入中国，简化了中国传统礼仪的繁文缛节。随着清王朝土崩瓦解，孙中山先生和其战友们破旧立新，改易陋俗，剪辫子、禁裹足等，使握手礼仪在民间普及，拉开了现代礼仪的帷幕。

新中国成立，摒弃了束缚人们的如"三从四德"、"愚忠尽孝"等封建礼教，确立了男女平等的新型社会关系，而尊老爱幼、礼尚往来等传统礼仪则得到了继承和发扬。尤其是改革开放以后，推行文明礼貌用语，开展"18 岁成人仪式教育活动"等，各行各业的礼仪规范纷纷出台，现代礼仪进入了崭新的阶段。

第二节　现代礼仪的概念与功能

礼仪小故事

王芳从长白山旅游回来，带着长白山的一些特产，去看妹妹王娟，一进家门看到家里气氛不对，询问得知，前几天妹夫从外面弄了些土，准备种花，他把土放到了门外，一直没时间处理，他们住的是一梯两户的住宅，对门的李大爷老两口嫌碍事，告到物业，物业找到他们，通知他们把土弄走。妹妹觉得没面子，正在生气，说："李大爷在走廊抽烟，满走廊的烟味，我也没说他们，他们反倒告我。"姐姐看到这情景，说道："这事原本就是你们不对，老人家年纪大了，绊倒了怎么办？"批评完妹妹，王芳就到对门敲门，门开了，看到李大爷老两口，王芳说道："老人家你们好！"并鞠躬致意，"我是对门王娟的姐姐。""请进！请进！"二老将王芳让进屋内，"妹妹他们不懂事，请老人家原谅……""没什么，没事……"老人急忙回应，聊了一会儿，王芳起身告辞，"这是我从长白山带的木耳，你们二老尝尝……"，"不用！不用！"老人推辞着，"您老拿着尝尝。""谢谢！谢谢！您太客气了！"老人收下了礼物。隔了一些日子，王芳不放心给妹妹打电话询问，接到电话，从电话里传出李大爷老两口加上妹妹一家以及陌生人的谈笑声，"李大爷的儿子一家从国外回来，在我家做客呢！"听到妹妹高兴的声音，王芳放心了。

思考：这个故事说明了什么？反过来，如果王芳火上浇油，帮助妹妹与李大爷一家理论指责对方在走廊里抽烟，会是什么结果？

礼仪是人们生活和社会交往中约定俗成的，人们可以根据各式各样的礼仪规范，正确把握与外界交往的尺度，处理好人与人之间的关系。荀子曰："人无礼则不生，事无礼则不成，国家无礼则不宁。"尤其在现代社会中，礼仪已被社会各界高度重视，它已经渗透到我们的日常生活中，并时刻发挥着重要的作用。

一、现代礼仪的概念与内容

（一）现代礼仪的概念

礼仪是人类社会交往的产物，是人们在交往活动中逐步形成的并为人们所普遍认同和遵从的行为模式和社会规范。礼仪主要通过礼节、礼貌、礼宾、仪表、仪态、仪式等表现形式组成，是人们所遵从的一种言行举止规范。

广义地说，礼仪是人们在工作、生活中所要遵循的礼节，它是一种约定俗成的规范，是为维系社会正常生活而要求人们共同遵守的最起码的道德标准，是人们在长期共同生活和相互交往中逐渐形成的并以风俗、习惯和传统等方式固定下来的准则。

（二）现代礼仪的内容

现代礼仪的内容主要通过礼节、礼貌、礼宾、仪表、仪态、仪式等表现形式组成。

礼节是个人或集体对人或神表示尊重的各种形式，包括动作形式和语言形式。如握手、鞠躬等是动作形式，问候、道谢、祝颂等是语言形式。礼节是人们在长期交往活动形成、约定俗成地对他人表示尊重、友好、感谢、慰问、哀悼等各种行为方式。

礼貌是指人与人之间和谐相处的意念和行为，是通过言谈举止对别人表示尊重、谦和、恭敬、友好的表现。

礼宾是指按一定的礼仪接待宾客，主要是指国家与国家、人与人之间相互交往的过程中，东道主为表示对客方人员的尊重和友好，按照与客方人员身份、地位相称的规格所进行的一系列礼仪活动。礼宾活动主要是为身份地位比较高的客人或者比较重要的外国来宾而举行的欢迎、接待、欢送等活动。

仪表仪态主要是指人的外表和精神面貌以及举止行为，主要包括容貌、身材、服饰、穿戴、动作、姿态等。端庄的仪表、优雅的姿态、文明的举止是对现代的社会成员的基本要求。

仪式主要是指典礼的秩序形式，是礼仪活动的具体过程和程序及方式，是礼仪的外在表现形式。如欢迎欢送仪式、开业庆典仪式、开幕闭幕仪式、凭吊丧葬仪式等。

二、现代礼仪的功能

（一）提高自身修养和约束功能

礼仪是人们所遵从的一种言行举止规范，从礼仪的表现形式来看，通过一个人对礼仪运用的程度，可以反映一个人的自身修养水平，看出其教养的高低、文明的程度和道德的水准，"凡人之所以贵于禽兽者，以有礼也"（《晏子春秋》）。从个人修养的角度来看，礼仪可以说是一个人内在修养和素质的外在表现。

例如，学习交谈礼仪可以使人变得谈吐文明，学习举止礼仪可以使人举止变得高雅等。一个彬彬有礼、言谈有致、具有优雅风度和良好形象的人，会受到人们的尊重，反映他有很高的教养。因此，学习礼仪有助于提高个人的修养。

礼仪是人们在社会交往活动中逐步形成的，并为人们所普遍认同和遵从的行为模式和社会规范，既然作为行为规范，它对人们的社会行为就具有很强的约束作用。而且生活在这种礼仪环境中的人，都自觉或不自觉地受到该礼仪的约束，约束着人们的态度和动机，规范着人们的行为方式。

自觉接受礼仪约束的人是具有社会公德的人，受到他人的尊重和拥护，在社会就具有立足之地。不接受礼仪约束的人，社会就会以道德和舆论的手段来对他加以谴责和约束，甚至以法律的手段来强制约束。

（二）沟通协调、改善人际关系

礼仪是在人们生活和社会交往中约定俗成的，人们可以根据各式各样的礼仪规范，正确把握与外界的交往尺度，处理好人与人之间的关系。由于每个人的社会地位及背景不同，性格、职业、年龄等具有差异，人们在交往中经常表现出不同的价值取向，运用相互尊重的原则，注重礼仪规范，做到"己所不欲，勿施于人"（《论语·卫灵公》），缓和和避免不必要的冲突和障碍，从而化解矛盾，处理好不同价值取向的人之间的关系。因此，礼仪作为社会交往的规范和准则，可以很好地协调人们之间的相互关系，促进人际间的沟通。

现代社会人们通过各种方式进行交往，建立友谊、拓展交际范围、调节生活、增加信息。运用礼仪，可以使人们在交际活动中充满自信，向交往对象表达自己的尊重与友好的感情，增进彼此之间的了解与信任，帮助其交际成功，促进其形成良好的人际关系。礼仪可以说是在人际交往中进行相互沟通的技巧和方式。如果没有这些礼仪规范，往往会使人们在交往中感到手足无措。因此，礼仪具有沟通协调、改善人际关系的功能。

（三）维护社会秩序、促进社会和谐

孔子曰："礼之用，和为贵。"人们创造出礼仪的目的是为了能和谐相处。礼仪是社会文明发展程度的反映和标志，同时也对社会的风尚产生广泛、持久和深刻的影响。

在和谐社会里，人们必须有正常的社会秩序作保证，每个人的行为都必须遵守一定的社会生活准则和规范，否则社会就会陷于混乱而无法正常运转。

礼仪约束着人们的动机和态度，规范着人们的行为方式，协调着人与人之间的关系。社会的和谐和稳定运行、社会秩序的有条不紊、家庭邻里的和睦安宁、人际关系的协调融洽，都依赖于人们共同遵守礼仪的规范和要求。讲礼仪的人越多，自然导致人人都应自觉地遵守礼仪规范，从而形成一种十分强大的道德力量，并逐步成为社会的风尚和良好的道德习惯，社会便会越和谐稳定。因此，礼仪具有维护社会秩序、促进社会和谐的功能。

（四）教育的功能

礼仪是人类在长期的交往活动中形成、发展、完善起来的，经过世代相传，逐步形成的礼节与仪式，而这些礼节与仪式一经被社会认同，就会成为社会传统文化的重要组成部分传承下去，这种传承过程就是教育过程。

礼仪是人们所普遍认同和遵从的行为模式和社会规范，它以一种道德习俗的方式对全社会的每一个人发挥维护社会正常秩序的教育作用。通过评价、劝阻、示范等教育形式纠正人们不正确的行为习惯，遵守礼仪原则的人客观上也起着榜样作用，潜移默化地影响周围的人。人们通过对礼仪的学习和应用，建立新型的人际关系，从而在交往中严于律己，宽以待人，互尊互敬，互谦互让，讲文明，懂礼貌，和睦相处，形成良好的社会风尚。因此，礼仪具有教育功能。

第三节　现代礼仪的特点与原则

礼仪小故事

春节，六岁的小刚到农村爷爷家过年，拜年时他看到堂兄给爷爷磕头拜年，于是就模仿在家看电视《甄嬛传》里的打千礼，左膝前屈，右腿微弯，左手放在左膝上，右手下垂，同时说道："爷爷过年好！"逗得大家哈哈大笑，爸爸笑着说："这是满族的打千礼，已经不用了，过年你给爷爷行礼，要跟哥哥一样，磕头拜年。""这是为什么？我看其他小朋友是鞠躬拜年。" 小刚问道。"以前人们给老人拜年都磕头，现在农村一般磕头拜年比较多，城里也有磕头拜年，但是大部分都鞠躬拜年。"爸爸回答道。

思考："这是为什么？"小刚问道。你知道吗？

礼仪主要通过礼节、礼貌、礼宾、仪表、仪态、仪式等表现形式组成，是人们所遵从的一种言行举止规范。和其他的社会规范相比，礼仪又有自己的特点和原则。

一、现代礼仪的特点

（一）普遍认同性

礼仪是人类社会交往的产物，是人们在交往活动中逐步形成的并为人们所普遍认同和遵从的行为模式和社会规范。有人类生活的地方，就有各种各样的礼仪规范。在任何国家、任何场合、任何人际交往中，人们都必须自觉地遵守礼仪，礼仪具有普遍性，而礼仪的认同性是全社会约定俗成的，是得到全社会共同认可、普遍遵守的准则。

尤其在现代社会，随着世界经济一体化，世界经济的融合，使其文化也相互交融，形成许多全世界通用的、具有普遍认同性的礼仪。例如，见面的问候语"你好"，告别时的"再见"，握手礼、各种欢迎仪式、庆典仪式、签字仪式、送行仪式等，这些都是世界通用的，是社会共同认同、普遍遵守的礼仪。

（二）规范性

现代礼仪的规范性是指人们在现代社会交往中必须遵守的行为规范。从礼仪的概念就可以看出：礼仪是人类在社会生活的基础上产生的行为规范，是人们在工作、生活中所要遵循的礼节，它是一种约定俗成的规范，是为维系社会正常生活而要求人们共同遵守的最起码的道德标准，是人们在长期共同生活和相互交往中逐渐形成的并以风俗、习惯和传统等方式固定下来的准则。因此，它具有规范性，作为现代社会的成员离不开礼仪规范的制约。

这种规范性，不仅约束着人们在交往场合的言谈举止，使其合乎礼仪，而且也是衡量他人、判断自己是否自律、敬人的一种尺度。规范性本身所反映的实质是一种被广泛认同的社会价值取向和对他人的态度。

总之，礼仪是一种约定俗成的自尊、敬人的惯用形式。因此，任何人要想在现代社会交往中得到他人的尊重，他的行为就必须符合礼仪规范。

（三）继承性

礼仪是人类在社会交往应酬中逐渐形成的自己民族特色的礼节和仪式。在人类社会发展的历程中，作为一种人类的文明积累，礼仪将人们在交往应酬中的习惯做法固定下来，流传下去，并逐渐形成自己的民族特色，这些礼节和仪式经过代代相传，并随着社会的发展而不断丰富，即现代礼仪具有传承性。

现代礼仪的传承性一方面表现为取其精华，弃其糟粕；另一方面在不断丰富自己的同时，也会将其中优秀精华的部分流传给人类的未来社会。

礼仪文化的发展是一个扬弃的过程，一个剔除糟粕、继承精华的过程。随着社会交往范围的扩大，各国民族的礼仪文化都会互相渗透，尤其是西方礼仪文化引入中国，使中华礼仪在保持传统民族特色的基础上，发生了更文明、更简洁、更实用的变化，如古代的三跪九叩已被现代的握手敬礼所替代，而"温良恭俭让"、"尊老爱幼"的行为规范则得到了弘扬。如老人生日寿辰时，晚辈得行祝寿礼仪，置办寿辰酒宴以祝老人福寿无疆，而如今的除了摆寿酒外，还在电台点歌、电视台点节目以祝老人生日快乐，寿长福远。这种变迁不仅反映了人类礼仪的一脉相承，也反映了礼仪在继承过程中得到了丰富发展，同时也显示出人类对礼仪本质东西的倾心向往。可见，礼仪变化的继承性必将随着人类历史的不断进步而发展。

（四）时代性

礼仪是一种社会历史发展的产物，并具有鲜明的时代特点。任何时代的礼仪由于其时代的特性和内容，往往就决定了它的表现。从礼仪的继承性就可以看出礼仪文化的发展是一个扬弃的过程。一方面，礼仪是在人类长期的交往活动实践之中形成、发展、完善起来的，绝不可能凭空杜撰、完全脱离特定的历史背景，具有继承性的特点；另一方面，随着世界经济一体化的发展，各个国家、各个地区、各个民族之间的交往日益密切，人们在交往活动中产生新特点和新问题，尤其是礼仪不断地相互影响，这就要求礼仪也要有所变化，要与时代同步，以适应新形势下新的要求。因此，礼仪也随之相互渗透，相互取长补短，不断地被赋予新的内容。这是社会的进步、历史的必然。这就使现代礼仪具有时代性特征。

（五）差异性

"百里不同风，千里不同俗"，不同的文化背景，产生不同的礼仪文化，不同的地域文化决定着礼仪的内容和形式。礼仪形式的差异是由不同地方风俗文化决定的，具有约定俗成的影响力。中西方文化的差异，必然导致各国礼仪的差异，如交际语言的差异、见面礼仪的差异、餐饮礼仪的差异、服饰礼仪的差异等。我国疆土辽阔，是一个多民族的大家庭，不同的民族，其风俗习惯、礼仪文化也就各有千秋。

现代礼仪的差异性，不仅表现在地域性的差异，而且还表现在等级上的差异。如尊卑、老幼、男女等，在礼仪接待形式上也有差异，对不同身份地位的对象应施以不同的礼仪。

二、现代礼仪的原则

（一）互相尊重原则

孔子曰："礼者，敬人也。"这是对礼仪的高度概括，是指人们在社会交往活动中对他人表示尊重和敬意。相互尊重是礼仪的核心，其原则就是要求人们在社会交往中，相互尊敬、友好相待，无论年龄的大小、职务的高低都应受到尊重，尤其在外交、商务交往中，无论国家的大小、企业的大小，都应受到同样的尊重，不可伤害他人的尊严，更不可侮辱对方的人格。我国各民族以及世界各地的文化传统、风俗习惯、宗教信仰不同，都要给予应有的尊重。

要想在与人交往中通过礼仪的形式体现出对对方的尊重，就应从以下两方面做起。

1. 交往要真诚

苏格拉底曾言："不要靠馈赠来获得一个朋友，你须贡献你诚挚的爱，学习怎样用正当的方法来赢得一个人的心。"这是礼仪的初衷和要旨，只有真诚待人才是尊重他人。这就要求我们在社会交往时，要以诚待人、言行一致。如果把运用礼仪作为一种道具和伪装，口是心非，明明心存不敬，却又要故意表现出热情，只会引起反感。只有真诚尊重，方能创造和谐愉快的人际关系，真诚和尊重是相辅相成的。

2. 要宽容

在社会交往中，每个人都会有不同的处世方法，不同的观点和做法。要允许他人表达思想，表现自己。宽容就是要求我们要学会设身处地地为他人着想、体谅他人，不可求全责备、过分苛求，甚至于伤害他人的自尊，伤害他人的自尊是严重失礼的行为。在社交场合，宽容是一种较高的境界，是对不同于自己或传统观点的见解的耐心公正的容忍。

丰富多彩的个性和多元思想的共存，是现代社会区别于传统社会的一个基本特征。因此，现代礼仪中的相互尊重原则，要求人们必须学会彼此宽容，尊重他人的思想观点和个性。

但是尊重是相互的，在尊重他人的同时也要自尊自爱，即互相尊重、不卑不亢。如果遇到对方有意伤害个人尊严时，要坚决维护自己的尊严。尤其在外交、商务交往中对方有意伤害国家、集体的尊严时，更要坚决维护国家、集体的尊严。

（二）遵时守约原则

遵时守约原则的核心在于信守承诺，早在古代人们就非常重视承诺，孔子曰："人而无信，不知其可也。"（《论语·为政》）就是说讲究信义是一个人应有的品德和处世立足之本。

遵守时间是信守承诺的一种具体表现，在社交场合要守时，与人约定时间的约会、会见、会谈、会议等，决不应拖延迟到。尤其是在商务活动中，对于一切与时间相关的约定，一定要一丝不苟，严格按照约定执行。对于双方有约在先的交往时间，不要轻易改动，不能无故推迟。如果因特殊原因，需要变更时间或取消约定的，应尽快向对方进行通报，切忌让对方空候。

信守承诺是指在社会交往中与人签订的协议、约定和口头答应他人的事一定要说到做到，所谓言必信，行必果。因此在社交场合，如没有十分的把握就不要轻易许诺他人，许诺做不到，反落了个不守信的恶名，从此会永远失信于人。尤其是在商务活动中，表现为信守合同、遵守合约，违背合约要按照约定实施处罚。在商务往来中，是否遵守承诺直接关系到商家的信誉，关系到企业的命运。因此，商务人员一方面要谨慎承诺，不要草率行事、信口开河；另一方面要重视承诺，已经做出的承诺，要言而有信、如约而行。在万不得已造成失约时，绝对不允许推诿、避而不谈，或者对失约之事加以否认，要如实解释，坦诚致歉，对因此给对方造成的损失，要主动承担责任并给予补偿。

（三）平等适度原则

在具体运用礼仪时，允许因人而异，根据不同的交往，采用不同的具体方法。但是在以礼相待这点上，对任何交往对象都必须一视同仁，给予同等程度的礼遇。平等是人与人交往时建立情感的基础，是保持良好的人际关系的诀窍。不允许因为交往对象在种族、职业、身份、财富、地位以及与自己的关系亲疏远近等方面不同，就厚此薄彼，给予不同的礼遇。尤其在商务交往中，在外国大公司面前既不能畏惧自卑、卑躬屈膝、自轻自贱，在弱小国家的企业面前也不能高傲自负、盛气凌人、恃强凌弱，对任何商务交往对象都要一视同仁，给予同等程度的礼遇。

适度原则即交往应把握礼仪分寸，根据具体情况、具体情境而行使相应的礼仪，要合乎规范、把握分寸，要注意社交距离，控制感情尺度。如在与人交往时，既要彬彬有礼，又不能低三下四；既要热情大方，又不能轻浮诌谀。举行各种仪式时既要热烈轰动，又要丰俭有度。

（四）自信自律原则

自信原则是社交场合中一个心理健康的原则，是一种心理品格，是人的特质的外在表现，自信是人对自身力量的确信，一个有充分自信心的人，才能在交往中不卑不亢、落落大方、端庄得体，遇事不慌，遇到强者不自惭。

自信要有"度"，越过这个"度"就是"自负"，因此要自信不要自负。如何剔除人际交往中自负的劣根？要通过自律来处理。

自律是礼仪的最高境界，在社会交往过程中，不用任何监管，在心中树立起一种内心的道德信念和行为修养准则，自觉地按照礼仪规范来约束自己的行为，严以律己、自我控制、自我检点。

（五）入乡随俗原则

早在古代《礼记》中就有"入竟而问禁，入国而问俗，入门而问讳"之说，这里的"竟"，应为"境"，作地方、区域解。这句话的意思是，到一个地方要问那里的禁忌，到一个国家要问那里的民俗，到陌生人家里，要问人家的忌讳。也就是说，不管你到哪里，都要了解和遵守那里的禁忌，要"入乡随俗"。

世界上各个国家和民族在长期的历史发展过程中，都形成了本国和本民族独特的文化、风俗和习惯。在社会交往中要了解对方的风俗习惯、要尊重对方的衣食住行、言谈举止、待人接物等各个方面所特有的讲究和禁忌。千万不要自以为是，做出不尊重他人习俗的事。当身为东道主时，要"主随客便"；当做客时，则又要"客随主便"，只有这样才会自然得体、落落大方，在对方眼里彬彬有礼，才能增进理解，建立友谊。

练习题

1. 试述礼仪的起源与发展。
2. 什么是礼仪？现代礼仪有哪些功能？
3. 简述现代礼仪的原则和特征。

案例分析

1. 有一家乡镇企业在广交会上与德国外商结识，外商对其产品非常感兴趣，决定到该企业考察，考察结果比较满意，决定草签合约。这一消息被上级得知，这是该镇第一次与外商签约，镇领导决定参加。本以为大功告成，没想到在第二天的签字仪式上却出了意外。该厂长等候镇领导一起到达签字地点，但镇领导有事迟到了，比双方正式的约定晚了30分钟。等他们走进签字大厅时，德方人员早已到达，正在恭候他们的到来。厂长请德方经理上台签字，德方经理却决定取消签约，搞得镇领导莫名其妙。

分析思考：请分析德方经理取消签约的原因。

2．当1997年亚运会在日本广岛结束的时候，6万人的会场上竟没有一张废纸。全世界的报纸都登文惊叹："可敬可怕的日本民族！"就因为没有一张废纸，令全世界惊讶。再看看中国，在国庆节升旗后，人群散去，整个广场是满地的废纸，被风刮起，四处乱飞。

分析思考：这说明什么问题？作为中国公民我们应该怎么做？

3．改革初期，一位华侨想回乡投资，来改变家乡贫困的面貌，得知此消息，县领导非常重视，在县宾馆设宴招待这位老华侨，为了这次宴请，特意装修了宾馆，县主要领导全部作陪，望着满满一桌的酒菜，看着桌上的名烟名酒，老华侨拂袖而去，县领导面面相觑，投资也落空了。

分析思考：你知道这是为什么吗？

第二章　现代个人形象礼仪

【学习要求】

① 了解问候礼仪，掌握必备的言谈礼仪。

② 了解标准的举止礼仪要求，掌握正确的站、坐、行、蹲等姿态，熟悉女士的上、下车礼仪，学会恰当的手势引导礼仪。

③ 了解 TPO 国际着装原则，掌握正确的商务着装，熟悉男士西装与女士套裙穿着要领。

④ 了解不同脸型化妆技巧以及脸型与发型的搭配技巧，掌握不同商务场合的仪容礼仪，熟悉首饰佩戴要求。

第一节　言 谈 礼 仪

礼仪小故事

周总理举行记者招待会，介绍我国建设成就。一个西方记者提问："请问，中国人民银行有多少资金？"周总理委婉地说："中国人民银行的货币资金嘛？有 18 元 8 角 8 分。"当他看到众人不解的样子，又解释说："中国人民银行发行的面额为 10 元、5 元、2 元、1 元、5 角、2 角、1 角、5 分、2 分、1 分的 10 种主辅人民币，合计为 18 元 8 角 8 分……"这位记者提出这样的问题，有两种可能性，一是嘲笑中国穷，实力差，国库空虚；二是想刺探中国的经济情报。周总理在高级外交场合，同样显示出机智过人的幽默风度，让人折服。

"言为心声"。言谈是人们运用语言表达思想、沟通信息、交流感情的重要方式，交谈不能随心所欲，中国有句古话讲得好："良言一句三冬暖，恶语伤人六月寒。"言谈礼仪反映一个人的思想水平、知识修养、道德品质，也是礼仪形象的重要体现。人际交往，礼貌当先；与人交谈，称谓当先。

一、称谓礼仪

称谓礼仪也叫称呼礼仪，是在对亲属、朋友、同志或其他有关人员称呼时所使用的一种规范性礼貌语，它能恰当地体现出当事人之间的隶属关系。不同的身份、不同的场合、不同的情况，称谓不同。恰当地使用称谓，是社交活动中的一种基本礼貌。称谓要表现尊敬、亲切和文雅，使双方心灵沟通，感情融洽，缩短彼此距离。称谓的使用是否规范，是否表现出尊重，是否符合彼此的身份和社会习惯，这是一个十分重要的问题。正确地掌握和运用称谓，是人际交往中不可缺少的礼仪因素。

一般情况下，可以称普通男子为先生（Mister），对女子称女士，已婚女子称夫人，未婚女子统称小姐。对于不了解婚姻情况的女子，称小姐是一个比较安全的办法，不但对未婚的女孩可以称呼，即使单身的老太太也可以称小姐。对戴结婚戒指的年纪稍大的可称夫人。在称呼先生、太太或小姐时，可以带上被称呼者的姓名，或者只带上姓，但不能单独带名而不带姓。还可以在这些称呼前冠以职称、职衔等，如市长先生、上校先生、秘书小姐等。需要注意的是，不同国家、不同地区称谓不同。

（一）我国的称谓

我国是一个礼仪之邦，尤其古代在称谓上非常讲究，有尊称、谦称、自称、他称、鄙称、专称、代称、惯称等。有些至今沿用，有些已经不用了。

1. 尊称

尊称也叫敬称，是对谈话的对方表示尊敬的称呼。所用的词叫敬辞。

不常使用的有：表示您的有汝、尔、子、而、公、君，用官职身份尊称对方的，如大王、大夫、将军、公子，对帝王的敬称有万岁、圣上、圣驾、天子、陛下，对皇太子、亲王的敬称是殿下，君对臣的敬称是卿或爱卿，对对方父母的敬称有尊上、尊公、尊君、尊府、尊堂、尊亲等，但在戏剧常见。

经常使用的有：对于对方或对方亲属的敬称有令、尊、贤、仁等。令，意思是美好，用于称呼对方的亲属；尊，用来称与对方有关的人或物；贤，用于称平辈或晚辈；仁，表示爱重，应用范围较广。如对对方父母的敬称有令尊、令堂；对对方儿女的敬称令郎、令爱、贤郎；对对方的兄妹敬称令兄、令妹、贤兄、贤弟、仁兄、仁弟；对对方的亲属敬称令亲、尊亲、贤侄等；对方的年龄大于自己敬称贤兄、仁兄；对方的年龄小于自己敬称贤弟、仁弟；对方是小辈敬称贤侄，等等。

此外，对品格高尚、智慧超群的人用"圣"来表敬称，如称孔子为圣人，称孟子为亚圣。地位高的人敬称为仁公等。

2. 谦称

谦称是表示谦虚的自称，用来表示谦称的词叫做谦辞。

不常用的有：寡人、微臣、卑职、小人、不才、在下、下走、下官、妾、婢、奴、奴婢、贱内、拙荆等，但在戏剧常见。

常用的有：愚、鄙、敝、家、舍、小、老等。愚、鄙、敝都是自称的谦辞。愚，谦称自己不聪明；鄙，谦称自己学识浅薄；敝，谦称自己或自己的事物不好；家，是对别人称自己的辈分高或年纪大的亲属时用的谦辞；舍，用以谦称自己的家或自己的卑幼亲属；小，谦称自己或与自己有关的人或事物；老，用于谦称自己或与自己有关的事物。如与谈话对方自称自己愚兄、鄙人、敝人、老朽、老夫、老汉、小可；与谈话对方称自己父母为家父、家尊、家母、家慈；与谈话对方称自己兄长、姐姐为家兄、家姐；与谈话对方称自己弟弟、妹妹、侄子为舍弟、舍妹、舍侄；与谈话对方自己儿女为小儿、犬子、小女。

3．自称

自称是在别人面前对自己的称呼。如帝王自称寡人，老人自称老朽，年幼者在年长者面前自称小弟，和尚自称贫道、贫僧，一般人自称鄙人。谦称都属于自称。

4．他称

他称是指称呼别人。如称陪伴新娘的女子为伴娘，称贵族妇女为仕女，夫人在古代用来称诸侯的妻子，后来用来尊称一般人的妻子，称年老男子为老丈，称年轻男子为郎君。尊称都属于他称。

5．鄙称

鄙称是用轻蔑的口吻称呼别人。如竖子、小子、女流。

6．专称

专称是某些约定俗成的称谓。如称砍柴的为樵夫，称船夫为舟子，称国家的杰出人物为栋梁。

7．代称

代称是借用别的称谓代替本来的称谓。如用巾帼代称女子，用梨园代称戏班，用俳优代称滑稽演员。

此外，出家人称自己贫僧、贫道、贫尼，也是古人对自己的谦称。尊称老师为夫子、师父、师傅、先生、先哲。

在现代社会人们在日常交往中，选择正确、恰当的称呼，既反映自身的教养，又体现对他人的重视。

现代称呼一般可以分为职务称呼、姓名称呼、职业称呼、一般称呼、代词称呼、年龄称呼等。职务称呼通常是姓加上职务，如王经理、章主任、李董事长、王科长等；姓名称呼通常称呼对方姓氏、姓名，对年龄、职务与自己相仿的同事、熟人可以直呼其姓氏、姓名，以示亲近；职业称呼是以职业为特征的称呼，通常姓加上职业，如王秘书、张大夫、李老师等；代词称呼是用您、你们等来代替其他称呼；年龄称呼主要根据对方的年龄称呼，如大爷、大妈、叔叔、阿姨等，如果知道姓，在前面加上姓，如王大爷、李大妈等来称呼。此外，我国还通行尊称：同志、先生、女士、师傅，知道姓氏可以加上，如张先生、王师傅、李女士等。

（二）其他国家的称谓

在西方国家，有职称和头衔的人，喜欢他人称呼自己的职称和头衔，不喜欢称其为先生。因为先生是用来称呼社会上一般人士，或在学术界没有职称、学位者的。如果是用"先生"称呼，而不用职衔称呼，就有涉嫌贬低之意。对于具有博士学位的教授，在较正式场合和书面语言中最好同时称呼其姓名、职称和学位。Doctor 是对医生的尊称，但是 Doctor 一词单独使用时，必须是对那些获得医学博士学位的医生，或者是对拥有博士学位的其他学者的称呼。称呼没有博士学位的医生，应该在 Doctor 的后面加上其姓氏。对军人一般称军衔，或军衔加先生，知道姓名的可冠以姓与名，如上校先生、库克少校、中尉先生等。有的国家对将军、元帅等高级军官称阁下。对教会中的神职人员，一般可称教会的职称，或姓名加职称，或职称加先生，如福特神父、传教士先生、牧师先生等。有时主教以上的神职人员也可称阁下。正式的场合，要称神职的全称。

对地位高的官方人士，一般为部长以上的高级官员，按国家情况称阁下，如总统阁下、主席先生阁下、总理阁下、部长阁下、大使先生阁下等。但美国、墨西哥、德国等国没有称阁下的习惯，因此，在这些国家可称先生。对有地位的女士可称夫人。对有高级官衔的妇女，如女部长、女大使等也称阁下。如是当面称呼，可用第二人称 You Excellency。在美国，人们常把直呼自己的名字视为一种亲切的表现。

在君主制国家，按习惯称国王、皇后为陛下，称王子、公主、亲王等为殿下。西方社会君主制的国家对有爵位的人士，称呼他们的爵位或阁下，贵族爵位（peerages）分为公爵（Duke）、侯爵（Marquis 或 Marquess）、伯爵（Earl）、子爵（Viscount）和男爵（Baron）五个等级。侯爵、伯爵、子爵和男爵都可以称为 Lord（勋爵）。直接称呼时，都可称 Your Lordship。间接提及时可用"Lord＋姓"或"Lord＋地名"。对其夫人可以称 Lady（夫人），即用"Lady＋丈夫的姓或丈夫勋称中的地名"。如没有称呼其爵位，就会被认为是对他们的不敬，甚至视为羞辱。

有同志相称的国家，对各种人员均可称同志，有职衔的可加职衔，如大使同志、秘书同志等，或姓名加同志。我国，不论对何种职业、年龄、地位的人都可称做同志。但要注意，与港、澳、台地区的朋友见面时一般不用此称呼。

对服务人员一般可称服务员，如知道姓名的可单独称名字。但现在很多国家越来越多地称服务员为先生、夫人、小姐。

（三）注意事项

在社会交往中，人们往往需要在同一时间之内与多人同时交往，这时既要注意在称呼对方时面面俱到，同时更要注意称呼对方要分清主次。具体做法如下。

1．由近而远

以对方距离自己的远近来进行，即先称呼距离自己最近者，然后依次称呼距离自己较远者。

2．由尊而卑

由其地位较高者开始，自高而低，依顺序进行。

3．由疏而亲

首先称呼其中与自己关系生疏者，然后再称呼其中与自己关系亲近者。

4．统一称呼

在商务酒会、庆典等大型场合，不便一一称呼时，可采用统一称呼对方的方式。例如，以"诸位"、"各位来宾"、"女士们、先生们"等方式直接称呼对方。

值得注意的是，在商界人们喜欢"泛尊称"，即对成年人可将男性称为先生，将女性称为小姐、夫人或女士，对已婚者应称夫人，对未婚者或不了解其婚否者可称小姐。对不了解其婚否者，亦可称为女士。

二、问候礼仪

问候礼是指在与他人相见时，以专用的语言或动作向他人询安问好，它是向对方表示善意的一种常规的致意形式。主要包括内容、态度、形式，问候礼的表现形式在以后章节介绍。

（一）问候内容

在现代社会人们见面要主动打招呼问好，行问候礼。问候内容上有两种形式，即直接式问候和间接式问候，它们各有不同的适用范围。

直接式问候，就是直截了当地问好，即"你好！"作为问候的主要内容。它适用于正式的公务交往，尤其是宾主双方初次相见。

间接式问候，就是以某些约定俗成的问候语，或者在当时条件下可以引起的话题，主要适用于非正式、熟人之间的交往。例如，"忙什么呢"、"您去哪里"等，来替代直接式问好。

同样是问候，中西方问候语内容差别很大。

汉语问候语一般比较细致具体，往往采用间接式问候，如看到熟悉的人走过，会问"到哪去？""你上哪儿？"看到夹着皮包回家的人，会问"下班了？"看到提着菜篮去菜市场的人，会问"买菜去？"等。可是，西方人对我们这些问候语言，难以理解和接受，认为这是明知故问，觉得没有意义，他会以为要干涉他的私事，有打探别人隐私之嫌。年龄大的人还习惯问"吃饭了吗？"表示关心，西方人会以为请他吃饭。另外，迎接刚下飞机的客人，我们会问候人家"一路上辛苦了！"他们往往会感到不解，路上挺好的，不辛苦！再就是，"天冷，穿暖和点，别着凉感冒了！"在西方人听来，这是母亲嘱咐小孩子的话。随着社会的发展，人们也普遍采用直接式问候，即"你好！"。

问候外方人士的常规内容就是"你好！"，或加上具体的时间限制，如"早上好！"、"晚上好！"等。

虽然同是"你好！"，但是不同国家对不同的人问候是有区别的，如与英美等国家朋友初次见面时，可用"How do you do？"，熟人可用"How are you？"，有时直接用"Hi"或"Hello"来打招呼。

在不同的国家，人们问候他人的具体内容往往各有不同，如在以畜牧业为主的西亚和非洲国家，习惯以"牲口好吗？"作为问候语。

问候中要注意避免一些禁忌，如在阿拉伯国家，一般见不到女主人，谈及或问候女主人是失礼的。在一些国家，甚至连主人家的孩子也不能提及，若见到阿拉伯人的妻子，虽可与之打招呼，但切忌与之握手。

（二）问候的态度

问候是敬意的一种表现，态度上需要注意：问候别人，要积极、主动、热情、友好。不要毫无表情，或者表情冷漠。当别人首先问候自己之后，要立即予以回应，不要不理不睬摆架子。

此外，问候别人的时候要表现得自然而大方，矫揉造作、神态夸张，或者扭扭捏捏，反而会给人留下虚情假意的不好印象。而且要专注，问候的时候，要面含笑意，以双目注视对方的两眼，以示口到、眼到、意到，专心致志。不要在问候对方的时候，眼睛已经看到别处，让对方不知所措。

（三）问候次序

如果同时遇到多人，特别在正式会面的时候，宾主之间的问候要讲究一定的次序。

通常是："位低者先问候"，即身份较低者或年轻者首先问候身份较高者或年长者。男士、女士见面，男士应先开口。当然，年长者、地位高者见到年轻后辈、下属，主动问候，会显得更具亲和力。事实上，公共场合问候人，并不十分计较由谁先开口，应视现场情况而定，如年长、地位高者正在与人交谈，年轻人、地位低者不可贸然趋前问候，应等待他们先开口。但是宾主之间，主人先问候。

一个人问候多人时，既可以笼统地加以问候，比如说"大家好"；也可以逐个加以问候。当一个人逐一问候许多人时，既可以由"尊"而"卑"、由长而幼地依次进行，也可以由近而远依次进行。

一般来说，两人相见，距离太远，可举手问候，以避免高声叫喊的不雅。见面时，适合互致问候语的距离在 1～3 米之间。

三、寒暄礼仪

寒暄是会客中的开场白，是会晤双方见面时以相互问候为内容的应酬谈话，是人与人之间表达情感的一种方式，它是人们增进了解和友谊的重要方式，也是人们传递信息、交流感情的重要形式。

（一）寒暄的类型

寒暄属于非正式交谈，它的主要用途是打破彼此陌生的界限，缩短双方的感情距离，创造和谐的气氛，以利于会晤时正式交谈。寒暄的原则是热情、贴心、拉近距离、消除陌生感。

寒暄有很多种类型，比较常见的寒暄方式大体有以下几种。

1．问候型寒暄

问候型寒暄的用语比较复杂，在我国问候是对他人友好或者关心的表示，在其他国家也是一样，问候的目的是使人际关系融洽。

问候型寒暄的内容是丰富多彩的，可因人因事有所区别。一般的问候型寒暄，多为祝身体健康、生活如意、事业顺利、节日愉快等。特殊的问候型寒暄应视具体对象、具体情况而具体对待。对于同辈的同学、朋友的问候，可侧重于工作、学习、事业等方面的寒暄问候；对于年老者，可偏重于身体、饮食、起居等，寒暄问候以表达关心；对于处于危难中的亲朋好友或亲密的商业伙伴，可给予精神安慰的寒暄问候。具体可分为以下几种。

（1）表示礼貌的问候语。例如"王师傅，早上好！""新年好！""你好！"。

（2）表示思念之情的问候语。例如，"李丽你好！多日不见，可把我想坏了！""好久不见，你近来怎样？"

（3）表示对对方关心的问候语。例如，"最近身体好吗？……""来这里多长时间啦，还住得惯吗？""最近工作进展如何，还顺利吗？"

（4）表示友好态度的问候语。例如，"很高兴能认识您。""生意好吗？""在忙什么呢？"，这些貌似提问的话语，往往只表达说话人的友好态度和关心，不必详细回答。

2．言他型寒暄

言他型寒暄是初次见面较好的寒暄形式。陌生人之间见面，或者大家相见一时难以找到话题，以天气之类作为话题寒暄，是比较常用的话题，如"今天天气真好"，对方从东北来，可用"东北天气很冷吧"之类的话来打破尴尬的场面。

3．触景生情型寒暄

触景生情式寒暄是指针对具体的交谈场景临时产生的问候语，即以对方刚做完什么事、正在做什么事以及将做什么事，作为寒暄的话题。如在图书馆相遇"你好！借书去呀！"，早晨在路上相遇"早晨好，上班去啊？"这种触景生情式寒暄，随口而来，自然得体。

4. 赞美型寒暄

用赞美表扬的语言引起对方的兴趣，拉近距离、产生共鸣。如"在管理上您是一个行家，我要向您学习……"，你的同事新穿一件衣服，你可以用赞美的语言说："小王，你穿上这件衣服更加苗条了！"，老李今早刮了胡子，你可以说："老李好精神哪！越来越年轻了。"

5. 攀认求同型寒暄

在人际交往的过程中，如果双方能够在出生地、职业、毕业学校、日常爱好、生活遭遇等方面寻找到共同点进行寒暄，那么彼此认同达成共识的几率就会大大提高，能够很快地打破呆板、僵滞局面，使交往向着更加密切融洽的方向发展。

在人际交往中，只要彼此留意，就不难发现双方有着这样那样的"亲"、"友"关系，即"同乡"、"同事"、"同学"等甚至远亲等沾亲带故的关系。如"噢，您是清华毕业的，说起来咱们还是校友呢？"在初次见面时，通过攀认寒暄，拉近双方的距离。此外，双方从共同的职业中寻觅出许多共同感兴趣或者都能够发表见解的话题，可以一见如故，立即转化为建立交往、会起到很好的营造气氛的作用。

6. 仰慕敬重型寒暄

仰慕敬重型寒暄是由于仰慕对方的人品、学识、社会地位而在用语上表现出的谦恭性的寒暄。是对初次见面者尊重、仰慕、热情有礼的表现，如 "久仰大名！早就听说过您！您的大作，我已拜读，得益匪浅！"；"××先生，久闻大名，今日见面不胜荣幸"；"见到您非常荣幸"；比较文雅一些的话，可以说 "久仰"，或者说"幸会"……这种类型的寒暄显得更加客套、礼貌、正规。

寒暄语的使用应根据环境、条件、对象以及双方见面时的感受来选择和调整，没有固定的模式，只要见面时让人感到自然、亲切，没有陌生感就行。

（二）寒暄时注意事项

1. 态度要真诚，语言要得体

寒暄要自然、真诚，言必由衷，语言运用得妥帖、为彼此的交谈营造融洽的气氛。要避免粗言俗语和过头的恭维话，如"喂，您又长膘了"、"久闻大名，如雷贯耳"、"今日得见，三生有幸"，像演出古装戏一样，就显得极不自然。

2. 注重场合，谨慎用语

在不同的地方使用不同的寒暄语。任何语言的使用都要注意"语境"的要求，这里所说的语境主要指语言使用的空间和时间。在庄重的场合，寒暄也应该与环境保持一致，要热情但不失庄重；而在轻松场合下，寒暄则要本着轻松但又不流入庸俗的原则。在日常生活中，常有由于寒暄不当而产生尴尬的情形，这在人际交往活动中要尽量避免。如在厕所见面问人家"吃饭了没有"使人啼笑皆非。当然，也有适用场合较广的问候语和答谢语，如"您好"这类词，可在较大范围、各类人物之间使用。

3．考虑对象，选择措辞

在社交场合男女有别、长幼有序，彼此熟悉的程度也不同，寒暄时的口吻、用语、话题也应有所不同。一般来说，与上级、长者之间交往，寒暄语要表示敬重，能使对方感到你对他的尊敬和仰慕。与下级和晚辈之间交往，寒暄语要热情谦虚，能使对方感到你平易近人。如果交往双方非常熟悉，寒暄语以随意轻松为好；初次见面寒暄语要庄重。

不同的人寒暄内容也不一样，男士喜欢别人夸其幽默风趣，有风度；女士渴望别人赞美自己年轻、漂亮；老年人乐于别人欣赏自己知识丰富；领导者在乎听"平易近人"等赞语；儿童则爱听表扬自己聪明、懂事。

不同民族、不同国家由于文化背景不同，在寒暄这一语言环节上也有着明显的差异。如中国人在寒暄时喜欢以关切的语调询问对方的饮食起居、生活状况、工资收入、家庭情况等，但在西方国家中这些内容却是彼此交谈的禁区。同样，在中国文化环境中不适合运用的寒暄则可能在其他一些文化环境中得到认可或普遍使用，如西方的小姐在听到别人用"你看上去真迷人"、"你真是太美了"之类的语言寒暄时，她们往往会很兴奋，并且很有礼貌地以"谢谢"作答。但在中国的年轻姑娘面前使用这样的寒暄语则往往得不到好的反馈，弄不好会引起误会。

4．寒暄的次序

在正式会面时，如果同时遇到多人，特别在正式会面的时候，宾主之间的问候要讲究一定的次序。

一个人和另外一个人之间的问候，通常是"位低者先问候"，即身份较低者或年轻者首先问候身份较高者或年长者。

一个人问候多人，这时候既可以笼统地加以问候，比如说"大家好"；也可以逐个加以问候。当一个人逐一问候许多人时，既可以由"尊"而"卑"、由长而幼地依次而行，也可以由近而远依次而行。

需要注意，涉及个人私生活、个人禁忌等方面的话语，不要用，例如，一见面就问候人家"跟朋友吹了没有"，或是"现在还吃不吃药"，都会令对方反感。

寒暄的主要用途，是在人际交往中打破僵局，缩短人际距离，向交谈对象表示自己的敬意，或是借以向对方表示乐于与多结交之意。所以说，在与他人见面之时，若能选用适当的寒暄语，往往会为双方进一步的交谈，做好良好的铺垫。

四、交谈礼仪

美国著名的语言心理学家多罗西·萨尔诺夫曾说道："说话艺术最重要的应用，就是与人交谈。"语言交流在人际交往中占据着最重要的位置，是双方思想感情交流的渠道。语言交流首先随时间、场合、对象的不同，而表达出各种各样的信息和丰富多彩的思想感情。

（一）交谈的原则

1. 态度要诚恳、亲切、自信

交谈时所表现的态度，往往是其内心世界的真实反映。说话时的态度是决定谈话成功与否的重要因素，因为谈话双方在谈话时始终都相互观察对方的表情、神态，反应极为敏感，所以在交谈时应当体现出以诚相待、以礼相待、认真和蔼、谦虚谨慎、主动热情、诚恳的基本态度，切不可逢场作戏、虚情假意、敷衍了事、油腔滑调。而且与人交谈时要有自信，不要惊慌害怕。许多人害怕与人交谈，唯恐自己无言以对，而对别人说的话一个字也听不进，结果反而更是使谈话难以进行。

2. 表情要自然

表情，通常是指一个人面部的表情，即一个人面部神态、气色的变化和状态。人们在交谈时所呈现出来的种种表情，往往是个人心态、动机的无声反映。

交谈时目光应专注，或注视对方，或凝神思考，从而和谐地与交谈进程相配合。眼珠一动不动，眼神呆滞，甚至直愣愣地盯视对方，都是极不礼貌的。目光游离，漫无边际，则是对对方不屑一顾的失礼之举，也是不可取的。如果是多人交谈，就应该不时地用目光与众人交流，以表示交谈是大家的，彼此是平等的。

在交谈时可适当运用眉毛、嘴、眼睛在形态上的变化，表达自己对对方所言的赞同、理解、惊讶、迷惑，从而表明自己的专注之情，并促使对方强调重点、解释疑惑，使交谈顺利进行。

在社会交往中对待不同的人、不同的环境，表情不同，如与上级领导谈话，应当恭敬而大方；与群众谈话，应当亲切而温和；在秉公执法时说话，应当严肃而认真。

3. 交谈要有度

（1）话题选择要有度。在社会交往中往往是双边或多边的活动，哪些话该说，哪些话不该说，哪些话应怎样去说才更符合人际交往的目的，这是交谈礼仪应注意的问题。因此，话题的选择要有度。

如果所有参加交谈的人对某个话题达成共识，那它就可以成为共同讨论的对象。一般而言，比较安全的闲谈话题有天气、交通、体育、无争议的新闻、旅游、环境问题、文学、艺术、共同的经历等；有些话题应尽量避免，尤其是国际交流话题的选择更应重视，如敏感的政治问题、宗教问题、一些私人问题等，应尽量避免。

（2）交谈时间要有度。与人交谈也受时间限制，普通场合的谈话，最好在 30 分钟以内结束，最长不能超过 1 小时。在人多的场合，交谈中每人的每次发言，在 3～5 分钟之间为宜。

（3）交谈距离要有度。说话时与人保持适当距离也并非完全出于考虑对方能否听清自己的说话，另外还存在一个怎样才更合乎礼貌的问题。从礼仪上说，说话时与方离得过远，会使对话者误认为你不愿向他表示友好，这显然是失礼的。有些人习惯与对方近距离"亲密"接触，认为这样才能让对方听得清楚，或者以此显示双方的熟识度，然而如果在较近的距离和人交谈，稍有不慎就会把口沫溅在别人脸上，这是最令人讨厌的，这样做只会疏远你与对方的距离，说话距离过近常常会引起听者的反感，造成别扭与难堪。但是有些人，因为有凑近和别人交谈的习惯，又顾忌自己的口沫溅到别人，知趣地用手掩住自己的口。这样做形同"交头接耳"，样子难看也不够大方。

心理学认为，人们在交际中有四种空间距离，即亲密距离、私人距离、社交距离和公众距离，如表 2-1 所示。

表 2-1 人际交往的四种空间距离

空 间 距 离	距　　离	适用场合/人员
亲密距离	0～0.44 米	父母、爱人、知心朋友
私人距离	0.46～0.76 米	酒会交际（介于亲密距离与社交距离之间）
社交距离	1.2～2.1 米（近范围） 2.1～3.7 米（远范围）	企业内上、下级，同事，企业或国家领导人之间的谈判，工作招聘时的面谈，教授和大学生的论文答辩
公众距离	（3.7～7.6 米以上）	开会、演讲/明显级别界限

因此从礼仪角度来讲，一般保持一两个人的距离为佳，通常情况下，最适宜的谈话距离为 50 厘米。这样做，既让对方感到有种亲切的气氛，同时又保持一定的"社交距离"，在常人的主观感受上，这也是最舒服的。

4．措辞谦逊文雅

措辞的谦逊文雅体现在两方面：对他人应多用敬语、敬辞，对自己则应多用谦语、谦辞。谦语和敬语是一个问题的两个方面，前者对内，后者对外，即内谦外敬。

（二）交谈的艺术

常言道："会说话叫人笑，不会说话叫人跳。"会交谈的人，话说得入耳、中听，能圆满地表达自己的意图，往往使初交者感到亲切、无拘无束；使深交者友谊日增；使隔阂者消除误解，放弃前嫌；使消沉者重振精神，奋发向上。由此可见，在现代社会交谈艺术尤为重要。

1．切合语境、因人而异

俗语道"到什么山唱什么歌"，在社会交往中，交谈内容及措辞要切合语境、因人而异。

语境即说话的语言环境，它指的是说话的客观现场环境，包括时间、地点、目的以及交谈双方的身份等内容。也就是说，交谈内容务必要与交谈的时间、地点与场合相对应，要与自身的身份相符，交谈时要根据交谈对象的不同而选择不同的交谈内容即所谓因人而异。

2．礼貌文雅的交谈

常言道："良言一句三冬暖，恶语伤人六月寒。"在现代社会交往中，使用礼貌用语是对交谈对象的尊重，是友好关系的敲门砖。使用礼貌用语，不仅有利于双方气氛融洽，而且有益于交际，是一个人修养的体现。

常用的礼貌用语有以下几种。

（1）问候语：用于见面时的问候。如"您好！""早上好！"

（2）告别语：用于分别时的告辞或送别。如"再见。""晚安。"

（3）答谢语：答谢语应用的范围很广，有些表示向对方的感谢，如"非常感谢！""劳您费心！"有些表示向对方的应答，如"不必客气。""这是我应该做的。"

（4）请托语：请托语常用在向他人请求。如"请问？""拜托您帮我个忙。"

（5）道歉语：做了不当的或不对的事，应该立即向对方道歉。如说"对不起，实在抱歉。"

（6）征询语：当要为他人服务时常用征询语。如"需要我帮忙吗？""我能为您做些什么吗？"

（7）慰问语：表示对他人的关切。如他人劳累后，可说"您辛苦了！""望您早日康复！"

（8）祝贺语：当他人取得成果或有喜事，如"恭喜！""祝您节日愉快！"

（9）礼赞语：对人或事表示称颂、赞美。如"太好了！""美极了！""讲得真对！"

交谈用词用语要文雅，常见的文雅用词有：

与人相见"您好"	问人姓氏"贵姓"	老人年龄"高寿"
问人住址"府上"	向人询问"请问"	自己住家"寒舍"
仰慕已久"久仰"	初次见面"久仰"	许久不见"久违"
向人祝贺"恭喜"	等待客人"恭候"	迎接客人"欢迎"
探望别人"拜访"	陪伴朋友"奉陪"	请人接受"笑纳"
请人赴约"赏光"	客人到来"光临"	没能迎接"失迎"
客人入座"请坐"	起身作别"告辞"	中途先走"失陪"
与客道别"再来"	请人别送"请留步"	送客出门"慢走"
赞人见解"高见"	麻烦别人"打扰"	身体不适"欠安"
求人谅解"包涵"	请人批评"请指教"	请人指点"请赐教"
请人帮助"劳驾"	托人办事"拜托"	无法满足"抱歉"

归还东西"奉还"　　　请改文章"斧正"　　　欢迎购买"惠顾"

希望照顾"关照"　　　需要考虑"斟酌"　　　接受好意"领情"

送人远行"一路平安"、"一路顺风"

在人们交流中，言谈用词要文雅，有些话，意思差不多，说法不同就给人不一样的感觉。但是文雅用词不等于过分咬文嚼字，而是不许讲脏话、粗话、黄话和怪话。

3．幽默风趣的交谈

幽默代表着一种智慧，代表着你乐观积极的生活态度，幽默风趣的话语是人际关系的润滑剂，可以调节气氛，使人感到轻松愉快，能有效地降低人与人之间的摩擦，以一种自然的方式化解冲突和矛盾，并能拉近人与人之间的距离。

在社会交往中，初次见面，幽默的谈话会赢得对方的好感，拉近双方的距离。当双方发生矛盾冲突时，幽默的谈话会冰释前嫌。具有幽默感的批评性谈话，使人乐意接受。在工作劳累的时候，来点幽默的笑话，使人精神放松，消除疲劳，得到积极的休息。

用幽默的方式说出严肃的真理，比直截了当地提出更能为人接受。马来西亚柔佛市的交通安全周贴出这样的标语："阁下，驾驶汽车，时速不超过 30 公里，可以饱览本市的美丽景色；超过 60 公里，请到法庭做客；超过 80 公里，欢迎光顾本市设备最好的急救医院；上了 100 公里，祝君安息吧！"用亲切幽默的语言向人们宣传安全行车的道理。

需要注意的是，幽默要掌握分寸，要看地点、场合、对象。在严肃的场合、庄重的会议上或在葬礼上等，不宜说幽默的笑话。上级、名人、长者、陌生人、女性尤其是妙龄少女、性格忧郁或孤僻的人、对工作或职业不满的人，一般不宜随便开玩笑。

4．婉拒他人

拒绝他人时也要掌握好拒绝的尺度和技巧。被拒绝是很让人尴尬和难堪的经历，所以，拒绝他人前要充分体谅对方的感受，拒绝时不要把话说绝，别让对方感到难为情。当然，也不要用语含糊，态度暧昧，拖泥带水，让对方摸不着头脑。这样既误事，也伤人。

例如，当有一位朋友不邀而至，贸然闯进了你的写字间，而你实在难用很长的时间与之周旋时，如果直接告之对方"来的不是时候"，就会使对方很尴尬。其实，只要使用委婉一些的语言，一样可以暗示对方应尽早离去，而且还不至于使其难堪。可以在见面之初，一面真诚地对其表示欢迎，一面婉言相告："我本来要去参加公司的例会，可您这位稀客驾到，我岂敢怠慢。所以专门告假五分钟，特来跟您叙一叙。"这句话的"话外音"，乃是暗示对方"只能谈五分钟时间"，但因表达得不失敬意，在对方的耳中就要中听多了。

5．委婉含蓄的回答与巧妙的提问

在商务交往中商业信息的传递有的需要直来直去，但更多的内容尤其是涉及商业机密的不能回答，但直接拒绝又会影响感情，这时，就需要委婉而含蓄地回答。如询问产量、产值一类涉及工厂机密，可以含蓄地回答"有多大生产能力，就生产多少"或"董事会让我们生产多少，就生产多少"，"能卖出去多少产品，就能创造多大产值"，"今年和去年创造的产值，往往不尽相同"。

问答是语言沟通中最常用的要素，在商务交往中，为了获得所需要的回答，就要讲究提问的技巧，只有你问得巧，才能得到你所要的信息和答案。例如，日本在第二次世界大战结束时有许多商店因人手奇缺，想减少送货任务，有的商店就将问话顺序进行了调整，将"是您自己拿回去呢，还是给您送回去"改为"是给您送回去呢，还是您自己带回去"，结果顾客听到后一种问法，大都说"我自己拿回去吧"，大奏奇效。

此外，在交谈中，有些事情也需要含蓄表达。如在谈话时要去洗手间，不便直接说"我去下厕所"，应说"对不起，我出去一下"，这是比较容易接受的说法。

五、说服礼仪

在生活中，随时都能遇到要说服别人的情况，他可能是你的父母、你的上司、你的顾客、你的朋友、你应聘的主考官等。如何说服需要一定的技巧。

（一）奠定良好的人际关系

要说服对方，首先奠定良好的人际关系，当一个人考虑是否接受说服之前，他会先衡量说服者与他的熟悉程度和亲善程度，实际上是考虑信任度，对方如果在情绪上与你对立，则不可能接受说服。因此，也可以说，信任是说服的基础，要攻克对方的"心理防线"，即消除防范，就要使对方信任你。一般来说，在你和要说服的对象谈话时，彼此都会产生一种防范心理，如何消除防范心理呢？从潜意识来说，防范心理的产生是一种自卫，也就是当人们把对方当作假想敌时产生的一种自卫心理，那么消除防范心理的最有效方法就是反复给予暗示，表示自己是朋友而不是敌人，以情感化。这种暗示可以采用多种方法来进行：嘘寒问暖，给予关心，表示愿给帮助等。只要对方信任你，与你建立了良好的关系，他才可能听从你的建议。

（二）以情感化对方

在社会交往中，往往通过以情感化对方，从而说服对方。感情是沟通的桥梁，要想说服对方，就要通过感情这座桥梁到达对方的内心世界，以真心打动对方。

第一，可以通过推心置腹，动之以情，讲明利害关系，使对方觉得你是在公正地交换各自的看法，而不是抱有任何个人的目的，更没有丝毫不良的企图。你要让对方感觉到你是在真心实意地帮助他，为他的切身利益着想。

第二，如果对方强大，可以争取对方的同情，以柔克强，达到说服对方的目的。

第三，以心换心，站在对方的立场上分析问题，给被说服者一种为他着想的感觉，劝说和沟通就会容易多了。

在大多数情况下，在进行说服的时候，很大程度上，可以说是被对方情感征服。只有善于运用情感技巧，动之以情，以情感人，才能打动人心。

（三）满足对方需求

满足需求是人行为动机的原动力，心理学观点认为，人的行为是由动机支配的，而动机是由需求产生的。人是有各种需求的，美国著名社会心理学家马斯洛的需求层次理论把人类需求划分五个层次：生理需求、安全需求、社交需求、尊重需求和自我实现需求，依次由较低层次到较高层次排列。某一层次的需求相对满足了，就会向高一层次发展，追求更高一层次的需求就成为驱使行为的动力。当这种需求达不到时，就会引起为追求它而产生的行为。所以要说服对方，就要了解对方的需求和引起对方的需求。

了解对方需求途径最佳方式之一是倾听，通过倾听进行归纳、总结得出其需求。之二是提问，通过提问能发现对方的需求，但要考虑如何提问？怎样提问？什么时间提问？才能通过提问得知对方的需求。

引起对方需求的方法很多，其中赞美是引起对方需求的最佳方法之一，巧妙赞美对方的优点，使对方得到一种心理上的满足，再说服对方，会得到很好的效果。其实，每个人的内心都有自己渴望的"评价"，希望给予赞美，所以适时地给予鼓励与赞扬往往会使双方的关系更加趋于亲密。如在职场中，上级对下属的赞扬就显得尤为重要，当下属由于非能力因素借口公务繁忙拒绝接受某项工作任务之时，作为领导的你为了调动他的积极性和热情去从事该项工作，可以这样说："我知道你很忙，抽不开身，但这件事情只有你去解决才行，我对其他人做没有把握，思前想后，觉得你才是最佳人选。"这样一来，就使对方无法拒绝，巧妙地使对方的"不"变成"是"，这个说服的技巧主要在于对对方某些固有的优点给予适度的赞扬，以使对方得到心理上的满足，使其在较为愉快的情绪中接受你的劝说。

总之，要想说服对方，就要从对方的需求入手，只有满足对方的需求，才能说服对方。

（四）寻找共同点

人们在交往过程中，发现在与陌生人交往时，如果双方有共同的爱好和兴趣等共同点时，会有似曾相识的感觉，与对方有亲切感，会认同对方、信任对方，愿意与其进一步交流。

此外，朋友之间或多或少都会存在某些共同意识，因此，在谈话过程中出现矛盾的时候，你应该敏锐地把握这种共同意识，以便求同存异，缩短与对方的心理差距，进而达到说服的目的。其实说服本身就是要设法缩短和别人之间的心理距离，而共同意识的提出往往会增加双方的亲密感，最终达到接近对方内心的目的。

（五）用事实说话

我国有一句成语"事实胜于雄辩"，意思是事情的真实情况比强有力的辩论更有说服力。在商务交往中，说服对方最好的方法就是用事实说话。在条件合适的情况下，提供有力的数据支持，甚至提供书面资料，旁征博引，运用具体情节和事例进行说服，更容易说服对方。

（六）善用语言艺术

在说服的时候，说服者如果绷着脸、皱着眉、指手画脚，给人一种教训人的感觉，形成紧张气氛，很容易使被说服者产生反感与抵触情绪，使说服陷入僵局。如果换一种方式，说服者运用幽默的语言，巧用歇后语、俏皮话，在说服的过程中，使对话的气氛变得轻松，这样往往会取得良好的效果。

六、演讲礼仪

演讲与一般的交谈不同，具有一定的针对性、辩论性、鼓动性，它是以多数人为听众进行的讲话，是在公众场合就某问题或某事件发表自己见解的一种口语形式，是借助有声语言和手势语言，面对广大听众说明事理、发表见解、抒发感情，从而达到感召听众的一种口语表达方式。

演讲贯穿于社会中的各个领域，它要求演讲者具有一定的学识和气质。

（一）演讲前的准备

1．演讲稿的准备

一篇好的演讲稿要具备如下的特点：首先，要熟悉、了解听众，确定主题思想，选择恰当的标题，一篇优秀的演讲稿只应有一根主线，一个主题；其次，围绕主题搜集素材和资料，准备演讲稿，作适当的演练等。

2．视听设备的准备

视听、音响的检查和准备是很重要的。若出现故障，必将影响演讲者和听众两方面的情绪。因此，应事先试用一下，以确定话筒的性能和效果如何。这个问题一般由主办单位准备，正式演讲前，要观察视听、音响的效果。

3．心理准备

演讲前，一定要有充足的思想准备。如对演讲缺乏信心、临时怯场，这样的心态必然影响演讲水平的发挥，导致演讲的失败。

4．演讲者服装

演讲者给听众的第一印象就是服装，这种先入为主的印象是非常重要的。服装首先要得体、整洁、美观，选择服装还要考虑不同的环境气氛。

　　女士在公开场合演说时，所穿的衣饰要庄重简朴。白天，所戴首饰应仅限于朴素的耳环、项链，晚会上可以穿得稍微华丽一些。

　　男士在白天演讲时，宜穿一套西服，并配以一条花式保守的领带。至于晚宴约会，则必须和其他同桌的人穿着一样整齐。

　　服装对于展示演讲者的风采，树立演讲者和听众的信心，都有十分重要的作用。

（二）进入会场礼仪

　　几位演讲者同时进入会场，不可在门口推托谦让，而应以原有的顺序进入会场。坐下前如有人陪同，要等陪同人指示座位，并应与其他演讲者同时落座，先入而坐有失礼节。如果先进入会场，被主持人发现时给调换座位，应马上服从，按指定座位坐好，并表示谢意。演讲开始时首先要介绍演讲者。

（三）介绍演讲者

　　演讲前，首先主持人到主席台，面向大家介绍演讲者。主持人提到名字时，演讲者应主动站起来，立直身体，面向听众，并微笑致意，估计听众可以认清再转身坐下。介绍词要短，几句说明身份的话就可以了，如果演讲者不太有名气，可以再多说几句话，来说明他的背景，以及他的演讲理由。介绍最好不要超过三分钟。介绍完毕，主持人回座坐下来，静静地等到演讲结束。然后主持人起立与演讲者握手并表示感谢。

（四）演讲者台上礼仪

　　演讲者走上讲台，走路时要自然、轻盈、稳健，头要正，上身要挺直，目视前方，余光看路。步幅不宜过大，步伐快慢有序，身体不偏不摇，双手自然摆动。

　　走上讲台后（会场无讲台的，一般要到麦克风旁边）面向听众站好，站位不但要考虑演讲时活动的方便，更要考虑听众观察演讲者的方便。正面扫视全场，用目光与听众进行交流，目光要落到每位听众的脸上，让听众感觉到你的目光。然后以诚恳的态度向听众敬礼，稳定之后，再开始演讲。

　　演讲完毕，要向听众敬礼，向主持人致意。如果听到掌声，应再次表示谢意，然后走下演讲台回到原座位。有时，演讲结束，演讲者可能由主持人陪同先行退场。听众出于礼貌，站起身来、热情鼓掌，这时演讲者同样也要热情回报，或鼓掌或招手以致意，直至走出会场。

（五）演讲者的声音

　　演讲者的声音会直接影响演讲的效果。对演讲者声音的基本要求如下。

　　1. 发音准确清楚

　　有的演讲者因为发音含糊不清而使人难以分辨所要表达的意思，无法交流，影响演讲效果。

2．语音清亮圆润

演讲者要有足够的音量，使坐在最后面的人都能听到。音量的大小根据会场的大小和人员的多少而定。既不要过高，也不要过低。过高易失去自然和亲切感，过低会使会场出现不应有的紊乱。一般认为，声音低沉的男性较之声音高亢的男性，其信赖度较高，因为声音低沉会让人有种威严沉着的感觉。如果你的声音尖锐刺耳，就要练习发出低沉的声音，坚持下去，你会发现你的声音慢慢地变得洪亮圆润起来。

3．语气要抑扬顿挫、有节奏

一般地，演讲时的讲话速度应比平时讲话速度更慢一些，句尾更清楚一些。在国外演讲的时候，说话的速度应该比在国内演讲慢三分之一到二分之一，即使有翻译也应慢一些。同时要尽量避免使用难以翻译的专业术语和缩略语，如果实在要用，就应该事先将每个术语的准确含义告诉译员。演讲中要学会运用抑扬顿挫、轻音和重音，使演讲富有生气和色彩。

（六）演讲者的仪态

演讲者为了在演讲时有充沛的精力，在演讲之前，一定要充分休息，养精蓄锐。演讲者在演讲时要表现出不卑不亢、彬彬有礼、器宇轩昂或洒脱大方的气度。因此，站立要稳，切勿前后摇摆。有的演讲者常常左右移动重心，这会使人认为你心神不定。目光要前视听众，左躲右闪会给人一种鬼鬼祟祟的感觉。或者说话时望天，好像是目空一切或思想不集中。或者习惯于低头看稿或看地板，不注意与听众交流，好像做了亏心事一样。这几种情况，都将直接影响演讲效果。

演讲者的动作要把握分寸，做到端庄与潇洒的和谐统一。演讲者可以双手相握，放在身前或身后，或者放松垂在两侧。演讲者双手的姿势相当重要，它能加强你的演说。演讲者的手势是随着演讲的内容而表现出来的。一般地，手向上、向前、向内往往表达希望、成功、肯定等积极意义的内容，如图 2-1 所示。手向下、向后、向外往往表达批判、蔑视、否定等消极意义的内容。

演讲者演讲时，双手尽量不要胡乱挥动，但也要尽量避免一再重复同一动作。不要胡乱地挥动手臂以免分散听众听你演说的注意力。

图 2-1

（七）演讲的时间

最佳的演讲效果是在听众们觉得尚未满足、还想听下去的时候结束话题。如果演讲需要借助翻译的时候，要考虑到需要较充裕的时间，把翻译的时间计算进去。大多数国际会议的发言时间一般是 10 分钟，各种仪式上不得不安排的演讲，最好不要超过 5 分钟。为欢迎国宾、公事团体举行的正式晚宴上，无论是主人还是客人的演讲，一般安排在 15 分钟左右。

（八）演讲的开场白

演讲的开场白没有一定的固定模式，一般有以下几种开场白。

1．提纲式开场白

演讲开始前，可以先把自己要讲的问题扼要地介绍一下，使听众有个整体的认识，然后顺藤摸瓜，脉络清楚，一气呵成。

2．向听众提问式开场白

在演讲开头向听众提几个问题，让听众与你进入一个共同的思维空间进行思考。演讲者的问题提得好，听众自然会格外留神，等待富有见解的答案。

3．即兴发挥式开场白

演讲者可根据会场气氛，临场即兴发挥开头，这可以把演讲者与听众一开始就紧紧地联系起来，使听众在感情上产生共鸣。

4．引起听众好奇式开场白

即把一些与演讲内容有关的罕见的问题或现象先提出来，引起听众的好奇心，使听众产生一种非听下去不可的兴趣。如果有一个与演讲内容有关的有趣的故事，也可用它作为开头。

（九）演讲者要具有善用讲稿的能力

演讲者要具有脱稿的能力，但是不要背讲稿，如果需要，可以将主要内容的标题简短地写在小纸条上，演讲时对纸条快速地一瞥，可以触发你的思维。许多演讲都需要引证一些必不可少的数据和其他材料，否则很容易给人造成一种论据缺乏力量的感觉。听众看到演讲者在看事先准备好的材料的时候，也会集中注意力来听。

七、聆听礼仪

在现代社会交往中，善于倾听他人讲话，既是一个人礼仪修养的体现，也是一种高超的交际艺术。古希腊先哲苏格拉底曾说："上天赐人两个耳朵一张嘴，就是要我们多听少说。"

（一）聆听的作用

1．尊重对方，加深友谊

从某种意见上说，在社交场合受大家欢迎的人，人人都爱与之交谈的人，并不仅仅在于他能说会道，而重要的是他会听。因为交谈中只有既讲又听才可以满足双方的需要，也只有如此，才能使交谈顺利进行。认真聆听对方的谈话，是对讲话者的一种尊重，在一定程度上可以满足对方的需要，同时可以使人们的交往、交谈更有效，彼此之间的关系更融洽。能够耐心地倾听对方的谈话，是对对方的尊重和欣赏，等于告诉对方"你是一个值得我倾听你讲话的人"，这样在无形中就能提高对方的自尊心，对方感受到这份诚意，才能一吐为快，可以增进人们之间的相互关系，加深彼此的感情。

越是善于倾听的人，人际关系就越理想，当周围的人意识到你能耐心倾听，他们会自然向你靠近。相反，不认真倾听的人，如果只顾自己讲，人们就会对他敬而远之，久而久之，只能是自己被孤立。

2．捕捉信息，有所判断

聆听是收集信息、处理信息、反馈信息的过程。谈话是在传递信息，听人谈话是收集信息，听，可以获得必要的信息。注意聆听别人的讲话，从他说话的内容、声调、神态，可以从中了解对方的需要、态度、期望和性格，以及对方是否真正理解你说话的含义。听者在聆听的空隙里，要思考、分析、回味、琢磨，从中得到有用的信息。

在日常的人际交往中，有些人往往把真实意图隐藏起来，因此，倾听者在倾听时就需要仔细、认真地品味对方在话语中的言外之意、弦外之音。微妙之处见真情，细细咀嚼品味，以便正确判断他的真正意图。

3．有利于进一步交谈，达到自己的目的

认真倾听他人讲话，获得有用的信息，了解对方的需求、特点等，同时整理自己的思路，寻找恰当的语句，更加完善地表达自己的意见，给人鲜明的印象，有利于进一步交谈，达到自己的目的。

（二）如何聆听

1．专注有礼

听他人说话应认真专注有礼，在现代社会交往中，人们的价值观、信仰、理解方法、期望有可能是不一致的，讲话人的所用言辞以及性别、文化差异等都可能增加你聆听时的难度。他的非语言信号和语调也会成为影响交流的潜在因素。即便讲话人的表达缺乏条理，我们也要有礼貌地认真倾听，不要随意插话，不要轻易打断对方，挑对方的毛病。应该目光注视对方以表示专注聆听，可以通过目光的交流、赞许认同的点头，表示你在认真地倾听他的讲话，可以赢得对方的好感，这样才能正确地理解对方讲话所传递的信息，同时也能够获得更多的信息，准确把握讲话者的重点。

2．良好的心理状态，耐心倾听

从心理学上讲，人的注意力并不总是稳定、持久的，它会受到各种因素的干扰。要认真倾听对方讲话，必须要有良好的心理状态，善于控制自己的注意力，克服各种干扰，要专注、忍耐倾听，始终保持自己的思维跟上讲话者的思路。

聆听时，应该将身体稍稍靠前，倾向对方，用微笑的神态注视对方，并使自己的表情与说话人相呼应，以表示聆听的兴趣，尤其是对方说到关键的地方应小声附和或点头示意。同时，自己要全神贯注、一心一意地听，心无旁骛地接收和分析信息。

3. 激励式倾听

倾听对方讲话，要约束自己、控制言行，有时为了让对方知道我们在听，在对方说话的过程中，偶尔的提问或提示是对讲话人的鼓励。偶尔的提问或提示一是能激励对方讲话；二是可以澄清谈话内容，有助于提高聆听效率。

澄清问题的方法有："还有哪些方面需要考虑的呢？""你能详细说明一下你刚才所讲的是什么意思吗？""我可能没有听懂，你能否再讲具体一点？"这些问题都是为了要求对方提供信息而问的，而不是对谈话人所讲的内容进行评论。

如果某人有口吃的毛病或特殊的口音，就必须如实地告诉他你是否听懂了他说的话，这一点非常重要。讲话者总希望和你交流，希望被人理解。你不妨改变说法，重复一遍你没有听得太清楚的语句，以证实自己的理解是否正确。

为了鼓励讲话人，可以采用以下方法进行提问或评论："你提出了好几条建议，你认为哪一条最好呢？""快跟我说说吧。"通过自己所听到的内容提示和鼓励讲话人继续说下去："我明白了。""你说得对！""这很有趣，请接着说。""真的！"

4. 及时给予反馈

及时给予反馈是提高聆听效率的有效途径之一，及时给予反馈是指用自己的语言复述对讲话人所表达的思想与感情的理解。给讲话人以反馈，从而完成聆听的全过程，并告诉他其信息已被听到并理解了，通过反馈提高聆听效率。

反馈的方式主要有：逐字逐句地重复讲话人的话；用自己的语言解释讲话人的意思；如果合适的话可对听到的内容作笔记。

（三）不善聆听的表现及解决办法

1. 神情恍惚、爱走神

商务交往中，尤其是商务谈判，经过长时间的谈判或交谈，会消耗大量的体力和脑力，导致走神，出现神情恍惚不能自已的现象。

解决办法：要有耐心强迫自己集中注意力。

与这种思绪不集中的人讲话时，要用短句子，多问些问题，尽量使讲话富有吸引力。

2. 缺乏自信、畏惧技术

在商务交往中，有些合作项目专业化很强，技术性很高。有的人觉得信息太难或过于专业而干脆横下心不听了，甚至要放弃合作；或对手强大，带着焦虑、恐惧的情绪进行交流，因为紧张缺乏自信导致似听非听、胡思乱想。

解决办法：告诫自己可以理解信息内容，然后把注意力集中在信息上而不是老想着它有多困难。或者使身体前倾、集中精力，礼貌注视对方、努力倾听，这样既可以迫使自己不去想别的事情，同时显示自信。

和这类人讲话时，应该使用简单的语言和短句子，使谈话富有吸引力并用实际演示和图片作为辅助来讲解难点；或者面带微笑鼓励对方倾听讲话。

3. 只顾自己夸夸其谈

只顾自己夸夸其谈的人，只热衷于自己说话而不顾别人是否有话要说，即使别人在讲话，他也没注意听对方讲的内容，而是一心想他自己要发表的言论，这是典型的不听别人讲话的人。

解决办法：树立轮流说话的意识。

和这类人讲话时，应既不失礼貌，又要观点明确。可以使用这样的语句，如"这很有意思，可我的看法不同"、"请让我讲完"或"我刚才想说的是"，或者干脆不和这种人争辩，只需洗耳恭听即可。

4. 专爱挑毛病

专爱挑毛病的人是带着挑刺、怀着批判的态度听别人讲话，为的是从中挑毛病。他从对方的话语中搜集信息只是为了反驳讲话的人，鸡蛋里挑骨头。这是律师在法庭上的拿手戏，在商务谈判上，挑剔对方的缺点，动摇对方的耐心和信心，从而使自己处在主动的谈判地位上采用的方法，可是在其他场合，则是在考验人们的耐心。

解决办法：尽量找出与别人的共同点。

和这类人讲话可以问他："您为什么这么说？"

在现代社会交往中，通过聆听能够更多地了解对方，能学到更多的东西，倾听能使紧张的关系得到缓和，可以增进人们之间的相互关系，避免一些不必要的纠纷。它可以让人获得智慧和尊重，赢得真情和信任。

第二节　举　止　礼　仪

礼仪小故事

王刚和李勇一同毕业于某大学化学系，王刚为人豪爽仗义、大大咧咧、不拘小节、走路风风火火，李勇待人彬彬有礼、做事严谨、沉稳干练，他们一同进一家化工厂，招聘时他们二人都应聘质检科，李勇被分到质检科，而王刚被分到车间，王刚也非常喜欢质检专业，进车间半年多，王刚申请调到质检科，领导没有同意，让他继续在车间，王刚不解，一次，他到质检科送样品检验，一路风风火火，进了质检科速度也没有放慢，差一点碰倒仪器，样品也拿错了，幸好被细心的李勇发现，王刚这时才明白领导为什么没同意让他到质检科而让李勇到质检科。

思考：你知道为什么吗？

一、微笑礼仪

微笑是一种愉快心情的反映，它发自于内心，通过人的面部表情因双唇轻启、牙齿半露、眉梢上推、脸部肌肉平缓向上向后舒展而带来的一种效果。微笑是人类的一种表情，是人类美好情感的流露，是一种特殊的语言——"情绪语言"，是一种全世界通用的语言，是人际交往中最基本、最常用的礼仪。

微笑，渗透着情感，是一种内心活动的自然流露，来自人的内心深处。微笑是人们对某种事物给予肯定以后的内在心理历程，是人们对美好事物表达愉悦情感的心灵外露和积极情绪的展现。微笑可以表现出对他人的理解、关心和爱，是礼貌与修养的外在表现和谦恭、友善、含蓄、自信的反映。

（一）微笑的标准

微笑包含三方面标准。

1. 面部表情标准

面部表情和蔼可亲，伴随微笑自然地露出 6～8 颗牙齿，嘴角微微上翘；微笑注重"微"字，笑的幅度不宜过大。微笑要求口眼结合，嘴唇、眼神含笑，微笑时要真诚、甜美、亲切、善意、充满爱心，如图 2-2 所示。

需要强调的是：微笑是一种个性化表情，中国的礼仪习惯是笑不露齿。每个人都有各自的生理和心理特点，展现出的美丽笑容也是大相径庭。有的人开朗、热情，笑时露出一排漂亮的牙齿；有的人内向、含蓄，笑时轻轻抿起嘴唇；有的人成熟、大方，笑时眼睛更是会说话。

图 2-2

2. 眼睛眼神标准

眼睛礼貌正视，面对他人目光友善，眼神柔和，亲切坦然，眼睛和蔼有神，自然流露真诚。

需要强调的是：不要将目光聚集在人的脸上的某个部位，而要用眼睛注视于他的脸部三角部位，即以双眼为上线，嘴为下顶角，也就是双眼和嘴之间；精神饱满，保持慈祥的、神采奕奕的眼光，再辅之以微笑和蔼的面部表情；眼神要有交流，要迎着他的眼神进行目光交流，传递你的敬意。

3．声音语态标准

声音要清晰柔和、细腻圆滑，语速适中，富有甜美悦耳的感染力；语调平和，语音厚重温和；控制音量适中，让对方听得清楚，但声音不能过大；说话态度诚恳，语句流畅，语气不卑不亢。

（二）微笑的作用

美国著名交际大师卡耐基指出："行为胜于言论，对人微笑就是向人表明：'我喜欢你，你使我快乐，我喜欢见到你'"。

1．微笑能传递情感、增加信任、建立良好的交往关系

微笑是人际交往中最基本、最常用的礼仪，贯穿于各种礼仪活过程中。微笑是人类传达感情最好的方式，"此时无声胜有声"，在人与人交往时通过微笑彼此表达出友好和敬意，通过微笑与交往对象建立起友好的沟通渠道和良好的交往关系。

当与人见面握手时，如果伴以亲和的微笑，能增加信任，放松气氛，会瞬间拉近彼此的距离。在交往中，微笑能够表现出善意、尊重和友好，通过微笑与交往对象建立起友好的沟通渠道和良好的交往关系。在各种场合恰当地运用微笑，可以起到传递情感、沟通心灵、征服对方的积极心理效应。

2．微笑给人良好的第一印象

第一印象又称首因效应、首次效应或优先效应，是指人们第一次与某物或某人相接触时会留下深刻的印象。第一印象作用最强，持续的时间也长，比以后得到的信息对于事物整个印象产生的作用更强。

心理学研究发现，与一个人初次会面，45 秒内就能产生第一印象。这种先入为主的第一印象是人的普遍的主观性倾向，会直接影响到以后的一系列行为。实验心理学研究表明，外界信息输入大脑时的顺序，在决定认知效果的作用上是不容忽视的。第一印象主要是依靠性别、年龄、体态、姿势、谈吐、面部表情、衣着打扮等来判断一个人的内在素养和个性特征。而初次见面时面带微笑，就可能获得热情、善良、友好、诚挚的第一印象。与人相见，在最初的几十秒钟，我们能做什么呢？最重要的也是最简单的就是微笑，通过微笑给人留下良好的第一印象。

3．微笑能促使人际交往顺利进行

当你对别人微笑时，其实就在传递一种快乐积极的信号，意味着你对他表示"我很高兴认识你"。对方就会和你产生共鸣，体会到你的快乐，更愿意和你接近。微笑通过温馨、亲切的表情，能有效地缩短沟通双方的距离，给对方留下美好的心理感受，从而形成融洽的交往氛围，能促使人际交往顺利进行。

4. 微笑可以有效地化解交往矛盾

微笑具有化干戈为玉帛的作用。俗话说，"伸手不打笑脸人"，在社会交往中，朋友与同事之间，难免会误会、产生矛盾与隔阂，发生不愉快，如何解决？这就要看当事者的态度了，再深的矛盾，当面对微笑时，也有可能强行压制下去。面对一张微笑着的脸，再大的怒火也会不觉间熄灭。一个人的微笑就像温暖的春风般可以化解严冬的冰冻。在一般情况下，当人与人之间产生纠葛时，一方若能以微笑面对另一方，往往就不会进一步激化矛盾了。

5. 微笑能产生经济效益

在企业经营中，微笑是一种天然资源，它给人留下的是宽厚、谦和、亲切的印象，表达出来的是对顾客的理解、关爱和尊重。微笑不需要投资，但微笑的价值是无限的，微笑可以增加利润，微笑更能创造成功和奇迹。尤其是服务行业，微笑能产生巨大的经济效益。例如，名声显赫于全球的美国希尔顿酒店，半个世纪以来，不论经济如何波动，但它的生意长期火爆，财富增加直线攀升，稳坐世界酒店业"大哥大"地位。当有人探询其成功的秘诀时，希尔顿微笑着说："经营微笑"。微笑服务可以使顾客的需求得到最大限度的满足。顾客除物质上的需求外，也要求得到精神上、心理上的满足。

微笑服务是一种以心换心、宾客情绪和态度的配合，有利于服务工作的顺利进行。同时，服务交往中，微笑也容易给服务人员自身带来热情、主动、自信等良好的情绪氛围，处在这一氛围中的服务人员，对其身心健康有利，心情愉快，工作效率也随之提高。

实践证明，诚招天下客，客从笑中来；笑脸增友谊，微笑出效益。

（三）注意事项

1. 微笑不可假装

微笑要发自内心，发自内心的微笑才能亲切、自然大方、有亲和力，让人产生信任感，愿意与其交往，才能产生良好的效果。缺乏诚意、强装笑脸，是生硬的、虚假的微笑，使人感到虚伪，只能拉大双方的距离。

2. 微笑要适时、适地、适度

尽管微笑给人以一种亲切、和蔼、热情的感觉，但是在严肃庄重、悲痛伤感的场合，是不能微笑的，微笑要与周围环境、气氛保持一致。即使是在应该表现出微笑的场合也要注意：微笑要恰当。不应为了展现微笑的表情，使笑容过于夸张。

虽然微笑是人们交往中最有吸引力、最有价值的面部表情，但也不能随心所欲，随便乱笑，想怎么笑就怎么笑，不加节制。例如，在餐厅吃饭时，坐在你对面的是你的一位朋友，你对她微微一笑，可能她会觉得你非常欢迎她与你共同进餐。但是，你吃一口饭对他笑笑，吃一口饭，抬头看见他，又笑笑，这样一次两次可以，如果次数多了，就会让对方心里发毛。

因此，微笑要适时、适地、适度、得体，才能充分表达友善、诚信、和蔼、融洽等美好的情感。

3．微笑四不要

不要缺乏诚意、强装笑脸；不要露出笑容随即收起；不要仅为情绪左右而笑；不要把微笑只留给上级、朋友等少数人。

二、站姿礼仪

站姿是人最基本的举止，从一个人的站姿，人们能够看出他的精神状态、品质修养及健康状态。正确的站姿会给人以挺拔笔直、庄重大方、信心十足的印象。"站如松"就是对站姿这种静态美的描述。优美的站姿，是培养仪态美的起点，是培养其他动态美的基础。优美、典雅的站姿能衬托一个人美好的气质和风度。

（一）正确的站姿

1．标准站姿

（1）身体与地面垂直，抬头挺胸，收腹立腰，脊椎后背挺直，重心放在两个前脚掌。

（2）脖颈挺直、微收下颌、目光平视、面带微笑。

（3）双肩放松、人体有向上的感觉。

（4）双臂自然下垂于身体两侧，中指贴拢裤缝，两手自然放松。两腿并拢，两腿相靠站直，肌肉略有收缩感，脚跟靠紧，脚掌分开呈"V"字形，如图 2-3 所示。

2．庄重严肃场合站姿

在庄重严肃场合站姿与标准站姿相同，不同的是面部表情严肃、庄重、自然。例如，参加升国旗仪式、参加遗体告别仪式等庄重严肃的场合。

男士站姿要求刚毅洒脱，女士站姿要求秀雅优美，亭亭玉立。庄重严肃场合男女站姿相同，其他场合其站姿是有差别的。

3．男士站姿

身体立直，与标准站姿不同的是，两腿分开，两脚平行比肩宽略窄，右手搭在左手上贴于臀部，如图 2-4 所示，警卫、保安、门童等人员经常采用这种站姿。如果双脚并拢，就表示对来客的尊重。这种站姿显得笔挺干练，有威慑力，容易使人产生距离感，警卫人员采用这种站姿很能体现职能特点。

4．女士站姿

身体立直，与标准站姿不同的是，右手搭在左手上，两手虎口相交，自然贴在腹部，身体斜侧 45°，一只脚略向前，脚跟靠近另一脚窝内侧成"丁"字步。这种站姿使女士看上去优雅端庄，如图 2-5 所示。

图 2-3   图 2-4   图 2-5

（二）站立时的注意事项

（1）在非正式场合，双足的位置较自由，既可并之，也可一前一后，自然成形。肌肉放松，但应保持身体的挺直。

（2）穿礼服或旗袍，可让双脚之间前后距离约 5 厘米，以一只脚为重心。

（3）向人问候或做介绍时，不论握手或鞠躬，重心应在中间，膝盖要挺直。

（4）双手不可叉在腰间，也不可抱在胸前。

（5）站立时千万不要歪脖、斜腰、挺腹、屈腿等，这些不美的姿态都会破坏自己的形象。

（6）与人交谈时，两臂可随着谈话的内容做些适度的手势，但不可过大。

（7）在正式场合，不宜将手插在裤袋里或交叉在胸前，更不要下意识地做些小动作。那样不但显得拘谨，给人缺乏自信和经验之感，而且也有失仪态的庄重。

总之，站姿应该自然、轻松、优美，不论呈何种姿势，改变的只是脚的位置和角度，而身体要保持绝对的端正挺拔。

（三）训练方法

（1）五点靠墙：背墙站立，脚跟、小腿、臀部、双肩和头部靠着墙壁，以训练整个身体的控制能力。

（2）双腿夹纸：站立者在两大腿间夹上一张纸，保持纸不松、不掉，以训练腿部的控制能力。

（3）头上顶书：站立者按要领站好后，在头上顶一本书，努力保持书在头上的稳定性，以训练头部的控制能力。

三、坐姿礼仪

坐姿是一种可以维持较长时间的工作劳动姿势，也是一种主要的休息姿势，更是人们在社交、娱乐中的主要身体姿势。坐姿是一种静态造型。坐姿不正确显得懒散无礼，而端庄优美的坐姿，会给人以文雅、稳重、端庄、自然大方的个人形象。

（一）坐姿具体要领

腰背挺直，肩放松。女子两膝并拢，男子膝部可分开一些，但不要过于大，一般不超过肩宽。落座后，不要把椅子坐满，坐椅子前部的二分之一或三分之二即可，不要紧靠椅背。结合具体情况，应注意以下几点。

1．入座基本要求

一般从后面入座，如果椅子左右两侧都空着，应从左侧走到椅前。不论从哪个方向入座，都应在离椅前半步远的位置立定，转身背对椅子，右脚轻轻向后撤半步，用小腿靠椅，以确定位置。从容地慢慢坐下，要轻要稳，然后把双脚跟合拢。女子入座时要用手把裙子拢一下，以显得娴雅端庄，再坐。起立时，右脚先收后半步，而后站起，向前走一步，再转身走出去，如图2-6所示。

2．男子坐姿

男子入座时，重心要垂直向下，腰部挺起，上身垂直，大腿与小腿基本呈直角，两脚平落地面，双目平视、嘴唇微闭、微收下颌，手放在双膝或扶手上，如图2-7所示，这就是我们常说的坐如钟。

3．女子坐姿

女子入座，要颈直目平，双手相交自然放在腹部，或两手重叠静放腿上。女子坐姿有以下几种。

（1）双腿垂直式，正式场合最实用，如图2-8所示。

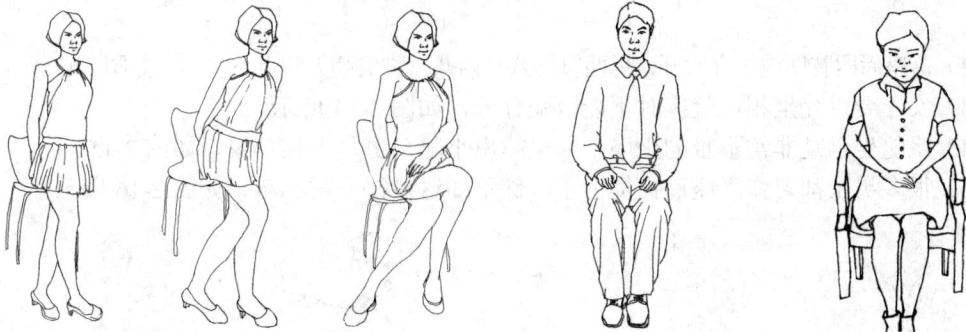

图 2-6　　　　　　　　　　　　　　　　图 2-7　　　　　　图 2-8

（2）双腿叠放式，超短裙忌用，如图2-9所示。

（3）双腿斜放式，可展现出女子优美的"S"形，如图2-10所示。

（4）双腿交叉式，可两脚交叉置于一侧。适用于主席台上、办公桌后面、公交车上，注意膝部不要打开，不宜将交叉的双腿大幅度分开，或是向前分开，或直伸，如图 2-11 所示。

（5）双脚内收式，可两脚交叉置于一侧，注意向体内收脚，如图 2-12 所示。

图 2-9   图 2-10   图 2-11   图 2-12

4．其他细节

落座时要轻缓、端庄稳重。坐沙发时，要防止身体深陷在里面。如果坐的是低沙发，背部靠沙发背。坐下后使你的膝盖高于腰部，你要把并拢的膝盖偏向你的谈话者，最好让大腿和上半身成直角。

坐较低的椅子时，可以两膝并拢靠紧，将膝盖朝向与自己谈话的人。坐高椅子的话，双腿并拢不太好看，男性可以跷二郎腿，但不能将脚尖高高翘起对着别人；女性跷二郎腿时，要使双腿紧贴，脚尖朝下。

（二）注意事项

（1）落座时不可猛地砸进沙发，更不可半躺半卧地埋在沙发里。忌猛起猛坐，弄得座椅乱响。

（2）落座后四肢摆放不宜太开，忌两脚外八和内八，脚尖朝天和上下抖动，如图 2-13 所示。

（3）女士要讲究坐相，就座时不能两腿分开，如图 2-14 所示。

（4）跷腿坐已是非常不雅的坐姿，如果露出小腿，更是大损形象，如图 2-15 所示。

（5）很多男士都习惯离座后提提裤子，殊不知这显得非常不雅，如图 2-16 所示。

图 2-13   图 2-14   图 2-15   图 2-16

一种良好的坐姿，不仅是一种优美的无声语言，更能体现出一个人的内在修养，并能从侧面反映出一个人的精神状态、工作状态。

四、走路礼仪

正确的走姿，能走出风度，走出优雅，走出美来，更能显示出一个人的活力与魅力。男子的走姿应步伐稍大、矫健、有力、潇洒、豪迈，展示阳刚之美；女子的走姿则步伐略小、轻捷、蕴蓄、娴雅、飘逸，体现阴柔之美。

（一）具体要领

（1）步履自然、轻盈、稳健，胸要挺，头要抬，肩放松，两眼平视，面带微笑，微收下颌，重心稍前倾，人体有向上的感觉。步幅适当，前脚的脚跟与后脚的脚尖相距一脚长。起步时，身体微向前倾，身体重心落于前脚掌，行走中身体的重心要随着移动的脚步不断向前过渡，而不要让重心停留在后脚，并注意在前脚着地和后脚离地时伸直膝部。

（2）男性有阳刚之美，步伐频率每分钟约 100 步，步幅（前后脚之间的距离）约 25 厘米；双臂前后自然摆动，摆幅以 30°～35°为宜。"行如风"，如图 2-17 所示。

（3）女性步伐频率每分钟约 90 步，步幅约 20 厘米。步伐轻盈、柔软、玲珑、贤淑，显得秀丽柔媚，如图 2-18 所示。

图 2-17

图 2-18

（二）注意事项

（1）注意步位，两脚的理想行走线迹是一条直线。年轻女士迈步时，脚内侧踩一条线（"一"字步）；男子和中老年妇女则走两条平行线（平行步）。

（2）行走时应保持身体的挺直端正。忌左顾右盼，左摇右摆。

（3）与人告辞时，为了表示对在场的其他人的敬意，在离去时，可采用后退法。其标准的做法是：目视他人，双脚轻擦地面，向后小步幅地退三四步，然后先转身，后扭头，轻轻地离去。切忌不宜立即扭头便走，给人以后背。

（4）在楼道、走廊等道路狭窄之处需要为他人让行时，应采用侧行步。即面向对方，双肩一前一后，侧身慢行。这样做，是为了对人表示"礼让三先"，也是意在避免与人争抢道路，发生身体碰撞或将自己的背部正对着对方。

（5）穿西装要注意挺拔，保持后背平正，两腿立直，走路的步幅可略大些，手臂放松、伸直摆动，行走时男子不要晃肩，女子肩胯都不要左右摇动。

（6）穿旗袍和裙子就要走出女性柔美的风韵，要求身体挺拔，胸微含，下颌微收，忌塌腰撅臀，穿着旗袍无论是配以平底鞋还是高跟鞋，走路的幅度都不宜大，两脚跟前后要走在一条线上，脚尖略外开，呈"柳叶步"，手臂在体侧摆动，幅度也不宜过大，肩、胯部可随着脚步和身体重心的转移稍左右摆动。女性如果穿长裤，步幅可以大一些。

（7）穿运动鞋和轻便的布鞋时，步幅可以大一些，走姿会显得轻松随意；女性穿高跟鞋时，步幅要小些，走姿要端庄，从而安全、舒适并能体现女性之美。

（8）在室外行走，速度可以稍快，步态要稳健，以便迎合工作节奏，提高效率；在办公室内，尤其是图书馆、医院等需要安静的场所，要放轻脚步。

（9）行走时，不要紧挨着别人走，尤其是不要紧跟陌生人身后。几个人结伴行走时，应避免并行，避免勾肩搭背、牵手而行。

（10）行走时，请女性、长者、儿童走在路的里侧。

五、蹲姿

蹲是由站立的姿势转变为两腿弯曲和身体高度下降的姿势。蹲姿其实只是人们在比较特殊的情况下所采用的一种暂时性的体态。另外在行进中拾起掉在地上的东西，一般是习惯弯腰将其捡起，而这从仪态美的角度看，是很不雅观的。美丽的取物姿态，实际上是美丽的蹲姿，即先要靠近你想拾取的物品，让物品在你的右前方，然后蹲下，下蹲时上身保持垂直，略低头，眼睛看着要拾取的物品，双膝一高一低，可以使下蹲的姿态保持稳重，然后从容地完成拾取动作，如图 2-19 所示。

（一）正确蹲姿

1. 高低式蹲姿

下蹲时，重心下移，双腿不并排在一起，而是左脚在前，右脚稍后，左脚完全着地踏实，小腿基本上垂直于地面；右脚掌着地，脚跟提起，右膝低于左膝，右膝内侧可靠于左小腿的内侧，形成左膝高、右膝低的姿态，臀部向下，基本上用右腿支撑身体。两腿之间可有适当距离，但不宜过大。男性在选用这一方式时往往更为方便，如图 2-20 所示。

2. 交叉式蹲姿

下蹲时，重心下移，右脚在前，左脚在后。左腿在下，右腿在上，二者交叉重叠，左膝由后面伸向右侧。右小腿垂直于地面，全脚着地。左脚跟抬起，脚掌着地。两腿前后靠紧，合力支撑身体。臀部向下，上身稍前倾。其特点是造型优美典雅，通常适用于女性，尤其是穿短裙的人员，如图 2-21 所示。

3．半蹲式蹲姿

在下蹲时，上身稍许弯下，但不宜与下肢构成直角或锐角；臀部向下而不是撅起；双膝略为弯曲，其角度根据需要可大可小，但一般均应为钝角；身体的重心应放在一条腿上，两腿之间不要分开过大。身体半立半蹲，在行进之中临时采用。

4．半跪式蹲姿

半跪式蹲姿又叫单跪式蹲姿。下蹲之后，改为一腿单膝着地，臀部坐在脚跟之上，而以其脚尖着地；另外一条腿则应当全脚着地，小腿垂直于地面（或大腿与地面平行，小腿紧贴大腿，脚尖着地）；双膝应同时向外，双腿应尽力靠拢。表现为双腿一蹲一跪，多用于下蹲时间较长，或者为了用力方便而采用的蹲姿，如图 2-22 所示。

图 2-19　　　　　　图 2-20　　　　　　图 2-21　　　　　　图 2-22

（二）注意事项

（1）女士无论是采用哪种蹲姿，都要切记将双腿靠紧，臀部向下，上身挺直，使重心下移。

（2）蹲下来的时候，速度要缓慢，不要过快，切忌突然下蹲。

（3）要考虑与他人的距离，不要离人太近。在下蹲时，应和身边的人保持一定距离。和他人同时下蹲时，要考虑身边人跟你的距离，以防彼此"迎头相撞"或发生其他误会。

（4）方位要得当。在他人身边下蹲时，最好是和他人侧身相向。正面他人，或者背对他人下蹲，是有失礼貌的行为。

（5）不要蹲在凳子或椅子上。有些人有蹲在凳子或椅子上的生活习惯，但是在公共场合是不礼貌的行为。

（6）下蹲时一定不要有弯腰、臀部向后撅起的动作；切忌两腿叉开，两腿展开平衡下蹲，露出内衣裤等不雅的动作，以免影响你的姿态美。

（7）女士穿短裙照相应注意，下蹲时将双腿靠拢，一腿平蹲，另一条腿向下尽量靠紧，同时双手抹平裙子并遮挡双腿间可能露出的缝隙。这样做，既可以有效地防止走光，而且使人展现出很好的仪态。

（8）弯腰拾物：简便的弯腰拾取姿态，可能比下蹲迅速。但要注意两点：一是采取半蹲姿态；二是穿低领上装时，一手要护着胸口。

蹲姿是常见的一种姿态，如站久了，累了一般都会用蹲姿缓解一下。蹲的姿势和坐的姿势不同，但都是由站姿或走姿变化而来的相对处于静态的体位。

六、坐车礼仪

（一）女士的上车礼仪

高雅而大方，这是在重要场合女宾所应体现出来的气质。

（1）右手轻轻扶住车门，身体微微侧转与车门平行。

（2）重心放在左脚，右脚先迈入车内，左手轻轻扶住车门稳定身体，如图 2-23 所示。

（3）重心往右移（往车内转移），臀部往内坐下，左手同时扶住车门边框支撑身体，并缓慢将左脚缩入车内，此时要注意膝盖确实并拢，如图 2-24 所示。

（4）双手撑住身体，移动身体到相应的位置坐好，如图 2-25 所示。

（5）女士如穿长裙，应在关上车门前将裙子弄好。

（6）女士如果穿短裙，上车时应采用背入式，即打开车门上车时，背对车内臀部先坐下，如图 2-26 所示。

坐定后同时上身及头部入内，如图 2-27 所示。

然后再将并拢的双腿送进车内，如图 2-28 所示。

图 2-23

图 2-24

图 2-25

图 2-26

图 2-27

图 2-28

（二）女士下车

在车辆到达停车地点停稳后：

（1）在车内观察车外的情况，确定下车的位置。打开车门，利用靠车内侧的手臂，先扶着前座的椅背以支撑身体。双膝合拢将靠车门边的脚慢慢踏至车子边缘。下面是以右侧下车为例。

（2）将车门边的右脚轻移至地面，利用车门边框轻微支撑起整个身体，左手抓住车内上方把手，并利用这股助力将身体提起。

（3）左脚迈下车。如果觉得身体不好保持平衡的话，那么挺直背，左手撑在车座上。

（4）臀部离开车座后，双腿略屈，双膝并拢，左手仍要扶紧车把手，整个身体优雅地离车。基本原则就是"脚先头后"。

（5）如果穿着的裙子有开衩，应将身体稍微前倾，让裙摆自然垂下，以避免不雅。注意裙子没有皱褶或扭曲。

（6）如果穿着短裙下车，则下车时应正面朝车门，如图 2-29 所示。

双脚先着地，如图 2-30 所示，再将上体头部伸出车外，同时起立出来，如图 2-31 所示。

注意，下车时，要双脚同时着地，不可跨上跨下，有失大雅。基本原则就是"双膝并拢"。

（7）如果是穿低胸服装外出，最好披一条围巾，这样可以在下车时避免尴尬，也可以利用钱包或手袋轻按胸前，或用手撂弄一下头发来避免走光，并保持身体稍直的姿势。

图 2-29

图 2-30

图 2-31

（三）男士下车

女士上下车要求优雅，而男士则要求稳重潇洒。在整个下车过程中，要突出一个"稳"字。下面以右侧下车为例。

（1）车停稳后，右脚先踏出车外至地面踩稳，左手扶前座椅背，右手轻扶车门边缘以支撑身体。

（2）将身体重心转移至身体右边，然后伸出左脚站稳，并运用双手的力量撑起身体。

（3）双手借力重心转移至双脚，站起身，手扶车门，完成下车动作。基本原则就是"脚先头后"，稳稳地站住。

（四）注意事项

（1）要讲卫生。不要在车上吸烟，或是连吃带喝，随手乱扔。不要往车外丢东西、吐痰或擤鼻涕。不要在车上脱鞋、脱袜、换衣服，或是用脚蹬踩座位；更不要将手或腿、脚伸出车窗之外。

（2）要注意安全。不要与驾车者长谈，以防其走神。不要让驾车者接听移动电话。

（3）与他人一同坐车，要协助尊长、女士、来宾上车时，可为之开门、关门、封顶。在开、关车门时，不要弄出大的声响，夹伤人。在封顶时，应一手拉开车门，一手挡住车门门框上端，以防止其碰人。（座位礼仪见第五章第四节）

（4）当自己上下车、开关门时，要先看后行，不要疏忽大意，出手伤人。

七、恰当的手势

手势表现的含义非常丰富，表达的感情也非常微妙复杂。如招手致意、挥手告别、举手赞同；手捧是敬、手遮是羞，等等。在社会交往中观察对方手势发出的信息，有利于我们了解其喜恶等情感。同样我们如果能够恰当地运用手势表情达意，会为交际形象增辉。

（一）手势引导礼仪

在社交活动中表示"请进"、"请随我来"、"这边请"等给客人指引方向，根据社交礼仪的惯例有标准的规范。

（1）引领前，站立姿势，手放在腰部，面带微笑。

（2）引领时，身体前倾 15°，转身 45°，右手四指自然并拢、伸直，掌心向上，腕关节伸直，手腕呈一条直线，不能拐弯，手掌与前臂呈一直线，掌握好手的高度，不能太高或太低，以右手掌尖微指被"请"之人，以肘关节为轴，然后指向目标（见图 2-32 和图 2-33）。

图 2-32

图 2-33

（3）引领中，掌心向上，是为了表示虚心和待人的敬意；若是掌心向下，则有傲慢无礼之嫌。

（4）在引导过程中，女性的标准礼仪是手臂内收，然后手尖倾斜上推"请往里面走"，显得很优美；男性服务员要体现出绅士风度，手势要夸张一点，手向外推，同时，站姿要标准，身体不能倾斜。

（二）手势动作的含义

手势动作是极富表现力的，在不同国家、不同地区、不同民族，由于文化习俗的不同，手势的含意也有很多差别，甚至同一手势在不同的国家和地区可以表示不同的含义。

1．竖大拇指

中国人认为竖大拇指表示赞赏、夸奖，暗示某人真行。在北美表示支持和赞同："干得好"、"OK"或者"棒极了"等。

在英国，竖起大拇指是拦路要求搭车的意思。北美人也用竖起的大拇指表示要求搭便车。

在澳大利亚，如果大拇指上下摆动，这等于在辱骂对方。

在希腊，这种手势意味着"够了"、"滚开"，是侮辱人的信号。将大拇指指向自己，是自夸的意思，而跷向别人，通常是看不起人的表示。

日本人则用大拇指表示"老爷子"，或者表示数字5，用小拇指表示"情人"。

在尼日利亚等地，这个手势却被认为非常粗鲁，因此必须避免这么做。

2．OK 手势

在欧美通常表示同意，暗示赞成或欣赏对方的观点；在印度表示"正确"；在泰国表示"没问题"。

在法国这个手势表示"零"或"毫无价值"。

在日本则表示"懂了"或"钱"；在缅甸、韩国表示"金钱"。

在突尼斯表示"无用"；在印尼表示"不成功"；在地中海国家，常用它来影射同性恋。

在巴西用这种手势，对方是女性时会认为你在引诱她；而男性则理解为你在侮辱人。

3．V 手势

通常表示胜利，暗示对工作或某项活动充满信心。这种手势要求手心向外。若是手心向内，就变成了侮辱人的信号。

在美国，用食指和中指形成"V"字形，这差不多在全球都可理解为示意"胜利"或者"和平"。

在英国，如果你伸出食指和中指形成"V"字形，手掌向着自己的脸，这代表辱骂对方的意思。

在欧洲大多数国家，做手背朝外、手心朝内的"V"形手势是表示让人"走开"，在英国则指伤风败俗的事。

在中国，"V"形手势表示数目"2"、"第二"或"剪刀"。在非洲国家，"V"形手势一般表示两件事或两个东西。

4．"右手握拳伸出食指"手势

在我国，它表示"一次"或"一"，或是"提醒对方注意"的意思；在日本、韩国等国表示"只有一次"。

在法国是"请求，提出问题"的意思；在缅甸表示"拜托"；在新加坡表示"最重要"。

在澳大利亚则表示"请再来一杯啤酒"。

5．用手势表示数字

中国伸出食指表示"1"，欧美人则伸出大拇指表示"1"；中国人伸出食指和中指表示"2"，欧美人伸出大拇指和食指表示"2"，并依次伸出中指、无名指和小拇指表示"3"、"4"、"5"。中国人用一只手的5个指头还可以表示6～10的数字，而欧美人表示6～10要用两只手，如展开一只手的五指，再加另一只手的拇指为"6"，以此类推。在中国伸出食指指节前屈表示"9"，日本人却用这个手势表示"偷窃"。中国人表示"10"的手势是将右手握成拳头，在英美等国则表示"祝好运"，或示意与某人的关系密切。

6．打招呼

在欧洲，人们相遇时习惯用手打招呼。正规的方式是伸出胳膊，手心向外，用手指上下摆动。在中国主要是招呼别人过来，但在美国是叫狗过来。美国人打招呼是整只手摆动。如果在欧洲，整只手摆动表示"不"或"没有"之意。在希腊，一个人摆动整只手就是对旁人的污辱，那将会造成不必要的麻烦。

（三）注意事项

（1）通常手势的使用宜少不宜多，尤其不宜一种手势反复地使用；使用任何一种手势时，其幅度不宜过大；同时不要下意识地滥用手势，不然会使对方误解，甚至被认为缺乏教养。

（2）与人相处时不要以手势动作来"评论"人。在公共场合遇到不相识的人，不应当指指点点，尤其是不应当在其背后这样做。这种动作通常会被理解为对对方评头论足，是非常不友好的。

（3）根据常规，用带尖的锐器指别人也是不礼貌的。例如，把刀子递给别人时，不能用刀尖直指对方，而应把刀把（或刀子横着）向对方递过去。在餐桌上，用刀、叉或筷子指着别人让菜也是不够友善的。

（4）在社交场合不能用手挖耳鼻、剔牙、修指甲等。这些手势动作会被对方看作是对交往无兴趣，蔑视对方，是没有教养的表现。

（5）在大庭广众之下，双手乱动、乱摸、乱举、乱扶、乱放，或是咬指尖、折衣角、抬胳膊、抱大腿、挠脑袋等手姿，亦是应当禁止的不稳重的手姿。

（6）在社交场合反复摆弄自己的手指，要么活动关节，要么捻响，要么攥着拳头，或是手指动来动去，往往会给人一种无聊的感觉，让人难以接受。

第三节　着 装 礼 仪

礼仪小故事

小莉与小高一同进入一家广告公司，小莉年轻漂亮、聪明乖巧、工作能力强、着装时尚、前卫，小高行事稳重、不善言辞、着装严谨。两年后，小高到设计部当主管，而小莉一直担任行政助理。让小莉不解的是，公司里的几个男主管虽然对她称赞有加，却很少把重要的工作交给她做，也不和她有近距离接触。小莉很郁闷，一次，她穿着性感的新衣服到单位，单位的女同事看见，夸她时尚、新潮。中午休息时，她无意听到同事议论：领口越低，职位越低，裙子越短，权力越小。想到自己像花瓶一样被摆到助理的位置上，一直不被重用，而同来的小高已经担任主管，看看自己的着装，她恍然大悟。

思考：你知道为什么吗？

莎士比亚曾经说过，"一个人的穿着打扮就是他教养、品位、地位的最真实的写照"。正确得体的着装，不仅能体现出一个人较高的精神面貌和文化修养，给人留下良好印象，而且还能够提高与人交往的能力。

一、着装的基本原则

（一）TPO 原则

TPO 原则是国际上通用的着装规范，TPO 在英语中是 time（时间）、place（地点）、occasion（场合、仪式）三个单词开头字母的缩写。它是指人们在着装时，要注意时间、地点、场合并与之相适应。

1. 着装"T"原则

着装"T"原则即着装要与时间相适应的原则，是指着装时应考虑季节的变化，一天各时段的变化和特定的时间，如工作时间、娱乐时间、社交时间等，根据不同时间安排着装。

在西方，不同的时间里有不同的着装要求。男士在白天不能穿小礼服和夜礼服，在夜晚不能穿晨礼服；女士在日落前则不能穿过于裸露的礼服。

例如白天工作时，女士应穿着正式套装，以体现专业性；晚上出席鸡尾酒会就须多加一些修饰，如换一双高跟鞋，戴上有光泽的佩饰，围一条漂亮的丝巾。

此外，着装要考虑季节气候的变化，还要顺应时代发展的主流和节奏，尤其是商业人士着装，不可太超前，更不可滞后。

2. 着装"P"原则

着装"P"原则即着装要与地点相适应的原则，是指根据不同国家、不同地区所处的地理位置、自然条件、人文环境的要求来安排着装。

例如，纬度不同的地区，衣服的颜色不同。低纬地区气候炎热，应以浅颜色或冷色调为主，给人凉爽的感觉，同时，由于气温高，人体易出汗，在面料的选择上，宜用吸湿性好、透气性强的纯棉、纯麻和丝绸面料；高纬地区气候寒冷，应以深色或暖色调为主，给人温暖的感觉，同时，面料上多选用保暖性强的呢、绒等；不同的环境需要与之相协调的服装，例如，商业人士西装革履地步入金碧辉煌的高级酒店会产生一种人境两相宜的效果；同时还要根据当地人的着装习惯选择与之相适应的服装，例如，到西亚阿拉伯国家进行商务往来，女士着装需要格外注意，要"入乡随俗"。

3. 着装"O"原则

着装"O"原则即着装要与场合相适应的原则，是指着装要根据不同场合，如上班、社交、休闲及不同仪式等场合安排着装。

上班要穿得整洁、大方、美观，不可过分妖艳，更不可以邋遢。夏季天气虽然炎热，但是在办公室女士不宜穿超短裙和吊带背心，男士则不能穿短裤和拖鞋。

社交场合服装要穿得时髦、流行又不失高雅，在出席婚礼、宴会等重要场合时，女士既可以穿西装和中式服装，也可以穿旗袍和晚礼服，男士可以穿正规西装，但必须系领带。休闲游玩时，服装要穿得舒适大方、随意、宽松，易于吸汗的棉质T恤、衬衣、色彩柔和、不需熨烫的休闲服饰是游玩时最理想的选择。

着装"O"原则的实质就是要求人们的服饰与特定的场合和气氛相和谐，要选择与其相适宜的服饰款型与色彩，实现人景相融的最佳效应。

例如，1983年6月，美国前总统里根出访欧洲四国时，他在庄重严肃的正式外交场合没有穿黑色礼服，而穿了一套花格西装，由此，引起了西方舆论的一片哗然。甚至有的新闻媒介评论里根自恃大国首脑，狂妄傲慢，没有给予欧洲伙伴应有的尊重和重视。

服饰与场合相适应的原则是人们约定俗成的惯例，它具有深厚的社会基础和人文意义。一定服饰所蕴涵的信息内容必须与特定场合的气氛相吻合。例如，参加庄重的仪式或重要的典礼等重大社交活动，如果穿一套便服或打扮得花枝招展，会使公众感觉你没有诚意或缺乏教养，从一开始就对你失去信心，从而导致交往空间距离与心理距离的拉大和疏远。

（二）整体性原则

正确的着装，能起到修饰形体、容貌等作用，形成和谐的整体美。服饰的整体美构成，包括人的形体、内在气质和服饰的款式、色彩、质地、工艺及着装环境等。服饰美就是从这多种因素的和谐统一中显现出来的。

（三）个性化原则

着装的个性化原则，主要指依个人的性格、年龄、身材、爱好、职业等要素着装，力求反映一个人的个性特征。选择服装因人而异，重点在于展示所长，遮掩所短，即扬长避短，并在此基础上创造和保持自己独有的风格，在不违反礼仪规范的前提下，显现独特的个性魅力和最佳风貌。现代人的服饰呈现出越来越强的表现个性的趋势。

（四）着装要和年龄、职业相协调原则

着装要与年龄相协调，不同年龄的人有不同的穿着要求。年轻人应穿着鲜艳、活泼、随意一些，这样可以充分体现出青年人的朝气和蓬勃向上的青春之美。而中老年人的着装则要注意庄重、雅致、整洁，体现出成熟和稳重，透出那种年轻人所没有的成熟美。因此，无论你是青年、中年，还是老年，只要你的穿着与年龄相协调，那么都会使你显出独特的美来。

着装要和职业相协调。不同的职业有不同的穿着要求。例如，教师、干部一般要穿得庄重一些，不要打扮得过于妖治，衣着款式也不要过于怪异，这样可以给人留下一个良好的印象；医生穿着要力求显得稳重和富有经验，一般不宜穿着过于时髦，给人以轻浮的感觉，这样不利于对病人进行治疗；青少年学生穿着要朴实、大方、整洁，不要过于成人化；而演员、艺术家则可以根据他们的职业特点，穿着得时尚一些。

（五）着装配色原则

任何一种颜色都是由三原色调配而来，不同颜色的服装穿在不同人的身上会产生不同的效果。颜色是有含义的，不同场合服装颜色不同。

1. 颜色的象征含义

颜色的象征含义有以下几种。

黑色：象征神秘、权威、静寂、高雅而富有理性。同时也意味着执着、冷漠。

白色：象征纯洁、善良、神圣、明亮、高雅。白色上衣给人的感觉是做事干净利落，值得信任。

大红：象征富有激情、炽热、奔放、活跃、自信、兴奋。同时也意味着会给人血腥、暴力、嫉妒的印象，不适合谈判与协商着装。

粉红：象征温柔、甜美、浪漫，显得娇嫩、温存、热情，没有压力，可以软化攻击、安抚浮躁。

紫色：象征高贵、优雅、华丽、浪漫、稳重。淡紫色的浪漫，带有高贵、神秘、高不可攀的感觉；而深紫色、艳紫色则是魅力十足、有点狂野又难以探测的华丽浪漫。同时，

它也给人高傲、矫揉造作的感觉。

橙色：象征快乐、热情、亲切、活泼、坦率、开朗、健康。橙色具有安全作用，是从事社会服务工作时，特别是需要阳光般的温情时最适合的色彩之一。

黄色：象征希望、明丽、轻快而富有朝气。淡黄色显得天真、浪漫、娇嫩；艳黄色象征信心、聪明、希望。但是艳黄色有不稳定、招摇，甚至挑衅的味道，不适合在任何可能引起冲突的场合（如谈判场合）穿着。黄色适合在任何快乐的场合穿着，如生日会、同学会。值得注意的是，黄色具有警告的作用。

褐色、棕色、咖啡色系象征典雅、谦和、平静、安定、平和、亲切，给人情绪稳定、容易相处的感觉。但是搭配不好，会让人感到沉闷、单调、老气、缺乏活力。当需要表现友善亲切时可以穿棕褐、咖啡色系的服饰。

绿色：象征自由平和、生命、新鲜、快乐、充满青春活力。黄绿色给人有活力、清新、快乐的感受；草绿、墨绿、橄榄绿则给人沉稳、知性的印象。但是，也会给人隐藏、被动、没有创意的感觉。绿色是参加任何环保、动物保护活动、休闲活动时很适合的颜色，也很适合做心灵沉潜时穿着。

蓝色：是灵性与知性兼具的色彩。浅蓝象征纯洁、清爽、文静、希望、理想、独立；淡蓝、粉蓝可以让自己，也让对方完全放松；深蓝象征自信、沉静、平稳、权威、保守、务实，意味着诚实、信赖与权威。但是如果深蓝色配色的技巧没有掌握好，会给人呆板、没创意、缺乏趣味的印象。深蓝色强调一板一眼，适合具有执行力的专业人士着装，例如，参加商务会议表现专业权威，希望别人认真听你说话时可以穿深蓝色服装。

灰色：诚恳、沉稳、考究。铁灰、炭灰、暗灰给人成功、智能、权威的感觉。中灰与淡灰色给人沉静的感觉，有哲学家的气质。灰色在权威中带着精确，适合金融业人士；当需要表现权威、成功、智能、认真、诚恳、沉稳等场合时，可穿着灰色衣服。但是当面料质感不佳时，则给人邋遢、不干净的错觉。

2. 肤色与服装色彩的搭配

早在 1974 年美国的卡洛尔·杰克逊女士就发表了色彩四季理论，每个人都有自己的"个人色彩"，即皮肤、头发、眼睛、嘴唇等的颜色，这些颜色按冷暖规律分成春、夏、秋、冬四个色系。随后，英国的玛丽·斯毕兰女士在此基础上根据色彩冷暖、明度、纯度等三大属性之间的相互关系把四季扩展为十二季，解决了人的肤色划分问题，使每个人自始至终都有一组适合自己的色彩群。

肤色不同，与服装色彩搭配也各不相同。

白色皮肤的人，对色彩选择余地大，适合淡黄、淡蓝、粉红、粉绿等淡色系列，以及大红、深蓝、深灰等深色系列；肤色白里透红者，不宜用强烈色系，宜选择素色系；皮肤过于白皙，则不宜选择冷色调，适合蓝、黄、浅橙黄、淡玫瑰色、浅绿色一类的浅色调。

黑色皮肤的人，适合暖色调的弱饱和色系，适合白色、浅灰色、浅红色、浅粉色、橙色等颜色。黄棕色或黄灰色会显得脸色明亮，若穿绿灰色的衣服，脸色会显得红润一些。不宜与深紫色、青色、褐色搭配，也不适合穿大面积红色的服装。

黄色皮肤的人，适合白色、中灰、浅蓝、淡紫、粉红等浅色柔和色调。不适合与黄色近似或对比色系，如黄色、米黄色、土黄色、墨绿、深紫、紫红、橘红、褐色，尤其是土褐色。

小麦色皮肤的人给人健康的感觉，适合白色、深蓝、炭灰、桃红、深红、翠绿颜色，尤其适合黑白这种强烈对比的搭配。不宜穿着与肤色反差太大的颜色（如茶绿、墨绿）搭配。

3. 服装色彩搭配黄金比例

配色黄金比例是 1:0.618，约略为 5:3，或类似比例 3:2 或 2:1。注意全身色块比例一定避免 1:1，尤其是对比色时更应注意。例如，穿一件长度到腰部以下 10 厘米处的白色上衣，如果再搭配一件黑色及膝裙，上衣和裙子的色块面积就成了 1:1 的比例，此时看起来会显得呆板。但是换成长裙，或者换成到腰的短上衣效果就好看了。

另一种配色黄金比例，是 70:25:5，这是指全身各个色块所占的比例，例如，套装（外套加裙子）面积最大，占 70%；衬衫面积次之，占 25%；首饰的面积最小，只占 5%。

注意当你在选择要穿什么服饰时，可以先从"大处"着手，先决定色块面积最大的，再来搭配其他的 25% 和 5%，配起色来就容易多了。

4. 色彩搭配原则

同色搭配：是指同一系列色彩相近或相同，明度有层次变化的色彩相互搭配造成一种统一和谐的效果。如墨绿配浅绿、咖啡配米色等。在同色搭配时，要掌握上明下暗、上浅下深。这样整体上就有一种稳重踏实之感。同色搭配要注意明度相差不能太近也不能过远，如果相差大则需加以过渡。用作过渡的色调，可施之于背包、腰带、围巾等附属饰物。同色搭配时，最好有深、中、浅三个层次的变化。少则单调，多则烦琐。

相似色搭配：色彩学把色环上大约 90° 以内的邻近色称为相似色。如蓝与绿、红与橙、橙红与黄绿、绿与青紫等。相似色搭配时，两个色的明度、纯度要错开，如深一点的蓝色和浅一点的绿色配在一起比较合适。与同种色服装搭配相比，相似色搭配略多变化，但整体效果也是非常协调统一的。

主色搭配：指选一种起主导作用的基调和主色，相配于各种颜色，造成一种互相陪衬、相映成趣之效。采用这种配色方法，应首先确定整体服饰的基调，其次选择与基调一致的主色，最后再选出多种辅色。主色调搭配如选色不当，容易造成混乱不堪，有损整体形象，因此使用的时候要慎重。主色是占全身面积的 60% 以上，色彩面积最多的颜色，通常是作为套装、风衣、大衣、裤子、裙子等。辅助色是与主色搭配的颜色，占全身面积的 40% 左右，它们通常是单件的上衣、外套、衬衫、背心等。点缀色一般只占全身面积的 5%～15%，它们通常以丝巾、鞋、包、饰品（如胸针）为主，会起到画龙点睛的作用。

对比色的搭配：搭配对比色时，可以先选定一个主色，再以主色的对比色进行其他部分服饰的搭配。

需要强调的是，衣服并不一定要多，也不必花样百出，最好选用简洁大方的款式，给配饰留下展示的空间，这样才能体现出着装者的搭配技巧和品位爱好。色彩搭配要有连续性的美感，也就是让同样的色彩（或同样的彩度或明度）有韵律地出现在整体配色中，营造出重复性、可以相互辉映的美感。这个原则最常被运用的方式是：全身穿戴同一种色彩或同一种色系的配饰，如耳环、项链、皮带头、手镯等，可以选择同质性金属（如都是银饰）。

5. 理想配色

绿色宜搭配黄色、粉红色宜搭配浅蓝色，适合年轻人。

深蓝宜搭配红色、咖啡色宜搭配米色，适合于正式场合。

红色宜搭配黑色、紫色宜搭配白色，适合休闲场合。

在配色时，必须注意：第一，衣服色彩的整体平衡以及色调的和谐。通常浅色上衣，下身宜搭配暗色，这样就不会使平衡发生问题；如果是上身暗色，下身浅色，鞋子就扮演了平衡的重要角色，它应该是暗色比较适当。第二，全身的色彩以不超过三种为宜，最好是"主色"，配上"局部的副色"，再加"一点点的点缀色"。

6. 印花服饰的色彩搭配

印花服饰的色彩搭配难度高，可选择："素色+印花"的黄金搭配定律，即素色单品的色彩必须和印花中的某一个颜色相同或相似。例如，咖啡色打底衫配上米黄色小外套再加上米黄色小碎花长裙；或白底、浅蓝色与深蓝色交织条纹的连身洋装+深蓝色针织小外套。

"素色+印花"的对比色搭配原则：这样的搭配方式有一个很重要的前提，即在全身的比例上，印花服饰的面积不宜太大，基本上全身以素色为主，把印花当作点缀性的装饰。这时，印花就可以是素色的对比色。例如，素色服装+印花丝巾。

（六）着装要与形体相协调

不同的人，体形有胖瘦，身材有高矮，因此着装上要因人而异、扬长避短。

1. 体形较胖者

颜色上，应选择深色、冷色调色系，它们具有收缩感，使人看起来显得瘦；图案上，应选择纯色或有立体感的竖条花纹，它能使胖体形拉长，产生修长、苗条的感觉，不宜选择夸张花色图案和横格的服装；着装上，穿短上装时尽量避免短裙，上装和下装比例不要太接近，比例越大越显修长，外套依然是敞开穿效果最佳。

2. 体形较瘦者

颜色上，应选择淡色、暖色调色系，它具有膨胀扩张感，使人看起来显得丰满；图案上应选择大格子花纹、横条纹，它能使瘦体形横向舒展、延伸，产生丰满的感觉。注意体形较瘦者不宜选择蓝绿色调,竖条花纹尤其是细条花纹的着装。

3. 正常体形的人

颜色上,选择服装色彩的自由度要大,只需要考虑适合的肤色;图案上,选择时考虑工作性质、环境和个人性格就可以。需要注意上、下装色彩的搭配。

4. 身材较矮的人

颜色上,上下装应有一个基本色调,最好利用同色或近似色,上下装对比不要太大,可以里外反差明显,如穿深色西装、白衬衫和深色领带;着装上多以两件套为主,外衣敞开穿着,外衣的颜色与里面的颜色形成一定的对比(外深内浅或外浅内深),也就是上下装的颜色统一或类似,与外衣形成色彩上的对比,因而形成一条纵向拉升的竖线,在服装美学称为视错觉,或穿有竖线拼接的或竖装饰线等的服装,女士服装以短、合体为主,裙长控制在膝盖上下 1 寸即可。

注意不要一身全部深色和上下截然不同两种对比色的服饰,如黑裤子配白衬衫,这样看起来人的身体似乎被分成了两段。对任何一种把身材分成几段的服饰,都不要穿,它只会突出个子矮。

此外,肩胛窄小的人可以选择有衬肩的上衣,颈短的人可选择无领或低领款式的上衣等。

(七)整洁原则

整洁的衣着可表现出积极向上的精神状态。衣着整洁,除了体现对相互交往的重视程度,还显示出交往的文明与修养的水平。因此,在任何情况下,服饰都应该是整洁的。你的服装并非一定要高档华贵,或者它们难入高档之列,但只要保持清洁,并熨烫平整,穿起来就能给人以衣冠楚楚、庄重大方的感觉。整洁并不完全为了自己,更是尊重他人的需要。多么新款的时装若不够整洁,例如,衣服沾有污渍,有绽线的地方,或者有破洞,扣子等配件不齐全,都将大大影响穿着者的仪容。因此,无论是上班抑或普通上街的便服,均以整齐清洁为原则。衣领和袖口处尤其要注意整洁。

二、男士西服着装礼仪

在交际场合,男士的着装大致可分为便服与礼服。各式外衣、夹克、衬衣、T恤衫与各式西装等均为便服。便服的穿着场合很广,如办公室、赴宴及出席会议等。出席正式、隆重、严肃的会议或特别意义的典礼,则应穿礼服或深色西装。

西服,又称西装、洋服,它起源于欧洲,以其造型设计美观、线条简洁流畅、立体感强、适应性广泛等特点而越来越深受人们青睐。目前是全世界最流行的一种服装,也是男士在正式场合着装的最佳选择,如图2-34

图2-34

所示。

（一）西服版型

西服选择要看版型，西装的版型，指的是西装的外观形状。世界上的西装主要有欧式、英式、美式、日式等四种主要的版型。

1. 欧式西装

欧式西装也有人称为意版西装，欧式西装洒脱大气，是在欧洲大陆流行的西装式样，其主要特征是：上衣呈倒梯形，宽肩收腰，多为双排两粒扣式或双排六粒扣式，而且纽扣的位置较低。它的衣领较宽，垫肩与袖笼较高，强调肩部与后摆，后摆无开衩，下摆稍长。适合身材高大魁梧的人穿着。

从样式来说，双排扣早已经不再流行，不符合当前简约的时代风格。现在多为单排三扣或是单排双扣。

2. 英式西装

英国人强调优雅的绅士风度，个性考究、矜持，其服装也带有明显特征。英式西装剪裁得体，主要特征是：肩部垫肩明显，腰部收缩，后摆两侧开衩，衣领是"V"形，并且较窄，领型比例适度简单，不刻意强调肩宽，而讲究穿在身上自然、贴身。多为单排扣式，高位三粒扣和低三粒扣款式为多见。

由于款式的剪裁非常包身合体，适合普通身材条件和精致身材的男性朋友着装。不适合高大、腰腹部过于丰满的男士，脖颈偏短的男性也不适合，因为扣的位置太高，领带、衬衫的形式和西服领型的形式都挤在脖子下面，会产生身体上部明显的紧缩感觉。

3. 美式西装

美国人服装特点强调舒适、随意，主要特征是宽松肥大，肩部不加衬垫，因而被称为"肩部自然"式西装。其领型为宽度适中的"V"形，腰部宽大，后摆中间开衩，多为单排扣式。外观上方方正正，宽松舒适，较欧式西装稍短一些。适合于休闲场合穿。所以美版西装往往以单件者居多，一般都是休闲风格。

4. 日式西装

日式西装贴身凝重，主要特征是：一般不收腰，垫肩不高，衣身较短，上衣的外观呈现为"H"形，领子较短、较窄，后摆不开衩，多为单排扣式。后衣身长要比欧式西服短一公分左右。适合肩不特别宽，而且身材中等的男士着装。

比较而言，英式西装与日式西装更适合中国人穿着。

（二）西服着装配色原则

1. 三色原则

三色原则指的是男士在穿西服套装的时候，全身的颜色不能多于三种，包括上衣、裤子、衬衫、领带、鞋子、袜子在内，全身颜色应该被限定在三种以内。

2．三一定律

三一定律指的是男士在正式场合穿西服套装时，鞋子、腰带、公文包应为同一颜色，最好为黑色。

（三）西服与衬衫搭配技巧

在国际商务交往中，正式场合男士所穿西装颜色必须显得庄重、正统，不能随便，最适合的颜色是藏蓝色和黑色，黑色更适合庄严、肃穆的礼仪活动。穿西装时，必须穿衬衫，扎领带，同时要注意色彩搭配，白色及蓝色衬衫是男士挑选的主流色彩。

黑色西服，穿以白色为主的衬衫和浅色衬衫；

灰西服，穿白色为主的衬衫和淡色衬衫；

暗蓝色西服，穿白色和明亮蓝色的衬衫；

蓝色西服，穿白色、粉红、乳黄、银灰和明亮蓝色的衬衫；

白色西服，穿浅蓝色和淡色衬衫；

褐色西服，穿白、灰、银色的衬衫。

需要注意的是，在商务交往中，正规场合必须穿白色衬衫，面料最好以精纺纯棉、纯毛制品为主，以棉毛混纺为次之。

（四）西服与领带搭配技巧

领带，可以说是商界男士穿西装时最重要的饰物。在欧美各国，领带则与手表和装饰性袖扣并列，称为"成年男子的三大饰品"。

1．如何挑选领带

商界男士在选择领带时要注意以下事项。

（1）面料上，领带可以由多种面料制成，在商务活动中，商界人士最好选择用真丝或者羊毛制作而成的领带。

（2）从色彩方面来看，领带有单色与多色之分。在商务活动中，领带最好选择单色如蓝色、灰色、棕色、黑色、紫红色等，尽量少用浅色或艳色领带。一般而言，领带的主色调应与西装套装的色彩一致。浅色或艳色领带仅适用于社交或休闲活动。

（3）图案上，适用于商务活动之中佩戴的领带，主要是单色无图案的领带，或者是以条纹、圆点、方格等规则的几何形状为主要图案的领带。

不同图案领带的含义与用途不同，具体描述如下。

斜纹：果断权威、稳重理性，适合谈判、主持会议、演讲的场合。

圆点、方格：中规中矩、按部就班、适合初次见面和见长辈、上司时用。

不规则图案：活泼，有个性、创意和朝气，较随意，适合酒会、宴会和约会。

（4）款式上，领带的款式受时尚影响。需要注意以下几点。

第一，质量。主要特征为：外形美观、平整，无跳丝、无疵点、无线头，衬里为毛料，不变形，悬垂挺括，较为厚重。

第二，领带有着宽窄之别。领带的宽窄最好与本人的胸围与西装上衣的衣领形成正比。

第三，简易式的领带，如"一拉得"领带、"一挂得"领带等，在商务活动中不能使用。

第四，配套。与领带配套使用的装饰性手帕，最好与其面料、色彩、图案完全相同。大多在社交活动之中，二者同时"亮相"。

2. 西服与领带颜色巧搭配

黑色西服，采用银灰色、蓝色调或红白相间的斜条领带，显得庄重大方，沉着稳健；

暗蓝色西服，采用蓝色、深玫瑰色、橙色、褐色领带，显得淳朴大方，素静高雅；

乳白色西服，采用红色或褐色的领带，显得十分文雅，光彩夺目；

灰色西服，配系砖红色、绿色、黄色调的领带，另有一番情趣；

米色西服采用海蓝色、褐色领带，更能显得风采动人，风度翩翩。

3. 打领带注意事项

领带是"尊重、信任、有文化"的象征，从事领导和商务活动的人在正规场合都应穿西装系领带，如商务洽谈、办公、开会等正规场合。在参加宴会、舞会、音乐会这些社交场合时，为表示尊重主人，亦可系领带。在休闲场合，是可以不系领带的。

领带是西装的灵魂，一条系得漂亮的领带，在穿西装男士身上发挥着画龙点睛的作用，普遍受到男士们的喜爱，他们在穿单件西装和非正式活动中穿西装背心时也打领带，其实这时领带可打可不打，不穿西装的时候，通常是不宜打领带的。系领带时要注意结法、位置、长度。

首先，要注意结法。系领带结的基本要求是，要令其挺括、端正，并且在外观上呈倒三角形。领带结的具体大小，最好与衬衫衣领的大小形成正比。领带系得漂亮与否，关键在于领带结系得如何。需要注意的是，打领带时，最忌讳领带结不端不正、松松垮垮。在正式场合露面时，务必要提前收紧领带结。千万不要为使自己爽快，而将其与衬衫的衣领"拉开距离"。

其次，要注意位置。将领带系好后，须将其置于适当的位置。穿西装上衣与衬衫时，应将其置于二者之间，并令其自然下垂。在西装上衣与衬衫之间加穿西装背心（羊毛衫、羊绒衫）时，应将领带置于西装背心（羊毛衫、羊绒衫）与衬衫之间。切勿将领带夹在西装上衣与西装背心（羊毛衫、羊绒衫）之间，尤其是不要在穿两件羊毛衫或羊绒衫时将领带掖在两者中间。

再次，要注意长度。最标准的长度，是领带打好之后，其下端的大箭头正好抵达皮带扣的上端，如图 2-35 所示。

图 2-35

4. 领带夹

领带夹用于固定领带，是已婚人士之标志。它的正确位置，是在有 6 颗纽扣的衬衫，从下朝上数第 4 颗扣的地方，或应在领结下 3/5 处，最好不要把领带夹的位置太往上，特别是有意暴露在他人的视野之内，因为它没有装饰作用。

正式场合，例如宴会上，领带夹是必带的。但是在室外行走，可以不用领带夹。

（五）西服着装注意事项

1. 商标

新购买的西装在左衣袖上缝有商标、纯毛标志以及其他标志，穿西服之前，即使是名牌也要拆除。

2. 西装外形

保持西装外形的平整洁净，要定期干洗，穿前熨烫平整。西服穿起来显得平整挺括、线条笔直，它的美感才能充分展示出来。

3. 西装与领带、衬衫颜色搭配

西装、衬衫、领带颜色搭配要和谐，按照西装—衬衫—领带这三者的顺序，应该是深—浅—深、浅—中—浅、深—中—浅的方法配色。如果有一个花纹或图案的无论是衬衫、领带还是西服，花纹或图案的颜色一定要是其他两种颜色中的一种。需要注意的是，在商务活动中，正规场合商业男士衬衫一般都选择白色，因此，领带颜色应与西装是同色调。下面是西装与领带、衬衫颜色搭配方案，仅供参考：

黑色西服，配以白色为主的衬衫或浅色衬衫，配灰、蓝、绿等与衬衫色彩协调的领带；

暗蓝色西服，可以配蓝、胭脂红或橙黄色领带，白色或明亮蓝色的衬衫；

蓝色西服，可以配暗蓝、灰、胭脂红、黄或砖色领带，粉红、乳黄、银灰或明亮蓝色的衬衫；

灰西服可配灰、绿、黄或砖色领带，淡色衬衫；

褐色西服，可以配暗褐、灰、绿或黄色领带，白、灰、银色或明亮的褐色衬衫。

4. 慎穿毛衫

西装讲究原汁原味，在西装上衣之内，原则上不允许穿毛衫。如果在冬季感觉寒冷可以穿保暖式衬衫，实在寒冷难忍，也只宜穿上一件薄型 "V" 领的单色羊毛衫或羊绒衫。色彩、图案十分繁杂的羊毛衫或羊绒衫，始终与西装不匹配。

5. 西装衣袖和裤管

着西装时，不可卷起西装裤的裤管，或者挽起西装上衣的衣袖，给人感觉粗俗。作为商界人士，要时刻注意细节方面的问题，不挽、不卷西装衣袖和裤管，时刻注意维护自己的整体形象。

6. 西装纽扣系法

西装纽扣是区分款式、版型的重要标志。能否正确地给西装系好纽扣，直接反映出是否懂得西装着装规范。

（1）单排二扣西装，扣子全部不扣表示随意、轻松；扣上面一粒，表示郑重；全扣表示无知。

（2）单排三粒扣西装，扣子全部不扣表示随意、轻松；只扣中间一扣表示正宗；扣上面两粒，表示郑重；全扣表示无知。

（3）双排扣西装可全部扣上，亦可只扣上面一粒，表示轻松、时髦，但不可不扣。

（4）起身站立时，西装上衣的纽扣应当系上，以示郑重其事。

（5）就座之后，西装上衣的纽扣则要解开，以防其走样。

7. 西装口袋注意事项

西装的口袋装饰作用多于实用价值。不同位置的口袋，功用也不太一样。具体来说有以下几点需要注意的地方。

（1）上衣左侧外胸袋：除可以插入一块用以装饰的真丝手帕外，不应再放其他任何东西，尤其不应当别钢笔、挂眼镜。

（2）上衣内侧胸袋：可用来别钢笔、放钱夹或名片，但不要放过大过厚的东西或无用之物。

（3）上衣外侧下方的两只口袋：原则上以不放任何东西为佳。但是有人习惯放东西，切忌不能让口袋显得鼓鼓囊囊，使西装整体外观走样。

（4）西装背心上的口袋：多具装饰功能，除可以放置怀表外，不宜再放别的东西。

（5）在西装的裤子上，两只侧面的口袋只能放纸巾、钥匙包，后侧的两只口袋，应不放任何东西。

8. 鞋袜的选择

穿西装必须穿皮鞋，常规的皮鞋应是黑色和棕色的，在正式、隆重的场合必须穿黑色皮鞋，如果穿非黑色皮鞋，即使它被擦拭得十分体面，也会显得不懂礼数。皮鞋式样根据用途、气氛选择。用以搭配西服的皮鞋，最好是三接头光面的黑色系带皮鞋。磨砂皮鞋、休闲皮鞋或白色皮鞋，均不适合与西服搭配。布鞋、凉鞋或旅游鞋，更不适宜搭配西服。

袜子一般应与裤子同色系，作为礼仪场合应穿黑袜，一般应避免白袜子（除非是白西服、白皮鞋）。袜子要选择棉或毛质袜，不穿尼龙袜。袜子要整洁、无破损、无跳丝；袜筒要高、坚挺，以袜口不外露为准。正式场合忌穿丝袜，以免袜口松懈、外翻，使腿部踝骨露出；袜子颜色一般为黑色、深灰、藏蓝（忌艳色、浅色），一些国家将着浅色丝袜视为同性恋标志。

三、女士套裙着装礼仪

"云想衣裳花想容"，相对于偏于稳重单调的男士着装，女士们的着装则亮丽丰富得多。得体的穿着，不仅可以显得更加美丽，还可以体现出一个现代文明人良好的修养和独到的品位。

女士着装以整洁美观、稳重大方、协调高雅为总原则，服饰色彩、款式、大小应与自身的年龄、气质、肤色、体态、发型和职业相协调、相一致。

女士职业服装一般以套裙为宜，这是最通用、最稳妥的着装，不论年龄，一套剪裁合体的套裙（见图2-36）和一件配色的衬衣或罩衫外加相配的小饰物，会使你看起来显得优雅而自信，会给对方留下良好的印象。如何让套裙烘托出穿着者文静、优雅和妩媚的味道来，是职业女士一直所追求的。商界女士在各种正式的商务交往之中，一般以穿着套裙为好。女士套裙样式很多，有时装化倾向，选择余地大。可根据各人情况而定。总体看来，要考虑以下基本问题。

图 2-36

（一）面料与色彩

1．面料的选择

总的来说，女人所穿的套裙在面料上的选择余地要比男士大得多。其主要的要求是：套裙所选用的面料最好是纯天然质地的上乘面料；上衣、裙子以及背心等，应当选用同一种面料。在外观上，套裙所选用的面料讲究的是匀称、平整、滑润、光洁、丰厚、柔软、悬垂、挺括。不仅弹性、手感要好，而且应当不起皱、不起毛、不起球。

由于套裙面料选择的是同一种纯天然质地的上乘面料，颜色上与穿着者肤色相协调，就可以使套裙浑然一体、朴素自然，使穿着者看起来高雅、脱俗、美观、悦目。

需要注意的是，在任何情况下，都不要选择真皮或仿皮套裙，尤其是在商务交往中，切勿穿黑色皮裙。

2．色彩的选择

套裙的色彩，不仅要与着装者的肤色、形体、年龄与性格相协调，而且更要与着装者从事商务活动的具体环境协调一致。

套裙色彩基本要求，是应以冷色调为主，体现出着装者的典雅、端庄与稳重。套裙的色彩应当清新、雅致而凝重，庆典场合也可选择暖色调，但不要选择鲜亮抢眼的色彩。

套裙的色彩不受单一色彩的限制。以两件套套裙为例，上衣与裙子可以是一色，给人感觉庄重而正统，也可以采用上浅下深或上深下浅等两种并不相同的色彩，看上去富有活力与动感，使之形成鲜明的对比。

即使是上衣下裙同为一色的套裙，也可以采用与其色彩所不同的衬衫、领花、胸针、丝巾、围巾等衣饰来加以点缀。此外，还可以采用不同色彩的面料来制作套裙的衣领、兜盖、前襟、下摆。

需要注意的是，同商界男士所穿的西装套装相比，商界女士所穿的套裙不一定非得是深色；一套套裙的全部色彩至多不要超过两种；商界女士在正式场合穿着的套裙，不应带有任何的图案。

（二）搭配好与套裙相配的服装

1. 衬衫

选择衬衫时，要选择款式及领口适宜、不透明的衬衫。面料要轻薄而柔软，如真丝、府绸、麻纱等。色彩上以单色为最佳，除了白色之外，其他色彩要与所穿套裙的色彩相协调，但不要有图案。

穿衬衫时，下摆必须掖入裙腰之内，不得任其悬垂于外，或是将其在腰间打结。衬衫最上端的一粒纽扣不系，其他纽扣都要扣好。另外，专门与套裙搭配的衬衫在公共场合不能直接外穿。

2. 内衣

选择内衣时，最关键的是要使之大小适当，既不能过于宽大，也不能过于窄小，内衣的领口一定要内隐在衬衫的领口内。内衣所用的面料，以纯棉、真丝等面料为佳。色彩可以是常规的白色、肉色，也可以是粉色、红色、紫色、棕色、蓝色或黑色。

需要注意的是，穿上内衣以后，不应使它的轮廓一目了然地在套裙之外展现出来。内衣不能外穿，且不准外露、外透。内衣外露或透过衬衫显现内衣，都会有失穿着者身份。

3. 衬裙

衬裙的款式应特别注意线条简单、大小适度、穿着合身。衬裙的色彩多为单色，如白色、肉色等，但必须使之与外面套裙的色彩相互协调。二者要彼此一致，或外深内浅，不能出现任何图案。衬裙的裙腰切不可高于套裙的裙腰，而暴露在外。衬衫下摆应掖入衬裙裙腰与套裙裙腰之间，切不可掖入衬裙裙腰之内。

（三）着装要求

1. 合身得体

女士穿西装套裙不能过大或过小，要长短适度、合身得体。其上衣最短可以齐腰，裙子最长到小腿的中部最丰满处，不能露腰露腹。上衣的袖长以刚好盖住着装者的手腕为好。上衣或裙子均不可过于肥大或包身。

2. 扣紧衣扣，穿着到位

在正式场合穿套裙时，上衣的衣扣必须全部系上。不要将上衣部分或全部解开，更不要当着别人的面随便将上衣脱下。不要将上衣披、搭在身上，要穿着整齐。

西装套裙上衣的领子要完全翻好，衣袋的盖子要拉出来盖住衣袋。裙子要注意拉链，要穿得端端正正，上下对齐。

3. 考虑场合

在各种正式的商务交往及涉外商务活动中，应该穿着套裙。在出席宴会、舞会、音乐会时，可酌情选择与此类场合相协调的礼服或时装。

4. 协调妆饰

女士穿着打扮，讲究的是着装、化妆与佩饰风格统一、相辅相成。在穿套裙时，不可以化浓妆，需要化淡妆。西服套裙是商界女士在正规场合的着装，因此，不适宜佩戴与个人身份不合的珠宝首饰，也不适宜佩戴有可能过度张扬的耳环、手镯、脚链等首饰。

5. 鞋袜注意事项

（1）鞋子。在正式场合穿着西装套裙，宜穿高跟或半高跟的皮鞋，最好是牛皮鞋。颜色以黑色最为正统。此外，与套裙色彩一致的皮鞋亦可选择。鞋子大小要合适。穿着西装套裙不可穿布鞋、凉鞋、旅游鞋或拖鞋。

（2）袜子。一般为肉色的丝袜。袜口要没入裙内，不可暴露于外，长度与裙子的长度相适应，过膝的长裙应穿中筒袜；到膝盖的裙子宜穿长筒袜；到膝上的裙子宜穿连裤袜。袜子应当完好无损。在非正式场合，腿部肤色较黑的女性可穿浅色袜子；腿上有疤痕者可穿暗色或有纹理的袜子，但它不适合在正式场合穿；在任何场合也不可以穿色彩艳丽、图案繁多的低筒袜。

需要注意的是，不要将健美裤、九分裤等裤装当成长袜来穿。

6. 不可自由搭配

标准的西装套裙应是西装上衣与半截裙的搭配组合，而不能与牛仔裤、健美裤、裤裙等搭配。此外，在半截裙中，一般不可以将黑色皮裙与西装上衣配搭。

第四节　仪　容　礼　仪

礼仪小故事

王娟性格内向，喜欢长发披肩，一紧张就低头，头发常常把脸遮住，但是她学习好，也非常用功，成绩也好。同班的李丽性格外向，喜欢装扮自己，给人干净利落的印象，她的各科成绩远不如王娟。临近毕业，许多单位到学校招聘，她俩一同应聘，李丽的录取率远远大于王娟。

思考：王娟需要如何做才能赢得用人单位的青睐？

一、美容化妆

　　化妆是生活中的一门艺术，它是指采用化妆品按一定技法对自己进行修饰、装扮，使自己容貌变得更加靓丽，是修饰仪容的一种高级方法。首先，化妆前先将脸洗净，涂上润肤霜或是润肤露，这是关键一步，好的润肤霜会在涂粉底之前为化妆过程打下一个好底，这样在进行下一步时，脸上就不会起干皮了，而且可以使皮肤看上去晶莹剔透。等润肤霜或是润肤露稍干，然后再进行化妆。

（一）不同脸型的化妆技巧

　　脸部化妆技巧主要表现为两方面：一方面要突出面部五官最美的部分，使其更加美丽；另一方面要掩盖或矫正缺陷或不足的部分。对每个人来讲，脸型是不能改变的，对于不同的脸型，采用不同的化妆方法，能发挥特殊的效果，增添其美丽之感。

　　1. 椭圆形脸化妆

　　椭圆形脸，俗称瓜子脸，脸长与宽之比约为 4:3，额头与颧骨基本等宽，同时又比下颌稍宽一点，脸型线条圆滑，给人以清秀、端正、典雅的感觉。椭圆形脸是标准脸型，容易表现出美感。化妆时强调自然形状，不用有所掩饰，找出脸部最美丽的部位，突出即可。

　　眉毛：可顺着眼睛的轮廓修成弧形，眉头应与内眼角齐，慢慢高起，至眉峰处往下斜，眉峰应在眼球的外围，眉尾可稍长于外眼角，眉头较粗，眉尾较细，眉峰弯而不锋利。

　　腮红：应涂在颊部颧骨的最高处，呈圆形再向上向外揉化开去。

　　唇妆：除嘴唇唇形过大或过小有缺陷外，尽量按自然唇形涂抹，上唇上色比下唇浅一点。

　　2. 圆形脸化妆

　　圆形脸，俗称娃娃脸，额头、颧骨、下颌的宽度基本相同，面颊圆润丰满，这种脸型不显老。缺点是显得稚气不成熟，很难让人产生信任感。

　　粉底：用比肤色深一号的粉底，在两颊造阴影，使圆脸消瘦一点。沿额头靠近发际处起向下窄窄地涂抹，至颧骨部下可加宽涂抹的面积，造成脸部亮度自颧骨以下逐步集中于鼻子、嘴唇、下巴附近部位，制造立体成熟的美感。

　　眉毛：不可平直和起角，也不可过于弯曲，可修成自然的弧形，眉型易向上发展，起到拉长脸型的作用。

　　腮红：从颧骨一直延伸到下颚部，长长的斜向晕染，拉长脸的长度，注意不能简单地在颧骨突出部位涂成圆形。

　　唇妆：可在上嘴唇涂阔而浅的弓形，唇峰必带角度，可修饰圆型脸之缺憾。不能涂成圆形的小嘴状，以免有圆上加圆之感。

　　3. 长脸型化妆

　　长脸型，俗称国字形脸，脸型比较瘦长，额头、颧骨、下颌的宽度基本相同，但脸宽小于脸长的 2/3。在化妆时要增加面部的宽度。

粉底：若双颊下陷或者额部窄小，应在双颊和额部涂以浅色调的粉底，造成光影，使之变得丰满一些，以增加面部宽阔感。

眉毛：眉毛的位置不宜太高，不宜画眉峰，眉毛只能稍微弯一点，眉头与眼头成直线，眉毛不能高翘，眉要直，这样可以缩短脸的长度，感觉脸型变短一点。注意眉毛切不可有棱有角，眉型要画得圆滑、自然、流畅，不能画出明显的眉峰。

腮红：前端离鼻子要远些，可沿颧骨的最高处与太阳穴下方所构成的曲线部位，向外、向上抹开去，可适当横向晕染，在视觉上拉宽面部，可缩短其脸型。

唇妆：唇峰要平，下唇要丰满，嘴唇可稍微涂得厚些。

4．方脸型化妆

方脸型，也就是额头、颧骨、下颌的宽度基本相同，感觉四四方方的，以双颊骨突出为特点，方形脸轮廓分明，脸部的线条非常明显清晰，因而在化妆时，要设法加以掩蔽，增加柔和感。

粉底：用比肤色深一号的粉底，在额头两侧与下颚两侧打深，在颧骨最宽处造成阴影，令其方正感减弱。下颌部宜用大面积的暗色调粉底造阴影，以改变面部轮廓。

眉毛：应修得稍宽一些，眉形可稍带弯曲，不宜有角。

腮红：宜涂抹得与眼部平行，涂得丰满一些，略带狭长形，切忌涂在颧骨最突出处。可抹在颧骨稍下处并往外揉开。

唇妆：唇膏可涂丰满一些，不可带角度，强调柔和感。

（二）不同场合的化妆技巧

经过化妆品修饰的美有两种：一种是趋于自然的美，另一种是艳丽的美。前者是通过恰当的淡妆来实现的，它给人以大方、悦目、清新的感觉，最适合在家或平时上班时使用。后者是通过浓妆来实现的，它给人以庄重、高贵的印象，可出现在晚宴、演出等特殊的社交场合。无论是淡妆还是浓妆，都要利用各种技术，恰当使用化妆品，通过一定的艺术处理，才能达到美化形象的目的。

1．工作场合

办公室的化妆须格外注意明朗和淡雅，因为工作场合不是舞台，自然的淡妆非常得体。淡妆是使人看起来不像化过妆，却比没有化妆更美、更动人。化妆要自然，要给人"清水出芙蓉，天然去雕饰"的感觉。

首先得选择一套颜色与你肤色相接近的化妆品。使其表现自然、健康而有光泽的皮肤，用少量粉底涂在脸上，再用棉球或海绵将粉底仔细地抹匀，一直抹到鬓边和颌下，以免出现痕迹，如果肤色晒成健康的小麦色，则根本不需要打粉底，直接使用润色隔离霜来修饰肤色。

眉毛：眉毛要平画，不要眉峰，如果要更自然一点，染眉膏要少用些，对眉形好而眉毛淡者用染眉膏淡染，效果更好（眉笔或染眉膏颜色根据头发的颜色来选择）。

腮红：脸型和肤色好的人可以不刷胭脂，需要刷时用胭脂刷，选择浅红色胭脂，用量宜少不宜多，非常自然、似有似无的感觉。

唇妆：双唇不用描边，只要淡淡地涂上亮光唇膏或浅色唇膏，日妆的口红颜色不宜鲜艳，尽量接近唇色。

2. 商务酒会

在国际商务交往中，商务酒会这些商务社交活动是必不可少的，商务酒会一般都安排在晚上，是一种气氛较隆重的宴会，往往还伴随着舞会。需要注意的是，这种正式的社交场合在许多方面沿袭了传统的礼仪，要求出席这种场合的商业女性形象端庄、高雅，言行举止符合礼仪规范，因此，该晚宴化妆造型要求高雅、华贵、富有女性魅力。服饰与发型要符合妆型。整体用色不宜过于浓艳，浓艳的妆色并不能较好地表现女性的端庄与高雅。但又不能是日常淡妆，因为商务酒会气氛热烈，晚上，在灯光的照耀下，淡妆效果不佳，应化浓妆。

粉底：使用质地细腻且遮盖力较强的粉底液（粉底霜），均匀在面部涂抹，色调宜与自然肤色相仿稍深，要突出细腻光滑的肤质。因为正式的晚宴女士通常穿着晚礼服，所以裸露在礼服外的皮肤都需要涂抹粉底液（粉底霜），使整体肤色一致。涂均匀后定妆，并扫去多余的粉，使肤色自然。

眼部化妆：以强调眼神的端庄、含蓄为主，眼影用色要简单，一般用眼影膏，通常使用两种以上的颜色混合调制而成，普通多用银色或金色为主，有一种眼影膏专为晚妆而设计，很油亮，使用时用指尖为宜，先涂眼睑中部，再延及各处即可。颜色过渡柔和，表现眼部的立体结构。眼线则要纤细整齐，不宜夸张。假睫毛要提前修整好，使其长度适中，过长的假睫毛会使妆面效果失真。在粘贴时要贴紧睫毛根部，使真假睫毛融为一体。或者使用黑色或蓝色的睫毛膏比平时多刷几层，但应记住使用睫毛刷要扫到每一根睫毛都整齐向上翘为最佳。用眉笔沿着眉骨的圆拱形画眉，眉头由淡入浓，眉峰由浓入淡，起止部分不可太明显。眉毛形状略高挑且有流畅的弧度，眉色要自然，用黑色或棕色的眉笔为宜，不宜过黑。

腮红：应用浅色或鲜红色，要柔和，涂抹面积不宜过大，与肤色自然衔接即可。主要注意凡是带蓝色成分的均不适宜，因为此种颜色在灯光下令人看起来脸庞深陷，显得衰老。

唇妆：唇形要求轮廓清晰，颜色应使用深桃色和玫瑰色的唇膏，它能使肤色光泽，增加明艳。唇膏色与整体妆色协调；为了适应晚宴的环境及社交的礼仪，涂唇膏后用纸吸去多余的油分，然后施一层薄粉，再涂一遍唇膏，这样既可保持牢固持久，还能避免使唇膏遗留在餐具上，影响形象。但切忌与金黄色并用，因它会减退颜色。太深色或带蓝色成分的唇膏不宜用，因为在晚上看来会变黑，而且增加老态。

（三）化妆注意事项

化妆，是修饰仪容的一种高级方法，在国际交往中，进行适当的化妆是必要的。这既是自尊的表现，也是对交往对象尊重的一种表现。在一般情况下，女士应对化妆更加重视。其实，化妆不只是女士的专利，在一些重要的场合男士也有必要进行适当的化妆。在国际交往场合，化妆需要注意以下事项。

（1）美化与自然相结合，化妆的目的是使人变得美丽，要避短藏拙，不要自行其是、寻求新奇，要适度地化妆。在美化自身的同时，更要自然，最好做到"妆成有却无"的化妆最高境界，达到美化与自然相结合的目的。

（2）协调为美，恰到好处的化妆能弥补本身不足，使人容光焕发，提高自信。化妆要强调整体协调，高水平的化妆要求自然、协调。所谓协调，就是化妆要与自身协调，包括脸型、肤色、服装、发型；要与场合相协调；要与身份相协调，包括职业、年龄。只有全面协调才能体现出自己高雅不俗的品位，达到唯美的境界。

（3）商界女士使用唇膏应注意，应使用与自身唇色相近的正统红色的唇膏，勿用深咖啡色、浅肤色或荧光粉色。唇线与唇膏的色调应一致。

（4）描眉时不能简单地一色浓淡地一笔画过去，而要一丝不苟地画得像长出来的眉毛。可将眉笔削成"刀刃型"，照眉毛生长的方向一根一根地去画。上排的眉毛从上往下画，下排的眉毛从下往上画。眉毛的最深处一般在上下排眉毛交会处，画时要和真眉毛方向相同、粗细相同。如果眉型好，也可用眉笔在眉毛中间先画一条弧线，然后用手指涂抹开来，描眉时要特别注意双眉必须对称。

（5）不要当众进行化妆。化妆，应事先化好，或是在专用的化妆间进行。如果妆面出现残缺，应及时避人补妆，若听任不理，会让人觉得自己低俗、懒惰。若当众进行化妆、补妆则有卖弄表演或吸引异性之嫌，弄不好还会令人觉得身份可疑。

（6）不要借用他人的化妆品。借用他人化妆品不卫生，故应避免。

（7）男士也要注意容貌。要随时保持清爽的外观，商业男士不可蓄络腮胡或山羊胡，胡须要及时剃。鼻毛露出要修剪。牙齿尤其因吸烟导致黄牙，应及时清洗，眉毛过于杂乱可适当修剪，给人健康整洁的印象。

二、发型礼仪

头发是构成仪容的重要组成部分，对于塑造礼仪主体的个人形象来说，美的发式具有重要的、不可替代的作用。任何一个人都可以通过某人的发型准确地判断出其职业、身份、所受教育程度、生活状况及卫生习惯，更可以感受出其是否身心健康和对生活事业的态度。

通过发式能全面地表现出一个人的道德修养、审美情趣、知识结构及行为规范。在国际商务交往中，得体的发型能体现出男士的气质，提高女士的形象和魅力。

（一）头发的保养

1．洗发

一般来说，中性皮肤的人冬天隔4～5天，夏天隔3～4天洗一次，油性皮肤的人缩短1～2天，而干性皮肤的人要延长1～2天。洗发水的选择要根据发质决定。洗发前应先将头发梳顺；用温水洗发，水温应在37℃～38℃最适宜。

需要注意的是，洗发水不要直接倒在头发上，要倒在手心里轻柔出泡，再使用；不要用指甲抓头皮，用手指的指腹按摩头皮；要保证彻底冲洗干净洗发水，洗发水中的碱性成分残留在头皮和头发上，会损伤头发产生分叉、头皮屑等。

2．梳发

梳发可以去掉头发上的浮皮和脏物，并给头皮以适度的刺激，以促进血液循环，使头发柔软而有光泽。长发女士梳发要注意，先从头发梢开始梳理，用力要均匀，将发梢梳顺。然后逐步向上一点一点梳理，最后从额头的发际再向下梳理。

（二）发质与发型

不同的发质适合不同的发型。当女性选中了适合自己发质的发型以后，就可以配合理发师把自己的头发打扮得更美丽。

1．自然的卷发

这种发质如果将头发剪短，卷曲度就不太明显；而留长发利用自然的卷发，就能做出各种漂亮的发型显示出其自然的卷曲美。

2．柔软的头发

这种发质比较容易整理，由于柔软的头发比较服帖，因此俏丽的短发比较适合，能充分表现出个性美。这种发质无论想做何种发型，都非常方便。

3．硬直的头发

这种发质容易修剪得整齐，设计发型时最好以修剪技巧为主，尽量避免复杂的花样，最好做比较简单而且高雅大方的发型。如果要做各种各样的发型不太容易，在做发型以前，最好能用油性烫发剂将头发稍微烫一下，使头发能略带波浪，稍显蓬松。在卷发时最好能用大号发卷，看起来比较自然。

4．服帖的头发

这种发质的特点是头发不多不少，非常服帖，只要能巧妙修剪，就能使发根的线条以极美的形态表现出来。这种发质的人，最好将头发剪短，前面和旁边的头发可以按自己的爱好梳理，而后面则一定要用能显示出发根线条美的设计，才是理想的发型。修剪时，最好能将发根稍微打薄一点，使颈部若隐若现，这样能给人以清新明媚之感。

5．细少的头发

这种发质的人应该留长发，将其梳成发髻才是最理想的，因为这样不但梳起来容易，而且也能比较持久。通常这种发质缺乏时感，可以辅之以假发。如果梳在头顶上，适合正式场合；梳在脑后，是家居式；而梳在后颈上时，则显得高贵典雅。

（三）脸型与发型搭配技巧

人的脸型是不变的，但发型是可变的，它可以修饰脸型。所以人们可以利用衬托法、遮盖法、填充法等方法来弥补脸型的缺陷。

1．长脸型

长脸型的人可将头发留至下巴，留点刘海儿或两颊头发剪短些都可以减小脸的长度而加强宽度感。也可将头发梳成饱满柔和的形状，使脸有较圆的感觉。总之，一般自然、蓬松的发型能给长脸人增加美感。注意长脸型的人应避免把脸部全体露出，尽量使两边头发有蓬松感，不宜留长直发。

2．方脸型

方脸型的人在做发型时应注意柔和发型，头发宜向上梳，轮廓应蓬松些，而不宜把头发压得太平整，耳前发区的头发要留得厚一些，但不宜太长。前额可适当留一些长发，但是不宜过长。可留长一点的发型，如长直披发。不宜留短发，如果要留短发，就需要增添发型的柔和感，比如增添卷度，长卷发增添了柔和感。

3．椭圆脸型

椭圆脸型是女性中最完美的脸型，采用长发型和短发型都可以，但应注意尽可能把脸显现出来，突出这种脸型协调的美感，而不宜用头发把脸遮盖过多。

4．圆脸型

圆脸型常会显得孩子气，所以发型不妨设计得老成一点，头发要分成两边而且要有一些波浪，脸看起来才不会太圆。也可将头发侧分，短的一边向内略遮一颊，较长的一边可自额顶做外翘的波浪，这样可"拉长"脸型。这种脸型不宜留刘海儿和太短的发型。

（四）发型的选择

发型是个人形象的重要组成部分之一。在为自己选择发型时，除考虑上述发质、脸型外，必须首先考虑本人的职业特点以及性别、年龄、场合等因素，而不能只受到自己的喜好和流行时尚的左右。

1．根据职业特点选择发型

尽管社会上流行的一些新潮发型可谓千姿百态，但是，商业人士在发型选择上却不能选择标新立异、时髦、前卫的发型。作为商业人士，应选择与自己身份相符的，给人以庄重、高雅和干练感觉的发型。

2．根据自己的性别选择发型

近年来，在发型选择上，有些人打破性别界限，成年男子留起披肩发，梳上小辫儿；妙龄少女将头发理成"板寸"，或者剃光头。但是，在国际商务交往中，必须遵守以发而分男女的惯例，男士不得留长发，要定期理发，女士不能剃光头。

3．根据自己的年龄选择发型

商业人士在选择发型时必须考虑自己的实际年龄，不能以老装小，或以小装大，使自己的发型与自己的实际年龄相去甚远，彼此抵触。发型选择要与年龄相符合。如年过半百的女士将自己的头发梳成"马尾式"或是编成一条辫子，不仅有冒充少女之嫌，而且还会因与自己年龄不协调，使人不愿意接近，影响商务往来。

4．根据场合选择发型

尤其是女士，不同场合着装不同，化妆不同，发型也要有相应的变化，使其与现场气氛相协调。一般来讲，出席较正式场合的发型，应庄重、严谨；出席朋友聚会，应活泼、平易近人；普通生活发型，应轻松随和适合气质。

5．头饰佩戴须谨慎

商务人员不管为自己选定了何种发型，在商务交往中，无论男女都绝对不可在头发上滥加装饰之物。特别是男士，尤其不宜使用任何发饰。女士在有必要使用发卡、发绳、发带或发箍时，应使之朴实无华。其色彩宜为蓝、灰、棕、黑，并且不带任何花饰。绝不要在参加正式的商务活动时佩戴彩色、艳色或带有卡通、动物、花卉图案的发饰。

对于头发有先天缺陷或后天缺陷人士，戴假发是无可厚非的。不过，在选择假发时要注意两点：一是不仅要美观大方，而且要使用方便；二是要自然，做到天衣无缝，不可显出雕琢痕迹而让人感到过分俗气。在商务活动中，男士在室内是不允许戴帽子的。

三、首饰佩戴礼仪

首饰是人们平日使用最多的一种饰品。严格地说，它指的是那些功能专一的装饰品，如戒指、耳环、项链、胸针等，有的时候人们往往将首饰与饰品直接画上等号。

在国际交往中，商务人员佩戴首饰需注意以下几点。

（1）首饰佩戴需要与身份符合，在正式的商务交往中佩戴首饰时，商务人员务必要使其与自己的身份相称。

（2）首饰佩戴需要与场合相符，如在工作中，商务人员是要讲究"首饰三不戴"，即有碍于工作的首饰不戴、炫耀其财力的首饰不戴、突出个人性别特征的首饰不戴。在商务酒会、大型宴会、舞会等场合首饰佩戴要与其服装相符。

（3）首饰佩戴要以少为佳，佩戴首饰时，总量上不宜多于三种，每种则不宜超过两件。

（4）首饰佩戴最好同质同色，同时佩戴多件首饰时，应尽量选择质地、色彩上都基本相同的首饰。至少，也要使其色彩相似。如果佩戴得五花八门、异彩纷呈，会令人感到佩戴者粗俗不堪。

（5）首饰佩戴要风格划一。在此既指同时佩戴的多件首饰应当统一风格，也指所佩戴的首饰应当与自己其他衣饰的风格协调一致。

练习题

1. 在商务酒会上，当你碰到下列问题时将如何解决？

（1）你与交谈对象出现冷场，他对你的行业毫无兴趣。

（2）有一客商要大家分享他的喜悦，可是有充分的证据显示对方是单方面兴奋过度。

（3）有一客商与你交谈时，不知道什么时候他不耐烦了。

2. 请你判断以下人士在正式场合的着装是否正确。错误之处请给予改正。

（1）男：上身制服，下身牛仔。

（2）男：西服，腰带、鞋子不同色。

（3）男：黑色西服，上衣袖口上有商标，脚穿白袜，黑色皮鞋。

（4）女：制服，拖鞋。

（5）女：套裙，旅游鞋。

（6）领带可以表现一个人的个性，因此可以系十分花哨的领带。

3. 请指出下列站姿错误之处，如图 2-37 所示。

图 2-37

4. 请将下面生硬的话语改成文雅用词，以体现您的修养。

（1）"靠边儿。"

（2）"你找谁？"

（3）"来不了。"

（4）"不行就算了。"

5．图 2-38 中着装的人士适合出席什么场合？

图 2-38

案例分析

1．2005 年 9 月 21 日，李敖到北大演讲，他的整场演讲都幽默风趣，让人捧腹。他的开场白是这样的："你们终于看到我了。我今天准备了一些'金刚怒目'的话，也有一些'菩萨低眉'的话，但你们这么热情，我应该说菩萨话多一些（掌声，笑声）。演讲最害怕四种人：一种是根本不来听演讲的；一种是听了一半去厕所的；一种是去厕所不回来的；一种是听演讲不鼓掌的。"李敖话音未落，场内已是一片掌声。"当年克林顿、连战等来北大演讲时，是走红地毯进入的，我在进门前也问道：'我是否有红地毯？'校方说：'没有，因为北大把你的演讲当作学术演讲，就不铺红地毯了。'如果我讲得好，就是学术演讲；若讲得不好，讲一半再铺红地毯也来得及。"听众席爆发出了雷鸣般的掌声。

分析思考：李敖的开场白是如何赢得掌声的？有什么特点？

2．刘凯与王刚分别是两家企业的老总，他们既是朋友同时也是竞争对手。一次他们得知有一家日本著名企业的董事长，正在本市进行访问，并且有寻求合作伙伴的意向。他们二人非常兴奋，都想与这家日本企业合作。经过联络得知这家日本企业对他们的企业也感兴趣，并希望见面。市有关单位特意为这两家企业和日本企业安排了会晤。为给对方留下好印象，二人精心打扮一番。刘凯特意去理发店梳洗打扮一番，西装革履地到了现场。而王刚根据自己对时尚的理解，上穿夹克衫，下穿牛仔裤，头戴棒球帽，足蹬旅游鞋，来到了会场，他希望自己能给对方留下精明强干、时尚的印象。结果，刘凯赢得了合作。

分析思考：王刚的错误在哪里？

小测验

你善于交谈吗？

对下列题目做出"是"、"有时"或者"否"的选择。

1．你是否时常觉得"跟他多讲几句也没意思"？

2．你是否觉得那些太过于表现自己感受的人是肤浅的和不诚恳的？

3．你与一大群人在一起时，是否感觉到孤寂或者失落？

4．你是否觉得需要一个人静静的才能清醒头脑和整理好思路？

5．你是否只会对一些经过千挑百选的朋友才吐露心事？

6．在与一群人交谈时，你是否时常发觉自己在东想西想一些与谈论话题无关的事情？

7．你是否时常避免表达自己的感受，因为你认为别人不会理解？

8．当有人与你交谈或对你讲解一些事情时，你是否时常觉得很难聚精会神地听下去？

9．当一些你不太熟悉的人对你倾诉他的生平遭遇以求同情时，你是否会觉得不自在？

给自己打分

各题选"是"的记 3 分，选"有时"的记 2 分，选"否"的记 1 分。各题得分相加即为总分。

22～27 分——你只有在需要的情况下才同别人交谈，除非对方主动愿意频频跟你接触，否则你便处于孤独的个人世界里。

15～21 分——你大概比较热衷与别人交朋友。如果跟对方不太熟悉，你开始会表现得很内向似的。但是时间久了，你会乐意常常交流，彼此谈得来。

9～14 分——你与别人交谈不成问题。你非常懂得交际，善于营造一种热烈的气氛，鼓励对方多开口，使得彼此十分投合。

第三章　现代职场礼仪

【学习要求】

① 了解求职前的信息收集，掌握简历写作要求。

② 了解求职前的准备及求职方式，掌握面试时的注意事项。

③ 了解沟通的重要性及类型，掌握与上司、同事及客户的沟通技巧。

④ 了解办公室仪容礼仪，掌握办公室行为礼仪及办公区域礼仪。

第一节　求　职　礼　仪

礼仪小故事

某名牌大学硕士毕业生小张到一家公司应聘，小张所应聘的岗位与所学专业对口，加上到场应聘的学生中就数小张学历最高，小张感觉十拿九稳。他松松垮垮地坐在会客室门口，看到办公桌上有一张报纸，他随手拿起，习惯性地跷起二郎腿开始看报纸。一会儿，有一老者路过，看到小张问招聘面试的办公室在哪？小张抬头不耐烦地用嘴一拱"就在那儿"，然后又低头看报纸。轮到小张面试，他进屋一看，刚才问路的老者竟然是评委。小张有些心慌了，看到面试题，他又不熟悉，急得抓耳挠腮。结果可想而知，小张落选了。

思考：小张为什么落选？

一、求职前的准备

（一）信息收集

在现今高速发展的信息时代，要找一个最符合自己实力、最接近择业目标的单位，首先必须获取相关的就业信息。宏观信息有国家政治经济状况、社会各部门需求情况以及未来各产业、职业的发展趋势等宏观情况。微观信息包括某些行业、部门对就业者素质的要求，某一职业的发展情况，地区的差异性，大学毕业生的供需状况，用人单位的具体情况，如规模、前途、人际关系、待遇等。

信息获得渠道主要有以下几个。

1．新闻媒介

新闻媒介包括各种报刊、经济类的杂志、电视新闻、广播等。通过新闻媒介获取就业信息。例如，报刊的就业信息非常广泛，一般当地日报都有用人单位的招聘专栏，要在一个陌生的城市寻找就业机会，如大海捞针，非常不易。但是可以买一份当地有影响力的报纸，看招聘广告，了解当地用人情况，然后有针对性地选择应聘。

而且还可以通过阅读报刊、杂志的许多真实故事和案例，具体、深入地了解企业、企业所在的行业、行业所处的经济环境等信息，从而明智地选择自己的择业方向。而且，如果你在面试中能对你正在应聘的公司的行业背景和发展前景侃侃而谈，相信用人单位的面试人员会对你刮目相看，好感倍增。

2．招聘洽谈会

我国当地政府人事部门所属人才交流机构开办的人才市场有定期不定期的招聘洽谈会，这类部门不是以赚钱为目的的，而是为用人单位和求职人员服务的，其运作规范、服务周到、信誉高、功能多、手续齐全，一旦出现问题，可得到合理解决。尤其是省会城市一般都举行春季或秋季的"大中专毕业生双向选择供需见面会"。求职人员可以从中获得用人单位的各种信息。

特别注意不要到洽谈会场外找工作。一些非法招聘者，往往利用洽谈会的机会，在洽谈会场外从事非法招聘活动，为了避免上当受骗，一定要小心。另外，如果招聘单位在洽谈会上以各种名目收取报名费、抵押金、保证金等均属非法，求职者应坚决予以抵制拒绝，并到洽谈会办公室举报。

3．网上查找

现代社会是网络时代，许多用人单位都有自己的网站，我们可以到目标企业的网站上浏览，一方面可以了解该企业招聘人员的信息；另一方面可以下载它的年报。从数据中会发现最新的该企业雇员和投资者的情况，特别是对行业总体趋势和企业的价值有所了解，将有关的信息记录下来供面试时备用。

现在当地政府一般都在网上设立"某某人才网"，里面有专门的招聘信息，我们可以从中获得用人单位的各种信息。

4．学校

一般学校都成立专门的学生就业指导办公室，每年冬季都举行招聘洽谈会，有的学校还与其他兄弟院校联合举办招聘洽谈会，而且许多用人单位也单独到学校招聘，我们也可以从中获得用人单位的各种信息。

5. 观察周围的环境

有条件可以直接到用人单位，观察用人单位及周边环境，了解相关信息。一个企业的文化以及企业发展情况、对职工的要求等，我们可以从企业的环境窥见一斑。另外可以提前观察周围环境，对你面试以及确定该企业的周边环境是否适合你的选择等都非常有利。

6. 关心时事新闻

注意关心时事新闻，它在面试时也有用武之地。例如在面试时，你对面试人员提出的时事问题能够对答如流，一定会给他们留下你知识面广的良好印象。而且如果你是在他们尚未提到的情况下，在恰当的时机不经意地提到，会让面试者有意外的惊喜，觉得你兴趣广泛，知识面很宽。与别人相比，这也是你的一种优势。你的工作需要你在这方面有敏锐的观察能力和注意力。

俗语道，"兵马未动，粮草先行"，收集就业信息越早越好，范围越大越好，越具体越好。善于捕捉和分析求职信息，主动权就能掌握在自己手里，选择机会越大，求职成功的几率就越大。

（二）写好简历

1. 简历的作用

简历，顾名思义，就是对个人学历、经历、特长、爱好及其他有关情况所作的简明扼要的书面介绍。简历是你与单位沟通的第一通道，是招聘人员了解你的第一个途径，如何引起用人单位对你的兴趣是最重要的。

简历的作用是推销自己，表现自己，通过简历让用人单位发现你的价值。一份好的简历，可以在众多求职简历中脱颖而出，给招聘人员留下深刻的印象，然后决定给你面试通知，因此它是帮助你成功应聘的敲门砖。

2. 简历的组成

简历一般由以下几部分组成。

（1）题头：一般人只写简历二字，也有人为了突出自己，直接写某某简历。

（2）个人资料：主要包括姓名、性别、出生年月、民族、政治面貌、家庭地址、联系方式、婚姻状况、身体状况、兴趣、爱好等。如果你应聘的是国企、事业单位，政治面貌一项必须填写，如果是私企及外企可以酌情处理。民族一项如果你应聘的企业是一家民族特色的企业，而你与之相符，一定要填写，其余酌情处理。联系方式留下的手机、电话号码必须是能够直接找到你本人的号码。

（3）教育背景：包括就读学校、学位、所学专业、外语及计算机掌握程度。

需要注意教育背景的写法，应把最近获得的学位或最高学历写在前面。一般方法是学校名称、学位及毕业时间（如果留学要写上城市、国家），在校就读的学生，要将按计划毕业的时间写上。如果你的教育程度及专业对你所寻求的工作更有利，那么应将教育程度列第一位，并且写上主要课程。

（4）本人经历：即入学以来的经历，主要是包括担任学校工作、社会工作、社团工作、社会实践等方面的情况。担任的职务、时间、业绩等。

（5）所获荣誉：三好学生、优秀团员、优秀学生干部、专项奖学金等。

（6）本人特长：如计算机、外语、驾驶、文艺、体育等。

（7）求职意向：主要介绍你未来职业的目标定位，应聘单位会通过你的职业定位明确你的发展方向是否与公司招聘职位吻合。因此在语言组织上要注意，不要用平淡语气去描述。

（8）自我介绍：主要是通过一些简明扼要的概述，向招聘负责人展现自己的综合素质和特点。其包括技能专长总结、兴趣爱好描述、沟通协调能力总结等，要用简练的语言说明你对于所应聘职位最大的优势是什么。

3．简历写作技巧

（1）要注重整体规划。简历的整体规划包括页数、文字、排版、格式。简历需要简洁。一般来说，简历最好控制在一页到两页内。简历中不能出现错别字，字体大小要适当。排版和格式要美观大方。

（2）简历要有针对性。针对你要应聘的单位，了解该单位的情况以及对职位的具体要求，根据其了解的信息，有针对性地写简历。让招聘单位感觉你的简历是专门为他们而制作的，这样获得面试的机会大。不要"一份简历闯天下"。

（3）简历要突出优势。每个人都有自己的优势，要结合自己的优势重点强调。例如，你的各科成绩不佳，但是你一直做兼职工作或担任学生干部，在简历中，你要多提及一些自己的实习经验或者担任学生干部期间的成绩以及得到的锻炼，让他们看重的是你的实习经历；如果你是学习型的、各科成绩又好，在简历中，要突出你的学习成绩在班级或者年级的排名、竞赛成绩及如何学习和感悟，这一项非常重要，其实，企业对于应届生的考察，并不是特别重视社会经验，关键在考察应届生的学习能力、适应能力、沟通能力和严谨程度。

如果你缺少应聘职位所需的工作经验，工作时间短，不要在简历中使用时间表达法，而通过功能表达法或技术表达法，优先来陈述你相关的工作经验和技术。

此外，在简历中，要突出你的个人能力即你的长处、专业知识、专业技能，在陈述自己的个人能力时，配合企业招聘的要求，才能引起企业的注意。例如，你应聘的是从事外贸工作的企业，外语程度一项，可以写上能与外商进行日常用语沟通，能阅读业务范围内常用术语（必须是你能做到才写），这样比外语程度"一般"要好。

你未来能为企业做什么？这是企业招聘人才时考虑的，突出你的优势，强调出你适合这个职位的成功经验和经历，给用人单位你能胜任这项工作的感觉。这是简历最为重要的，也是最有竞争力的地方。

（4）适当引用别人的评价。简历一般有"自我评价"一项，这让很多求职者感到棘手，不写，会认为你对自己缺少清晰的总结与认识；写，大家又千篇一律，毫无特色；自我评价高会有一种吹嘘的感觉；谦虚一些又有一种不自信无能力的感觉；对此，建议可适当地引用别人对你的评价，既客观真实又能引起共鸣和注意。

4．注意事项

（1）简历要实事求是，要做到真实可靠，履历表上的资料必须是客观而实在的，千万不要弄虚作假。诚信最为重要，任何单位都不会招聘没有诚信的员工。

（2）不要有错别字、语法、拼写等错误。

（3）履历表切忌过长，应尽量浓缩在两页之内。最重要的是，要有实质性的东西给用人单位看。同时也不要压缩版面，把字体缩小到别人难以阅读的程度。

（4）不要千篇一律。例如性格，很多人都会写"乐观开朗"、"富有创新精神"等，语言能力写"流利"、"一般"、"良好"等。

（5）不要为了省钱使用低廉质粗的纸张，更不要用已使用过的纸张，注意简历上不要有污迹，不要沾到水渍、咖啡渍。也不要使用高档和过于花哨的纸张。

（6）简历中不要主次不分，重点不突出。很多人贪多求全，恨不得把所有的事情都写上，结果，内容庞杂，形成大杂烩，反倒让人搞不清楚应聘者究竟想表达什么。写的混乱，只会让人觉得应聘者思维混乱、主次不分、目标不明。

（三）求职方式

随着人才流动的增加、人才市场的开拓，求职的方式也越来越多。我们前面提到的信息收集里就有各种求职的渠道，如学校、人才市场、各种招聘会、网上求职、新闻媒介等。此外，还可以选择电话求职、直接到用人单位求职、借助职业中介机构求职。需要注意的是，职业中介机构必须是经过审批的正规职业中介机构，它们一般都有劳动部门核发的职业介绍许可证、职业介绍资格证，工商局发的营业执照，物价局发的收费许可证，税务局发的税务登记证。一定要证件齐全，不全就是非法，复印件无效。

（四）面试前的准备

在等待面试的过程中，还要做些准备工作。

1．整理目标企业

将投过简历的单位详细地归类整理，每个单位的情况做好调查，要心中有数，最好把单位的电话号码保存起来，当用人单位面试前亲自打电话通知你时，如果你能流利地说出"某某公司，谢谢你们联系我"，或者如果知道对方姓名职务说"某某经理，谢谢您和我通电话"这样出乎招聘者意外的话，效果会更好。

2．准备面试内容，事先练习

在面试的过程中，主试人可能会针对你的简历提问，事先准备表达意见并适度介绍自己，尤其是能谈谈你对新工作的了解，表达你对这个行业有兴趣，及对这个行业的了解，使面试官产生你适合这项工作，是这家单位一分子的感觉。

为了在面试时做到应答自如，最好事先演练，不要毫无准备就贸然前往，找个熟识的朋友，先和他来场预演，请他担任招聘单位的主试人进行面试，并客观地对你的答案和举止仪态提出建议。常言道，熟能生巧，通过事先的演练，能够让你临场情绪稳定，不易怯场，发挥较好的效果。

3．着装仪容的准备

从心理学上讲，在未与人沟通前留给人的第一印象是最初的 20 秒，而最初的 20 秒印象就是由你的外在形象决定的。

你的着装要根据企业文化来选择，如参加银行业、保险业、咨询业公司的面试时，穿西装，打领带是非常必要的。如果企业文化是比较休闲的，你的着装也不需太正式。

在着装上，总体要整洁大方、得体，能够体现大学生良好的精神风貌和审美素养。男士着装要显得精神干练；女性着装要传统一些，不要穿性感的衣服，应显得庄重严肃，要避免穿戴时髦衣服、首饰及浓妆艳抹、香气刺鼻。面试时，女生不化妆更显得清爽自然，如果化妆，要化明快轻松的淡妆。

参加面试的着装虽然要留意，但也不必在没有条件的情况下刻意为之。只要按照干净整洁、朴素大方的原则穿衣，一般都不会有错。家境不是很好，但不遮不掩，自信面对，更给人一种能吃苦耐劳，懂得珍惜工作，具有比较大的稳定性的结论。

面试前一天，洗澡、洗头能使人精神气爽，有一种容光焕发的感觉。如果路途较远，应该提前赶到面试地点。先去休息室待几分钟，整理头发、领带。

二、面试时注意事项

（一）时间上要充裕

最好提前到达面试地点。提前出发，多留一些时间在路上，以防止路上堵车等情况。不管什么理由迟到，都将影响面试效果。从你自身角度，易产生紧张不安、心绪不宁、精力不集中等情绪影响你的面试；从面试官角度，对你容易产生不守时、懒散、缺乏自我管理和约束能力的看法，直接影响对你的判断。如果迟到，一定要真诚道歉，调整情绪。

提前到达，可以让你有充分的时间调整情绪，准备面试内容，检查着装，精神饱满、充满信心面试。如果提前半小时以上，不要到应聘单位报到，要在附近找一个地方休息，提前十几分钟报到即可。

（二）言行举止

在面试过程中一定要注意自己的形象，特别是言行举止，要做到彬彬有礼。你自己不经意的一句话、一个动作，就可能会让自己失去一个极好的就业机会。

说话要谦和、大方，在语言上体现礼貌风范，如"您好"、"请您关照"、"谢谢"、"再见"等礼貌用语。

举止上要落落大方、精神饱满，尽量与面试人保持面对面、面带微笑、视线相接的姿势。

面试时，应该注意坐姿，要挺直腰板坐在椅子上。不要显得坐立不安，不要抚弄头发或摆动双腿，或者随意做出任何有损形象的姿态，坐姿不当，也可能失去到手的就业机会。

面试时眼神很重要，目光要全神贯注聚焦在面试人员身上，礼貌地正视对方，注视的部位最好是考官的鼻眼三角区（社交区）；目光平和而有神，专注而不呆板；如果有几个面试官在场，说话的时候要适当用目光扫视一下其他人，以示尊重；通过眼神展现出自信及对对方的尊重。恰当的眼神能体现出智慧、自信以及对公司的向往和热情。

（三）合理选择座位

在进入面试室后，应遵照主试人的指示坐到相应的座位上，如果主试人不指定座位，可选择主试人对面的座位，或询问主试人后坐到适宜的位置。需要注意的是，在选择座位时，应落落大方，声音清晰，礼貌征求主试人的同意。如"您好！请问我可以坐这里吗？""谢谢！"

坐的位置既不要离主试人过远，产生距离感，也不要过近和主试人共用一张办公桌，探视主试人办公桌上的文件或面试资料。

（四）保持学生的本色

面试时保持学生本色，做到充满信心，清晰简洁地自我介绍，条理清晰、准确地回答问题，坦承自身的缺点，一个充满朝气和阳光的学生，最为用人单位欣赏。

无论是在面试还是在笔试中，比较聪明的做法不是向面试人员表现独树一帜或是冷僻的观点，而是尽量挑选易于表达的，自己最熟悉、最驾轻就熟的事物来阐述，这样表达起来会比较流利，当然在这个基础上，能有自己独特的见解自然是锦上添花。

对于缺点敢于正视，而不是想尽办法伪装，这样做最容易被招聘人员接受。

（五）巧妙回答问题

走进面试考场，你应尽量放松自己，表情自然，面带微笑，给人以真诚、亲切的印象。通常情况下，主试人都会以一句充满感情色彩的客气话，把你引入试题。如"欢迎你应聘我们公司，我们期盼你考出好成绩！"这里，你可以微笑着点头致意，也可以说声"谢谢"。

在主试人没有请你就座之前，你不要急于坐下。主试人说过"请坐"之后，你再坐下，挺直身子，目光注视着主试人。

主试人会很快切入正题："请你简单谈谈自己的经历和特长。"回答这个问题虽然简单，但是千万不要琐碎、啰唆、没有条理。自我介绍时间要控制在 5 分钟左右，介绍内容要与个人简历相一致；表述方式上尽量口语化；要切中要害，不谈无关、无用的内容；条理要清晰，层次要分明；事先最好以文字的形式写好背熟。需要强调的是个人经历，要把自己曾经做过的事情说清楚，对应时间节点的工作单位、工作岗位、担任职务、工作内容等，尤其是最近几年做过的事情要重点来说，以前的经验可以一带而过。做成的业绩与应聘的岗位相关的要重点说，特长与工作相关的重点说，无关可说可不说。在介绍自己的经历中的成绩时，要注意口气，既巧妙地表露出来，又不显示出自我吹嘘的痕迹，给人以自信、谦逊、不卑不亢的印象。在应聘前的准备过程中，要注意把握好分寸。

"你有什么问题吗？"有些用人单位愿意提这个问题，在招聘信息中提及的不要问，最好问一些关于如果被公司录用可能会接受的培训、工作的主要职责等问题。

需要注意的是，要听懂面试人员的话外音，例如，"谈谈你的家庭"，表面是你家有几口人？做什么工作？深层次含义是家庭环境对你的影响（包括为人处世、工作态度、性格等）。

（六）把握告退时机

如何结束面谈，通常由面试官决定，他直接通知你，但有时主聘者不直接说，而是暗示，作为应聘者就要善于观察，把握时机，主动而愉快地告退。过早告退，事情还未讲清，面谈效果未达理想；告退过迟，又易令人生厌，产生不好印象。主聘者如果说"同你交谈，感到很愉快"，"谢谢你如约来面谈，表现出你对本公司发展的关心和配合"的话时，你应当敏锐地及时起身，礼貌地告辞。这些话一般暗示面试结束。

告退时，要面带微笑和主聘人握手，或者点头致意，表示感谢公司给你这次机会，也感谢主聘人花了时间来和你交谈，而且感到这次交谈，你十分愉快。走出房间前，还可问一下：要多长时间会有结果。也许你不易得到确切日期，但至少已表明了你在等待这份工作的愿望，出来后，再向接待的秘书道谢告别。

三、求职后的礼仪

面试结束后，你都要收到通知：录取或者婉拒的通知，无论哪种都要回信。

收到录取通知回信的主要内容包括：一方面表示感谢，表明珍惜机会、努力工作的心情；另一方面，可咨询是否培训以及工作职责。这样你自己可多做准备，尽快熟悉环境，及早胜任工作。

收到婉拒通知要写一封感谢信，感谢公司给你提供笔试、面试机会，使你获得了求职经验。这一方面体现了求职者的礼貌；另一方面也是给自己的未来创造机会，表明自己仍有到该公司就业的诚意。很多公司保留落聘者的简历，当他们临时需要人才时，会从中挑选。那些写有感谢信的人往往被列为首选。

第二节　职场沟通礼仪

礼仪小故事

李勇和张力同在一家企业的业务部工作，"气死我了"，李勇一进办公室就把手里的方案拍在桌子上，原来李勇好不容易拿下一个大客户，客户要求三天拿出方案，李勇到技术部，说明是急活要求三天交，三天到了，李勇去取，技术部说活多没干完，李勇和技术部大吵一顿，并再三向客户道歉，但是客户以不守信用为由终止了合作。而张力也同样拿了一个急活，交给技术部小吴，结果小吴第二天就把方案交给了张力，而张力的方案明明一天无法完成，小吴却把方案做完，事后了解到为了完成这个方案，小吴一夜没回家。李勇不解同样是公司的业务，为什么好像成了他自己的私事？

一、沟通的重要性

沟通是人与人之间、人与群体之间思想与感情的传递和反馈的过程，以求思想达成一致和感情的通畅。它是人类集体活动的基础，是人类生存、生产、发展和进步的基本手段与途径。

在现代，社会沟通是企业管理的命脉，企业在经营管理和日常事务中，由于人与人之间、部门与部门之间缺乏沟通和交流，常常会遇到一些误解、摩擦、矛盾，甚至冲突。唯有沟通才能消除误解、减轻摩擦、化解矛盾、避免冲突，有效发挥团队和管理的最佳效能。尤其是当企业处于不利的市场环境甚至面临危机时，会造成员工士气低落，这时就更需要沟通，鼓舞员工的士气。当企业有重大举措，如领导班子调整、经营战略调整、新项目投资、新的规章制度制定与实施等，除了商业秘密外，事先都要与员工沟通，听取意见，尤其是不同意见，这样能增强员工的主人翁精神与责任感。决策后，要及时做出详细的解释说明，排除员工的疑虑，统一认识。否则，企业沟通不畅，就会降低管理效率，影响企业的效益，甚至可能导致企业破产。

和谐相处是人类最宝贵的财富，其桥梁就是沟通，沟通是人际情感的基石。由于人与人之间的思想观念、价值取向、知识结构、性格气质、思维能力、工作方法等方面的个性差异，往往会导致相互不理解、不信任，产生误会与矛盾，在工作中会导致不合作、不配合、不支持对方，使其关系紧张，造成各自为战的情况。唯有良好有效的沟通，才能消除误会、化解矛盾。良好的沟通造就健康的人际关系，人与人之间才能和睦相处，工作中才能相互支持、相互配合。

二、沟通的类型

（一）按沟通表现形式分类

从沟通的表现形式来说，沟通分为直接沟通和间接沟通。

1. 直接沟通

直接沟通是指运用语言直观真切的沟通，即表现为面对面交谈，或者通过电话、语音视频进行交谈。

优点是便捷快速，不但能够听到语意，还能通过语音高低、语速快慢等感知对方的情感，容易情感交流。

缺点是有时受个人情绪以及对方的情绪影响，不太系统，沟通常常会受善谈人控制场面，难以体现信息的对等。

2. 间接沟通

间接沟通为非面谈式沟通，常见的形式为书信类、文件报告式沟通。

间接沟通的优点是一般比较冷静理智，沟通交流观点比较系统、相对比较委婉，不太容易受感情和氛围因素影响。缺点是缺少情感交流。

（二）按沟通的场合选择分类

从沟通场合来看，可以分为正式沟通和非正式沟通。

1. 正式沟通

正式沟通一般有明确的任务，气氛严肃，时间地点选择严格，一般以文字或者公开的面谈为主，双方都有较好的沟通准备。如各种形式的会议、正式的宴会以及领导和下属之间约见式谈话等。

2. 非正式沟通

非正式沟通一般不确定明确的主题，主要是以双方情感分享和交流为主，即使涉及彼此关注的问题，一般也采取谦让和回避的态度，选择的时间和地点一般都比较随意，氛围轻松。常见的有一起娱乐、一起运动等一些交际场合进行的沟通。

总之，沟通就是信息传与收的行为，发送者凭借一定的渠道，将信息传递给接收者，并寻求反馈以达到相互理解的过程。沟通既是人际的交流，也涉及组织之间的交流。

三、同事之间的沟通

现代社会聚集了各个方面高层次、高素质的人才，同事之间如何通过最佳合作达到资源的充分利用、整合与配置，最终达到收益的提升是现代社会人们更多关注的问题，最佳合作的渠道就是沟通。同事之间相处主要通过沟通进行，良好的沟通可以让工作得心应手。

（一）准确定位，尊重他人

现代社会分工越来越细，人们在工作中所处的环境不一样，面对的人和事不同，所处的位置不同，其地位也不一样，无论在何种工作环境下就职，都要找准自己的定位，随时调整好自己的心态。

蒙牛集团的用人原则："有才有德，破格录用；有德无才，培养使用；有才无德，限制使用；无才无德，坚决不用"。从蒙牛集团的用人原则中可以看出一个人的品德排在第一位。品德是多方面的，包括爱心、尊敬、言谈举止、团结友爱等，其核心就是尊重他人。尊重他人表现在平等待人，无论对方在单位做什么工作，都要尊重对方、礼貌有加、平等相待，即使是打扫卫生的服务人员也必须尊重对方。切记我们只是分工不同，没有贵贱高低之分。只有尊重对方，才容易与对方沟通。

（二）虚心学习，乐于助人

如果你是新近入行的新手，不要心存自卑、卑躬屈膝，但也不能自认为能力强于他人，在单位里自恃清高、目空一切、目无尊长。要尊重老同志，虚心向老同志学习，要乐于并善于从老同事那里汲取经验。这样可以帮助我们自己少走弯路，有利于自己的成长与发展。

同事之间要友好相处、互相帮助，要关心帮助有困难的同事。特别是对于新来的同事，他们往往对工作不够熟悉，我们应主动去关心、帮助他们，帮助别人就是成就自我。

互相帮助有助于感情沟通，有时求助别人反而能表明你的信赖，融洽关系，加深感情。你怕给人添麻烦，对方就以为你也很怕麻烦。当然，求助要讲究分寸，尽量不要使对方为难。

需要注意的是，办公室都有自己的规章制度，每个人都有自己的责任和岗位，关心要有度，过于关心询问有窥探他人之嫌，过于帮助有不相信他人能力之嫌，容易使对方误解，易招厌烦。

（三）巧妙赞扬与鼓励

美国著名交际学家卡耐基指出："我们应该永远不要忘记我们所有的同事都是人，也都渴望别人的欣赏和赞扬。"

赞扬要真诚，巧妙赞扬易于接受。赞扬对方时，最好赞扬行为本身，而不赞扬人，例如，"你这个方案做得棒极了"胜过"你是一个好员工"。赞扬要具体、实在，不宜过分夸张，例如，"你真有头脑。"不如"你怎么就想得出这样的好办法呢？"赞扬要及时，不要隔得太久。

鼓励对方，最佳办法是巧妙赞同与认可，尤其是你与对方观点一致时要及时说出并伴有赞同的动作，如注视着对方眼睛说："我同意你的看法。"在同事需要肯定时及时鼓励是雪中送炭，迟到的鼓励就只是礼貌性的外交辞令了。

巧妙赞扬与鼓励能拉近同事之间的距离，沟通也就自然容易了。

（四）融入同事的兴趣爱好之中

俗话说得好，"趣味相投"，只有共同的爱好、兴趣才能让人走到一起。现代社会交通发达，人们的工作单位往往和住处较远，午饭一般都在单位或附近解决，午休时大家常常聚在一起聊天。休息时也往往相约一起运动、娱乐等。有了共同的兴趣和爱好，大家也容易沟通，也会将自己在工作中的一些感受进行交流，自然而然地增进了大家之间的工作友谊。在工作中沟通也就顺畅，也容易相互支持与帮助。

（五）乐观幽默

任何长时间工作之后，会感觉到单调、疲惫和乏味，乐观和幽默可以消除彼此之间的疲倦，更能营造一种亲近、愉悦的人际氛围，有助于自己和他人变得轻松，缓解紧张与压力。一个乐观幽默的人，容易让人亲近，也愿意与其交流、沟通。但要注意把握好分寸，分清场合，否则会适得其反。

四、与上司之间的沟通

在单位作为下属，只有与上司或领导保持有效的沟通，才能产生良好的互动，方能得到有效的指导与帮助，提高自身工作效率与业绩，另一方面也能在内部资源分配中保持良好的敏觉性，能赢得更多证实自己能力的机会，能让大家清楚地认识到你的价值和能力，赢得领导和同事的赏识。

（一）接受指示

在单位要摆正关系，作为下属，需要清楚自己的身份，下属是不能凌驾于领导之上的，而在单位与上司沟通的形式之一就是接受指示和任务，要毫无怨言地接受任务。接受指示之前除了领导到你的办公室直接指示外，一般通过电话或他人传达，这时要明确指示的时间与地点及你要做的准备。领导指示时要认真倾听，对上司的指示进行恰当的反馈，以最有效的方式同上司就重要问题进行澄清，除非得到上司的认同，否则不要在这个场合与上司进行讨论和争辩，而要将指示接受下来，即使有什么问题，也不要急于进行反驳，相信领导和群众的眼睛是雪亮的。

（二）认真倾听与理解含义

与上司沟通，首先要听上司讲话，由于涉及自己对任务的接受、对工作的了解，以及自己在上司心目中的形象，所以仪态大方、认真倾听是很重要的。尤其是讨论性质的大会，可以根据记录调整思路、整理发言提纲，其效果更好。

在小型会议上，当上司的讲话引起你的共鸣时，要用细微的动作向上司传达你在认真倾听，如微笑、点头、凝神等。而你的这些信号很容易被上司看到，产生良好的沟通效果。但表情不要夸大、不要戏剧化。

尤其是上司单独与你沟通，安排任务时，要集中注意力，要理解上司讲话的含义，尤其要听懂话外音，不要不懂装懂，如果不明白一定要及时问，否则出现问题再补救，为时已晚。

当上司向你发牢骚时，你要表示尊重与理解。

（三）站在上级的立场看问题

跨级沟通的障碍大多源自于动机和思考的角度不同，如果换位思考，从上司的价值观、处境、职责、压力、背景、经历、个性等各方面来考虑问题，很多沟通障碍都会迎刃而解，不仅提高了自己的沟通效率，而且往往在不知不觉中提升了自己的心理素质和管理水平。

（四）服从为先、勇于担当

作为下属，我们一定要充分尊重领导，在各方面维护领导的权威，支持领导的工作，这也是下属的本分。

首先，下级服从领导本来就是天经地义的事情。领导的指令要服从，对领导工作上要支持、尊重和配合。很多领导并不希望通过单纯的发号施令来推动下属开展工作，因而要主动争取领导的安排。

其次，在难题面前，尤其有时领导处于矛盾的焦点上，下属要主动出面，接触矛盾、承担责任，勇于承担，以此显示你的胆略、勇气和能力。

再次，领导不可能事事都正确，一旦发生错误，不可当众冲撞领导，可私下提出，要维护领导的威信。

（五）汇报工作

汇报工作是与上司沟通的途径之一，既是对上司向你发布指示、布置任务的反馈，也是你接受指示或任务完成情况的总结。汇报工作时，应客观、准确，尽量不带有个人、自我评价的色彩，以避免引起上司的反感。汇报的内容与上司原定计划和原有期望要相对应，特别是对于上司所关注的重点，应重点或详细进行汇报，对上级的询问要有问必有答、回答清楚。对于工作进展情况应及时向你的领导汇报，让领导知道你现在在干什么，取得了什么成效，并及时听取领导的意见和建议。对于上司做出的工作评价，有不明白之处应当场确认，从而获知上司评价的真实意思，这样就不会造成沟通的障碍。

要主动汇报，让上级对工作进展了如指掌。如果是突发事件，你来不及请示，那么你解决问题之后，一定要第一时间向上司汇报，以免引起不必要的误解和不利后果。

作为下属要善于在关键的地方，恰到好处地向领导请示汇报，征求意见和看法，把领导的意志融入正专注的事情。这是下属主动争取领导支持的好办法，也是下属做好工作的重要保证。这样既体现了自己对领导的重视，也体现了自己工作的严谨、细心。

（六）商讨问题

工作中会出现各种各样的问题需要上司与大家一起商讨，商讨问题是有效沟通的重要途径之一，但也是容易发生冲突，出现沟通障碍，导致沟通不畅的地方。上下级之间商讨问题，本是应该开放、平等，但实际上却很难做到真正的平等、互动。所以，需要在商讨问题的过程中时刻注意把握分寸，保持良好的沟通环境。

在商讨问题前，要事先约定商讨的内容，使双方都做好准备。

商讨问题时要做到：正确扮演各自的角色，双方按各自的权限做出决定。上司不要过分关注本该由下级处理的具体问题；不要随意改变商讨的内容，将商讨问题转变为上司做指示、对下级工作进行评价，或下级进行工作汇报；如果当场做出决定，事后一定要进行确认，避免由于时间匆忙，考虑不周而出现偏差。

有不同意见进行商讨时，表述意见应当准确、简明、扼要、完整，要有重点，不要拖泥带水，应针对具体的事情，而不要针对某个人；注意自己的位置和心态。向上面反映的某些事如果超出自己的职权范围或者根本与本部门没有太大的关系，就不要过分期望上面一定会向自己做出交代和反馈；不要把自己的观点强加于人；不要让商讨的场面变成辩论的战场。

五、与客户之间的沟通

（一）尊重客户，以礼相待

既然是公司的员工，就要时刻牢记你代表公司的形象，因此与客户相处时要态度热情而真诚，要尊重客户，以礼相待。当有客户来访时，应微笑地打招呼，热情地做好接待。会客区域应随时保持干净整洁，同时放置一些有关公司的参阅资料，如产品目录、年报等。无论对方是公司的主管人员还是普通员工，都应同样以礼相待，不可厚此薄彼。要时时处处显示出对客户的尊重与友好，永远让客户有宾至如归的感觉，让客户体验到与你合作的快乐与舒心，使沟通顺畅平和。

（二）建立良好的人际关系

沟通是双向的、良性互动的，要与客户建立良好的人际关系，培养和客户的情感，这需要一个过程，在这个过程中，我们要了解客户。

建立详细的客户档案。要想建立有效的沟通机制，培养同客户的情感，建立客户档案是一个很好的方式。客户档案不但是企业情况，而且还应是决策人、重要联络人的小档案、个人的兴趣、爱好、重要的纪念日等。这是作为朋友所必须了解的，培养同客户的情感，就是要把客户当成朋友来处。培养情感不在礼重。建立客户档案、与客户成为朋友不是以金钱为手段，是人之间的情感。一纸贺卡、一句祝福更让人激动。

在工作之外加强和客户接触，尤其是固定客户。上班时间是正常的业务往来，而要成为朋友更多的功夫是在业务之外，因为工作之外，人的精神是比较放松的，感性的成分也多一点，这时客户比较容易被情感打动，也比较容易付出情感，培养和客户的情感，功夫在工作之余。

寻找与客户之间的共同话题，只有那些能引起客户感兴趣的话题，才能在短时间活跃沟通气氛，引起客户的好感，易于沟通。只有建立良好的人际关系才能了解客户的需求，从而达到有效的沟通。

（三）主动承担责任

在与客户的长期交往中，难免会有一些不尽如人意的地方，出现分歧，出现失误的时候也在所难免。这时，要有客户永远是正确的心态。面对失误，根据情况主动承担责任，客户也会对你尊重有加，与客户的关系也就会有更大的改善，也容易得到客户的信任，建立牢靠的友谊。只有得到客户的信任，客户才可能接受你的建议与产品，从而达到有效沟通。

（四）注意沟通方式

每一个人的性格不同，思维方式、处事方法也不同，与其沟通方式也不同。

例如，能力型的客户，他是一个效率的工作者。他的办公桌摆满了方案，显得非常忙碌，其墙壁上点缀着各种荣誉证书，以及日程安排表。这种性格的人喜欢指挥他人，行动速度非常快，从不浪费工作时间。他的思维方式比较擅长或专注于掌握大方向、大重点和大原则，不关注细节。因此与他沟通时，不要讲得太啰唆、太详细。只要清楚、条理分明地把大结构、大主体把握住就可以了，然后强调其价值和利益。

能力型的人一般都是"以工作和结果为导向"。他们要的是结果，而不是极为复杂的过程和计划，所以你必须组织整理并且找出重点、要点来说服他，为他们提供与成功的可能性相关的信息和选择的底线，在他们空闲的时候，提供记录下的细节或相关资料给他们过目。

当你和能力型的客户交谈时，由于他们对达成目标和成就感极其渴望，为此我们可以通过满足他们的自我实现需求来支持他们的想法，并进而肯定他们有这个能力和威信。当与能力型的客户交谈时，要允许他们有发言权和控制权，因为他们不是自甘落后、安于寂寞的人。而你不同意他们的观点时，要用行动和事实来证明，而不是光凭感觉或无效果的争论。

再如，活跃型的客户，他的办公室墙壁上往往挂满了象征成功和价值体现的标志，包括与名人和杰出的商业人士的合影。他们善于言谈，常把焦点集中在自己的身上，有时宁愿夸夸其谈也不安心工作。活跃型的客户是一名有趣的激励者，喜欢被人欣赏和表扬，愉快和幽默的交谈、笑话以及快乐的表现是赢得他们认可的最佳方式。活跃型的客户一般是"以乐趣和人际为导向"，他们为人友善，只要与他有一定的感情基础，成为他的朋友或聊得来认可的人，就有求必应，来者不拒。因此，对待活跃型的客户必须倾注你的真诚，来支持他们的理想、目标、观点以及超级梦想。不要尝试与他们争辩或反着来，那会使他们更加亢奋，不易沟通。

活跃型与能力型的人都是属于外向性格的人，但不同的地方是：活跃型的客户喜欢跟人多聊一聊，注重感觉，如果感觉不好他们宁可放弃。而能力型的人却不一样，只要可以达到他的目标，就愿意与你合作。活跃型的客户首先在乎的是亲和力，他们很注重人际交往的感觉。活跃型的人心里总是在问：我们之间能不能聊得来……这种性格的客户是非常心直口快的、不怕说错话的人。一般他们在作购买决定时，也是比较干脆的，只要你的产品符合他的需求，价格又合理，他们都会接受。活跃型客户好面子，一旦作出决定，别人也不容易改变他的决定。总体来说，活跃型的人充满快乐，热情大方，他们总是能够给人们带来许多欢声笑语。

第三节　办公室礼仪

礼仪小故事

小张给人的感觉是一天忙忙碌碌，办公桌上摆满了文件、资料，一些杂志、报纸，甚至几天前用过的一次性餐盒。单位给每位员工都配备了宽大的办公桌和卷柜，小张也都摆得满满的。一些重要的文件常常放到桌面上，一些紧急需要处理的文件，常常翻了半天才找到，有时甚至找不到。一找他办公，他常常说"我太忙了，你先放着，我一会处理"，如果不及时跟着等待处理，常常会束之高阁。工作3年了，没有得到提升，甚至出差和一些会议领导宁可安排新同事或者有孩子的女同事，也不用他去，尽管他是单身。

思考：你知道为什么吗？

一、办公室行为礼仪

（一）关注形象

加入一个新的集体，无论是新参加工作还是新到一个单位，自然首先关注自身职业形象，即使你是这个企业的老员工也要关注自身的职业形象。

职业形象包括言谈举止、着装、打扮，以及是否严格遵守单位的各项规章制度，不迟到、不早退等。这些不仅是个人习惯的问题，它从另一个方面反映了一个人的素质和修养，以及给领导和同事留下的外观印象。

企业性质不同、管理方式不同、文化习惯不同，企业内部人员着装与称呼就会不同，因此我们要与企业文化相容，入乡随俗、适应环境。

国企与私企、政府机关与学校等，称呼有差异，而且称呼上也因人而异，个人喜好也不一样，我们要礼貌待人、尊敬有加，随机应变。

（二）公私有别

在任何情况下都不要将工作关系与私人关系混淆。你与上级或同事，私人关系无论多亲密，在工作时，上下级和同事关系是不可打乱的，在工作上保持默契，不可逾越。私下和同事有纷争不可带到工作上，不能给同事制造麻烦。工作上与同事或领导有分歧或争执，不要带到工作场合之外。要公是公、私是私，公私分明。

单位的设施与资源不可滥用，不要私用。例如，单位的电脑、打印机、扫描仪、电话、打印纸等各种办公用品，不要变为私人用品，更不要变为私人财产。如单位的电话是办公用的，最好不要打私人电话，尤其不能长时间占用打私人电话。要公私有别。

每个单位都制定规章制度，不同性质的工作岗位，不同规模的企业、单位所指定的规章制度不尽相同，即上班时间杜绝员工做私事。我们要做一个严格自律的员工，不要把办公室当成私人领地，不要把工作时间当成休闲时间，如上班时间私自外出，更不要在工作时间拉别人做私事，如玩游戏、打牌。尤其趁领导不在时怠工甚至旷工。

（三）爱岗敬业、谨言慎行

有敬业精神、责任感强的员工，无论到任何单位都会得到领导的喜欢、同事的钦佩与尊重。工作时应该保持高昂的精神状态，对工作要有耐心、恒心和毅力。说得好不如做得好，没有过硬的业绩只会夸夸其谈是无法赢得同事的尊重的。勤勤恳恳、埋头苦干的敬业精神值得提倡，但必须要有效率，要注意工作方法。突出的工作成绩最有说服力，最能让人信赖和敬佩。

需要注意的是，工作时要谨言慎行。即使遇到挫折、饱受委屈、得不到领导的信任，也不要牢骚满腹、怨气冲天，这样做的结果是得不到同情，只能适得其反。并且得意之时也不要到处张扬，自己工作有成绩而受到上司表扬或者提升时不要飘飘然，这样做的结果只会引来不必要的麻烦。

（四）进出办公室的礼仪

早晨进办公室，要主动向大家问好，下班时要与同事礼貌告别。进入他人办公室时，要敲门，敲门得体的做法是，手心向着自己，用指关节轻叩两三下，声音以能引起注意，而不感到突兀和无礼为宜，得到允许后，才可入内。要礼貌问好，方可办公，办完事后，要礼貌告别。如果是领导办公室，要主动征求领导意见，询问如"您还有什么事需要我做吗？"，得到答复后，才可礼貌告退。出门时要轻轻关门。动作要轻柔、迅速、礼貌、优雅。

（五）注意事项

进入正在开会的会议室，不要敲门，动作要轻，不要打断会议，把急需传达的内容，写在字条上交给有关人员；办公时间不要大声说话，交流问题应起身走近，声音以不影响其他人员为宜；如果你要跟其他办公室的同事交代事情或交换看法，最好使用内线电话，打内线电话能节约花在寒暄、周旋、走路所用的时间，可以提高工作效率；在征得许可前不随便使用他人的物品，尤其是不翻看不属自己负责范围内的材料及保密信息，当他人输入密码时自觉将视线移开。

二、办公室仪表礼仪

现代社会尽管人们追求时尚，突出个性，但是不同企业文化，着装打扮不同。我们每个人着装打扮上要与企业文化相容，要牢记你代表的是企业形象，在办公室要注意仪表礼仪。

（一）办公室仪容礼仪

办公室工作人员必须仪表端庄、整洁，不许不修边幅。具体要求如下。

头发：办公室人员的头发要保持清洁、经常清洗，做到无头皮屑、无异味；男士的头发两边长不能过鬓角，不要留长发；女士在办公室，前边刘海儿不能过眉毛，不要留披肩发，长发要盘上或扎上。

指甲：指甲要保持清洁，不能太长，指甲缝不能有污垢，应经常注意修剪、清理。女性职员涂指甲油要尽量用淡色。

口腔：保持清洁，不能有异味，尤其上班前不能喝酒或吃有异味的食品。

面部：男士不能留胡须，胡须要经常修剪；女士要化淡妆上岗，切记不要在单位浓妆艳抹及当众化妆。

（二）办公室服装礼仪

办公室的服装要与企业文化一致，与企业环境协调，以体现权威、声望和精明强干为宜。如银行男士最适合穿黑、灰、蓝三色的西服套装领带，女士则最好穿西装套裙。工作场所的服装应清洁、方便，不追求修饰。

无论哪种企业文化，女士在办公室里不宜穿露、透、短的服装，服装要淡雅得体，不得过分华丽。男士不宜穿印花或大方格的衬衫。任何人工作时不宜穿大衣或过分臃肿的服装，鞋子应保持清洁，如有破损应及时修补，不得穿带钉子的鞋。总之，服装要干净、利落、整洁、合身、得体。

三、办公区域礼仪

（一）办公室环境礼仪规范

一个幽雅、整洁的办公环境，会使人心情愉悦，产生积极的情绪，让人充满活力与干劲，自然工作业绩也会有所提升。因此，舒适、和谐的工作环境是办公室工作顺利运转的重要保障。

这就要求办公室内，每一位工作人员都要讲究卫生，不可随意乱扔垃圾。要保持公共区域及个人区域地面卫生，要做到干净清洁，无污物、污水、浮土，无死角。要做到窗明几净，保持墙壁清洁，表面无灰尘、污迹。办公室墙壁的挂件、画框及其他装饰品表面要干净整洁。

办公室内物品设置摆放，要做到整齐、美观、舒适、大方。不得随意摆放与办公室工作无关的物品。

文件资料柜要贴墙摆放。资料柜里的文件资料摆放要合理、整齐、美观。最好把各类资料、物品编号，设计定置图，并把定置图贴在文件资料柜内。资料柜里的文件资料摆放应符合定置图中的要求，做到号、物、位、图相符。要保持柜内清洁整齐，随时进行清理、整顿。

（二）办公室桌面环境礼仪规范

办公室的桌椅及其他办公设施，都需要保持干净、整洁、井井有条。为了更有效地完成工作，桌面上只摆放目前正在进行的工作资料；如果暂时离开座位时如用餐或去洗手间，要将文件覆盖起来，重要文件或机密文件要锁好，方可离开；下班后的桌面上只摆放计算机，而文件或是资料应及时放到抽屉或文件柜中。

在办公室每个人都有自己的固定桌椅，桌面及抽屉里摆放的是个人的办公用品，有人以为是自己的空间，想怎么弄就怎么弄，其实不然。鲁迅先生曾言："几案精严见性情"，一个人的个性和心理状态在几案上可以很清楚地体现出来。人们往往从办公桌的状态可以看到使用者的状态，桌面洁净、整理有序的人，工作起来肯定也是井然有序、办事利落、爽快的人。领导也往往愿意把重要的工作交给他做。相反，办公桌面杂乱无章、给人邋遢的感觉，人们也会认为他做事同样毫无条理，丢三落四，不管他实际上是不是这样，领导都很难会把重要的工作交给他。

为了提高办公效率，我们要把办公物品分类，分出哪些物品常用，哪些不常用，哪些天天用，按使用频率摆放。常用物品摆放部位要体现顺手、方便、整洁、美观，有利于提高工作效率；不常用物品放在抽屉或卷柜里面。与工作无关的物品不要放在办公桌内。

一般人们习惯桌面物品摆放：桌面中上侧摆放台历、水杯、电话等；桌面右侧一般摆放文件筐、等待处理的管理资料；桌面中下侧摆放需马上处理的业务资料；桌面左侧摆放有关业务资料。

需要注意的是，不把自己的物品放在别人桌上；别人桌上的物品、信件不应随便翻看。如果在办公室中用餐，时间不要太长；准备好餐巾纸，不要用手擦拭油腻的嘴，应该用餐巾纸擦拭；要及时将餐具洗干净，用餐完毕要把一次性餐具立刻扔掉，不要长时间摆在桌子或茶几上，餐后要及时打扫桌面和地面。

此外办公室座椅摆放也有要求：人离开一会，座椅不动，原位放置；人离开办公室短时外出，座椅半推进；人离开办公室，超过四小时或休息，座椅要完全推进。

练习题

1. 判断对错

（1）在办公室讨论时，要向演讲一样发言。

（2）求职简历越花哨，内容越多，越吸引人。

（3）单位里发物品、领奖金等，你知道了，也不说。

（4）为了保持形象，在办公室经常当众化妆。

（5）领导批评了你，你没有当众反驳，事后找领导解释原因。实际上领导错怪了你。

（6）你的朋友需要打印纸，你从单位顺手拿一本给他。

（7）在办公室不能随便吃东西，所以你拒绝同事出差从外地带来的小吃。

（8）你是老同事了，可以随便指使新同事，为你做事。

（9）下雪天，路滑上班可以迟到。

（10）面试要提前到，最好提前半小时到公司。

2. 简答题

（1）求职前应做哪些工作？

（2）如何与领导沟通？与同事相处？

（3）结合本专业写一份求职简历。

（4）如何与客户沟通？

案例分析

1. 王丽与张欣毕业于同一所大学，她们一同到一家公司实习，王丽的专业技术比张欣强，在校期间本身又担任学生会干部，她自信能胜任此工作，于是上班有时迟到，开会也不准时到，有一次约了客户居然让对方等了半个小时。相反张欣在校期间成绩平平，能力一般，但是她虚心好学，纪律性强，严格遵守公司规定。她认为，实习生首先要保证全勤，最好每天提前到公司。有几次她怕迟到就打的上班。于是，张欣在实习阶段，尽量提前到公司。实习期单位安排的工作较少，她闲暇时整理一下个人资料，有时做一下当天的计划和准备工作。而王丽却做一些与工作无关的事。实习期后，人事部做出决定，留下张欣，而王丽没被录用。

分析思考：王丽为什么没有被录用？

2. 图 3-1 是小张的办公桌，图 3-2 是王勇的办公桌，从感官上你认为他们的办事效率如何？为什么？

图 3-1

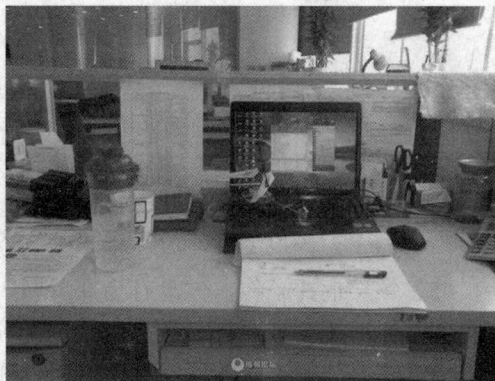

图 3-2

第四章 现代社交礼仪

【学习要求】
① 熟悉东西方见面礼节及注意事项，了解不同场合所使用的见面礼。
② 掌握自我介绍、他人介绍的礼节，以及名片的使用方法。
③ 了解拜访前的准备工作，掌握拜访的礼节以及接待礼仪。
④ 了解礼品的选择与注意事项，掌握商务礼品的馈赠时机。
⑤ 了解舞会前的准备与注意事项，掌握跳舞礼仪。
⑥ 了解工作餐、中西餐及自助餐礼仪，熟悉宴会接待及出席礼仪。

第一节 见 面 礼 仪

礼仪小故事

泉公司的秘书梁红有幸随总经理王刚会见宏源公司总经理孟浩。孟总看到对方，马上加快脚步走过去迎接王总，并伸出右手。梁红一下子被孟总的领导风度折服，条件反射地伸出右手，热情地问候"孟总好!"，孟总一边寒暄，一边猜测，"这是谁? 像秘书，但是她主动握手，应该不是，是新经理，可没听说呀!"这时梁红自我介绍说："我是秘书梁红，请您多指教。"

思考：请问孟总为什么有如此猜测? 梁红做得对吗?

在现代社会人们交往中，如何行礼? 什么时候行礼? 行的见面礼是否标准? 行礼的方式、场合等都会给人留下不同的印象。标准的见面礼，会给对方留下深刻而又美好的印象，直接体现出施礼者良好的修养。由于东、西方文化的差异，其见面礼既有不同之处，也有通用礼仪。

一、东方礼节

（一）作揖礼

1．作揖礼简介

作揖礼即拱手礼，是华人中最流行的见面礼。在我国已有两三千年的历史，古人通过作揖礼，以自谦的方式表达对他人的敬意。作揖礼是中华传统的见面礼，现在海外人士常用。国内在"非典"时期，由小汤山医院流行此礼，当时为了避免交叉感染，不提倡握手，人们见面带着口罩不方便交谈，开始流行作揖礼，包含了感谢、拜托、祝福……朋友见面行作揖礼既表达了感谢和尊重，同时也体现了浓浓的中国特色和人情味。

2．正确做法

行礼方式是起身站立，上身挺直或微俯，两臂前伸，双手在胸前高举抱拳，一般情况为右手握空拳在内，左手握右手在外，自上而下，或者自内而外，有节奏地晃动两三下，并微笑问候。需要注意的是，女子行作揖礼与男子相反，为左手握空拳在内，右手握左手在外，如图 4-1 所示。

图 4-1

3．适用范围

作揖礼主要适用于过年时举行团拜活动，向长辈祝寿，向友人恭喜结婚、生子、晋升、乔迁，向亲朋好友表示无比感谢，以及与海外华人初次见面时表示久仰之意。有时表示歉意，也用拱手礼表示。

4．注意事项

行作揖礼时，不要距离对方太近，太近会给对方一种不敬的感觉；另外，行作揖礼时腰不要太挺直，太挺直也会给对方一种不敬的感觉。对方行作揖礼，要立即还礼，也行作揖礼。拱手致意往往与寒暄同时进行，如"久仰、久仰"、"后会有期"等。是否行拱手礼要视对方的身份与地位（学识、修养、性格等）决定。

需要强调的是，因为古人认为杀人时拿刀都是用右手，右手在前杀气太重。所以右手握拳，用代表友好的左手在外，把右手包住。中国古代拱手有吉凶之分，吉事为阳，凶丧之事为阴；男为阳，尚左，女为阴，尚右；行吉礼时，男子左手在外，女子右手在外；行凶丧之礼时，男子右手在外，女子则左手在外。

（二）鞠躬礼

1．鞠躬礼简介

鞠躬，本意为不抵抗，相见时把视线移开，郑重地把头低下，告诉对方我对你不怀有敌意。用鞠躬表示敬意是产生于后代的事。鞠躬礼是人们在生活中对别人表示恭敬的一种礼节，既适用于庄严肃穆、喜庆欢乐的仪式，也适用于一般的社交场合。实际上，鞠躬这种礼节在世界各地都很盛行，只不过在日本最为盛行而已。中国人及东方人多行鞠躬礼，欧美人士较少采用。

2．正确做法

行鞠躬礼时，应脱帽立正，双目凝视受礼者，身体从头顶到脚下是一条线，然后上身弯腰前倾。男士双手五指并拢自然垂下，应贴放于身体两侧裤线处，五指并紧从侧面向膝头慢慢滑去，达到手指将要相碰的程度为宜，同时上身伸直，由腰部带动上体向下倒。女士的双手则应下垂搭放在腹前，左手搭在右手上。下弯的幅度越大，所表示的敬重程度就越大。视线向前。行鞠躬礼应停步，躬身15°～30°，头跟随向下，并致问候语。

3．适用场合

目前鞠躬礼在国内主要用于向长者表示敬重、向他人表示感谢、领奖或讲演之后、演员谢幕、举行婚礼或参加追悼会等活动。鞠躬的次数，可视具体情况而定。大礼行三鞠躬，如追悼会等，一般情况下行一鞠躬。鞠躬礼在东亚、东南亚等一些国家较为盛行，如日本、朝鲜等。所以，在接待这些国家的外宾时，可行鞠躬礼致意。

4．注意事项

（1）鞠躬的度数与对象要相符合。15°：面对平辈、同事等行使的礼节；30°：面对主管、长辈、宾客等行使的礼节；45°：致最高的谢意或歉意等行使的礼节，此时可配合实际，在30°～45°做增减；90°：多礼的日本人于日常生活相见时所行使的礼节。不过，日本近年来已变成行45°的鞠躬礼。

（2）受鞠躬礼应还以鞠躬礼。

（3）地位较低的人要先鞠躬，并且地位较低的人鞠躬要相对深一些。

（4）韩国与日本女子行鞠躬礼，但两国男子既行鞠躬礼也行握手礼，不同的是，日本男子是初次见面行鞠躬礼。

（5）马来西亚行鞠躬礼，男女不同。见面时，男士一面举起右手放在胸前，一面深鞠躬；女士先双腿稍微弯曲，然后鞠躬。

（6）非洲人是先行鞠躬礼，然后一起鼓掌，并相互问好。

（三）合十礼

1．合十礼简介

合十礼，亦称合掌礼，即双手十指相合为礼。合十礼源自印度，佛教沿用后，成为佛教徒之间的一种礼节。佛教传入泰国后，合十礼扩大至整个社会。合十礼是佛教国家通用的礼节，印度和东南亚信奉佛教的国家与地区，如斯兰卡、泰国、缅甸、老挝等行合十礼，我国的傣族聚居区也行合十礼。

2．正确做法

双掌十指在胸前相对合，五手指并拢向上，掌尖与鼻尖基本持平，手掌向外侧倾斜，双腿立直站立，上身微欠，低头。可以口颂祝词或问候对方，亦可面带微笑。行此礼时，合十的双手举得越高，越体现出对对方的尊重，但原则上不可高于额头，如图 4-2 所示。

3．注意事项

（1）对不同地位、性别的人来说，行合十礼的姿势有差别。小辈遇见长辈，两掌相合，十指伸直，高举至前额，两拇指靠近鼻尖，身子略弓，头微低；长辈还礼时，双手合十，举至胸前即可；平辈之间相见，两掌合十，两拇指靠近下巴。女子还礼时，还需把右腿略向前跨一步，两腿自然微屈。

（2）拜见国王或王室重要成员时，男女均须跪下，国王等王室重要成员还礼时，只点头即可。无论地位多高的人，遇见僧人时都要向僧人行礼，而僧人则不必还礼。

图 4-2

（3）各国佛教徒拜佛祖或拜高僧时行跪合十礼。行礼时，右腿跪地，双手合掌于两眉中间，头部微俯，以示恭敬虔诚。

（4）某些国家的人在拜见父母或师长时行蹲合十礼。行礼时，必须蹲下，并将合十的掌尖举至两眉间，以表尊敬。

（5）一些国家的平民之间、平级官员之间相拜，或公务人员拜见长官时常用行站合十礼。行礼时，要站立端正，将合十的掌尖置于胸部或口部，以示敬意。在国际商务往来中，商业人士在与泰国、缅甸、老挝、越南等佛教国家的商人交往时，一般行站合十礼，以示敬意。

（6）泰国合十礼有很严格的规定，一般合十礼可以分成三种情况：第一，对僧人行合十礼时，应将手指并齐，拇指放在双眉之间，食指位于发际的位置；第二，对父母、师长、祖父、祖母、外祖父、外祖母行合十礼时，拇指位于鼻尖，食指位于双眉之间；第三，对一般人表示尊敬时，拇指放在下巴的位置，食指则于鼻尖处。在以上三种情况里面，手臂都应尽量贴近身体，而且根据受礼者的地位高低，还要相应地低头或是欠身以示不同程度的敬意。对于受礼者来说还应该向施礼者还礼，一般只要将合十的双手的食指放在下巴处即可，另外还应相应低头示意，长辈不一定要这么做，但晚辈一定要这样。

二、西方礼节

（一）拥抱礼

1．拥抱礼简介

拥抱在日常生活中极其常见，是通过身体的接触来体现给予对方以尊敬与亲热。拥抱可以理解为缩短了距离的握手，或者是胸部的"接吻"。人们在一搂一抱的同时，也感受到见面后精神上的短距离接触。在商务交往中，拥抱已经变得越来越常见。

2. 正确做法

两人面对面站立，各自举起右臂，将右手搭在对方左肩后面；左臂下垂，左手扶住对方右腰后侧。首先各向对方左侧拥抱，然后各向对方右侧拥抱，最后再一次各向对方左侧拥抱，一共拥抱 3 次。在普通场合行此礼，不必如此讲究，次数也不必要求如此严格。

3. 适用范围

在西方，特别是在欧美国家，拥抱礼是十分常见的见面礼与道别礼。在人们表示慰问、祝贺、欣喜时，这种礼仪也十分常用。

4. 注意事项

拥抱时，双方身体不要贴得太紧，尤其男士与女士；拥抱时间不宜过长，力度要适当；印度、日本、东南亚、英国、芬兰等国家和地区的人士见面，不习惯行拥抱礼。

（二）亲吻礼

1. 亲吻礼简介

亲吻礼，是西方古代的一种常见礼仪。有关接吻来历流传是，古罗马时严禁妇女喝酒，男子外出归来，常常要检查一下妻子是否饮酒，便凑到她的嘴边闻一闻、嗅一嗅。这样沿袭下来。夫妇把嘴凑到一起的举动逐渐成为夫妇见面时的第一道礼节。后来，这种礼节逐渐普及，范围逐渐扩大，终于演化成今天的亲吻礼。亲吻礼是一种西方国家常用的会面礼。有时，它会与拥抱礼同时采用，即双方会面时既拥抱又亲吻。现代社会亲吻礼在欧美许多国家甚为流行，尤其美国爱行此礼，法国不仅在男女之间，男子之间也行此礼，法国男子行此礼时，左右面颊各吻一次，比利时比较热烈，往往反复多次。

2. 正确做法

在行礼时，双方关系不同，亲吻的部位也会有所不同。长辈吻晚辈，应当吻额头或面颊；晚辈吻长辈，应当吻下颌或面颊；同辈之间，同性应当贴面颊，异性应当吻面颊。接吻仅限于夫妻与恋人之间。

3. 注意事项

口腔要清洁无异味。行亲吻礼动作要轻快，不要用力过猛、时间过长或发出亲吻的声音。不要将唾液弄到对方脸上，那是非常尴尬的事情。如果不是特殊关系和特殊场合，年轻、地位低者，不要急于抢先施亲吻礼。行亲吻礼时应始终保持微笑。

（三）吻手礼

1. 吻手礼简介

吻手礼，实际上是亲吻礼的一种特殊形式，它是以一个人亲吻另一个人的手部，来向对方表示致意的礼节。在欧洲与拉丁美洲，异性在社交场合见面时，一般行吻手礼。

2．正确做法

正确的吻手礼是：男士行至已婚女士面前，首先垂首立正致意，然后以右手或双手捧起女士的右手，俯首用自己微闭的嘴唇，去象征性地轻吻一下其指背，如图4-3所示。

3．适用范围

主要流行于欧洲与拉丁美洲国家，尤其英法两国上层人士男女之间行吻手礼。

4．注意事项

（1）男子同上层社会贵族妇女相见时，如果女方先伸出手作下垂式，男方则可将指尖轻轻提起吻之；如果女方不伸手表示，则不吻。行吻手礼时，若女方身份地位较高，要求男士屈一膝作半跪式后，再握手吻之。

图 4-3

（2）一般的见面礼是相互施礼。但是吻手礼特别，它是单向施礼的，受礼者不应以相同形式向施礼者还礼。

（3）行礼的地点应当是在室内。在街道上行此礼，不合时宜。

（4）吻手的部位应当是女士的手指或手背。被吻的手，大都是右手，当男士吻女士的手时，必须是轻轻的，具有象征性的接触。

三、东西方通用礼节

（一）点头礼

1．点头礼简介

点头礼，也称额首礼。在我国流传"朱衣点头"的故事，相传欧阳修参加贡举考试，入座后，发现身后有个穿红衣服的人看着他的文章频频点头，欧阳修开始以为是考场中的监考官吏，当他再回头看时，却不见了。这次考试，欧阳修一举成名。他把这件事告诉朋友，大家说身后之人是文曲星下凡，文章得到了文曲星点头赏识，因此有"文章自古无凭据，惟愿朱衣一点头"的诗句。后世也就以"朱衣点头"作为中选或得到赏识的代称。

点头礼是表示友好的行为。微微点头对人表示礼貌，既适用于已经熟识的朋友，也适用于初次相遇的人。点头礼简单实用，可以立刻拉近人与人之间的距离。

2．正确做法

点头礼的做法是头部向下轻轻一点，同时面带笑容。

3．适用范围

点头礼适用的范围很广，如路遇熟人或与熟人、朋友在会场、剧院、歌厅、舞厅等不宜交谈之处见面，以及遇上多人而又无法一一问候之时，都可以点头致意。在人多的商务洽谈会上，如果遇到面熟但又忘了对方姓名的商界朋友，应面带微笑，友好地点点头，以示礼貌。

4．注意事项

不要反复点头不止，且点头的幅度不宜过大；行点头礼时，最好摘下帽子，以示对对方的尊重；在现代商务活动中，遇到身份比自己高的人，要行点头礼，点头致意后，切忌主动上前与之握手，要等他主动伸手时，才能向前握手问候。如遇到身份比自己高的熟人，也要点头致意，不要直接嘘寒问暖，要等对方应酬活动告一段落之后，再前去问候。

（二）举手礼

1．举手礼

在现代社会交往中，人们常常举手致意和挥手道别所行的礼便是举手礼。

2．正确做法

全身直立，面带微笑，右臂向前方伸直，右手掌心向着对方，其他四指并齐、拇指叉开，轻轻向左右摆动两下。不要将手上下摆动，也不要在手部摆动时用手背朝向对方，如图4-4所示。

3．适用范围

行举手礼的场合，与行点头礼的场合大致相似，它最适合向距离较远的熟人打招呼。与举手致意相关的言辞是"你好"，适用于不同社会群体的任何人；挥手道别的用语是"请回"、"请留步"、"慢走"、"恕不远送"、"一路顺风"、"再见"等告别语。

图4-4

4．注意事项

在人多的场合，与你相识的人距离比较远，行举手礼后，不要大声喊对方的姓名；行举手礼时，男士应首先向女士致意；年轻者应先向年长者致意；下级应先向上级致意。

（三）脱帽礼

1．脱帽礼简介

所谓脱帽礼，是指以摘下本人所戴帽子的方式，来向交往对象致意。脱帽礼来源于欧洲中世纪，当时打仗都要戴头盔，而头盔多用铁制，十分笨重。士兵到了安全地带，首先是把头盔摘下，用以减轻沉重的负担。为表示友好，也以脱盔示意，后来演化为脱帽就意味着没有敌意。这种习惯流传下来，就是今天的脱帽礼。

在现代社会交往中，每逢正式场合以及一些社交场合，人们往往会向自己的交往对象行脱帽礼。在东西方国家里，脱帽礼都较为流行。

2．注意事项

行脱帽礼时，戴制服帽者，通常应双手摘下帽子，然后以右手执之，端在身前；戴便帽者，则既可以完全摘下帽子，又可以右手微微一抬帽檐代之，但是在国际商务交往时，要求彻底地摘下帽子；女士在社交场合内不必摘下帽子，而男士则不享有此项特殊待遇；在进入他人居所，路遇熟人，与人交谈、握手，进入娱乐场所时或在升国旗、奏国歌的场合时，应自觉摘下帽子，并放在适当之处。

（四）握手礼

1．握手礼简介

握手的礼节由来已久，握手最早发生在人类"刀耕火种"的年代。人们手上经常拿着石块或棍棒等武器，进行狩猎和战争。他们遇见陌生人时，如果大家都无恶意，就要放下手中的东西，并伸开手掌，让对方抚摸手掌心，表示手中没有藏武器。这种习惯逐渐演变成今天的"握手"礼节。

握手礼是在国际商务活动中使用频率最高、适用范围最广泛的一种礼节，是人们在相见、离别、恭贺或致谢时相互表示情谊、致意的一种礼节。双方往往是先打招呼，后握手致意。

2．正确做法

距离受礼者约一步（1米最佳），两足立正，伸出右手，四指并拢，拇指张开，向受礼者握手。双目注视对方，面带微笑，上身稍向前倾，头微低，双方将要相握的手各向侧下方伸出，伸直相握后形成一个直角，如图 4-5 所示。以手指稍用力握对方手掌，力度适中，三秒钟左右即可。久别重逢的朋友、熟人、老用户握手力度可大一些，时间长一些，还可以同时伸出左手去握住对方右手的手背，两手做紧握状。

图 4-5

3．握手的顺序

主人与客人之间，主人应先伸手；年长者与年轻者之间，年长者应先伸手；身份、地位不同者之间，无论男、女，年龄大小，应由身份和地位高者先伸手；女士与男士之间，应由女士先伸手，如果男性年长，是女性的父辈年龄，在一般的社交场合中仍以女性先伸手为主，除非男性已是祖辈年龄，或女性未成年在 20 岁以下，则男性先伸手是适宜的。

4．注意事项

（1）握手时须用右手，要掌握好力度，不要抓住对方的手使劲摆动，或抓住对方的手长时间不放。

（2）握手时不要看着第三者，也不可显得漫不经心，以免给对方以缺乏诚意的感觉。

（3）对方如果伸出手来，千万不要拒绝。不管是谁，拒绝与人家握手是很不礼貌的。

（4）当老人或者贵宾向你伸出手来时，最好能快步上前，用双手相握，并热情问候与致意，显示出谦卑与毕恭毕敬。

（5）男士握手前，应先脱下手套，摘下帽子；女士可以不脱手套。如实在来不及脱手套，或正在工作来不及握手，要向对方表示歉意。

（6）人多时，握手次序一般应掌握三个原则：先女士后男士，先长辈后晚辈，先近处后远处。但在应用时，也要视具体情况灵活处理。握手时间应大体相等，不要给人以厚此薄彼的感觉；人多时，应避免手臂互相交叉，既不要从另外两人中间握手，也不要从已经相握的两人的手的上方或下方来同他人握手，更不要跨门槛握手。

（7）正常情况下，不要坐着与人握手，如果是在餐桌上互相认识，可以不站起来握手，欠身点头微笑或拱手示意致敬即可。

（8）在任何情况拒绝对方主动要求握手的举动都是无礼的，但手上有水或不干净时，应谢绝握手，同时必须解释并致歉。切忌不要用湿手或脏手与人握手。

（9）女士为了避免在介绍时发生误会，在与人打招呼时最好先伸出手。在工作场所男女是平等的。女士假若不打算与向自己首先问候的人握手，可欠身致意，或点头微笑，不要置之不理，或扭身而去。

（10）被介绍之后，最好不要立即主动伸手。年轻者、职务低者被介绍给年长者、职务高者时，应根据年长者、职务高者的反应行事，即当年长者、职务高者用点头致意代替握手时，年轻者、职务低者也应随之点头致意。和年轻女性或异国女性握手，一般男士不要先伸手。

（11）如果要表示自己的真诚和热烈，也可较长时间握手，并上下摇晃几下。但是在商务洽谈与人握手时，一般不要用双手抓住对方的手上下摇动，那样显得太恭谦，使自己的地位无形中降低了。

第二节　介绍礼仪与名片使用礼仪

礼仪小故事

小王与单位的同事老张都喜欢集邮，休息时二人经常在一起讨论邮票，小王新交的朋友小赵也是个集邮爱好者，在一次集邮展上，小王和小赵看展览，与老张不期而遇。小王非常开心，想介绍二人认识。见到老张，小王拽着小赵说："小赵，这是我常和你提起的我们单位同事老张，是集邮爱好者。"随后对老张说："老张，这位是我的朋友小赵，也是一位集邮爱好者。"老张看着比自己小二十多岁的小赵有些不快，微微点头，借故走了。小王愣了，平时老张挺能聊的，这是怎么了？见面就走。

思考：你知道老张为什么有些不快吗？

一、介绍礼仪

介绍就是指在社会交往中人们通过第三者的引荐或自己的主动表白，使互不相识者得以认识和结交的一种基本方式。它是人们进行交流与沟通的出发点，也是缩短人与人之间的距离，加深相互了解的重要桥梁。

在现代社会，人们为了广交朋友，寻找机遇，常常需要通过第三者的介绍相互认识和了解，也可以通过自我介绍，进行必要的自我展示和自我宣传。

介绍可大致分为正式介绍（第三者介绍）与自我介绍两种方式。不同的介绍方式有不同的技巧和礼仪规范。

（一）正式介绍

正式介绍是在较为正规、郑重的场合进行的介绍，是在社交场合由第三者将互不相识的双方进行引荐，以达到彼此相识、熟悉的目的。在介绍时，先提某个人的名字是表示对此人的一种敬意。在现代社会交往中，介绍顺序非常重要，从顺序当中可以看出一个人的社会地位，以及介绍人是否懂得礼节。

1. 介绍顺序

在他人的介绍中，涉及先后次序时，必须注意以下细节。

（1）介绍个人与多数人认识时，应"少数服从多数"，即个人或少数人，应当优先被介绍给多数人。

（2）介绍与会先到者与后来者认识时，应先介绍后来者，后介绍先到者。

（3）介绍来宾与主人认识时，应先介绍主人，后介绍来宾。

（4）正式介绍中的商业介绍与其他介绍有较大的不同。商业界中不分男女老幼，社会地位较低的人，被介绍给社会地位较高的人，叫做"位尊者优先知"。如："王经理，请允许我向您介绍我的秘书张丹小姐。"

（5）介绍长辈与晚辈认识时，应先介绍晚辈，后介绍长辈。即把年轻人介绍给年长者。

（6）介绍女士与男士认识时，应先介绍男士，后介绍女士。即把男士介绍给女士。

（7）介绍上级与下级认识时，应先介绍下级，后介绍上级。即将地位低者介绍给地位高者，也叫做"位尊者优先知"，即位卑者的状况应先让位尊者知道。

（8）介绍已婚者与未婚者认识时，应先介绍未婚者，后介绍已婚者。

（9）介绍同事、朋友与家人认识时，应先介绍家人，后介绍同事、朋友。

2．介绍方式

由于实际需要的不同，为他人作介绍时的方法也不尽相同。

（1）一般式：也称标准式，以介绍双方的姓名、单位、职务等为主，适用于正式场合。如："请允许我来为两位引见一下。这位是利华公司业务部主任王红小姐，这位是红海集团经理张丽小姐。"

（2）礼仪式：一种最为正规的他人介绍，适用于正式场合，其语气、表达、称呼上都更为规范和谦恭。如："王小姐，您好！请允许我把上海利达公司总经理李力先生介绍给你。李先生，这位就是珠海鸿运公司总经理王黎小姐。"

（3）推荐式：介绍者要将某人举荐给另外一人，介绍时会对前者的优点加以重点介绍。推荐式介绍通常适用于比较正规的场合。如："这位是李阳先生，这位是宏利公司的赵海天董事长。李阳先生是管理学博士。赵总，我想您一定有兴趣和他聊聊吧。"

（二）非正式介绍

非正式介绍以礼貌、轻松、愉快、自然为宗旨。介绍人可以说"我来介绍一下"，然后作简单的介绍，也不必讲究顺序。

1．介绍方式

（1）引见式：介绍者所要做的，是将被介绍的双方引到一起即可，适用于普通场合。如："两位认识一下吧。其实你俩都曾经在一个公司共事，只是不是一个部门。接下来的，请自己说吧。"

（2）简单式：只介绍双方姓名一项，甚至只提到双方姓氏而已，适用一般的社交场合。如："我来为大家介绍一下，这位是王总，这位是张董。希望大家合作愉快。"

2．注意事项

（1）介绍时应自然但不能过于随便。如："李丽，过来见见王红。"这种介绍让人听起来缺乏友善及礼貌。

（2）介绍时语言应简洁活泼。如："张力，你不是想认识王勇吗？这位就是。"最简洁的莫过于直接报出被介绍双方的姓名。

（3）非正式聚会中，可以采用一种随机的方式为朋友作介绍，如"张力，你认识王勇吗？"然后将张力引见给王勇。

（4）非正式介绍，主要是在友好、愉快的气氛下介绍，为了制造气氛，介绍时可以稍加夸张，如："张丹，这位就是我常和你提起的游泳健将王阳。"需要注意的是，可以适当夸张，但不能太过分，不能言过其实。

（5）介绍时要注意不要只称其中一个人为"我的朋友"，因为这样似乎暗示了另外一个人不是你的朋友，显得厚此薄彼。

（三）自我介绍

在现代社会交往活动中，自我介绍也是进行交流沟通的一种重要方式和途径。正式的社交活动，组织者一般会对来宾进行介绍。但在许多时候，陌生人相见或相识是没有第三者引荐的，必须靠本人的自我介绍才能达到相互认识的目的。例如，参加贸易展览会，或者参加一个规模很大、有很多人参加的社交晚会，主人往往无法对所有与会者进行逐一介绍，在这种情况下，如果想结识某个人或某些人，而又没有人引荐，自己便可充当自己的介绍人，把自己介绍给对方，使对方认识自己。自我介绍是打开与人交往大门的一把钥匙。恰当的自我介绍，能给他人留下良好深刻的印象，使对方迅速认识你。

1．自我介绍的分类

自我介绍根据介绍人的不同，可以分为主动型自我介绍和被动型自我介绍两种类型。

（1）主动型的自我介绍：在社交活动中，在欲结识某个人或某些人却无人引荐的情况下，即可自己充当自己的介绍人，将自己介绍给对方。

（2）被动型的自我介绍：应其他人的要求，将自己某些方面的具体情况进行一番自我介绍。

2．自我介绍的时机

在商务场合，如遇到下列情况时，自我介绍就是很有必要的。

（1）与不相识者相处一室，或在聚会上与身边的陌生人共处。

（2）不相识者对自己很有兴趣，或他人请求自己作自我介绍。

（3）打算介入陌生人组成的交际圈，扩大商业交际网络。

（4）初次登门拜访不相识的人，或前往陌生单位，进行业务联系时。

（5）遇到秘书挡驾，或是请不相识者转告。

（6）利用大众传媒，如报纸、杂志、广播、电视、电影、标语、传单，向社会公众进行自我推介、自我宣传时。

（7）利用社交媒介，如信函、电话、电报、传真、电子信函，与其他不相识者进行联络时。

3．自我介绍的方式

根据不同场合、环境的需要，自我介绍的方式有以下几种。

（1）工作式的自我介绍：主要适用于工作之中，它是以工作为自我介绍的中心，因工作而交际。工作式自我介绍的内容，主要包括本人姓名、供职的单位及部门、担负的职务或从事的具体工作三项，又叫工作式自我介绍内容的三要素，被称做构成介绍的主体内容的三大要素。通常缺一不可。需要强调的是：姓名，应当一起报出，不可有姓无名，或有名无姓；单位，供职的单位及部门，最好全部报出，具体工作部门有时可以暂不报出；职务，担负的职务或从事的具体工作，有职务最好报出职务，职务较低或者无职务，则可报出目前所从事的具体工作。例如："我叫王丽，是宏酒公司的公关部经理。"

（2）礼仪式的自我介绍：这是一种表示对交往对象友好、敬意的自我介绍。适用于讲座、报告、演出、庆典、仪式等正规的场合。内容包括姓名、单位、职务等项。自我介绍时，还应多加入一些适当的谦辞、敬语，以示自己尊敬交往对象。如："女士们、先生们，大家好！我叫张玉，是鸿运公司的总经理。值此之际，谨代表本公司热烈欢迎各位来宾莅临指导，谢谢大家的支持。"

（3）应酬式的自我介绍：这种自我介绍方式最简洁，往往只包括姓名一项即可。如："您好！我叫王刚。"它适合于一些公共场合和一般性的社交场合，如途中邂逅、宴会现场、舞会、通电话时。它的对象，主要是一般接触的交往对象。对介绍者而言，对方属于泛泛之交，或者早已熟悉，进行自我介绍只不过是为了确认身份而已，故此种自我介绍内容要少而精。

（4）交流式的自我介绍：也叫社交式自我介绍或沟通式自我介绍，主要适用于社交场合，是一种刻意寻求与交往对象进一步交流与沟通，希望对方认识自己、了解自己、与自己建立联系的自我介绍。内容包括本人的姓名、工作、籍贯、学历、兴趣以及与交往对象的某些熟人的关系等。如："我的名字叫王红，是宏酒公司经理。1980 年在北京大学化学系读书，我们是校友。"

（5）问答式的自我介绍：针对对方提出的问题，做出自己的回答。这种方式适用于应试、应聘和公务交往。在普通性交际应酬场合，它也时有所见。问答式自我介绍的内容，讲究问什么答什么，有问必答。例如，对方发问："这位先生贵姓？"回答："免贵姓张，弓长张。"

4．掌握好自我介绍的分寸

在现代社会交往中，要想给对方留下好的印象，在自我介绍时就要做到恰到好处、不失分寸。因此，必须注意以下几个问题。

（1）控制时间：进行自我介绍要力求简洁。通常以半分钟左右为佳，如无特殊情况最好不要长于 1 分钟。为了提高效率，在做自我介绍的同时，可利用名片、介绍信等资料加以辅助；自我介绍应在适当的时间进行。进行自我介绍，最好选择在对方有兴趣、有空闲、情绪好、干扰少、有要求时进行。

（2）讲究态度：态度要保持自然、友善、亲切，整体上要求落落大方；要充满信心和勇气，显得胸有成竹，从容不迫，不能妄自菲薄、心怀怯意；语气自然、平和，语音清晰。

（3）追求真实：进行自我介绍时所表述的各项内容，一定要实事求是，真实可信。过分谦虚，一味贬低自己去讨好别人，或者自吹自擂，夸大其词，都是不可取的。

总的说来，当自己希望结识他人，或他人希望结识自己，或自己认为有必要令他人了解或认识自己的时候，自我介绍就会成为重要的交往方式。

（四）介绍的礼节

1．选择适当的介绍者

在社交场合，能够充当介绍者的人需要具备两个条件：一是他与被介绍者比较熟悉；二是他比较容易受到被介绍者的尊重。因此，一般由主人来扮演介绍者的角色最为合适，或者在社会上备受人们尊重的长辈或德高望重者，他们都是介绍者的适当人选。

在商务活动或正式社交活动中，介绍者通常应由接待方，即身为东道主的一方派员担任。具体来说，接待方的公关、礼宾人员以及其他负责接待工作的人员，都适合按照分工来从事这一工作。需要强调的是，如果被介绍者职高位尊，则需要由接待方的职务最高者，至少应当是当时在场的接待方人员之中的职务最高者亲自担任介绍者。

2．介绍人应事先征求被介绍双方的意见

在国际商务交往中，由于某种原因，双方不愿相见或拒绝相见的情况是时有发生的。如敌对国家的商业人士，即使他们之间没有个人恩怨，但在国际商务交往场合他们一般不愿意进行公开的交往，而是尽量避而不见。因此，在决定为他人作介绍之前，介绍人一定要熟悉双方情况。介绍时应事先征求一下被介绍双方的意见，看双方是否有意愿相互认识，以免出现尴尬的局面。如果双方愿意，介绍人在开始介绍之前应再打一下招呼，不要上去开口即进行介绍，让被介绍者措手不及。

3．介绍人的礼节

（1）介绍人的手势与语言。在具体介绍时要用敬语、谦词、尊称，如"某某您好！请允许我向您介绍……"，或者"我荣幸地向您介绍……"。说话的同时，有礼貌地平举右手掌示意，并且眼神要随手势指向被介绍的对象；不应用手指指画画，或眼手不协调，显得心不在焉。

（2）介绍人要熟悉并牢记被介绍双方的姓名和单位。说错姓名、职务、单位是最大的失礼行为。万一突然遗忘，在介绍到需要说出被遗忘人的姓名时可以暂时停顿，这时，被介绍者往往会主动报出自己的姓名。或者询问"……这位先生……嗯……这位先生的尊姓大名是……"当然，这是迫不得已的方式，应该尽量避免。

（3）充当介绍人或自我介绍应顺其自然。例如，正在交谈的人当中有你熟悉的人，你便可趋前打招呼，这位熟人便可顺势将你介绍给其他客人。在商务酒会，你也可主动自我介绍，可讲清姓名、身份、单位及职务，对方一般也会随之作自我介绍。正式的自我介绍要用谦词和敬语，常用的谦词有"过奖"、"不敢当"、"错爱"等，常用的敬语有"请"、"您"、"尊夫人"、"贵方"、"阁下"等，敬语和谦词体现了说话者的修养。对自己用谦词，对他人用敬语。

（4）介绍应实事求是。实事求是是人际交往的重要原则。介绍他人时要实事求是，不要过分夸大。夸大其词地吹捧他人，用抬高朋友地位的方式来炫耀自己，是介绍的大忌。自我介绍时要实事求是，诚实谦虚，决不能谎报自己的职务。

（5）介绍应清楚简洁。介绍人的吐字发音应该清晰而准确，不能含糊其辞，以免被介绍双方听错姓名。如向人介绍张先生与章先生时，可以稍带说明："张，弓长张"、"章，立早章"。遇到生僻的字更应解释，如："这位是查（音 zhā）先生，与检查的查同字不同音。"

介绍他人姓名、单位及身份时，还应注意接受介绍的人能够理解的程度。例如，"这位是王先生，中国作家协会的理事"，而不要简称"这位是作协的王先生"。介绍某单位与公司时，如果不是非常著名的单位或公司，还应该加上适当的解释。可以说："王先生，这位是张海先生，立华公司的总经理。立华公司是当地颇有实力的电子企业。"这样可以加深印象，便于记忆。

4．被介绍人的礼节

作为被介绍者，当介绍人询问是否愿意认识某人时，一般情况下不要拒绝，应欣然表示接受。如果不想结交，应委婉拒绝。在介绍人开始介绍时，被介绍的双方都应该起身站立，面带微笑，大方自然地目视介绍者或对方。同时，双方态度应谦和、友好、不卑不亢，切忌傲慢无礼或畏畏缩缩。当自己被介绍时，被介绍者要面带笑容，并向对方说句："您好！"以示问候，也可以再加上一句"见到你很高兴！"，"久仰！久仰！"或者"幸会！幸会！"，同时，被介绍的双方应依照合乎礼仪的顺序行见面礼。介绍完毕后，双方可以互递名片，作为联络方式。

二、名片使用礼仪

在现代社会，名片是一个人身份、地位的象征，它已经成为人们社交活动中的重要工具。名片是一个人的身份证明和介绍信，商务人员个人形象和企业形象的有机组合。

（一）名片的内容

名片是现代社会进行沟通交流的工具，它直接承载个人的信息，是一个人的介绍信，担负联系的重任。名片按用途不同，内容有所不同，一般分为社交名片、商业名片、公务名片、集体名片等。

1．社交名片

社交名片，也称私用名片或个人名片，是朋友间交流感情，结识新朋友所使用的名片。是人们在工作之余，以私人身份进行交际应酬时所使用的名片。

社交名片的主要目的是交友，是工作之余交际应酬时使用的名片，因此名片设计可以自由发挥，内容不一，按其本人的喜好有所侧重。一般不印有工作单位以及行政职务，以示"公私有别"。

（1）简单式：名片内容只有姓名和联系方式。姓名，以大号字体印在名片正中央；联系方式，以较小字体印在名片右下方。

（2）复杂式：名片内容比较多，除姓名和联系方式外，还有个人爱好、头衔和职业，或所在社团及协会、组织的徽标，也有的印有个人照片和私人电话等含有私人家庭信息的内容，主要用于朋友交往。

需要注意的是，英文的个人名片，夫妻可以共用一张，住所或工作地点大都在右下角，职务印在中央名字之下。男子姓名前可加 Mr.，已婚妇女要加 Mrs.，小姐加 Miss.，有职务的，加在姓名之前。国际商务交际类名片应在背面用英文写，便于与外国人交往。

2. 商业名片

商业名片是为公司或企业进行业务活动而使用的名片。主要内容包括注册商标（徽章）、单位名称、姓名、职务（职称）、联系方式、单位地址、传真号码、电子邮箱等。如果你的企业在国外有总部，也要把总部的名称印在名片上。由于商业名片是以盈利为目的，因此，有的名片还包括企业业务范围，一般印在名片背面，也有的印在正面。餐饮服务类的商业名片有的不印姓名而印有服务热线，也有的在名片背面印有其地址的示意图。

需要注意的是，大公司有统一的名片印刷格式，使用较高档纸张；商业名片没有私人家庭信息，主要用于商业活动。

3. 公务名片

公务名片是指用于公务活动之中的名片。主要包括具体归属、本人称呼、联系方式三项基本内容。

（1）具体归属：由本人供职的单位、所在的部门等内容组成。应采用正式的全称。

（2）本人称呼：由本人姓名、行政职务、技术职称、学术头衔等几个部分所构成。

（3）联系方式：由单位地址、邮政编码、办公电话、传真号码、电子邮箱、网址等，根据具体情况是否需要而列出。

4. 集体名片

集体名片是指某一政府部门，尤其是那些对外交往较为频繁的政府部门，其主要成员集体对外使用的名片。集体名片在基本内容构成上与公务名片相同，不同之处是姓名，公务名片只有本人一个人的姓名，而集体名片是多名成员，即在名片上按职务高低自上而下依次排列集体的每一位主要成员及具体称呼。集体名片一般是政府职能部门对外统一使用的名片，它还具有维护和宣传集体的功能。

5. 注意事项

（1）一张名片上所列的单位或部门不宜多于两个。

（2）一张名片上所列的头衔，一般不宜多于两个，不宜加一堆虚职空衔。

（3）单位的联络方式同样应与同一名片上所列的具体归属相对应。

（4）除社交名片外，家庭住址、住宅电话等私人信息不宜列出。

（5）名片内容根据需要，既要完整无缺，又要排列美观。

（二）名片的设计

1. 名片的规格与材料

我国名片规格一般为9厘米×5.5厘米。国际上比较流行的名片规格则为10厘米×6厘米。集体名片可以稍大一些。

名片的材料，一般选择耐折、耐磨、美观、大方、有一定韧度的纸张，如白卡纸、再生纸等便宜材料的纸张；也有采用色彩比较厚重的，或在深色卡纸、布纹纸上烫印金色电化铝文字，或在名片四周镶印金边，彩色成文不一。总体以富丽堂皇、气派豪华取胜，国际上采用此种形式的较为多见。

2. 色彩与图案

名片最好选用单一色彩的纸张，并且以白色、米黄色、浅蓝色、浅灰色等庄重朴实的色彩为佳。

有些人喜欢在名片上设计一些图案，以突出个性，一般来讲，名片上除了文字、符号外，可以有单位的徽标或者行业标志，而不适合再出现其他任何没有实际效用的图案。

3. 文字、字体与版式

在正常情况下，名片均应采用标准的汉字简化字。没有特殊原因，不要使用繁体字。从事对外贸易的商业人士，在名片背面用外语。若同时在名片上使用汉字、外语，应使汉字与外语分别写在名片的两面。不要把两种不同文字相互交错地印在名片的同一面，也不要在一张名片上使用两种以上的文字。

用汉字印制名片时，尽量不要采用行书、草书、篆书等常人难认的字体，要用印刷体字体。

名片的版式大体有两种：一种是横式，其上面文字的排列方式为行序由上而下，字序自左而右；另一种是竖式，其上面文字的排列方式为行序由右而左，字序自上而下。

（三）名片的用途

名片具有十分广泛的用途，最重要的用途是自我介绍，通过名片可以介绍自己，了解他人，建立今后联系所必需的信息。名片也可作为简单的礼节性通信往来，表示祝贺、感谢、介绍、辞行、慰问、吊唁等。如朋友生日自己不能前往，可在名片上写一句贺词"祝生日快乐！"等，随同礼品托人捎去或邮去。又如登门拜访朋友，朋友不在，吃了闭门羹，可在名片上写上留言，被拜访者回来，看到名片，便知有客来访。名片可以起到代替正式拜访的作用。

西方人在使用名片时通常写有几个法文单词的首字母，它们分别代表如下不同含义。

（1）P.P.（pour presentation）：意即介绍，通常用来把一个朋友介绍给另一个朋友。当你收到一个朋友送来左下角写有"P.P."字样的名片和一个陌生人的名片时，便是为你介绍了一个新朋友，应立即给新朋友送张名片或打个电话。

（2）P.f.（pour felicitation）：意即敬贺，用于节日或其他固定纪念日。

（3）P.c.（pour condoleance）：意即谨唁，在重要人物逝世时，表示慰问。

（4）P.r.（pour remerciement）：意即谨谢，在收到礼物、祝贺信或受到款待后表示感谢。它是对收到"P.f."或"p.c."名片的回复。

（5）P.P.c.（pour prendre conge）：意即辞行，在分手时用。

（6）P.f.n.a.（pour feliciter lenouvel an)：意即恭贺新禧。

（7）N.b.（nota bene）：意即请注意，提醒对方注意名片上的附言。

按照西方社交礼仪，一个男子去访问一个家庭时，若想送名片，应分别给男、女主人各一张，再给这个家庭中超过 18 岁的妇女一张，但绝不在同一个地方留下三张以上的名片；一个女子去别人家做客，若想送名片，应给这个家庭中超过 18 岁的妇女每人一张，但不应给男子名片；如果拜访人事先未预约，也不想受到会见，只想表示一下敬意，可以把名片递给任何来开门的人，请他转交给主人。若主人亲自开门并邀请进去，也只应稍坐片刻。名片应放在桌上，不可直接递到女主人手里。

（四）发送与接受名片礼仪

1. 发送名片的礼仪

尽管可以通过名片介绍自己，但是名片不是传单，我们不能像发传单一样，在一群陌生人中到处传发自己的名片，给人以推销自己的嫌疑，反而不受重视。对于商界人士来说，名片的发送需要注意以下几点。

（1）准备好自己的名片，不要把自己的名片和他人的名片或其他物品混在一起，应把自己的名片整齐地放在易于掏出的口袋或皮包里随身携带，需要时能顺利取出。

（2）作为商业人士，你的名片要发送给谁？一般选择你希望认识的人；对方向你索要名片，而你又愿意结交对方；被介绍给对方而你又有继续交往的意向；希望获得对方的名片；对方提议交往名片；初次登门拜访对方。

（3）名片发送时机要掌握好。出席重大的社交活动，应该在开会前或开会后交换名片；名片的发送可在刚见面或告别时，但如果自己即将发表意见，则在说话之前发名片给周围的人，可帮助他们认识你。

（4）递交名片的礼节：要用双手或右手，用双手拇指和食指执名片两角，名片的位置是正面朝上，并以让对方能顺着读出内容的方向递送。若对方是外宾，最好将名片上印有英文的那一面对着对方。如果你正在座位上，应当起立或欠身递送，递交时要目光注视对方，手的位置应低于胸部，微笑致意，并大方地说："这是我的名片，请多多关照"，如图4-6所示。

2．接受名片礼仪

接受名片时，应起身站立，面带微笑注视对方，双手捧接，或以右手接过。不要只用左手接过，接过名片时应说："谢谢"，但当对方说"请多多指教"时，可礼貌地应答一句"不敢当……"，然后微笑着从头至尾阅读名片；当阅读名片时，可将对方的姓名和职衔轻轻念出，并抬头看看对方，使对方获得一种受重视的满足感，看不清的地方还应及时请教，绝不可一眼都不看就收藏起来，这会让对方感到你缺少诚意，最后应回敬一张自己的名片，当自己身上未带名片时，应向对方表示歉意。接到他人名片后，切勿将其随意乱丢乱放、乱揉乱折，而应将其谨慎地置于名片夹、公文包、办公桌或上衣口袋之内。如果交换名片后需要坐下来交谈，此时应将名片放在桌子上最显眼的位置。

图 4-6

3．索要名片

名片索要最直接有效的方法是交换名片，在商务场合一般是把自己的名片递给对方，然后说："非常高兴认识你，这是我的名片，请多多指教。"此时站在商务礼仪的角度上，他也会回赠你一张名片。或者直接提议"我们交换一下名片吧，这样联系更方便"，对方只要愿意和你继续交往，也会和你交换名片。

如果向长辈、地位高的人打交道索要名片时，可以委婉地说："以后我怎么向您请教比较方便？"但是向晚辈、地位低的人，尤其是女性，索要名片时可以说："认识你很高兴，以后怎么跟你联系比较方便？"

4．注意事项

（1）交换名片的顺序一般是客先主后；身份低者先，身份高者后；当与多人交换名片时，应依照职位高低的顺序，或是由近及远，依次进行，切勿跳跃式地进行，以免对方误认为有厚此薄彼之感。

（2）破损或脏污的名片不能送人。

（3）不要在谈话中过早发送名片，一方面会打扰别人，另一方面有推销自己之嫌。

（4）不要在长辈和地位高的人面前主动出示名片。

（5）不要直接拒绝他人索要名片，可以委婉地说："对不起，我的名片发完了"。

（6）对方对自己并无兴趣，或者对方在用餐、看戏剧、跳舞时不要发送名片。

（7）需要强调的是，信奉伊斯兰教的人，不用左手递名片，如中东、南亚、非洲等国家和地区用右手递名片；日本、韩国等国用双手交换名片。

第三节 拜 访 礼 仪

礼仪小故事

王刚是一家玩具企业的销售人员，一次到外地一家大型超市推销新产品，经过联系得知这家超市的负责人是三年前自己的老客户李林，而且当时李林的妻子刚刚生完一个女儿，他们还一起庆生过，彼此相处得非常愉快。王刚决定直接到李林家去拜访，于是与李林联系后，就带着本厂生产的玩具、买了水果和女孩的衣服前往，二人相见洽谈非常愉快。告别时，王刚拿出礼物，李林谦让时看到女孩的衣服，脸色一变，忙说："其余我收下，快把衣服收好、拿走，别让我夫人看到"，王刚一愣，连忙收起女孩的衣服。后来王刚得知李林的女儿在一年前，因病夭折，其妻子也因此一直都郁郁寡欢。

思考：试评价王刚在这次拜访中的表现。

拜访是指本人亲自或派人到朋友家或与业务有关系的单位去拜见访问某人的活动。人际之间、社会组织之间、个人与企业之间都少不了这种拜访。拜访是现代社会进行交往的一种往来方式。人们通过拜访商谈各种事宜、统一意见，广交朋友、发展友谊，扩大联系、增加信息渠道、交流信息。拜访一般分为商务拜访和私人拜访。根据拜访的目的不同可细化为商务洽谈性拜访、专题交涉性拜访、礼节性拜访。但不管哪种拜访，都应遵循一定的礼仪规范。

一、拜访前的准备

（一）了解被拜访者

拜访是有目的性的，拜访前要设定拜访目标，了解被拜访者。了解对方的性格、习惯、兴趣、爱好。私人拜访，还要了解对方的家庭情况等。如果是商务拜访还需要了解其所在公司的经营情况、信誉度和商界中的地位等其他相关信息，从而制定好不同的拜访策略，才能做到"知己知彼，百战不殆"。

（二）事先约定时间

拜访务必要选好时机，进行事先约定。事先约定是进行拜访活动的首要原则，也是最基本的礼貌准则。在西方国家，如果不事先预约，贸然造访，打乱他人的计划，会被认为是缺乏教养的表现。

在国外，不同国家对待预约的态度不同。日本约会的规矩较多，事先联系、先约优先和严守时间是日本人约会的三条基本原则；德国作风严谨，未经邀请的不速之客，有时会被拒之门外；在法国干什么事情都讲究预约，每个法国人都有一个记事本，记预约时间，如果事先不预约，会吃闭门羹，并且预约提前量大；美国人可以提前一周预约，但是美国人性格开朗，容易发生变化，拜访前最好电话再联系一下。

在国内，拜访社会名流、事务繁忙的人时，不论事情大小，都要先征求对方的意见，约定访问时间。

如果因事急或事先并无约定，但又必须前往时，则应尽量避免在深夜打搅对方；如万不得已非得在休息时间约见对方不可时，见到主人应立即致歉，如"对不起，打搅了"等，并说明打搅的原因。

申请预约的方式一般有电话预约、信函预约、电子邮件预约、网络预约等方式。需要注意的是，无论以哪种方式预约，语气必须婉转、恳切和有礼貌，不需要太详细、具体，只需简单说明约会的理由，并提出一个合适的时间和地点，或由对方安排时间。如"希望有机会同您见面，您看什么时间方便？""您方便的话，我想去府上拜访您。"等。

预约时间的选择：拜访时间要以对方方便为宜；要避开对方特别忙碌的时段，要尊重对方的意愿；在约定的具体时间应当避开节日、假日、用餐时间、过早或过晚的时间；约定时间要尽可能地把前往赴约地点的时间定得宽裕一些，即约定一个时间段到达，例如，商定约会时可以这样说："我在九点三刻到十点到达"，约会前留有余地的做法，是考虑到会见之前的活动安排以及交通等因素。

（三）注意着装

拜访前要准备好服装，着装应端庄、干净、整洁、大方，给对方留下良好、深刻的印象。特别需要注意，如果去家里拜访，还要留意自己的袜子，换双干净、无破损的袜子再出发。如果是商务拜访，男性商务人员应穿着西装，女性商务人员应穿着套装。

在拜访外国友人之前，还要随身携带一些备用的物品，主要是纸巾、擦鞋器、袜子与爽口液等。

（四）备好名片

名片应放在容易拿出来的地方，男性商务人员可放在自己西装上衣内侧口袋里，也可放在随身携带的名片夹里，并放在皮包中。女性商务人员则可将名片放在手提袋中等容易取出来的地方。

二、拜访的礼节

常言道：主雅客来勤；反之，也可以说客雅方受主欢迎。无论是到单位拜访还是到他人家庭拜访都要注意礼节，要彬彬有礼，做一个受欢迎的人。古人云："入其家者避其讳。"

就是这个道理。

（一）守时践约，如期而至

宾主双方约定了会面的具体时间，作为访问者应履约守时，如期而至。既不能随意变动时间，打乱主人的安排，也不能迟到或早到，准时到达才最为得体。

遵守时间，按时赴约是拜访中最重要的礼貌准则。守时践约不仅是为了讲究个人信用，提高办事效率，而且也是对交往对象尊重友好的表现。

正常情况下，对于一般拜访，国外习惯准时或略迟两三分钟，国内习惯准时或提前3～5分钟，如果有紧急的事情，不得不晚，必须打电话通知你要见的人，如果打不了电话，请别人为你打电话通知一下。如果遇到交通阻塞，应通知对方要晚一点到，并郑重致歉；参加宴请或观赏等应适当提前，不可迟到；如果是对方晚点到，你先到，可以坐在汽车里仔细想一想，整理一下文件，或问一问接待员是否可以在接待室里先休息一下；如果因特殊情况不能赴约时，要客气、诚恳地向对方解释说明情况并另外约定拜访时间。再次见面时，一定要向对方表示诚挚的歉意。

在拜访时，对是否按时到达，不同国家、不同地区态度不同。有些国家比较重视，如德国、瑞士、比利时和北欧的国家，日本、加拿大、澳大利亚、美国、英国和法国以及南欧的国家，他们当中有的国家安排拜访时间常以分为计算单位，如拜访迟到10分钟，对方就会谢绝拜会；绝大多数拉丁美洲国家和许多亚洲国家则比较宽松，如泰国、印度尼西亚以及沙特阿拉伯等阿拉伯国家，在沙特阿拉伯晚到15～30分钟是常有的事。如因故迟到，应向主人道歉。如因故失约，应在事先诚恳而婉转地说明。

如果到外国人家中赴宴，不可早到，以免主人未准备好导致失礼，但是不同国家也不同，例如，你被邀请到一个美国人或加拿大人的家里做客喝鸡尾酒，通知你的时间是七点整，就应该在七点一刻到达；如果是在德国、瑞典或瑞士，邀请你在七点钟到达，就意味着你应该恰好那个时候到；在拉丁美洲，如果你被邀请七点钟到某人的家里喝鸡尾酒，即使你八点到，也不会被认为是迟到。

（二）进行通报

抵达约定的地点后，未与拜访对象直接见面，或是对方没有派人员在此迎候，要进行通报，告诉接待员或助理你的名字和约见的时间，递上你的名片以便助理能通知对方。

如果没有接待员或助理，到拜访对象的办公室，要先敲门或按门铃，等到有人应声允许进入或出来迎接时方可进去，不能不打招呼擅自闯入。即使门原来就是敞开着，也要礼节性地敲敲门，以提醒对方注意，并经对方允许后方可进入。

需要注意敲门的礼节，用食指敲门，力度要适中，不要过重也不要过轻，中间间隔要有序，连续轻敲三下即可，然后等待回音。如没有回应，可再稍加力度，再连续敲三下。

如有回应，需恭恭敬敬地侧身隐立于右门框一侧，等门打开时再向前迈半步，与主人打招呼。按门铃时要慢慢地按一下，隔一会再按一下。

（三）注意见面礼节

当主人开门迎客时，务必主动、热情地向对方问好，行见面礼。若不认识出来开门的人，则应问："请问，这是××先生的家吗？"得到准确回答方可进门。如果是初次见面，还应清楚、简洁地做自我介绍。如恰巧有其他客人在场，还应在主人的介绍下，行点头礼或握手礼，并简单地和对方寒暄几句。

如果是在主人家中做客，入室之前要在踏垫上擦净鞋底，不要把脏物带进主人家里，入室还应按主人要求换上拖鞋或鞋套。夏天进屋后再热也不应脱掉衬衫、长裤，冬天进屋再冷也应摘下帽子，有时还应脱下大衣和围巾，并切忌说"冷"，以免引起主人误会。进入房间后，将随身携带的物品或礼品，以及外套、帽子、手套脱下，放到主人指定的地方，如无指定的地方，可在征求主人的意见之后，按主人的安排放置，不可乱扔、乱放。

就坐时要注意：按主人指定方位就坐，主人不让座不能随便坐下；上司坐上座，随行人员坐下座；主人没有就坐，自己便不能先坐，主人让座时，应先表示感谢，然后再坐下。

若有人送上茶水，应从座位上欠身，双手接过，并表示感谢，准备的饮料，尽可能喝掉，如果随上司拜访，即使有人让茶也要等上司喝了以后再喝；主人送上果品或点心，不要拒绝，应品尝一下，但是应等到其他客人或者年长者动手之后，再取之。

（四）掌握交谈技巧

和主人交谈前，先要寒暄几句，如天气、时事等都是好的话题，与主人交谈要善于察言观色，选择时机表明拜访的目的，要尽快进入正题。交谈要集中于正题，交谈时除了表达自己的思想观点外，少说或不说废话。还要注意倾听对方谈话的内容、对方的情绪和周围环境的变化，并注意对应。如对方谈兴正浓，交谈时间可适当长些，反之可短些；对方发表自己的观点时，应认真地听，并适当插话或附和，不要用争辩和补充说明打断对方的话；不要自己谈得太多，应注意留有对方插话或发表意见或建议的时间与机会。与异性交谈时，要讲究分寸。对于主人家里遇到的其他客人要表示尊重，友好相待。不要在有意无意间冷落对方，或置之不理。

（五）把握辞行时机

在拜访他人时，一定要注意在对方的办公室或私人居所里停留的时间长度。在一般情况下，礼节性的拜访，尤其是初次登门拜访，应控制在一刻钟至半小时之内。最长的拜访，通常也不宜超过两个小时。有些重要的拜访，往往需由宾主双方提前议定拜访的时间和长度，绝不可单方面延长拜访时间。

在与主人交谈的过程中，如果发现主人心不在焉，有厌倦情绪，经常看时间、蹙眉，或有急事想办又不好意思下逐客令，这时拜访者应该及时收住话题，适时起身告辞。

如果主人另有客人来访，一般是有事而来，这时，即使主人谈兴正浓，拜访者也应在同新来者简单地打过招呼之后，尽快地告辞，以免妨碍他人。自己提出告辞时，虽主人表示挽留，仍须执意离去，但要向对方道谢，并请主人留步，不必远送。

（六）注意告辞礼节

告辞时要稳重，不要显得急不可待。如果来访的客人很多，自己有事需要提前离开，应悄悄地向主人告辞，并表示歉意，以免惊动其他客人。如果已被其他客人发现，应礼貌地致歉和告辞，这时，可同邻近的客人握手告别，同稍远的客人以手势告别，也可对全部客人行拱手礼。如果来访的客人很少或仅自己，则辞行时，应向主人及其家属和在场的客人一一握手或点头致意。主人及其他人相送，应一再辞谢。听到主人请你下次再来时，你要说："好的，那我告辞了。""打扰您这么长的时间，非常抱歉！""今后还请您多多关照。"以表感谢之意。不要说多余的客气话。千万不要站在这儿再做一次长谈。出门后，应再度回身主动伸手与主人握别，并说："请留步。"

需要注意的是，告辞时应相互行握手礼，这时，身为客人应主动先伸出右手与主人告别，并诚挚地表达热情待客的谢意以及"多有打扰"的歉意。当主人目送客人离去时，客人应礼节性地走几步，回首挥手致意，直到见不到身影后再加快步伐。千万不要回头就走，如果"一去不回头"，会让主人非常失望，也会给对方留下不好的印象。

三、拜访中的注意事项

（1）如果拜访某位朋友时未见到人，可向其家里人、邻居或办公室的其他人将自己的姓名、地址、电话留下，或留下名片，以免朋友回来后因不知来访者是谁而造成不安的心理。

（2）到客户公司时，应遵守客户公司的管理规定。例如，应先到前台请秘书小姐通报要拜访的客户，并做好出入登记记录。绝不可径直闯入，即便与客户熟识也要遵守公司的规定。

（3）在会客室等待时要保持安静，不要大声与同行者闲谈，甚至对对方公司评头论足、指指点点。这样会打扰别人的工作，也是有失身份的表现。

（4）如果到主人家中拜访，对主人家的人都应问候（尤其是夫人或丈夫和孩子），主人家的猫狗不应表示害怕或讨厌，更不要去踢它或打它。

（5）如在拜访处遇有未经介绍的陌生人，不要主动与之亲昵地攀谈，或者乱插话；既不要喧宾夺主地抢人话头，也不能对主人与先到客人的谈话毫不理会。

（6）如果客厅里面没有放烟灰缸之类的器具，这表示主人是不喜欢抽烟的，拜访者就尽量不要抽烟。想要抽烟时，应先征得主人和在场女士的同意。如果是主人敬你烟时，不要拒收主人的烟而抽自己的。

（7）到主人家中做客，无主人的邀请或未经主人的允许，不得随意参观主人的住房和庭院。在主人的带领下参观其住宅，即使是最熟悉的朋友也不要去触动除书籍、花草以外的室内摆设或个人用品。

（8）如果主人执意挽留用餐，则饭后停留一会儿，不要吃完就走。辞行时要果断，不要口动身不移，辞行时要向其他客人道别，并感谢主人的热情款待。

（9）从被拜访者的单位或家庭出来后，不要在回程的电梯及走廊中窃窃私语，以免被人误解。

第四节 接 待 礼 仪

礼仪小故事

刚参加工作的李梅被分到公关部工作。一次，他们公司来了几位客人洽谈业务，业务部请他们公关部协助招待客人，部长叫上李梅一同前往，细心的李梅发现加上他们单位的人一共是七位，部长打开三听饮料，均匀倒入七个杯子，而不是直接将听装饮料放到客人面前。

思考：你知道这是为什么吗？

在现代社会交往中，迎来送往，是现代社会接待中最基本的形式和重要环节，是表达主人情谊、体现礼貌素养的重要方面。

接待可以分为商务接待和家庭接待，而商务接待可分为日常普通商务接待、商务会议接待、公务接待。无论哪种接待，首先要有待客地点，商务接待的待客地点一般在办公室、会客室、接待室、会议室等，家庭接待一般是在客厅，待客地点都在室内，会客室是接待的硬环境之一。

一、室内布置

（一）注意光线

待客室内光线应以自然光源为主，人造光源为辅，光线要柔和，不要过强或过弱。房间最好面南，窗帘可以布置百叶窗能够调节光线。室内要安置顶灯、壁灯，需要人造光源时可以使用，尽量不要使用台灯或地灯，特别要强调的是，光线不要直接照射来宾。

（二）室内温度与湿度

室内要安置空调，室温以 24℃ 左右为最佳。室温低于 18℃，使人感到寒冷；室温高于 30℃，则又使人感到燥热。

室内相对湿度最好为 50% 左右，使人感到舒适。相对湿度过高，往往会令人感到憋闷，呼吸不畅；相对湿度过低，则又会让人觉得干燥，易生静电。

（三）保持室内卫生

要经常打扫室内卫生，做到地面干净明亮、墙壁无尘、窗明几净，办公桌椅、空调机表面洁净无污物，百叶窗或窗帘要保持清洁，室内陈设要干净无灰尘，茶具、饮水机或暖瓶要清洁卫生，此外还要经常通风，保持空气清新。

（四）室内陈设

室内除了放置必要的桌椅和音响设备外，还可以在桌面摆放茶具，茶杯要无破损或裂纹，在窗台上放置一些盆花或插花，窗户可安装双层玻璃，以便隔音和保暖，地上可铺放地毯，可以起到隔凉和隔音的作用。需要注意的是，室内陈设不能有残、破、次、损之物。室内应当布置得既庄重又大方。

二、家庭待客礼仪

（一）提前准备

子曰："有朋自远方来，不亦乐乎。"如果你事先知道有客人来访，应提前做好准备。要提前打扫门庭，房间布置要干净美观，提前准备好水果、点心、饮料，妥善安排好孩子。此外在家中就餐还要备好酒菜，如果朋友要在家中小住，要提前准备好房间、被褥及日常用品，以迎嘉宾。服饰要整洁，切记即使是十分熟悉的客人，在家中也不要只穿内衣、内裤，应换上便衣。

（二）礼貌待客

客人来到家中，要热情接待，女主人应主动上前握手。如果客人手提重物，应主动帮忙，对长者或体弱者可上前搀扶。客人进屋后，首先请客人上座，然后敬茶、递烟、端出糖果。端茶送糖果盘时要用双手，并为客人剥糖纸，如梨、苹果等应削皮递给客人，西瓜、菠萝等应去皮、切块后用水果盘端送给客人。若当着客人的面削皮，刀口应朝内，并要注意手不要碰到水果肉。敬烟要注意不要用手直接拿烟嘴，若客人不吸烟则不要勉强。为客人点烟时，一次火不要点三支烟。（我国有一火不点三支烟的说法）

如果客人是初次来访，应向家人或其他客人作介绍。

居室中的上座一般是比较舒适的座位、较高一些的座位、靠右边的座位、面对正门的座位。客人一旦落座，就不再劝其换座。来客若是亲朋挚友，可以不拘礼节，随便一些反而显得比较亲密；来客若是师长、领导，则应注意礼节，不可轻率、随便。如果是夏天应打开空调，送上扇子、冷饮。主人家所有成员应对所来的每一个人都热情招呼，有时施点头致意礼即可。

交谈时要注意交谈的礼仪，话题内容可因实际而定。一般来说，应谈一些客人熟悉的事情，态度要诚恳，不要频频看表，不要显出厌倦或不耐烦的样子。当与客人交谈的内容夫妻双方意见不一致时，丈夫应尊重妻子的意见，孩子不听话也要等客人走后再教导。若无法奉陪客人交谈，可安排身份相当者陪客人聊天或提供报纸杂志、打开电视供客人消遣，切不可出现主人只管自己忙，把客人晾在一旁的现象。

若在接待朋友的过程中又有朋友来，则可简单介绍一同接待。如果有事需与其中一方交谈，可向另一方坦诚相告，并让其他人接待他，应为先到的客人安排消遣活动，并应尽量不让客人等待时间过长。万一主人有急事要办，应向客人说明并表示歉意。

（三）送客礼节

当客人散席或准备告辞时，主人应婉言相留。客人要走，应等其起身后，主人再起身相送，家人也应微笑起立，亲切告别。若客人来时带有礼物，应再次提及对礼物的感谢或回赠礼物，并不忘提醒客人是否有东西遗忘，或有什么事需要帮忙。送客应送到大门口或街巷口，切忌跨在门槛上向客人告别或客人前脚一走就"啪"地关门。如果是初次来客，主人应主动指路或安排车辆接送，远方来客则应送至火车站、机场或码头，并说祝愿话或发出欢迎再来的邀请。

三、商务日常接待

商务日常接待通常分为事先预约的和没有事先预约的两种情况，但是无论是哪一种情况，对待来访者都应当热情礼貌。直接接触来访者的人首先是接待人员。接待人员的综合素质直接代表了企业的形象，他们的一言一行、举手投足都代表着企业的素质、文化，代表着企业对客户服务的深度与广度，更代表着企业的实力与管理水平。

（一）接待人员的要求

接待人员要品貌端正，举止大方，口齿清晰，具有一定的文化素养，受过专门的礼仪、形体、语言、服饰等方面的训练。接待人员服饰要整洁、端庄、得体、高雅；女性应避免佩戴过于夸张或有碍工作的饰物，化妆应尽量淡雅。

接待人员工作的特殊性决定了其不能擅自离开岗位，如果是因为特殊原因需要离开时，必须请假且有人接替。尤其是前台接待人员应该严格遵守作息时间，一般情况下，应该提前 5～10 分钟到岗，下午下班应该推迟 20～30 分钟。前台人员应该尽量避免长时间的私人电话占线，更不应该出现在前台与其他同事闲谈的场面。

（二）接待来访者的顺序

（1）当客人来到时，马上起立，面带微笑，目视对方，向来客问候致意。

（2）礼貌询问客人：是否预约？客人的姓名？客人所属公司的名称？如："请问先生，您贵姓？""是哪个公司的？""是哪一位约您来的？"

如果认识客人，并且已知道预约，可以直接打招呼。如："王总您好！张总正在等您！"

（3）在预约过的情况下，通知被约者，把客人引领到接待室（注意引领礼仪），奉茶（注意奉茶礼仪）。

如果需要客人等候一段时间，应简要说明原因，如："对不起，张总正在处理一件紧急事情，请您稍等一会儿。"然后安排好恰当的座位请客人坐下，并为其提供一些书报杂志等，以免冷落客人。

需要注意的是，被约者（负责人）正在接待其他客人或正在开会时，不要口头传达有来访者到来，而是要用纸条进行联络。

（三）不同情况下的接待

（1）没有预约过的来访者：明确对方身份、来访目的后，与负责人联系、接受指示。如果负责人不在，把这一情况告知来访者并询问来访者接下来的意向。

（2）来访者拒绝说出名字及来访目的，则必须问明情况，尽量从客人的回答中充分判断能否让他与同事见面。如果客人要找的人是公司的领导，就更应该谨慎处理。诚恳地与来访者商量，如："现在张总正好外出了，请您改日再来。"

（3）来访者要找的人不在公司：明确对方身份、来访目的后，告诉来访者要找的人不在的原因，及要找的人预计回公司的时间，并询问对方还有什么要求。或者请客人留下电话、地址，明确是由客人再次来单位，还是我方人员到对方单位去。

（4）来访者等了 15 分钟以上：让来访者久等时如果说："您要找的人正和其他客人谈话"、"会议延长了"等会很失礼，所以可以暂且先让要找的人的上司或同事代为接待。

四、商务会议接待（重要客人接待）

（一）准备工作

1．了解客人的基本情况

对前来访问、洽谈业务、参加会议的外国、外地客人，应首先了解对方到达的车次、航班，了解来宾尤其是主宾的个人简况。例如，姓名、性别、年龄、籍贯、民族、单位、职务、职称、专长、偏好、知名度等。必要时，还需要了解其婚姻、健康状况，以及政治倾向与宗教信仰。在了解来宾的具体人数时，不仅要务求准确无误，而且应着重了解对方由何人负责、来宾之中有几对夫妇等。同时，还要了解来宾此前有无正式来访的记录。如果来宾尤其是主宾此前曾来进行过访问，则在接待规格上要注意前后协调一致。如果来宾能提供自己一方的计划，例如，来访的目的、行程、要求等，在力所能及的前提之下，应当在迎宾活动之中兼顾来宾一方的特殊要求，并尽可能地对对方多加照顾。迎接时，务必安排与客人身份、职务相当的人员前去迎接。

2．制订接待方案

接待方案一般包括接待工作的组织分工、陪同人员和迎送人员的名单、食宿地点、交通工具、活动方式及日程安排等。

住宿安排要根据客人的情况和工作需要来酌情安排，选择宾馆要根据接待经费预算、宾馆实际接待能力、宾馆的服务设施、口碑与服务质量、周边环境、交通状况、安全条件等因素来考虑，但要以不妨碍对方私生活为准、以不限制对方个人自由为限、以不影响对方休息为度。

为来宾安排、准备、选择交通工具时，必须优先考虑对方的日程安排。有可能的话，在为来宾安排、准备、选择交通工具时，要优先考虑舒适程度高、服务质量好、快速并且直达目的地的交通工具。

（二）接待工作

1．迎接客人

一般客人可由业务部门人员或办公室人员去迎接，重要客人应安排与客人身份、职务相当的人员前去迎接。若因某种原因，相应身份的主人不能前往，前去迎接的主人应向客人做出礼貌的解释，去迎接的人员在客人到达前就应到场等候。

2．使用接站牌确认来宾身份

牌子要正规、整洁，字迹要大而清晰。不要随便用纸乱写。尽量不要用白纸写黑字，让人感到晦气。接站牌的具体内容主要有四种：一是"热烈欢迎某某同志"，二是"热烈欢迎某单位来宾的光临"，三是"某单位热烈欢迎来宾莅临指导"，四是"某单位来宾接待处"。

3．接站与问候

接到客人后，应首先问候"一路辛苦了""欢迎您来到我们这个美丽的城市""欢迎您来到我们公司"等。然后向对方作自我介绍，如果有名片，可送予对方。注意送名片的礼仪。

4．安排食宿

客人到达后，应把客人引到事先安排好的客房。客人住下后，应把就餐的时间、地点告诉来客。同时向客人介绍住处的服务、设施，将活动的计划、日程安排交给客人，并把准备好的地图或旅游图、名胜古迹等介绍材料送给客人，考虑到客人一路旅途劳累，主人不宜久留，让客人早些休息，对重要客人应安排专人陪同。

5. 协商日程

进一步了解客人的意图和要求，共同商议活动的内容和具体日程。如有变化，及时通知有关部门以便进行准备工作。

6. 组织活动

按照日程安排，精心组织好各项活动。如与客人洽谈供货合同，可提前做好各项准备工作；客人去参观游览，应安排好交通工具和陪同人员；在客人活动全部结束后，应安排领导与客人会见，听取意见，交换看法。

7. 安排返程

根据客人要求订购返程车票、船票或飞机票，并及时送到客人手中。一般应送客人到车站作最后道别。

五、引导礼仪

（一）引导者的身份

在迎宾活动中，引导来宾是东道主方面给予来宾的一种礼遇。在引导来宾时，由何人担任引导者，通常与东道主一方对来宾的重视程度直接相关。

一般情况下，负责引导来宾的人是来宾接待单位的接待人员、礼宾人员或专门负责此事的人员，或是接待方与来宾对口单位的办公室人员、秘书人员。

倘若贵宾到访，或是为了对来宾表示东道主一方的特殊的尊敬和对来宾的重视，则可由东道主单位的最高负责人，甚至其上级单位的主要负责人亲自充任引导者。

（二）引导者的提示

（1）引导来宾进入大院、大楼、会客室、休息室前，应主动向对方说明此地是何处。

（2）引导来宾前去会晤某人，而宾主双方此前并未见过面的话，须提前告知来宾会晤何人，以便让对方思想上有所准备，并担任介绍人。

（3）引导来宾上下楼梯、出入电梯、进出房间、通过人行横道或需要拐弯时，需用手势，提醒来宾："请各位这边走。"

（4）引导来宾乘坐车辆时，务必要告知对方："请各位上某某号车。"

（5）引导来宾经过拥挤、坎坷或是危险路段时，必须叮嘱对方："请各位留神"、"请注意某处"。

需要注意的是，进行引导时，必须做到"话到"与"手到"，但切勿一味沉溺于高谈阔论，免得令来宾走神而出差错；到达接待室后应将客人引至上座的位置上。引导就座时，长沙发优于单人沙发，沙发椅优于普通椅子，较高的座椅优于较低的座椅，距离门远的座位为最佳的座位。

六、奉茶礼仪

我国有着深远的茶文化，"客来敬茶"是我国传统的民俗。在两晋、南北朝时，客来敬茶已经成为人际交往的社交礼仪。在社会交往中，"客来敬茶"还能起到"以茶表敬意"的效果。

（一）沏茶方法

检查一下茶杯有没有破损或裂纹。将茶杯和小茶壶用开水烫温。茶叶用量为两茶匙（可用茶叶筒的盖子来量茶叶）。用80℃左右的热水冲泡茶叶至小茶壶的八成满。有多位客人时，按顺序一点一点均等地向每人茶杯内倒茶水，第一杯茶，通常不宜斟得过满，以杯深的2/3处为宜。俗话说："茶倒七分满，留下三分是情分。"要注意浓度均衡。用布将茶碗底擦干后将茶碗放在茶托上。

（二）奉茶顺序

上茶应在主客未正式交谈前。从上座的人开始，先端茶给上座的客人，然后再端给自己的职员。上茶的先后顺序，一般应为：先客后主，先长后幼，先女后男。

（三）正确步骤

端茶盘时，茶盘保持与胸部等高。茶杯要放在茶盘上。左手捧着茶盘底部，右手扶茶盘的边缘。

将茶盘放在临近客人的茶几上，或者把茶盘放在桌子的一角，若桌子很低，屈膝将姿势放低后再上茶。

双手端茶从客人的左后侧奉上。然后右手在上扶住茶杯，左手在下托着杯底（"左下右上"），杯耳应朝向客人（客户在接茶杯的时候也是左下右上，从而避免了两个人之间肌肤接触）。双手将茶递给客人同时要说"您请喝茶"（如果是茶碗，茶碗上的花纹朝向客人摆放，如图4-7所示）。如果桌上有文件等物品，要说："茶放在这里了"。随机应变地将茶放在离文件稍远的地方。

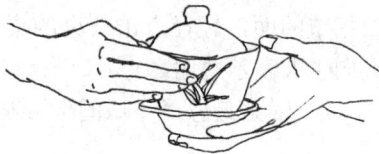

图4-7

上完茶后，将茶盘端至胸部，轻轻点头，静静地退出。

（四）注意事项

（1）尽量不要用一只手上茶，尤其不能用左手。切勿让手指碰到杯口。

（2）如果有糕点，先上糕点，将其放在右边。茶杯应摆在糕点左边。

（3）茶杯要放在茶托上，茶碗上的花纹朝向客人摆放。

（4）在接待室里有很多客人使用很多茶碗时，要使用配套的茶碗和茶托。

（5）以咖啡或红茶待客时，杯耳和茶匙的握柄要朝着客人的右边，此外要替每位客人准备一包砂糖和奶精，将其放在杯子旁或小碟上，方便客人自行取用。

（6）客人喝过几口茶后，即应为之续上，绝不可让其杯中茶叶见底。这种做法的寓意是：茶水不尽为客添，慢慢饮来慢慢谈。

（7）以前，中国人待客有"上茶不过三杯"一说。第一杯叫做敬客茶，第二杯叫做续水茶，第三杯叫做送客茶。如果一再劝人用茶，而又无话可讲，则往往意味着提醒来宾，应该打道回府了。因此，在以茶招待较为守旧的老年人或海外华人时，切勿再三为之斟茶。

（8）放置茶壶时，壶嘴不能正对他人，否则表示请人赶快离开。

（9）在中东地区，商人喝茶或咖啡，每人以不超过三杯为宜。当喝完之后，要将杯子转动一下再递予主人。这种礼节动作，意为"够了，谢谢"。

（五）客人的礼仪

（1）第一道礼节是回礼，也是客人最重要的礼仪，也叫答礼，是指主人冲泡了第一泡茶品，并且请你品尝的时候，作为客人的第一次回礼。

正规的第一次客人回礼是：起身，表示感谢，（国外华人男性抱拳女性合十，一躬，）双手接过（或者双手捧起茶杯）坐下，先闻香，然后慢慢啜茶一口，放下茶杯，口中称赞主人。

（2）喝茶过程中，客人最重要的回礼礼节是叩指礼，又叫屈指跪。这个礼节的由来是这样的：微服私访的乾隆有一天在外面茶楼喝茶，因为某种原因乾隆拎起茶壶就给纪晓岚、傅恒等人倒茶，众人大惊，但不便当即跪在地上谢主隆恩，情急之下，纪晓岚屈指叩桌，即右手握拳，大拇指的指尖对食指的第二指节，伸直屈着的食指和中指，用食指和中指的第二指节的面，轻轻点击茶桌的桌面三下，代行了三跪九叩的大礼。后来流传至今，代表客人向主人表示感谢之意。

（3）喝茶最忌"一口闷"，或者"亮杯底"。

七、送客礼仪

送客礼仪是指在来宾离去之际，陪着对方一同行走一段路程，或者特意前往来宾启程返回之处，与之告别的礼仪。在国际商务交往中，最为常见的送别形式有道别、话别、饯行等。

（一）道别礼仪

一般情况下，不论宾主双方会晤的具体时间的长度有无约定，客人的告辞均须由客方首先提出。当来宾提出告辞时，主人通常应对其加以热情挽留。可告之对方自己"不忙"，或是请对方"再坐一会儿"。若来宾执意离去，主人可在对方率先起身后起身相送。在道别时，来宾往往会说"就此告辞"、"后会有期"，而此刻主人则一般会讲"一路顺风"、"旅途平安"。有时，宾主双方还会向对方互道"再见"，叮嘱对方"多多保重"，或者委托对方代问其同事、家人安好。道别行握手礼时来宾先伸手，主人后伸手。主人送到门外，目送来宾离去。或由秘书代为相送。

在道别时，需要注意以下几点。

（1）主人首先提出送客，或是以自己的动作、暗示厌客之意，是极其不礼貌的。

（2）适当加以挽留。如"再坐一会儿"、"不忙"。

（3）来宾先起身，说道"就此告辞"，这时主人方可起身相送。

（4）行握手礼，来宾先伸手，主人后伸手。

（5）相送一程，即主人送到门外，目送来宾离去。或送到客车站，看车离开再走。

（二）话别礼仪

话别，亦称临行话别。与来宾话别的时间，要主随客便和预先相告。

话别地点，是来宾的临时下榻之处。在接待方的会客室、贵宾室里，或是在为来宾饯行而专门举行的宴会上，亦可与来宾话别。

参加话别的主要人员，应为与宾主双方身份、职位大致相似者或对口部门的工作人员、接待人员等。

话别的主要内容有表达惜别之意、听取来宾的意见或建议、了解来宾有无需要帮忙代劳之事、向来宾赠送纪念性礼品。

（三）饯行礼仪

饯行，又称饯别，是指在来宾离别之前，东道主一方专门为来宾举行的一次宴会，是郑重其事地为对方送别。为饯行而举行的专门宴会，通常称做饯行宴会。饯行宴会，不仅在形式上显得隆重热烈，而且还会使对方产生备受重视之感，从而增加宾主之间的友谊。

八、接待规格

接待规格是指主陪人员身份职位相对于主要来宾身份职位的高低而言的。一般分为高规格接待、对等接待、低规格接待。

（1）高规格接待：主陪人员的行政职位高于主要来宾。高规格接待是表示对来宾的重视。

（2）对等接待：主陪人员与来宾职位相同的接待规格。在商务交往中常常使用对等接待，以表示不卑不亢、平等互利、相互尊重的交往态度。

（3）低规格接待：主陪人员行政职位低于主要来宾。低规格接待往往是单位等级造成的。如公司总裁到分公司视察，分公司经理陪同就是低规格接待。

需要注意的是，接待规格与花钱多少并没有直接关系，在商务交往中，待客之道是态度热情大方，以礼相待，反对铺张浪费，以够用为度。

第五节 馈 赠 礼 仪

礼仪小故事

鸿运网络公司每年一度的动漫节，是公关部最为繁忙的日子，尤其是赠送来宾的礼品选择，更是让公关部费尽苦心，既要突出公司形象，又要有宣传作用；既要来宾喜爱，易于接受，还要注意成本，节约开支。这次动漫节鸿运公司做了调整，制作了一批印有公司标志和动漫图像的背包、钱包、手机链、钥匙扣、动漫人物模型等精致的小礼品，安排了丰富的节目，有动漫人物的形象秀、服装秀、动漫经典选播、新动漫作品演播以及各种动漫游戏，来宾通过参加各种节目获得这些富有个性的小礼品。这些小礼品漂亮、实用，很吸引来宾，深受来宾的喜爱。鸿运网络公司通过这些小礼品做了一个产期的广告。

馈赠是人们通过赠送给交往对象礼物来表达对交往对象的尊重、敬意、友谊、祝贺、纪念、感谢、慰问、哀悼等情感与意愿的一种交际行为。在现代社会交往中，馈赠礼品是不可缺少的一个内容，通过互赠礼品，能起到联络感情、加深友谊、建立良好关系和促进交往的作用。

孟子曰："其交也以道，其接也以礼，斯孔子受之矣。"人们通过赠送礼物，既能表达自己对对方的心意，又能体现礼物的实际效用，如何"送礼得当"，其关键是礼品的选择。

一、礼品的选择

（一）礼品定位

选择礼品时，首先要对礼品定位，明确礼品的用途，考虑受礼者的具体情形，不同的场合选送不同的礼物。

1. 表示谢意或敬意

在社会交往中，到他乡受到东道主的热情款待，往往通过向主人赠送礼品来表示对主人的感谢和敬意；事业的发展离不开众人相助，当我们接受他人或单位的帮助之后要表示感谢；应邀到朋友家做客要表示感谢；在收到别人赠送的礼品后，人们也会通过回赠礼物的方式来表达对送礼者的谢意。总之，要表示谢意或敬意的事情很多。根据情况不同、个人喜好不同选择恰当的礼品，如对公安、医院、工商、银行等事业服务单位，可以考虑选送锦旗，将称颂之语书写在锦旗之上。

2. 庆典纪念

庆典纪念要根据不同情况来选择礼品。如商务合作伙伴的庆典纪念，为表示祝贺，可送贺匾、书画或题词，既高雅别致又具欣赏保存价值；本单位的庆典纪念，为表示祝贺，可以自己设计并定制带有本单位名称的纪念章、纪念物等，或具有本单位特色的纪念品赠送给来宾，具有宣传作用。

3. 开张开业

商业合作伙伴、兄弟单位以及社会组织开张开业之际，应代表本企业送上一份贺礼，一般选送花篮为多，在花篮的绸带上写上祝贺之语和赠送单位的名称，国内也有单位把赠送条幅悬挂在墙外，用来表示祝愿和助兴，同时也可以宣传自身、扩大影响。

4. 大型会议

产品推销会、贸易洽谈会、商业年会等大型会议，需要选择礼品馈赠嘉宾，礼品定位应该主要是可以提升企业的品牌形象，对企业产品起着宣传推广的作用，同时又可以使参会者满意而归。会议礼品可选择的范围很广，需要注意的是，礼品要方便携带、具有纪念性和宣传性。另外，会议上发放礼品数量较多，人多手杂，难免会出现一些摔碰现象，所以品质不易控制的礼品不要选择。

5. 重要节日

我国的春节、元旦、中秋等传统节日，西方的圣诞节、感恩节、万圣节等节日都需要向合作伙伴、客户、相关职能部门、企业内部的员工等，适时地送上一份小小的礼物，对他们给予企业工作的关心与支持表示感谢，并希望继续得到他们的帮助，此时，可选择一些应节的礼物相赠。

6. 表示慰问

任何事情的发展并非都能一帆风顺，在他人遭遇灾难与不幸，发生重大变故时，如患病、丧子等极感痛苦忧伤，或破产、市场开拓失败等遭受困难挫折等，应马上表示慰问，并根据具体情况选择合适的礼物送上，以表示关心，也可送上钱款相助，更能体现送礼者的情谊。

（二）了解交往对象的礼品馈赠习俗

在一般情况下，礼品主要是赠送给个人的。就每个人而言，由于个人喜好不同，对礼品的选择也不同。因此在选择礼品时要了解对方的兴趣爱好，尊重对方的风俗习惯，要"投其所好"。尤其是在国际商务交往中，馈赠礼品的对象往往是外国友人，但是由于各国的文化、宗教和习俗等方面的不同，在礼品选择上，不同的国家和地区就会有较大的差异。

（1）美国人喜爱奇特的礼品，不太注重礼物的轻重，讲究实用和奇特，尤其喜欢独特风格或民族特色的小礼品，像我国的"兵马俑"、一瓶上好葡萄酒或烈性酒、一件高雅的名牌物品，都是合适的礼物。

（2）法国人很浪漫，崇尚艺术，喜欢知识性、艺术性和纪念意义的礼物，如画片、艺术相册、小工艺品和有特色的仿古礼品等，他们都会很喜欢。

（3）英国人一般只送较轻的礼品，如果礼品价格很高，就会被误认为是一种贿赂。送一些高级巧克力、一两瓶名酒或鲜花，受礼者会很喜欢。

（4）德国人在馈赠和接受礼物方面，讲究经济实用，而不是攀比礼物的价格高低，充分体现了勤俭节约、注重实际的作风。此外，德国人对礼品外观比较讲究，尽管买回来的礼品有原包装，但德国人还是喜欢用专门的包装纸把礼物再修饰一番。在德国人看来，礼物不在大小，情谊才是最珍贵的。应邀到德国朋友家做客，一束鲜花、一盒中国茶叶就会让主人非常高兴。

（5）俄罗斯人素来以热情、豪放而闻名，喜欢西方名牌，鲜花是最常用的礼品之一。俄罗斯人认为，花能反映人的情感、品格，所以送花时非常讲究花的搭配。

（三）与受礼人的关系

在选择礼品时，还应考虑与受礼人的关系。对待商务往来的对象与私人交往的对象、个人与集体、老友与新朋、家人与外人、同性与异性、国内人士与国外人士等，在选择礼品时应该区别对待。

通常，商务人员代表本企业、公司为客商选择礼品时，主要侧重于礼品的精神价值和纪念意义。例如，送别客商时所赠送的礼物，其主要意义在于留念，而不在于礼品自身的价格。所以，一些企业、公司自己设计并定制的带有本单位名称的纪念章、纪念物等都是与来访客商、业务客户分别时常见的赠品。

商务人员在涉外交往中更要注意礼品的选择。一般情况下，第一次拜访和赠送外国客商礼品，带给对方有中国特色的礼品是非常受他们欢迎的。例如，唐三彩、景泰蓝、真丝品等。其他的礼物，像中国名酒、名茶或者惠山泥人、各种地方特色的剪纸等小礼物也是十分理想的。

此外，在私人交往中，选择礼品的余地可以更宽泛一些，但是仍然要明确赠送礼品的意义仅在于向友人表达自己的真情与友谊。

（四）注意事项

（1）商务人员在选择礼品时，要遵守国家有关规定，不能选择涉及国家机密或其他有违我国法律的物品当作礼物送给客商。例如，外商喜欢我国的文物，我们可以送其仿制品，并实言相告，但是不能走私，将文物送予他人。

（2）商务往来中不能用金钱和价格过于昂贵的奢侈品、收藏品作为礼品馈赠。

（3）有违民俗的礼品不能赠送，如赠送日本人结婚礼物时，忌讳选购刀具或玻璃、陶瓷之类的易碎品，因为它们会使人联想到"一刀两断"或"破碎"等意思，很不吉利；阿拉伯人通常把初次见面的赠送礼品视为行贿，因而非常忌讳。在法国，不宜以刀、剑、剪、餐具或带有明显的广告标志的物品作为礼物送人。

（4）有违个人禁忌的礼品不能送人，每个人由于经历、兴趣、习惯和信仰不同，形成了一些个人的私忌。如某外商是环保主义者，就不能送用动物皮毛或骨骼等制成的礼品。

二、礼品要精心包装

礼品的包装就像人的外衣一样，如不加包装就赠送他人，跟人没有穿外衣就去拜访客人一样，是十分不礼貌的。无论礼品轻重、价钱如何，赠送客商的礼品事先要精心包装。精美的包装是礼品的重要构成部分。通过包装，可以直接反映出送礼单位及个人的品位与诚意。尤其是向外商赠送礼品时，更要特别注重这一点，如英国人送礼，不论大小，都会用光鲜灿烂的礼品盒把礼品装好，盒子还要根据对方的性格和喜好，选择美丽大方或活泼可爱的彩纸包好，再配上精美丝带、花结和贺卡，这样才算完成礼物的整体包装；日本人认为礼品的包装同礼品本身一样重要，因此他们很注重礼物的包装，礼品包装在日本是一种精巧的艺术。

此外，包装时要考虑不同国家对包装纸的颜色及图案的禁忌。如送美国客商的礼品，包装纸不要用黑色的，因为黑色在美国人眼里是不吉利的颜色；而在日本不能用红色的包装纸，因为日本葬礼讣告是红色的（我国主要贸易伙伴的禁忌在第八章讲述）。

三、礼品馈赠时机

馈赠礼品是世界各国通行的礼仪，但是由于各国的文化、宗教和习俗方面的不同，什么场合、什么时间送礼，不同的地区和国家有较大的差异。赠送礼品时选择好恰当的时机，会令双方皆大欢喜。

国内赠送礼品通常选择节假良辰、婚丧喜庆之时，以表达祝贺、感谢、慰问之情。例如，亲友结婚、生子之时，可赠送适当的礼品向其道喜；升学、乔迁、晋升之时，可赠送礼品表示道贺；探望病人，可赠送礼品以示慰问等。

对大多数公司来说，有选择新春、元旦、中秋、圣诞节等节日赠送礼品的，也有选择公司成立周年纪念、公司会议、公关、促销、个人的生日等时间的。有些公司习惯当面亲手把礼品送给客户，如展销会、促销会以及订货会。

根据国际惯例，在商务会见、会谈时，如果准备向客商赠送礼品，一般适宜安排在起身告辞之时；参加道喜道贺活动，最好在与客商见面时赠送礼品。

在不同国家，具体情况有差异。如在韩国，商业礼品是在正式谈判之前送；在德国，商务礼品很少在谈判开始时赠送，但可能在结束的时候赠送；在拉丁美洲国家，只有在谈话结束的时候才赠送礼物；英国人送礼的时间多选在晚上，请人在上等饭馆用完晚餐或剧院看完戏之后；阿拉伯人通常把初次见面的赠送礼品视为行贿，因而非常忌讳；日本人，他们在与人打交道时，常常第一次见面就给别人送礼，并为先向别人送礼而感到高兴；法国人一般要等到下次相逢时才会送礼物给别人。

当自己以东道主身份接待来宾时，通常是在对方告辞之前向对方赠送礼品。在告别宴会上赠送或到其下榻处赠送也可以。

四、赠送礼节

成功的赠送行为，能够恰到好处地向受赠者表达自己友好、敬重或其他某种特殊的情感，并因此让受赠者产生深刻的印象。

赠送客商礼品，最好选择当面进行。赠送礼品时，要做到神态自若，举止大方、得体。赠送时要起身站立，面带微笑，目视对方，以双手递出。赠送过程中，绝不可一只手递交礼品，特别是面对有些宗教国家的客商时还不能用左手递交礼品。在当面致辞之后，要主动与客商热情握手，并向对方解释所赠礼品的寓意。

对于远在其他城市或国家的客商，无法当面赠送礼品时，可以通过邮寄赠送或托第三人赠送礼品。此时，通常要随礼品附上一份礼笺，并在上面以非常正式规范的语句书写上赠送礼品的缘由，最后还要署上赠礼单位的全称及赠礼人的姓名。

需要注意的是，赠送礼品不能偷偷摸摸、手足无措或悄悄乱塞、乱放，好像见不得人一般，那种做贼似的悄悄地将礼品置于桌下或房间某个角落的做法，不仅达不到馈赠的目的，甚至会适得其反；赠送礼品时，不能一言不发，或是言辞不当。如我国习惯送礼时谦虚地说："薄礼！薄礼！只有一点小意思，不成敬意……"容易使客商产生不被重视的感觉。但是如果在赠送时用近乎骄傲的口吻说："这是很贵重的东西（名贵的东西）！"也很容易使客商产生受贿的感觉。

五、受礼礼节

（一）受礼要有礼节

在接受他人赠送的合法礼品时，应该落落大方、热情友好地接受对方的好意。当赠送者向自己递交礼品时，要起立眼睛注视着对方用双手接受礼品，之后立即同对方热情握手，并向对方表示感谢。商务人员在接受礼品时注意态度要大方、恭敬有礼，不可盯着礼品不放。过早伸手接礼品，或是再三推辞后才接都是不合适的。

在国内，一般没有当面打开礼品的习惯，接受礼品后要表达真挚的感谢。将礼品摆放到一个显眼的位置，以表示对礼品的重视，绝不可将礼物到处乱放。

西方人在收到礼物时都会习惯性地当着赠礼人的面打开，当面欣赏并赞美礼物。因此在国际交往中，接受国际商家或友人赠送的礼品之后，最好当着他们的面亲自拆开礼品的包装，认真欣赏一番，并当面加以赞许，以示对赠送者的尊重以及对所赠礼品的看重与喜爱之情。

（二）拒礼要有分寸

拒绝他人赠送的礼品时，一定要把握好分寸。对违法和违反企业、公司规定的礼品要坚决拒收。拒收他人赠送的礼品时，最好是当面谢绝。拒收礼品时一方面要感谢对方的好意，另一方面还要诚恳地讲明拒绝的理由，说明自己按规定难以接受对方所赠之物。要依礼而行，婉言谢绝，要给对方留有退路，不要让对方产生误会或难堪。

如果因一些特殊原因无法当场退还时，也可暂时先收下然后再找机会退还。退还礼品一定要及时，最好在 24 小时之内将礼品退还本人，退还礼品也需要向赠送者说明理由，并致以谢意。另外，退还时还要保证礼品的完整，不可拆封后再退还或者试用后再退还。如无法退还，在事后 24 小时之内将受赠之物登记上交。

（三）受礼后要还礼

尽管赠送礼品的初衷并不是希望得到对方的回报，但是收到他人赠送的礼品后要还礼，这是对对方的一种重视与尊重，更是对双方友谊或相互往来的一种认可和珍视。"礼尚往来"是我国传统礼节，也是国际商务往来的惯例。

接受别人礼品后，应该铭记在心，在适当的时候向对方还礼。如何还礼，选择什么礼品还礼，体现了个人修养、对对方的友善以及尊重。

回馈礼品时要认真考虑还礼的时间，不能今天收到礼品，明天就还礼。还礼可选择在对方有喜庆活动，如公司开业典礼、庆功宴会等时机还礼，或者选在节假日以及登门拜访、回访时还礼。

选择回礼的礼品不在于它价值的高低，但绝不能买相同的礼物，特别是不能选择相同品牌、相同品质、相同包装、同一类型的商品作为回赠对方的礼品。这样做会让对方认为你不是真心收礼，又把礼品原样还回来。应根据还礼的具体场合时机选择恰当的礼品，通常可以选择与对方所赠礼品价格大致相同或稍高的物品。需要注意的是，日本人也很讲究还礼，但回送的礼品不要比送礼方的礼品价值高，当不愿意接受他人礼品时，他们往往会加倍还礼给对方。

第六节　舞 会 礼 仪

礼仪小故事

刘总带夫人参加市里举办的企业联谊舞会，按照惯例，刘总带夫人跳第一支舞。舞曲进行一半时，刘总看到了他一直想与其合作的一家企业的总经理王敏女士，刘总想借着舞会与王总拉近关系，谈合作一事，他想第二支舞邀请王敏女士跳，担心一会人多不好找，于是眼睛就一直追着王敏，多次险些碰到人，幸亏夫人提醒。舞曲刚一结束，刘总就直接找王敏跳舞，夫人自己回到座位上休息。刘总顺利地邀请到王敏总经理，跳舞期间刘总谈到合作一事，王总表示可以考虑，听到答复，刘总兴奋地带着王敏不断地旋转，二人连着跳了四只舞。当舞曲再次响起时，刘总邀请王敏，王敏表示自己累了要休息一下，委婉谢绝了邀请。

思考：请分析刘总的表现是否合乎礼仪。

舞蹈，可以强身健体，培养人的气质修养，丰富我们的娱乐生活，而且舞会还是扩大社交范围、结交友人的最佳方法之一，其本身就代表着一种健康、高雅的文化。

一、参加舞会前的准备礼仪

舞会是以交谊舞为主的社交活动。它可以单独举行，也可以在宴请、招待、庆祝等其他活动之后举行。现代舞会是消除疲劳、结识朋友、锻炼身体、陶冶情操的良好方式。

（一）举办方的礼仪

舞会的宣传与邀请：举办方根据舞会的目的，确定舞会的形式，邀请对象、人数、时间、地点。提前发邀请函或张贴宣传广告。

准备好舞会所需器材：如音箱、接线板、彩灯、地转灯、相机等，检查线路是否通畅。

做好歌曲伴奏如交谊舞、平四、兔子舞、恰恰、慢三、慢四、街舞、蹦迪等相应的曲目。如果是乐队伴奏，要提前联系，做好协调工作。

做好食品及现场安全准备：可以选择糖、小饼干，保证供水充足和必要的医疗设备，检查消防通道。做好安全检查工作。

如果舞会有奖品，要提前准备奖品，奖品或礼物规格依赞助商或举办单位规定的费用支出而定。

会场布置：选择合适的舞会会场，会场的布置要尽量显得温馨而浪漫。

选择合适的主持人：主持人要端庄大方，具有调动现场气氛、冷场处理等协调沟通的能力。

（二）参加者的准备礼仪

1. 仪容与化妆礼仪

舞会参加者要沐浴，刷牙清除口腔异味。男士务必剃须，女士如果穿短袖或无袖装时须剃去腋毛。

男士化妆的重点，通常是美发、护肤和祛味。女士化妆的重点，则主要是美容和美发。与家居妆、上班妆相比，由于舞会一般在晚间举行，淡妆在晚间灯光的照耀下，会显得脸色惨白，因此舞会化妆要相对画得浓一些。如果参加化妆舞会，化舞会妆时仍须讲究美观、自然，切勿搞得怪诞神秘，令人咋舌。

2. 服装礼仪

舞会的着装必须干净、整齐、美观、大方。有条件的话，可以穿格调高雅的礼服、时装、民族服装。若举办者对此有特殊要求的话，则需认真遵循。

如果是亲朋好友举办的小型生日PARTY等活动，要选择与舞会的氛围协调一致的服装，女士则最好穿便于舞动的裙装或旗袍，搭配色彩协调的高跟皮鞋；男士可以穿深色西装，如果是夏季，可以穿淡色的衬衣，打领带，最好穿长袖衬衣。

如果应邀参加的是大型正规的舞会，或者有外宾参加的，请柬一般会注明：请着礼服。在这样正式的场合，女士要穿晚礼服。近年也有人穿旗袍改良的晚礼服，既有中国的民族特色，又端庄典雅，适合中国女性的气质。晚礼服一定要佩戴首饰，露肤的晚礼服一定要佩戴成套的首饰：项链、耳环、手镯，晚礼服是盛装，因此最好要佩戴贵重的珠宝首饰，在灯光的照耀下，首饰的光闪会为你增添光彩。小手袋是晚礼服的必须配饰，手袋的装饰作用非常重要；国外男士的礼服一般是黑色的燕尾服，黑色的漆皮鞋。正式的场合也需戴白色的手套。我国一般以穿西装为多，这样显得庄重、文明。

二、邀舞礼仪

根据惯例，在舞会上一对舞伴只宜共舞一支曲子。接下来，需要通过交换舞伴去扩大自己的交际面。舞会上的第一支舞曲和舞会的结束曲一般要求男士要去邀请与自己一同前来的女士共舞。

有主宾双方参加，就主人方面而言，自舞会上的第二支舞曲开始，男主人应当前去邀请男主宾的女伴跳舞，而男主宾则应回请女主人共舞。接下来，男主人还需依次邀请在礼宾序列上排位第二、第三、……的男士的女伴；就来宾方面而言，有下列一些女士，是男宾应当以礼相邀，共舞一曲的。她们主要包括：一是舞会的女主人，二是被介绍相识的女士，三是自己旧交的女伴，四是坐在自己身旁的女士。

国外正式的舞会，第一个舞曲，都是由高位开始，主人夫妇、主宾夫妇首先共舞，第二场主人夫妇、主宾夫妇交换共舞，第三场才开始自由邀舞。

邀舞一般都是男子邀请女子共舞，如何邀请女舞伴是个很微妙的心理过程，要学会观察分析，要大胆还要心细，选择舞伴要注意与自己年龄、气质、身材、舞技相当。选择舞伴一定要心细，要观察动静，分析你所选中的舞伴。还要观察其他情况，如有自己熟悉的女舞伴、有朋友向你打招呼、舞池中有女士注视你，这都可以为你邀请舞伴创造条件。一般邀请没有同伴的女子或两位女伴在一起时，不容易被拒绝。如果女子丈夫或父母在场，要先向其丈夫或父母致意，得到同意后再邀女方跳舞。最好不要向热恋中的青年女子邀舞，那十有八九是要碰壁的。舞伴选好了，如果心虚胆怯，畏首畏尾，永远不会与人共舞。只要与她相应，就应当充满自信，大大方方地走上前去。其实越是大方倒越不易被拒绝。

邀人跳舞时应彬彬有礼，姿态端庄。走至女方面前，微笑点头，以右手掌心向上往舞池示意，并说："可以和你跳个舞吗？"或"可以吗？"对方同意后即可共同步入舞池。如果对方婉言谢绝，也不必介意，更不应勉强。例如：

男："可以同你跳个舞吗？"

女："对不起，我有些不舒服。"

男："噢，对不起，打扰了。"

这样男子亦不会难堪，反而显得更有修养，会受到女子的尊重。相反，男子如果说："不舒服还不回去休息。"会搞得双方都很不愉快。

女士被人邀舞是对自己的尊重，一般不应拒绝。确实不想跳时，应当有礼貌地婉言谢绝："对不起，我想休息一下。"对方走后，一曲未终，不应再与别人共舞。

两位男士同时发出邀请时，女士面对两位或者两位以上的邀请者，最佳的做法是全部委婉地谢绝。如果是两位男士一前一后走过来邀请，则可以"先来后到"为顺序，接受先到者的邀请，同时诚恳地对后面的人说："很抱歉，下一次吧。"并要尽量兑现自己的承诺。

请舞伴时，最好是邀请异性。一般是由男士去邀请女士，不过女士可以拒绝。此外，女士亦可邀请男士，然而男士却不能拒绝。

一般情况下，女士是不用主动邀请男士的，但特殊情况下，需要请长者或者贵宾时，则可以不失身份地表达："先生，请您赏光。"或"我能有幸请您吗？"

在较为正式的舞会上，尤其是在涉外舞会上，同性之人切勿相邀共舞。两位男士一同跳舞，会给人以关系异乎寻常之感。而两位女士一起跳舞，则等于是在宣言："没有男士相邀"，所以迫不得已以此举吁请男士们"见义勇为"。

三、跳舞礼仪

进入舞池后，就可以随节奏起舞。舞姿应当文明优美，姿态要端正，身体要正直、平稳，切勿轻浮。双方眼睛自然平视，目光从对方右上方穿过。通常为男士领舞，领舞与伴舞者之间不宜相距过近，双方胸部应有 30 厘米左右间隔。一般男舞伴的右手搭在女舞伴脊椎位置，高低可以根据双方身材而定。男子高的，可以揽得高一些，注意这时女子要把左手搭得低一些，甚至搭在大臂中下部。

跳舞期间，踩住对方的脚了，要说一声："对不起，踩着你了。"旋转的方向应是逆时针行进，这才不致碰着别人。碰着了别人，要道歉，或微微点一下头致歉。

注意上下场的顺序，要给舞伴应有的尊重。上场时，男士应主动跟在女士身后，让对方来选择跳舞地点。下场时，不应在舞曲未完之际先行离去。礼貌做法是：男士要把对方送回原来的地方再离开。男子要对女舞伴致意，可以说："你的华尔兹跳得真好。""你的动作反应快，和你跳舞很轻松。""谢谢！"

四、注意事项

（1）出席舞会之前，不要吃葱、蒜、韭菜、海鲜、腐乳之类气味经久不散的食物，不要饮酒。在舞场上下，都不要吸烟，不要为消除异味而大嚼特嚼口香糖。在舞会上，通常不允许戴帽子、墨镜，或者穿拖鞋、凉鞋、旅游鞋。在较为正式的舞会上，一般不允许穿军装、警服、工作服。穿的服装过露、过透、过短、过小、过紧，动不动就有可能令自己"春光外泄"，既不庄重，也不合适。

（2）跳舞时：男女双方不可面面相向，不要目不转睛地凝望对方，但也不要过分严肃。双方不要摇摆身体，不要凸肚凹腰，不要把头伸到对方肩上。男子右手不要揽过脊椎，不要揽得过紧，以力量大小变化来领舞，切莫按得太紧太死，甚至把女方的衣服揪起，不要把女舞伴右臂架起来，既不雅观也不舒适。男士不可把女士的手捏得太紧，不可把整个手掌全贴在女士的腰上。不要在旋转时把女士拖来扯去，或是腿部过分伸入女方两腿之间。女士不要把双手套在男士的脖子上，也不要把头部主动俯靠在对方的肩上。

（3）抵达舞场时间要早，告退时要晚。

（4）要尊重主人为舞会所做的一切安排。不要随便要求改动舞会的既定程序，不要凭个人兴趣和愿望要求临时改换舞曲或要求延长舞会时间。不要对舞会安排进行批评。

（5）要互谅互让。男士不要与别人争舞伴。对于其他男士邀请自己的女伴，要表现得宽容大度。

（6）异性交往要有分寸。在舞场上，不要对异性过分献殷勤。不要跟刚刚相识的异性长时间地厮守在一起。不要过多与对方讲心里话或过多了解对方详情。

（7）在双方共舞过程中，无论舞步有多么不合，都应坚持到底，一般不应中途离去。双方都礼貌下场是允许的。

（8）要按逆时针方向进行，不要旁若无人、横冲直撞。如果与其他跳舞者发生碰触要及时道歉。要注意舞伴，掌握节奏，舞兴要有所控制。

第七节　餐 饮 礼 仪

礼仪小故事

　　李芳有一次代表公司出席一家外国商社的周年庆典活动。正式的庆典活动结束后，那家外国商社为全体来宾安排了丰盛的自助餐。尽管在此之前李芳并未用过正规的自助餐，但是在用餐开始之后她发现其他用餐者的表现非常随意，便也就照葫芦画瓢，像别人一样放松自己。在餐台上排队取菜时，见到自己平日最爱吃的大虾，于是，她毫不客气地替自己满满地盛上了一大盘。她的想法是：这东西虽然好吃，可也不便再三再四地来装，否则旁人就会嘲笑自己没见过什么世面了。再说，它这么好吃，这回不多盛一些！保不准一会儿就没有了。然而当她端着盛满了虾的盘子从餐台边上离去时，周围的人居然用异样的眼神盯着她。

　　思考：这是为什么？

　　在我国，餐饮礼仪可谓源远流长。据文献记载，从周代开始，饮食礼仪已形成一套相当完善的制度，特别是经曾任鲁国祭酒的孔子的称赞推崇，而成为历朝历代表现大国之貌、礼仪之邦、文明之所的重要方面。

一、中餐礼仪

（一）中餐餐具的用法礼仪

　　中餐厅台面摆放主要有垫盘、食碟、汤碗、汤匙、味碟、筷子、筷架、调羹、红酒杯、白酒杯、茶杯、餐巾、湿巾、牙签等。

在正式的宴会上，水杯放在菜盘上方，酒杯放在右上方。筷子与汤匙可放在专用的筷架上，或放在纸套中。公用的筷子和汤匙最好放在专用的桌子上。要备好牙签和烟灰缸。

1. 筷子的用法礼仪

筷子是中餐最主要的餐具，就餐中应注意自己的筷子仅限于自己使用。如果想表达一下主人的好客之心，可用公筷为客人夹菜。

筷子的正确使用方法是用右手执筷，用拇指、食指、中指三指前部，共同捏住筷子的上端约 1/3 处。在使用筷子的时候，筷子的两端一定要对齐。

在使用过程中，用餐前筷子一定要整齐摆放在饭碗右侧的筷架上，用餐后则一定要整齐地竖向摆放在饭碗的右侧。

注意事项有以下几方面。

（1）忌筷子长短不齐地放在桌子上。在用餐前或用餐过程中，将筷子长短不齐地放在桌子上，这种做法被认为是不吉利的。通常我们管它叫"三长两短"，其意思是代表"死亡"。因为用来装死人的棺材的组成部分是前后两块短木板，两旁加底部共三块长木板，五块木板合在一起做成的棺材正好是三长两短，所以说这是极为不吉利的事情。

（2）忌敲筷子。在等待就餐时，不能坐在桌边一手拿一根筷子随意敲打或用筷子敲打碗盏或茶杯。为什么不能用筷子敲打碗盆？一种通常的说法是，这种行为和乞讨的方式相似，因为只有乞丐讨食时才会用筷子敲打碗盆。还有一种说法与古代"蛊毒"传说有关，相传蛊是一种人工培养的毒虫，人将百虫放进坛里，经过多年后打开看时，必定有一个虫子把其他的虫子都吃光，这个胜利者就叫"蛊"。用蛊的粉末放在食物里毒害他人时，就要在下毒时边念咒语边敲打碗盆，以便使蛊起作用。所以，用筷子敲打碗盆就犯忌讳。

（3）忌掷筷。在进餐前发放筷子时，要把筷子一双双理顺，然后轻轻地放在每个餐位前，相距较远时，可请人递交过去，不能随手掷在桌子上，更不能掷在桌下。

（4）忌叉筷。筷子不能一横一竖交叉摆放，不能一根大头，一根小头。筷子要摆在碗的旁边，不能搁在碗上。

（5）忌插筷。用餐者因故须暂时离开时，要把筷子轻轻搁在桌上或餐碟边，不能插在饭碗里。暂时不用筷子时，可以放在筷子座上，或搭放到自己用的碗或碟子的边缘上。不要放在桌子上，也不要横放在其他器皿上。

（6）忌挥筷。夹菜时，不能把筷子在菜盘里挥来挥去，上下乱翻。遇到别的宾客夹菜时，要注意避让，避免"筷子打架"。夹菜时不要一路滴汤，更不要让筷子沾满食物。不论筷子上是否残留着食物，都不要用嘴吮吸它。在取菜之前尤其要注意。

（7）忌舞筷。用餐过程中进行交谈，不能把筷子当成道具，在餐桌上乱舞，也不要在请别人用菜时，把筷子戳到别人面前。

2．汤匙的用法礼仪

餐桌上的大汤匙一般用于公共取食，主要作用是舀取菜肴、食物，尤其是流质的食物，如汤等，但不能直接进口。就餐时只能用汤匙取菜放在自己的餐盘中，然后取食。人手一个的小汤匙仅限于自己使用。喝汤时不能端起汤碗一饮而尽，要用汤匙舀着喝。在食用勺子盛来的食物时，尽量不要把勺子都放到嘴里，更不要反复吮吸它。喝汤时不能发出声音，汤太热时不能用汤匙反复翻舀，或张嘴猛吹。

3．碗的用法礼仪

碗是用来盛放主食、汤羹等食物的。一般来讲，不要端起碗进食，尤其不要双手端起碗进食。在食用碗内的食物时，要用筷子、匙等辅助着吃，不要直接用手，也不能直接用嘴吸食。碗内的食物剩余不多时，不要直接全部倒进口中，更不要用舌头舔。不能将碗扣着放在餐桌上。

4．食碟的用法礼仪

食碟放于每一个就餐者面前，是用来暂时放置从公用的菜盘中取出的自己吃的菜肴。每次取菜不宜过多，不要将几种菜式混在一起。吃剩的鱼刺、菜渣、骨头可以放在食碟前端，东西多了，侍者会及时为客人更换。

5．餐巾的用法礼仪

餐巾主要防止弄脏衣服，兼做擦嘴及手上的油渍。只能用餐巾的一角来擦拭嘴唇，不能用整个餐巾来擦拭脸和擤鼻涕。必须等到大家坐定后，才可使用餐巾。餐巾应摊开放在双膝上端的大腿上，不可系入腰带，或挂在西装领口。用完餐后，将餐巾叠好，不可揉成一团。通常而言，餐巾不应随便带走，赠送的擦手巾除外。

在宴会开始时，餐厅提供的湿巾是用来擦手的，千万不要用它去擦脸、擦嘴、擦汗，否则人家会笑话的。使用后，湿巾要放回原处，由服务人员取走。有的时候，餐厅还在饭后提供湿毛巾，这是用来擦嘴的，但不要擦脸和擦汗。

6．牙签的用法礼仪

牙签用于清理牙齿，应在万不得已的情况下使用。剔牙时应用餐巾或手遮挡一下，不可充分暴露在旁人面前。剔出来的东西，不要观看，也不要再放回口中，更不能随处乱弹或者随口乱吐。剔牙后，不要将牙签长时间含于嘴中，吸来吸去。不要用牙签来扎取食物。

7．水盂的用法礼仪

上龙虾、鸡、水果时，会送上一只小水盂，其中漂着柠檬片或玫瑰花瓣，千万不要把它当成饮料，那是用来洗手的。洗手时，可两手轮流沾湿指头，轻轻涮洗，然后用小毛巾擦干。洗手后，不要乱甩、乱抖。

（二）就餐礼仪

1．进餐就坐礼仪

中餐的席位排列，关系到来宾的身份和主人给予对方的礼遇，所以是一项重要的内容。

在以后的位次排列礼仪中有详细叙述。我国是礼仪之邦，在很久以前，在就餐的礼仪方面就有详细的规定。如"虚坐尽后"，是说在一般情况下，要坐得比尊者长者靠后一些，以示谦恭；"食坐尽前"，是指进食时要尽量坐得靠前一些，靠近摆放馔品的食案，以免不慎掉落的食物弄脏了座席。

2．上菜顺序

正式的中餐宴会，先上冷盘，后上热菜，最后上甜食和水果。出于卫生的考虑，正式中餐宴会通常实行分餐制。餐桌服务顺序通常是逆时针方向，服务生走到你的左边是为你上菜或上干净的盘子，走到你的右边则是为你斟酒。

3．敬酒礼仪

宴会餐桌上的敬酒顺序是：主人敬主宾；陪客敬主宾；主宾回敬；陪客互敬。需要注意的是，做客绝不能喧宾夺主乱敬酒，那样是很不礼貌，也是很不尊重主人的。喝酒的时候，一味地给别人劝酒、灌酒，吆五喝六，特别是给不胜酒力的人劝酒、灌酒，都是失礼的表现。

4．进餐礼仪

中餐进餐体现一个"让"的精神。用餐开始时，所有的人都会等待主人让餐，只有当主人请大家用餐时，才表示宴会开始。

在进餐过程中，新菜上台，一般让主人、主宾或年长者先用。上菜后，不要先动筷，应等主人邀请，主宾动筷时再动。取菜时要相互礼让，不可争抢。不应在菜盘中左挑右选，不能一次夹取很多。取菜要适量，不要浪费也不要专拣自己喜爱的菜吃个没完。为表示友好、热情，彼此之间可以让菜，但不要擅自做主为他人夹菜、添饭，以免让对方为难。不可在共用的菜盘里挑挑拣拣，要看准后夹住立即取走，不可夹起来又放下，甚至取走又放回盘中。

送食物进嘴时，要小口进食，两肘向外靠，不要向两边张开，以免碰到邻座。要细嚼慢咽，闭口嚼食。吃菜喝汤时，要避免发出太大的声音。喝汤吃主食时，可以端起碗。

吃鱼时，在海边地区或打鱼为主的地区不能翻动鱼身，如果将鱼翻过来，不能说把鱼翻过来，而要说把鱼游过来。

如果宴会没有结束，但你已用好餐，不要随意离席，要等主人和主宾餐毕先起身离席，其他客人才能依次离席。

5．注意事项

需要注意的是，用餐期间，不要用筷子敲打碗碟，尽量不要吸烟。用餐时，如果需要有清嗓子、擤鼻涕、吐痰等举动，应尽早去洗手间解决。

用餐的时候，不要当众修饰。例如，不要梳理头发、化妆补妆、宽衣解带等，如必要可以去化妆间或洗手间。用餐的时候不要离开座位，四处走动。如果有事要离开，也要先和旁边的人打个招呼，可以说声"失陪了"、"我有事先行一步"等。

二、西餐礼仪

（一）西餐餐具的用法礼仪

1．刀叉的用法礼仪

刀叉是西餐中的主要用具，如图4-8所示。

西餐餐具摆放以右侧的酒杯、左侧的餐巾为界，中间的刀叉盘子等餐具归一个人使用。

西餐中用于喝汤的汤匙通常放于餐刀右边，点心匙、点心叉放于食盘正上方。

图 4-8

通常右手持刀，左手持叉，刀用来切食物，如图4-9所示，叉用来取食食物。使用刀叉进餐时有两种方式：一种称英式刀叉进食法，即左叉右刀，切一块，吃一块；另一种称美式刀叉进食法，即左叉右刀，先将食物一块块切好，然后把刀放在盘子里，之后将叉换至右手一块块叉着吃。

正式的西餐宴会上，刀叉是按上菜顺序事先摆放好的，通常吃一道菜要换一副刀叉，依次由外向里选取刀叉。切食物时动作不宜过大，切忌发出声响。进餐过程中需暂时离开时，应将刀叉呈"八"字形放于食盘两边，以示还要继续用餐，如图4-10所示。如将刀叉并排放于餐盘中则表示这道菜不用了。

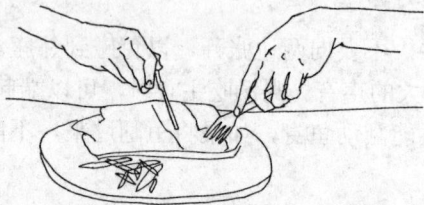

图 4-9

图 4-10

2．餐巾的用法礼仪

西餐餐巾的使用方法与中餐相似，餐巾在用餐前就可以打开。点完菜后，在前菜送来前的这段时间把餐巾打开，往内折1/3，让2/3平铺在腿上，盖住膝盖以上的双腿部分，以用来防止油渍等弄脏衣服，最好不要用餐巾来擦嘴、擦手、擦脸，也不要把餐巾塞入领口。

特别要记住一点：西餐餐巾可起到一些暗示作用。例如，进餐过程中要暂时离开，但菜尚未用完，则可将餐巾放于座椅椅面上；如果用餐完毕则可将餐巾放于自己右手边餐桌上，表示用餐结束。

3．咖啡勺或茶匙的用法礼仪

咖啡勺或茶匙是用来搅拌的，搅拌后应将它们放在小碟中。喝茶或咖啡时切记不能用勺舀着喝。

（二）就餐礼仪

1．进餐服饰与就坐礼仪

吃饭时穿着得体是欧美人的常识。去高档的餐厅，男士要穿着整洁的上衣和皮鞋；女士要穿套装和有跟的鞋子。如果指定穿正式服装的话，男士必须打领带。

由椅子的左侧入座。最得体的入座方式是从左侧入座，如图 4-11 所示。当椅子被拉开后，身体在几乎要碰到桌子的距离站直，领位者会把椅子推进来，腿弯碰到后面的椅子时，就可以坐下来。

用餐时，上臂和背部要靠到椅背，腹部和桌子保持约一个拳头的距离，两脚交叉的坐姿最好避免。

2．点菜

正式的全套餐点菜一般包括菜和汤、鱼肝油、水果、肉类、乳酪酪、甜点和咖啡，还有餐前酒和餐酒。没有必要全部都点，点太多却吃不完反而失礼。稍有水准的餐厅都不欢迎只点前菜的人。前菜、主菜（鱼或肉择其一）加甜点是最恰当的组合。点菜并不是由前菜开始点，而是先选一样最想吃的主菜，再配上适合主菜的汤。

图 4-11

3．上菜

正式的西餐宴会通常要上六道左右的菜。第一道上开胃品，第二道上汤，第三道上鱼，第四道上肉，第五道上甜品和水果，第六道上茶或咖啡。

4．进餐礼仪

在餐桌上，有所谓"左面包，右水杯"的说法，正式西餐宴会事先会在食盘左上方摆放好少量的面包和黄油，供客人食用。吃面包时不可以整个拿起大口嚼食，也不能用刀和叉切着吃，应该用手掰着一小块一小块地吃。若想涂牛油，先把牛油碟移至自己的碟边，黄油可用黄油刀抹在面包上食用。很多人喜欢将面包蘸汤，这种食法甚是不好看，应尽量避免。

西餐中吃鱼有专用的鱼刀和鱼叉，吃时要特别注意不要翻鱼身，应先吃上层鱼肉，然后剔除鱼骨，再吃下层鱼肉。若吃到鱼刺，不要把它直接从嘴里吐出，最好的方法，是用舌头尽量把鱼刺顶出来，用叉子接住，再放到碟子的一角。若鱼刺卡进牙缝，就用餐巾掩着嘴，利用拇指和食指将之拔出。至于使用牙签时，也要用餐巾掩着嘴来进行。

喝汤时，尽量不要发出声音，另外，若觉汤太过烫，应待它稍凉后再喝，否则汤匙放到嘴边，分开数次才能喝完，实在有失礼仪。

西餐中讲究配酒进食，一般讲究"白肉配白酒，红肉配红酒"。白肉指鱼或海鲜类，一般配白葡萄酒，以去腥味；红肉指其他肉食，一般配红葡萄酒，以去油腻；吃开胃菜时多配鸡尾酒或香槟酒，吃甜品时多配香槟酒或白兰地。

三、自助餐礼仪

自助餐，也称冷餐会，是在大型的商务活动中常见的一种餐饮形式，它是目前国际上通行的一种非正式的西式宴会，它的具体做法是，不预备正餐，而由就餐者自作主张地在用餐时自行选择食物、饮料，然后或立或坐，自由地与他人在一起或是独自一人用餐。

（一）主办者礼仪

1．时间安排

在商务交往中，自助餐大都被安排在各种正式的商务活动之后，是招待来宾的项目之一，举行的具体时间受到正式的商务活动的限制。不过，它很少被安排在晚间举行，而且每次用餐的时间不宜长于一个小时。

根据惯例，自助餐的用餐时间不必进行正式的限定，只是有一个时间段即可。举办者宣布就餐开始，大家就可以自己动手了。在整个用餐期间，用餐者可以随到随吃，不必非要在主人宣布用餐开始之前到场恭候。在用自助餐时，也不像正式的宴会那样，必须统一退场。用餐者只要自己觉得吃好了，在与主人打过招呼之后，随时都可以离去。通常，自助餐是无人出面正式宣告其结束的。

一般来讲，主办单位假如预备以自助餐招待来宾，最好事先以适当的方式对其进行通报。同时，必须注意一视同仁，即不要安排一部分来宾用自助餐，而安排另外一部分来宾去参加正式的宴请。

2．就餐的地点与场合

选择自助餐的就餐地点，要考虑它既能容纳下全部就餐之人，又能为其提供足够的交际空间。因为实际就餐的人数往往具有一定的弹性，所以为用餐者提供活动空间时，用餐区域的面积要划得大一些，而且在就餐地点应当预先摆放好足够使用的桌椅。此外，还要考虑就餐的环境，在室外就餐时，要提供适量的遮阳伞。

按照正常的情况，自助餐安排在室内外进行皆可。通常，大多选择在主办单位所拥有的大型餐厅、露天花园之内进行。有时，亦可外租、外借与此相类似的场地。

3．食物的准备

一般自助餐上所供应的菜肴大致应当包括冷菜、汤、热菜、点心、甜品、水果以及酒水等几大类型。为了满足就餐者的不同口味，应当尽可能地使食物在品种上丰富而多彩；为了方便就餐者进行选择，同一类型的食物应被集中在一处摆放。

在准备食物时，务必要注意保证供应。同时，还须注意食物的卫生以及热菜、热饮的保温问题。

4．客人的招待注意事项

（1）要照顾好主宾。主要表现在陪同其就餐，与其进行适当的交谈，为其引见其他客人等。需要注意给主宾留下一点供其自由活动的时间，不要始终伴随其左右。

（2）要充当引见者。在自助餐期间，主人一定要尽可能地为彼此互不相识的客人多创造一些相识的机会，并且积极为其牵线搭桥，充当引见者，即介绍人。应当注意的是，介绍他人相识，必须了解彼此双方是否有此心愿，切勿一厢情愿。

（3）要安排服务者。在自助餐上，直接与就餐者进行正面接触的，主要是侍者。根据常规，自助餐上的侍者须由健康而敏捷的男性担任。他们的主要职责是：为了不使来宾因频频取食妨碍了同他人进行交谈，而主动向其提供一些辅助性的服务。例如，推着装有各类食物的餐车，或是托着装有多种酒水的托盘，在来宾之间巡回走动，而听凭宾客各取所需。再者，他还可以负责补充供不应求的食物、饮料、餐具等。

（二）参加者的礼仪

1．排队取菜

在取菜之前，先要准备好一只食盘，由于用餐者往往成群结队而来，因此要排队选用食物。轮到自己取菜时，应以公用的餐具将食物装入自己的食盘之内，然后迅速离去。切勿在众多的食物面前犹豫再三，让身后之人久等，更不应该在取菜时挑挑拣拣，甚至直接下手或以自己的餐具取菜。

2．循序取菜

自助餐，取菜时标准的先后顺序依次应当是：冷菜、汤、热菜、点心、甜品和水果，分盘适量取用，一次取食一盘。因此在取菜时，最好先在全场转上一圈，了解一下情况，然后再去取菜。

3．取菜适量

要量力而行，每次少取，在享用自助餐时，多吃是允许的，而浪费食物则绝对不允许。这一条，被世人称为自助餐就餐时的"少取"原则。有人亦称之为"每次少取"原则。

其实，自助餐不限数量，保证供应，这正是使自助餐大受欢迎的地方，但是选取食物时，必须要量力而行，每次少取，盘中食物吃完后再取。

4．可以多次取菜

用餐者在自助餐上选取某一种类的菜肴，允许其再三地反复去取。每次应当只取一小点，待品尝之后，觉得它适合自己的话，那么还可以再次去取，直至自己感到吃好了为止。

换而言之，这一原则其实是说，在自助餐选取某菜肴时，去取多少次都无所谓，一添再添都是允许的；相反，要是为了省事而一次取用过量，装得太多，则是失礼之举，必定会令其他人瞠目结舌。

5. 送回餐具

在一般情况下，自助餐大都要求就餐者在用餐完毕之后、离开用餐现场之前，自行将餐具整理到一起，然后一并将其送回指定的位置。在庭院、花园里享用自助餐时，尤其应当这么做。不允许将餐具随手乱丢，甚至任意毁损餐具。在餐厅里就座用餐，有时可以在离去时将餐具留在餐桌之上，而由侍者负责收拾。自己取用的食物，以吃完为宜，万一有少许食物剩了下来，应将其放在适当之处。

6. 要积极交际

参加自助餐时，商务人员必须明确，吃东西往往属于次要之事，而与其他人进行适当的交际活动才是最重要的任务。在参加由商界单位所主办的自助餐时，情况就更是如此。在参加自助餐时，一定要主动寻找机会，积极地进行交际活动。首先，应当找机会与主人攀谈一番；其次，应当与老朋友好好叙一叙；最后，还应当争取多结识几位新朋友。

四、工作餐

（一）工作餐的特点

工作餐在商界有时也称商务聚餐，指的是在商务往来中具有业务关系的合作伙伴，为进行接触、保持联系、交换信息或洽谈生意，借用餐的形式所进行的一种商务聚会。工作餐看重的是一种有利于商务人员进一步接触的轻松、愉快、和睦、融洽、友好的氛围，而不是形式和档次。

1. 以商业为目的

工作餐是商务人员利用这一灵活的形式会晤客户，接触同行，互通信息，共同协商，洽谈生意，是为了与有关人士就某些双方共同感兴趣的问题以餐桌充当会议桌或谈判桌，进行的一种非正式的商务会谈，或利用就餐时间，处理那些工作中尚未解决的事宜。实际上，工作餐是以另外一种形式所继续进行的商务活动，不是单纯的联络感情，而是以商业为目的，因而具有目的性。正因为如此，商家在进行工作餐之前，必须明确自己的目的，参加工作餐是有事要办，要解决实际问题，一切与自己的目的密切相关。

2. 具有时间性

工作餐的时间性主要从以下两方面来看。

（1）从时间的选择上看，工作餐一般是在工作日而不是节假日举行。为了合理地利用时间，不影响参加者的工作，工作餐通常都被安排在工作日的午间，利用工作之间的间歇举行。因此，它在欧美往往被叫做工作午餐，或是午餐会。举行工作餐的最佳时间，通常被认为是中午十二点钟或下午一点钟左右。有些关系密切的商务伙伴，往往会以工作餐为形式进行定期接触。也就是说，有关各方事先商定，每隔一定时间，如每周、每月、每季，在某一既定的时间举行工作餐，以便保持经常性接触。现在美国流行商务早餐，多选在咖啡馆。举行工作餐的具体时间原则上应当由工作餐的参与者共同协商决定，有时亦可由做东者首先提议并且经过参与者的同意决定。

（2）从工作餐的时间长短来看，每次工作餐的进行时间以一个小时左右为宜，至多也不应当超过两个小时。当然，若是有事尚未谈完，而大家一致同意，也可适当地延长时间。

3．规模较小

一般而言，工作餐是商务活动的延续，主要是利用就餐时间，处理那些工作中尚未解决的事宜，因此参加的人员主要是双方参与此项工作的重要的业务代表，与此项业务无关的人士不宜参加。它既可以是两个人的单独洽谈，也可以是双方有关的几个代表商谈，但是总人数最多不超过 10 人。因此就其规模而言，工作餐与宴会或会餐是难以相比的，它的规模较小。

4．地点选择多样性

与宴会或会餐相比，工作餐的地点可有多种多样的选择。饭庄、酒楼的雅座、宾馆、俱乐部、康乐中心附设的餐厅、高档的咖啡厅、快餐店等，都可予以考虑。需要注意的是，确定工作餐的具体地点时，要考虑其目的和客人的实际情况。

总之，工作餐可以随时随地举行。宾主双方感到有必要坐在一起交换一下彼此之间的看法，或是就某些问题进行磋商，大家都可以随时随地举行一次工作餐。主人不必向客人发出正式的请柬，客人也不必为此而提前向主人正式进行答复。

（二）东道主工作餐礼仪

作为东道主，在安排工作餐时，尽管不像其他宴请形式那样需要花费太多的时间与精力去精心策划与筹备，但也要注意相关事宜。

1．通知客人

如果宾主双方事先已经商议好要在某处共进工作餐，东道主在将一切具体事宜操办完毕之后，应再一次地将具体的时间、地点、在哪一个餐厅进行、餐厅的具体方位与主要特征、交通路线、双方在何处会面等告知对方。出席工作餐的人员一经确定，并正式进行通知之后，不宜临时再增加人员。万一有必要增加，也要首先征得客人的同意。即使是正在进行商务活动工作，到就餐时间，邀请客人共进工作餐，也要与客人商议，告知就餐地点。

2．选择就餐地点

举行工作餐的地点应由东道主选定，客人们则客随主便。尽管工作餐的地点具有多样性，但是，在工作餐具体地点的选择上还要考虑其主要目的与客人的实际情况。例如，打算在共进工作餐之际与客人初步商定某一笔生意，那么最好将用餐地点选择在宁静、优雅之处，使双方免受外界干扰，专心致志地达成协议。如果东道主准备借共进工作餐之机同老客户互通一下情报，或者相互交流一下意见，那么将地点安排在俱乐部、康乐中心所附设的餐厅里进行，在大家尽兴玩过一番之后，再边吃边谈，效果可能会更好一些。因为大家是老朋友了，不必时刻正襟危坐。而且，那里气氛轻松随意，也容易让人松弛下来，谈自己的真实看法。

总之，工作餐的用餐地点尽管应由主人选定，但主人在做出具体的选择时，还是有必要考虑一下客人的习惯与偏好，并给予适当的照顾。如果有必要，主人不妨同时向客人推荐几个自己中意的地点，请客人从中挑选。或者是索性让客人自己提出几个地点，然后再由宾主双方共同商定。一般来说，主人与某一方面的客人多次进行工作餐时，不能固定在某一地点。不过，若是举行定期的工作餐，这么做则是允许的。需要注意的是，工作餐的就餐环境要干净、高雅、无干扰。选择地点时一定要考虑到客商的身份特点以及他们的各自需要，目的是使客商能以愉悦的心情与自己交谈。

3. 负责餐厅订座

前往餐馆进行工作餐，通常东道主需要提前预订座位，不可临时贸然前往。提前预订座位一般是用电话进行订座，或派专人前去订座。也有的用网络进行订座和使用餐馆所发放的特惠卡或 VIP 卡进行订座。

在订座时，要将自己的要求，例如，用餐的时间、到场的人数、理想的位置、付费的方式等同时告之。有必要的话，还应按对方的要求，预付一定数额的押金。

需要注意的是，即使座位已经提前预订，东道主一方也要派人提前到达现场，落实一下预订的座位有无变故。

4. 负责迎候客人

按惯例，东道主必须先于客人抵达用餐地点，一般情况至少提前 10 分钟抵达用餐地点，以迎候客人们的到来。迎候地点一般在餐馆的正门之外、预订好的餐桌旁、餐馆里的休息室以及宾主双方提前约好的会面地点。在迎候地点，宾主双方见面之后，应一一进行握手，并且互致问候。如果双方的人员不熟悉，双方的负责人还须各自对自己的随员一一进行介绍。

如果东道主不能提前抵达用餐地点迎候客人，最好是委托专人代表前往迎接客人，向客人致歉并说明原因。

工作餐的座位虽然不分主次，可以自由就座，但是出于礼貌，主人还是应当请自己的客人，特别是主宾在自己的右侧、自己的正对面或正对门的位置就座。一般来说，主人不应率先就座，而应当落座于主宾之后。双方各自的随行人员一般要等主客落座后，再自由或由主人安排就座。

5．负责餐费结算

工作餐的结算应当由东道主负责，付费方式有两种，即主人付费和 AA 制。在我国主人付费情况较多，指的是在就餐结束后，由东道主负责结账。需要注意的是，宾主双方初次相识，或者交往甚浅，则东道主一般不宜当着客人的面，在餐桌上查看账单和算账掏钱。得体的做法是，东道主应当先与侍者通气，独自前往收款台结账，或是在送别客人之后，回头来结账。不要让侍者当着客人的面口头报账，更不能让侍者将账单不明主次地递到客人的手里。

在西方商界采用 AA 制的较多，指的是就餐结束之后，由双方分摊餐费。采用 AA 制方式付费，要有言在先。无论选取哪种方式，都要符合当地习惯，主随客便，相互协商一致。

（三）应邀者礼仪

应邀参加工作餐时，无特殊情况不得失约，如果因故不能出席，需要提前通知对方，并向对方致歉。

出席工作餐时，要准时到达。一般要提前动身，以防路上耽搁，确保按时到达指定地点，如果迟到，须告知对方预计什么时间到达。

出席工作餐时，最好不要提前退场，如果确实有非常重要的事情必须提前退席，应在见面时提前向主人打好招呼，以便主人做到心中有数。

（四）注意事项

工作餐的菜肴比正式宴会要简单，因为用餐者是利用就餐来商谈工作，而不刻意要求吃好，但是为了能让客人满意并且避免触犯客人的饮食禁忌，主人在点菜时最好征求来宾特别是主宾的意见。为了良好商谈，烈性酒应排除之外。出于卫生方面的考虑，工作餐最好采取"分餐制"的就餐方式，不习惯的话，代之以"公筷制"亦可。

进行工作餐时选准谈话时机非常重要。要是一直等到大家都吃饱喝足了才开始正式交谈，时间可能会不够用。所以，在为时不多的进餐时间里，进行有关问题的交谈通常宜早不宜晚。在点菜后、上菜前，大家就可以开始正式的交谈，并且要使谈话内容尽量不偏离主题。

对工作餐上可能涉及的工作问题双方要提前做好准备，记不准的政策或数据要查一下相关文件或资料，以便在会谈中谈到有关问题时能应答自如，既表现出对业务的娴熟，又能在对方心目中树立良好的形象。

在商务工作餐中，虽然不是所有的话都要涉及工作上的事，但绝不能像同私人朋友在一起那样随心所欲。要注意选择适宜的谈话话题，不要轻易过问客商的私生活或对方单位的隐私，更不要轻易谈论有关国家或领导人等涉及政治的敏感性话题。在谈生意时，一句无意的话可能要你付出非常昂贵的代价。在工作餐中应避免频频看表，影响会谈的气氛。

进行工作餐必须注意适可而止，不要吃起来便没有了时间限制。依照常规，拟议的问题一旦谈妥，工作餐即可告终，这时宾主双方均可以首先提议终止用餐，只是在此问题上，主人往往需要负起更大的责任，尤其是客人接下来还有其他事情要办时，主人更是应当掌握好时间，使工作餐适时地宣告结束。

五、商务宴请

商务宴请，是商务人员为了工作需要而设立的以餐饮为主要方式的正式聚会。在国际商务交往中，商务宴请是一种特殊的交流与沟通的手段。

通过宴会这样一种交际形式，可以使人们联络彼此感情，疏通人际关系，增进了解和友谊。在宴会这种轻松特殊的氛围里，宾主双方可以边把酒举杯、品尝美味佳肴，边畅叙友谊、洽谈事务。这样，就会使得彼此的关系变得融洽，感情的距离进一步拉近。有时一些通过其他方式难以解决的问题，却往往在宴会这样一种轻松、和谐的气氛中迎刃而解。

在国际交往日益频繁的今天，各种形式的商务宴请活动也日趋繁多。筹划一个成功的商务宴请，必须注重每一个细节，这对树立公司的形象非常重要。

（一）商务宴会的邀请工作

举行宴会之前，首先要明确宴请的目的、对象、范围、宴请的形式以及宴请的时间、地点。然后向出席宴会者发出正式邀请。

1. 明确宴请的目的、对象和范围

商务宴请目的不同，其邀请的对象也有所不同。在商务宴请中有的是为了欢迎和欢送来访的商务洽谈代表团，有的是为了答谢新老客户，有的是为了庆典活动、纪念活动、工作交流、私人交往、会议闭幕等而举行的宴请活动。总之，只有在明确宴请目的之后，方可确定邀请的对象和范围以及宴请的规格和方式。邀请范围，是指主办方到底邀请哪些方面人士参加、邀请到哪一级别、请多少人、请什么人出席作陪的问题。此外，如果是大型的国际商务宴请，在有多国外宾同时出席时，主办方对邀请的对象和邀请范围的确定，还应综合考虑各方面的因素，要从国际关系、政治、宗教、风俗习惯等多方面来考虑。

2. 确定宴请的规格和形式

确定宴请的规格和形式时，既要考虑宴请的目的、对象，还要遵守国际惯例，既不能随便破格招待，也不可降格招待，要讲究对等和平衡。宴请的目的、对象范围不同，其规格和形式也应有所区别。一般来说，规格高，人数少。

欢迎和欢送来访的商务洽谈代表团的宴请以宴会为宜，一般的庆典活动、答谢新老客户、纪念活动可采用冷餐会或酒会的形式。

3．确定宴会的时间和地点

商务宴请时间的确定要考虑被邀请者的习惯和风俗禁忌。通常情况下，宴请的时间最好不要与他们的工作、休息、风俗禁忌发生冲突。如宴请信奉基督教的商业人士，要避开13号和星期五；信奉伊斯兰教的阿拉伯人在斋月期间白天不能进食，只能在日落之后方可参加宴会，因而宴请信奉伊斯兰教的阿拉伯商人时就要考虑这个因素。此外，公务宴请，时间一般不宜安排在节假日；私人宴请最好不要安排在客人的工作时间。

宴会的地点，要根据商务活动的性质、宴请的目的、宴请对象、出席者的人数、规模大小、宴请形式及实际情况选定相应的宾馆、饭店进行。

4．请柬

举办大型的商务宴会事先要发放请柬，这既是礼貌，也可以对客人起提醒、备忘作用。便宴只要双方联系好即可，工作餐、家宴以口头约定为主，一般不发放请柬。

请柬的基本格式要求：行文中所提到的人名、单位名称、节目名称都用全称；行文中不用标点符号；中文请柬行文中不提被邀请人姓名，被邀请人姓名写在请柬信封上，落款处写清主人的姓名；请柬可以印刷也可手写，手写更为郑重和正式，手写时字迹要清晰、美观。大型商务宴会，最好能在发请柬之前排好席次，并在信封下角注上席次号（Table No.）。

请柬一般应提前一周至两周发出（重要客人有时须提前一个月），这样，被邀请人能及早安排。已经口头相约且已经同意的，也要补送请柬，并在请柬右上方或下方注上"To remind"（备忘）字样。一般情况下，请柬上一般用法文缩写注上"R.S.V.P."（请答复）字样，如只需不出席者的答复，则可注上"Regrets only"（因故不能出席者请答复），并注明电话号码。也可以在请柬发出后，用电话询问能否出席。请柬发出后，应及时落实出席情况，准确记载，以安排并调整席位。

（二）宴会菜单和酒单的拟定

1．菜单的拟定

商务宴请尤其是大型或重要的商务宴请，事先拟定菜单是非常重要的。宴会菜肴的规格和数量应与宴会的形式和参加宴会的人数相符合。既要避免铺张浪费，又不能降低宴会的规格和标准，使客人食不饱腹。以数量合理、丰俭适宜为最佳。

宴会菜肴的选择不能以主人的爱好为准，要考虑客人，尤其是要考虑到主宾的年龄、性别、健康、习惯、宗教信仰以及其特殊的口味与禁忌，要根据客人的总体共性需求和个别客人的特殊需要，灵活设计、安排受客人欢迎的宴会菜肴。如伊斯兰教徒用清真席，不喝酒；印度教徒不吃牛肉；佛教僧侣和一些教徒吃素等。大型宴请，则应照顾到各个方面。此外，宴会上的所有菜肴应做到在口味上有浓、有淡，色彩上有深、有浅，质感上有脆、有嫩，使菜肴达到丰富多彩，按时令季节调配口味，做到酸苦辣咸，四季各宜。这样既能满足大多数客人的喜好，又能照顾到个别客人的特殊需要，才会令宾客既满意又回味无穷。

我国是一个饮食文化历史悠久的国家，中国美食享誉天下。在宴请国外客商时，既要让国外商业人士享受具有中国特色的饮食文化，又要保持他们自己的饮食习惯，一般采用"中餐西吃"，这样既能让外宾享受中国的美味佳肴，同时又可以让外宾用西式餐具进餐。

2．宴会酒单的拟定

酒水无论是在中国，还是在西方国家的宴请活动中都具有重要地位。我国有句俗话叫"无酒不成宴"。在国外，特别是欧美国家的人士更是"重饮轻食"，非常讲究宴会的用酒。

宴会用酒大致分为以下三类。

（1）餐前酒，又称开胃酒。它是在开始正式用餐前饮用，或在吃开胃菜时饮用的。人们一般在进主菜前喝一小杯开胃酒。在餐前饮用的酒水常见的有鸡尾酒、威士忌加冰等。中国的一些果酒也很受西方人的欢迎。

（2）席间佐餐用酒，又称餐酒，是在正式用餐期间饮用的酒水。常用的是各种葡萄酒以及各种软饮料，席间用酒一般不上烈性酒。在正餐或宴会上选择佐餐酒，尤其是西餐讲究"白酒配白肉，红酒配红肉"。白肉，指鱼虾肉、海鲜等，食用时，须以白葡萄酒搭配，若用红酒就会感到满口腥味。红肉，即牛肉、羊肉、猪肉、兔肉、鹿肉等，吃这类肉时，则应配以红葡萄酒。饮用白葡萄酒时，须先经过冰镇，红葡萄酒则不必要，不过，目前有此要求的不多。

（3）餐后用酒，也称饭后酒，指的是在用餐之后，用来助消化的酒水。餐后酒的品种繁多，其中最有名的是白兰地酒。中国的茅台、五粮液等烈性酒在国外也常常被作为饭后酒饮用。在家庭式的小型晚宴以后，主人送上各种烈性酒，供客人自愿选用。客人可手持酒杯，边喝边谈，慢慢品尝。

在一般情况下，饮不同的酒，要用不同的专用酒杯。至于冷餐招待会和酒会，不分餐前、餐后，供应各种酒类饮料，任凭客人选用。外国人喝威士忌、啤酒及各种饮料大多喜欢冰镇过的，或者要加冰块。

（三）宴会的座次与桌次

正式商务宴会应事先安排好所有来宾的桌次与座次，并事先通知到每一位来宾。不同形式的宴会，其座次与桌次的排列各不相同，主要依据的是国际惯例和本国的传统习惯（详见第五章第四节）。

国际惯例要求将主宾夫妇与主人夫妇置于最尊贵的位置。其他座次，则以距离主宾夫妇与主人夫妇位置越近越尊贵，且以右为上、左为下为基准，依次排序。

我国的习惯是主宾坐在男主人右方，主宾夫人坐在女主人右方。如有翻译在场，翻译人员应坐在主宾右方，便于席间交谈。

国外习惯男女相间而坐，以女主人为主，主宾坐在女主人右方，主宾夫人坐在主人右方。

安排桌次时要以宴会厅的正门为准，以正对门厅的边方、居中为上确定好主桌，其他桌位以离主桌远近而定，离主桌近的位次高，离主桌远的位次低，而且是右高左低。桌数较多时要摆放桌次牌，宴会正式开始应立即撤下。

（四）宴会接待礼仪

宴会的接待工作，是主办者为了向来宾表达热情好客的态度，从宴请活动正式开始之前到结束期间，所进行的各项礼仪程序。一般说来，礼仪愈是隆重，愈能体现主人对来宾的尊重和欢迎。

古人曰："设宴待嘉宾，无礼不成席。"尤其是大型国际商务宴请，做好宴会的接待工作非常重要。

1. 宴会准备

宴会准备是指宴会即将开始，客人尚未到达期间，主办方所开展的各项准备工作。

（1）致祝酒词。大型国际商务宴会或重要的商务宴请，宾主双方往往还要发表讲话或致祝酒词，宾主双方致辞的内容应言简意赅，不宜过长。最好双方事先交换发言稿，使翻译人员提前了解讲稿的内容，做好准备，以免临场翻译时出错。双方讲话由何人翻译，一般也应事先谈妥。

（2）检查。宴会的主要负责人和工作人员应在开宴前一至两个小时到达宴会现场，查缺补漏。检查宴会的各个环节是否都已准备就绪，各个岗位是否有专人负责，每张餐台上放置座次牌和客人姓名卡、宴会所用物品、器具是否准备齐全、放置到位。

大型商务宴请，开宴之前必须再次确认来宾的名单，以便掌握出席宴会客人的具体数字。还要在宴会现场提前张贴和布置好宴会座次简图，图上注明每人的位置，或印出全场席位示意图，标出出席者姓名和席次，发给来宾本人。这些工作都必须在客人抵达之前准备妥当。各种通知卡片，可利用客人在休息厅时分发。有的国家是在客人从衣帽间出来时，由服务员用托盘将其卡片递上。一般情况，请柬上已标明桌位。

2. 迎宾礼仪

在客人到达宴会厅之时，主人一般应在宴会厅门前迎接来宾。重要商务宴请除了礼宾人员和相关工作人员在宴会厅大门外迎接客人外，在客人进入宴会大厅存放衣物之后，进入休息厅之前，男女主人还应和主办方的其他主要陪同人员列队欢迎来宾。宾主双方握手寒暄后，由工作人员引进休息厅稍作休息等候。在来宾进入休息厅后，应有相应身份的陪同人员照料客人。厅内的服务人员，要及时为客人递送毛巾和饮料。主宾到达后，由主人陪同进入休息厅与其他客人见面，并将这些客人介绍给主宾认识。如其他客人尚未到齐，由其他人员代表主人在门口迎接。宴会时间一到，主人便陪同主宾进入宴会厅，待全体客人就座后，宴会即可开始。如休息厅较小，或宴会规模大，也可以请主桌以外的客人先入座，贵宾席的主人与客人最后入座。

普通商务宴请，在宴会开始前，主人应该站立门前笑迎宾客，对每一位来宾，要依次招呼，待客人大部分到齐之后，再回到宴会场所中来，分头跟客人招呼、应酬。主人对宾客必须热诚恳切，平等对待，不可只注意应酬一两个而冷落了其他客人。

3．席间待客礼仪

重要国际商务宴请一般都有正式致辞或讲话，各国安排讲话的时间不尽一致。正式宴会一般可在热菜之后、甜食之前由主人讲话，接着由客人讲话。也有在全部客人入席后，主客双方便致辞或讲话的情况。冷餐会和酒会讲话时间则更灵活。

上菜后，主人要先向客人敬酒。请客人"起筷"。要照顾到客人的用餐方便，及时调换菜点或转动餐台，遇到有特殊口味的客人要及时调换。当一道菜端上桌时，主人或服务员可简单介绍一下这道菜的名称及特色。如果是家宴，还可简单对客人感兴趣的菜介绍烹饪方法；当餐桌上的客人有主次、长幼之分时，每一道菜上来，主人应先请主客或老者品尝；当客人相互谦让、不肯下筷时，主人可用公筷、公匙为客人分菜。当客人对某道菜表示婉谢时，应予以谅解，不强人所难。有些菜肴可能用筷子分不开，这时也可借助于刀叉，或请服务员分开；用餐时，主人应掌握好用餐的节奏。如有客人尚未吃完，主人应放慢速度，以免客人感到不安。主人还要努力使席间的气氛轻松、活跃、融洽，如有人谈及不当话题，主人应及时巧妙地将话题转移。在进餐中，主人应始终保持热诚好客的态度。

4．送客礼仪

在我国正式商务宴会上，当主宾吃完餐后甜点或水果后，主人与主宾同时起身离席，宴会即告结束。而在西方国家的宴会，在吃完甜点或水果后，主人还往往会给客人上咖啡或茶。在喝完咖啡或茶后，客人便可告辞。在西方国家的家庭宴会上，当女主人为第一主人时，客人往往以女主人的行动为准。用餐完毕，女主人起身离席，邀请全体女宾与之共同退出宴会厅，然后男宾起立，随后进入休息厅或留下抽烟（吃饭过程中一般是不能抽烟的）。男女宾客在休息厅会齐，即上茶（咖啡）。如无余兴，即可陆续告辞。通常男宾先与男主人告别，女宾与女主人告别，然后交叉，再与家庭其他成员握别。

在正式宴会结束，当主宾告辞时，主人要将其送至门口，握手话别。主宾离去后，原迎宾人员按顺序排列，然后再与其他客人一一握手道别。

（五）出席宴会礼仪

接到宴会邀请后，应及时做出答复，以配合邀请方做好准备工作。在接受邀请后，一旦遇到突发事件而不能按时出席时，应尽快通知邀请方，真诚地解释说明情况并致歉。

1．服饰礼仪

赴宴前应根据宴会的目的、规格、对象、风俗习惯或主人的要求考虑自己的着装。要注意修饰好个人的仪容仪表，做到干净整洁、高雅得体。特别是应邀参加涉外商务宴会或西餐宴会时，要穿正装，即男士应穿深色西装套装；女士应穿裙装，如晚礼服或中式旗袍等。

2．到达

应邀出席正式的商务宴会，应按请柬所指示的时间要求准时到达，最好不要提前到达。应邀到主人家里就餐时最好略迟到几分钟，给主人以充分的准备时间，到达主人家中时可按当地习惯送上一些简单礼品，如水果、香槟酒类、花篮或花束等。西方人习惯给女主人送上鲜花，他们喜欢单数，男士甚至也可送一枝花给女主人。

3．入席

进入宴会厅前，要事先了解清楚自己的桌次和位次，按指定座位就坐。如果没有明确排定座位，可以遵从主人的安排，并注意与其他人谦让，尽量将远离门口、面对门口的位置即"上座"留给其他客人。就座时，应等主人、主宾就坐后或与大家一同就坐。男士还应注意，如果身旁是长者或女士，应主动为她们拉开座椅，协助其入座。

坐下后要注意自己的举止，姿势要端正，不可将手托腮或将双肘放在桌上，不要把玩桌上的酒杯、盘碗等餐具，更不可用餐巾擦拭餐具，让人有餐具不洁或嫌弃之感。

如果主人安排好了菜，客人就不要再点菜了。如果你参加一个尚未安排好菜的宴会，就要注意点菜的礼节。点菜时，不要选择太贵的菜；同时也不宜点太便宜的菜，太便宜了，主人反而不高兴，认为你看不起他，如果最便宜的菜恰是你真心喜欢的菜，那就要想点办法，尽量说得委婉一些。

4．用餐和敬酒礼仪

面对一桌子美味佳肴，不要急于动筷子，主人举杯要先向客人敬酒，喝过第一口酒（酒量能够承受，对主人敬的第一杯酒应喝干），主人动筷说"请"之后才能动筷。进餐时举止要文明礼貌。同席的客人可以相互劝酒，但不可以用任何方式强迫对方喝酒，否则便是失礼。自己不愿或不能喝酒时，可以谢绝。不要伸长胳膊去夹远处的菜，更不能用筷子随意翻动盘中的菜。另外，进食时尽可能不要咳嗽、擤鼻涕等，万一不能抑制，要用手帕、餐巾纸遮挡口鼻，最好出去，或转身，脸侧向一方，低头，尽量压低声音。如果是带转盘的圆桌，一道菜刚上来，应先转到主人、主宾、尊者面前，待其享用之后，其他人再慢转转盘。并且，转盘应顺时针转动，切忌快速旋转。

宴会上互相敬酒，能表示友好、活跃气氛，但切勿饮酒过量（有的国家豪饮、善饮酒不以醉酒为耻）。祝酒时，作为主宾参加宴会，要了解对方祝酒的习惯，为何人祝酒、何时祝酒等，碰杯时，主人和主宾先碰杯，人多时可举杯示意，不一定碰杯。祝酒时不要交叉碰杯。在主人和主宾祝酒时，应暂停进餐，停止交谈，注意倾听。主人和主宾讲完话并与上席人员碰杯后，往往要到其他各桌敬酒，客人应起立举杯，碰杯时，要目视对方致意。

如果你不善于饮酒，或身体原因，当主人或别的客人向你敬酒时，可以婉言谢绝；主人请你喝一些酒，则不应一味推辞，可选些淡酒或饮料，喝一点作为象征。

5．中途道别的礼仪

客人在席间或在主人没有表示宴会结束前离席是不礼貌的。如果特殊原因需要提前离席，最好在宴会开始之前就向主人说明理由，并表示歉意，届时向主人打个招呼便可悄悄离去。如临时有事需要提早告别，同样应向主人说明理由，并表示歉意。但值得注意的是，中途道别应选好时机，不在席间有人讲话时或刚讲完话之后，这容易让人误以为告辞者对讲话者不耐烦。最好的告别时机是在宴会告一段落时，如宾主之间相互敬一轮酒或客人均已用完饭后。

六、家宴礼仪

家宴也就是在家里举行的宴会。相对于正式宴会而言，家宴最重要的是要制造亲切、友好、自然的气氛，使赴宴的宾主双方轻松、自然、随意，彼此增进交流，加深了解，促进信任。

通常，家宴在礼仪上往往不作特殊要求。为了使来宾感受到主人的重视和友好，基本上要由女主人亲自下厨烹饪，男主人充当服务员；或男主人下厨，女主人充当服务员，来共同招待客人，使客人产生宾至如归的感觉。现代社会在家庭举行宴请已经不多，一般在酒店招待比较多，能够得到家庭宴请的往往是亲朋挚友，而且规模较小。家宴就餐礼节较为随意、自然，但有些礼节也要遵守。

（一）准备工作

主人提前通知对方宴会的时间，因为家宴规模相对较小，最好由主人亲自通知。备好茶食、果品、酒菜，等候客人光临。

在客人未到齐时，为了避免先到的客人受冷落，应递上热毛巾，以略解路途疲劳，同时端上茶，摆上几碟茶食、果品，如瓜子、花生、干鲜果品和糖点、糕饼等。

客人着装与商务宴请不同，着装不严格，但是要整洁、大方。做客前要备好礼品，礼品不用贵重，表明心意即可。

（二）赴宴与入席

按主人邀请的时间准时赴宴。一般提前 15 分钟左右到达，如果你可以和主人一起动手操作，则更要提前。但迟到就显得对主人不够尊敬，非常失礼了。

当走进主人家或宴会厅时，应首先跟主人打招呼。同时，对其他客人，不管认不认识，都要微笑点头示意或握手问好。对长者要主动起立，让座问安；对女宾要举止庄重，彬彬有礼。

入席时，自己的座位应听从主人的安排，因为有的宴会主人早就安排好了。如果座位没定，应注意正对门口的座位是上座，背对门的座位是下座。应让身份高者、年长者以及女士先入座，自己再找适当的座位坐下。

入座后坐姿端正，脚踏在本人座位下，不要任意伸直或两腿不停摇晃，手肘不得靠桌沿，或将手放在邻座椅背上。入座后，不要旁若无人，也不要眼睛直盯盘中菜肴，显出迫不及待的样子，可以和同席客人简单交谈。

（三）上菜礼节

客人到齐就座，接着先上冷盘，如香肠、彩蛋、小肚、海蜇、盐水虾、开心果、怪味花生米等，有的还可排成图案，以增添菜的品色和形美。针对不同客人的酒兴与酒量，准备相应的酒和饮料品种，推杯换盏，开怀畅饮，但敬酒劝酒切勿过量过度，以热烈气氛为主。

然后上热炒，根据客人多少决定数量，家常的热炒一般为韭菜炒鸡蛋、韭黄炒肉丝、炒腰花、炒什锦等，当吃到大半时，就可上主菜，如红烧鱼、"全家福"、"狮子头"等之类。主人应将鱼头朝向桌上辈分最大、职务最高的人摆放，由他带头吃鱼喝酒。

宴席尾声，可上点心、汤或火锅，有条件的，再做点甜羹，汤汤水水，爽口有助消化。上 1～2 款鲜水果（如西瓜、草莓、葡萄等），以解油腻，其后给来宾送上条热毛巾、餐巾纸。最后再端出橘子、香蕉、甘蔗，如果是苹果、梨子，还应备小刀以便削皮，亦可每人一杯绿茶，清爽宜人，同时播放一些悦耳动听的轻音乐，以增加气氛。

（四）就餐礼仪

就餐一般是主人示意开始后再进行。就餐的动作要文雅，夹菜动作要轻。而且要把菜先放到自己的小盘里，然后再用筷子夹起放进嘴里。送食物进嘴时，要小口进食，两肘向外靠，不要向两边张开，以免碰到邻座。不要在吃饭、喝饮料、喝汤时发出声响。用餐时，如要用摆在同桌其他客人面前的调味品，先向别人打个招呼再拿；如果太远，要客气地请人代劳。如在用餐时非得需要剔牙，要用左手或手帕遮掩，右手用牙签轻轻剔牙。

喝酒的时候，斟酒要满，俗话说：酒满敬人，茶满欺人。但不能一味地给别人劝酒、灌酒，吆五喝六，特别是给不胜酒力的人劝酒、灌酒，都是失礼的表现。

如果宴会没有结束，但你已用好餐，不要随意离席，要等主人和主宾用餐完毕，起身离席，其他客人才能依次离席。

练习题

1. 假设你是位 40 岁的男性职业经理人。根据下列不同的情境你会采用哪种见面礼？

（1）剧院里看到对面包厢里坐着自己的老客户，并且他也看见了自己。

（2）酒店大厅遇到上司坐在面向你的方向陪同一位女士聊天。

（3）和泰国男性客户初次见面。

（4）与日本男性客户初次见面。

（5）与美国合作方的男性经理人见面。

（6）与英国贵妇会面。

（7）新加坡的一个老先生前来公司考察，而你是接待负责人。

2．下列情况下，见面的双方应该由谁首先伸出手来促成握手？

（1）公司的总经理和销售部的经理在异地相见。

（2）宴会开始前，宴会主办者和嘉宾；宴会结束，与嘉宾告别，宴会主办者和嘉宾。

（3）在广交会上，甲单位的王丽经理与合作伙伴乙公司的赵刚经理相见。

（4）退休的老王和前来办交接的小赵。

（5）有 5 年资历的公关经理和新来的客户服务部副主任见面。

（6）刚刚工作的王梅和她祖父的战友相见。

3．假设你是一个沙龙的组织者，如何为下列人士做相互介绍？

（1）需要一男一女共同担任沙龙的主持人，而王芳总经理与赵钢董事长刚好合适。

（2）王经理很想在家乡投资旅游业，而李经理是他老乡，想在家乡投资餐饮业。

（3）你想让你的下属——采购部的李经理与供货商孙董结交，并能与其搞好关系。

（4）田先生一直在寻找她夫人留学时的好朋友，这个人的丈夫王刚先生恰好来到了现场，而且你和他还很熟。

（5）当众介绍嘉宾。

4．请依据情境要求回答下列问题。

如果你是某小城市纺织面料厂的经理，受命到深圳国际家纺布艺展览会上推销产品。晚上在下榻的宾馆大厅休息区，不经意地听到旁边两个闲谈的经理人的谈话。他们都对某种面料感兴趣，这种面料正是贵厂生产，面对如此情况，你是否有兴趣加入他们的谈话？如果有兴趣的话，你将如何做自我介绍？明天展览会开始，你将如何做？

5．看下面名片回答问题。

东海集团董事长 市作家协会名誉会长
红星公司顾问　　市书法家协会会员
市政协委员　　　市旅游协会会员
王 刚　　　　先生
电　话：123456　　手　机：1123456789×
公司地址：前进大街 411 号
家庭住址：解放大路 229 号家园小区 8 号楼 626

（1）请问这张名片设计是否合理？如果是你设计，你将如何设计？

（2）如果这张名片的主人和你交换名片，你将如何做？

（3）如果你希望和这张名片的主人继续交往，你将如何索要这张名片？

6．判断下列各题是否正确，错误之处请给予改正。

（1）访问客户，尽量做到提前 5 分钟到达。

（2）名片具有宣传的作用，所以可在展会门口任意发放名片。

（3）到一家阿拉伯公司，自报姓名及公司名称，同时用右手将自己的名片递给对方。

（4）在对方的公司里，为了便于拿到资料，可将自己的公文包放在办公桌上。

（5）赠送礼品的时候，可以对客户说，这是自己公司所在地的土特产。

（6）同上司一起在客户公司时，因为你和上司私交密切，可以随便一些。

7．选择题。

（1）在接待室招待客人，以下不符合礼仪的行为是（　　　）。

    A．劝客人坐在上座上。

    B．来到接待室前，说："是这里，请。"请客人进去。

    C．因为是在自己公司里，所以不需要敲接待室的门。

    D．给客人倒茶，右手在上扶住茶杯，左手在下托着杯底，杯耳应朝向客人，递给客人，说："您请喝茶。"

（2）接待客人时符合礼仪的话语是（　　　）。

    A．"请问先生，你贵姓，是哪一位约您来的？"

    C．"知道了，这就通知王刚。"

    B．"对不起，王总正在处理一件紧急事情，请您稍等一会儿。"

    D．"王刚不在。"

（3）客人不说出姓名及拜访目的时，如何接待？以下不恰当的做法是（　　　）。

    A．"王总现在外出了，请您改日再来？"以此缓和一下气氛。

    B．明确地说："来访目的不明，不予传达。"

    C．"这就去找王总。"

    D．"对不起，请您预约以后再来好吗？"委婉地让对方下次再来。

（4）接待人不在或让客人久等时，以下应对方式不恰当的是（　　　）。

    A．把接待人不在的理由和预计回公司的时间告诉给客人，并说："您看怎么办？"询问客人的意见，或代为转答口信。

    B．以代理人的身份确认一下是否还有未解决的事情。

    C．"会议延长了，还需要 1 小时，你耐心等等。"

    D．因为让客人久等是很失礼的，所以请其下次再来访问。

8．请指出如图 4-12～图 4-14 所示握手姿势的错误之处。

  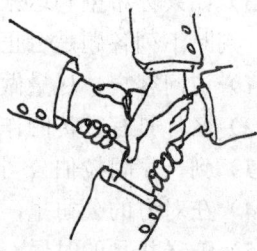

图 4-12　　　　　　　　　　图 4-13　　　　　　　　　　图 4-14

9．商务工作餐有何特点？东道主准备工作餐需要做哪些工作及注意事项？

10．某企业为答谢新老客户准备商务宴请（客户有阿拉伯、法国和美国商人），你是负责人，应该如何策划筹备商务宴请？

11．判断下题对错指出失礼之处，并改正。

（1）图 4-15 中一男孩正在喝汤。

（2）筷子掉在地上趴到桌下捡回。

（3）食物屑塞进牙缝用手取出。

（4）骨头和鱼刺吐到地下。

12．中餐筷子和西餐刀叉使用时应注意哪些？

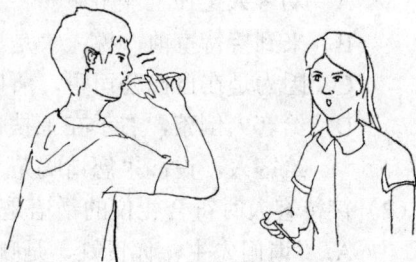

图 4-15

案例分析

1．2014 年元旦临近，某著名房地产公司副总裁王梅收到一张贺卡。一看署名，是前几天她接待来访的建筑材料公司主管营销的韦经理寄来的。细心的王梅一看贺卡下角的抽奖号，是 2012 年过期的贺卡，联想起接待当天，韦经理先伸出冰冷、松软、毫无热情的手让她握，王梅不禁叹了口气。过了几天，在选择建筑材料时，王梅没有选择与其合作。

分析思考：为什么王梅没有选择与韦经理合作？韦经理有哪些失礼之处？

2．某公司销售部工作人员王立代表本部门参与和德国一家公司的产品项目销售洽谈会，到了午饭时间，按惯例与对方公司人员一同吃工作餐，餐间也好与对方再度敲定一些事项。经理让王立提前去联系餐馆，与经理商定好就餐地点后，王立途中遇到公司公关部的几个同事，他自作主张邀请其前往，想借公关部同仁的专业实力，共同攻下对方，取得最终胜利。没有想到的是，到达餐厅后，既让经理面露难色，又让德方人员十分不悦。同样的工作餐，王勇却巧妙地签订了合同，王勇代表本部门参与和美国一家公司的产品项目销售洽谈，临近午饭时间洽谈陷入僵局，美方代表查理和约翰先生面露难色有退却之意，王勇见机与经理会意结束洽谈，邀请二位吃工作餐。到达餐厅进入包房后，热气腾腾的饺子端上餐桌，查理和约翰非常开心，经理发现约翰面前摆放了筷子、叉子、勺子，查理面前只有筷子，急忙叫服务员拿叉子、勺子。查理表示不用，原来王勇事先得知查理和约翰在中国多年，对中国的饮食尤其是饺子"情有独钟"。查理使用筷子非常熟练，约翰善用叉子，因而做了此安排。见二人非常愉快，王勇借机谈起我国的饺子文化与含义，在愉快的气氛中，宾主双方就合同有关事项交换了意见。一顿开心的工作餐结束了，合同也顺利签约，而王勇因业绩突出得到了提拔。

　　分析思考：王立与王勇在礼仪上的差异。

阅读小资料

　　孟凡的父亲是一位小有成就的民营企业家，由于工作上的需要，他经常会与一些外商打交道。一天，有意与孟父进行合作的一名外商，邀请他共进西餐晚宴。孟父从来没有吃过西餐，对于西餐的礼仪以及刀叉的用法等更是一窍不通，正在发愁之际，孟凡表示自己对于西餐的规矩略知一二，请求父亲带上他一同前去。孟父眼见别无他法，只得点头同意。

　　在餐桌上，孟父与外商相谈甚欢。在谈及合作事宜时，为了要回答外商提出来的一个问题，孟父顺手就把根本用不习惯的餐刀、餐叉并拢在一起，然后置于菜肴的盘子上。那名外商见此情形十分愕然，坐在一旁的孟凡赶紧替父亲把那副刀叉重新摆放成刀右、叉左的"八"字形。外商看着孟凡，赞许地点了点头。

　　事后，孟凡告诉大惑不解的父亲：吃西餐时，如把刀叉并排放在菜盘上，就是表示不想再吃这道菜了，即含有请求侍者将其撤下桌之意。如果你只是打算暂停一下，过一会再继续进餐，就应该把刀叉在菜盘上摆放成刀右、叉左的"八"字形。孟凡接着揶揄父亲道："当时要不是我反应快，您所享用的那道菜非得被端走不可。这样一来，不仅您吃不成那道菜了，而且还有可能让请客的外商误认为那道菜不受欢迎，这就太得不偿失了！您经常与外商打交道，以后去吃西餐的机会肯定不少，要赶紧掌握一些西餐的基本常识才是啊！"孟父听完此言，若有所思地点了点头。

　　资料来源：朱瑞. 商务礼仪[M]. 北京：中国长安出版社，2006.

第五章   现代商务礼仪

【学习要求】

① 掌握现代商务通信礼仪。

② 了解现代商务会议礼仪。

③ 熟悉现代商务仪式礼仪及商务位次礼仪。

④ 掌握现代商务签字仪式与旗帜的礼仪。

第一节   现代商务通信礼仪

礼仪小故事

王刚是一家外贸企业的老总，他性格豪爽，为人大方，结交了许多商界朋友。一次，英国客商约翰先生来到王总企业商谈合作一事，宾主交谈十分愉快，热情的王总得知约翰先生喜欢台球，恰巧当时在北京举行斯诺克中国公开赛，便邀请约翰一起观看比赛。比赛开始，丁俊辉出场，王总兴奋地用手机拍照，其间王总手机铃声响了，这时组委会安排礼仪小姐举牌提醒请关闭手机，王总急忙关闭手机，看到约翰先生一脸严肃端坐的样子，王总非常不好意思。比赛后，王总驾车和约翰先生返回，途中王总打电话约朋友给约翰送行，约翰婉言谢绝，相约回国后电话联系合作事宜。过了一段时间，王总见约翰没有回信，就主动给约翰打电话，询问合作一事，并问约翰为什么不回电话，约翰有些疑惑地说："你不接我电话"，原来王总手机彩铃的歌词是"我就不接你电话……"，这时王总才明白为什么最近约他的朋友少了，原来是彩铃惹的祸。

思考：王总在手机使用上有何不妥？

一、电话礼仪

在现代社会交往中，电话是最便利、对外联络使用最为频繁的通信工具。电话不仅是一种传递信息、获取信息、保持联络的普通工具，也是使用者所在单位或个人形象的一个载体。人们在通电话的整个过程之中的语言、声调、内容、表情、态度等表现，反映出其个人的素质和通话者所在单位的整体水平，它直接影响着一个公司的声誉。

（一）拨打电话礼仪

1．事先准备好打电话的谈话内容

通话之前，应做好充分准备。首先要把对方的姓名、电话号码准备好，一般有名片或记在电话本上。打电话时要有一个明确的指导思想，尤其是打重要电话或国际长途时，除非万不得已，每次打电话的时间不应超过三分钟。因此，打电话之前，为节省时间，一定要条理清晰地预备好提纲，写在便条上或打腹稿，然后，应根据腹稿或文字稿来直截了当地通话，这样就不容易出现丢三落四的情况了。通话时要干脆利落，不要东拉西扯、没有重点，既浪费时间，又给对方留下不良印象。

2．选择对方方便的时间

（1）打公务电话，最好在上班时打。最好避开临近下班以及用餐时间，因为这些时间段打电话，对方往往急于下班或急于用餐，因而极有可能得不到满意的答复。如果确实有必要往对方家里打电话时，应注意避开吃饭或睡觉时间。最佳打电话时间为：上午 9 点至 11 点，下午 2 点至 4 点。需要注意的是，不要在他人的休息时间打公务电话。

（2）给海外人士打电话时，先要了解一下时差，千万不能骚扰人家。区时计算有一个简便方法，东加西减。以北京在东八区为标准，在北京东侧的城市，相差几个时区就加几小时，如东京在东九区，与北京相差一个时区就加一小时，北京 10 点则东京为 11 点（10+1=11），最东到东十二区。在北京西侧相差几个时区就减几小时，如纽约在西五区，与北京东八区相差 13 个时区（5+8=13），北京 4 月 8 日 10 点，纽约 4 月 7 日（4 月 8 日10-13=-3，4 月 7 日 24-3=21）21 点，最西到西十二区。

（3）避开对方的通话高峰时间、业务繁忙时间、生理厌倦时间。每日上午 7 点之前、晚上 10 点之后、午休时间和用餐时间，都不宜打电话，尤其是节假日时间。社交电话，最好在工作之余拨打。最佳时间是晚上 8 点至 9 点。与人通电话时，须顾及对方在作息时间上的特点。

3．事先通报

电话接通后，先通报自己的姓名、单位、身份。如："您好，我是凯乐公司销售部的小王。"必要时，还要询问一下对方现在接听电话是否方便，在对方方便的情况下再开始交谈。如果接电话的人不是你要联系的人，可请代接电话者帮助叫一下，要礼貌请人帮助（如"麻烦你，请找王刚接电话，谢谢！"），也可以过后再打。在通话时，如果电话中途中断，按礼节应由打电话者再拨一次。拨通以后，须稍作解释，以免对方生疑，以为是打电话者不高兴而挂断的。一旦自己拨错了电话，切记要向被打扰的对方道歉。

4．简明扼要

电话中讲话一定要务实。通话时，最忌讳说话吞吞吐吐，含糊不清，东拉西扯。寒暄后，就应直言主题。力戒讲空话、说废话、无话找话和短话长说。通话时间一般应遵守通话"三分钟原则"。所谓"三分钟原则"是指在打电话时，发话人应当自觉地、有意识地将每次通话的时间限定在三分钟之内，尽量不要超过这一限定。不是十分重要、紧急、繁琐的事务一般不宜过长。

5．适可而止

要讲的话已说完，就应果断地终止通话。一般应该由通话双方中位高者终止通话，或打电话者主动挂电话。通话完毕时要说"谢谢"、"打扰您了"、"再见"等礼节性用语。

6．注意事项

（1）不要以笔代手去拨号。

（2）话筒与嘴的距离保持在 3 厘米左右，不可"吻"话筒。通话时嗓门不要过高，免得令对方觉得"震耳欲聋"。

（3）不打没有意义的电话。当遇到某些特殊情况时，如需要通报信息、祝贺问候、联系约会、表示感谢时，有必要利用一下电话。但毫无意义的电话，最好不要去打。如果想打电话聊天，也要尊重对方的意愿，先征询对方同意，然后选择适当的时间。

（4）切忌在单位打私人电话，或在公用电话亭肆无忌惮地打电话，毫不顾及他人等候打电话的感受，这是极不自觉的表现。

（二）接电话礼仪

1．接听及时

如果是单位的工作电话，电话铃声响起后，最好铃响两次后拿起话筒，最好不要让铃声响过三次，即"铃响不过三"。否则会让人怀疑你单位的工作效率，并进一步影响单位的形象。如果是在家里接电话，尽管没有必要像在单位里那样及时，但尽快去接是对对方的尊重。

不要铃声才响过一次，就拿起听筒。这样会令对方觉得突然，而且容易掉线。如果电话铃响了许久才接电话，一定要在通话之初向对方表示歉意，解释一下延误接电话的原因是非常必要的。电话最好不要让别人代接，尤其不要让小孩子代接电话。

2．礼貌应答

拿起话筒后，即应自报家门，并首先向对方问好，如"您好，这里是红海集团"或"您好，我是红海集团公关部的李丽"。接电话时要聚精会神，语气应谦恭友好。接电话不能发怒，恶语相加，甚至出口伤人。不要拿腔拿调，戏弄嘲讽对方。通话终止时，要向对方道一声"再见"。如果接到误拨进来的电话，要耐心地告诉对方拨错了电话，不能冷冷地说"打错了"，就把电话用力挂上。通话因故暂时中断后，要耐心等候对方再拨进来。

3．分清主次

（1）在接听电话时不要与其他人交谈，也不能边听电话边看文件、看电视，甚至是吃东西。

（2）在会晤重要客人或举行会议期间有人打来电话，可向其说明原因，表示歉意，并承诺稍后再联系。

（3）接听电话时，不要不理睬另一个打进来的电话。可对正在通话的一方说明原因，要其稍候片刻，然后立即去接另一个电话。待接通之后，先请对方稍候，或过一会再打进来，随后再继续方才正打的电话。

4．如何挂电话

用电话同客户交谈时，由于只能听到对方的声音而看不到对方的表情或姿态。因此要想结束同他们的电话交谈，如何表达就显得极为重要了。一般分为以下几种情况。

（1）如果打电话的人和你非常熟悉，可以说："还有什么我可以帮忙的吗？"

（2）如果你认识对方家人但不太熟悉的话，不妨加上这样的问候："请代我向您家人问安。"这样会增进彼此的情谊。

（3）如果你答应给别人传话，可以说："我一定会转达您的话。"

（4）如果接待的是你的客户，也可以说"谢谢您打电话来"、"很高兴与您通话"、"希望近日还能见面"等。

（5）当接电话方明白对方来电话的意图时，在放下电话前补充问一下："还有什么其他的事吗？"

通话终止时，要向对方道一声"再见"。需要强调的是，一定要等对方先放下电话，然后再放电话。

（三）代接电话

在工作场合接听外来电话时，有的时候会出现这样的问题：外来电话需要找的人不在，自己成为电话的代接者。

1．以礼相待

例如，接电话时，对方要找的人在现场，转电话给当事人时要用手遮住话筒，再讲话，"王经理，你的电话"，如果当事人正在听电话时："王经理正在接电话，请稍等"，如果当事人听电话时间较长时："对不起，王经理一直在通电话，稍后打过来，好吗？"另外，接电话时，对方要找的人不在现场，不要因为对方所找的人不是自己就显得不耐烦，以"不在"为理由来打发对方。应友好地答复："对不起，他不在，需要我转告吗？"

2．尊重隐私

代接电话时，不要询问对方与其所找之人的关系；如果对方要找的人离自己较远，不要大喊大叫；别人通话时，不要旁听；不要插嘴；当对方希望转达某事给某人时，千万不要把此事随意扩散。另外，同事家中电话不要轻易告诉别人。

3．记忆准确

对方要找的人不在时，应向其说明后，询问对方是否需要代为转达。如"王经理有事出去了，我可以转达吗？"如对方有此请求时，应照办；对方要求转达的具体内容，最好认真做好笔录，对方讲完后，应重复验证一遍，以免误事；记录电话内容主要包括通话者单位、姓名、通话时间、通话要点、是否要求回电话、回电话的具体时间、联络方式等。代接电话时，先要弄清楚"对方是谁"、"找谁"这两个问题。对方不愿讲第一个问题，不必勉强。对方要找的人不在，可据实相告，然后再询问对方是否需要转告，注意，这二者的先后次序不能颠倒。

4．及时传达

答应对方代为传话，就要尽快落实。但是不要把自己代人转达的内容，托他人转告。而是要等当事人回来，及时传达。

（四）注意事项

1．重点情节要重复

接听重要电话时，需要进行重点的必要的重复。不论自己是否进行现场笔录，都需要把对方传递给自己的一些重要的信息，如商品的规格、具体的数量、销售的价格等重要参数加以重复，以免出现记忆性错误，这是非常重要的。一定要养成在重要的商务场合重复重点通话内容的习惯。

2．电话掉线要迅速再拨

通话时出现话音不清楚，或掉线状态时要及时中断，并尽快向对方拨打，同时说明电话之所以中断是为了避免声音不清晰，有碍接听，或者说电话临时掉线所致，否则有自己向对方示威耍脾气之嫌。

3．注意语言使用（见表5-1）

表 5-1

杜 绝 使 用	鼓 励 使 用
喂？！	您好！……
你打错了！	可以确认一下电话号码吗？
找谁？	请讲……
不知道！	请稍等，给您转一下负责人。
他不在！	他暂时离开座位了……
我找王总！	麻烦您，能找一下王总吗？
你是谁？	请问您贵姓？
你是哪个单位的？	请问贵公司是……

4. 通话时语音语调要适合

电话交谈时，由于双方处于互相看不见的两地，人们往往通过对方的声音来揣摩对方的情绪、态度，并形成关于对方的电话形象。因此，使用合适的语音语调非常重要。电话交谈时，语调应尽量柔和，以此来表达自己的友善，生硬的语调容易让人觉得不大友好。吐字应当准确，句子应当简短，语速应当适中，语气应当亲切、和谐、自然。

5. 接打电话的举止

在办公室里接打电话，尤其是外来的客人在场时，最好是走近电话，双手捧起话筒，以站立的姿势，面带微笑地与对方友好通话；不要坐着不动，一把把电话拽过来，抱在怀里，夹在脖子上通话。不要拉着电话线，走来走去地通话；也不要坐在桌角、趴在沙发上或是把双腿高抬到桌面上，大模大样地与对方通话；挂电话时应轻放话筒，不要用力一摔，令对方起疑。不要骂骂咧咧，更不要采用粗暴的举动拿电话机撒气。

二、手机礼仪

现代社会手机已经是使用最为频繁的电子通信工具。手机的通信功能与电话相仿，最主要的不同之处在于功能比电话全，而且它体积小，可以随身携带，使用比电话更为方便。

（一）手机要放置到位

携带手机要将其放在适当的位置，不可有意识地将其展示于人，不论使用的手机多么先进，多么昂贵，它就是通信工具，不是抬高个人身价的"装饰品"。因此，你若是把它握在手中或别在衣服外面，让人感觉你把它当成了装饰品，四处炫耀，从而降低了你的身份。

外出时手机要放在随身携带的公文包内，或上衣口袋里，并且要随时能拿出。需要注意的是，穿西服和套裙时手机最好放到包里，以免影响衣服的整体外观，切勿将其挂在衣内的腰带上或把手机挂在脖子上、手上，这是非常不雅观的做法。

在参加会议、商务洽谈、签约时，可将其暂交秘书、会务人员代管。在办公室可将手机放到抽屉里。

（二）拨打与接听手机

拨打他人的手机之后，如果对方没有及时接听，要有耐心，一般应当等候对方10分钟左右。在此期间，不宜再同其他人进行联络，以防电话占线。拨打他人手机后迅速挂断，或是转而接打另一人的电话，都会被视为不礼貌的行为。

拨打他人的手机，接通后要互相问好，一般是接手机者先问好，打手机者问好后，往往要说"请问你是……吗？"然后再自报家门"我是……"，同时要询问"现在通话方便吗？"打手机时如果没有特殊的原因，与对方进行通话的时间不应当超过 5 分钟。接手机者，在暂时不方便使用手机时，可在语音信箱上留言，说明具体原因，告之来电者自己的其他联系方式。有时，还可采用转移呼叫的方式与外界保持联系。到方便时一定要回话，不及时回复他人电话，会被视为不礼貌的行为。

（三）手机彩铃

现代社会手机彩铃的内容繁多，手机彩铃内容要和身份相匹配，过于个性化的铃声与年轻人的身份比较匹配，一些长者或者有一定身份的人，如果选择与自己身份不太匹配的铃声，会损害自己的形象。最好不用彩铃，选择普通铃声为宜，但为了宣传企业可以选择"……企业欢迎您"。

需要注意的是，使用个性化彩铃不能用不适宜交往使用内容的彩铃，尤其是不能有不文明的内容，否则，不仅显得不雅，还会让拨打者尴尬，影响商务往来；手机铃声音量不能太大，以离开座位两米可以听见为宜。铃声太大会影响他人，是不礼貌的行为。

（四）手机短信

1．基本规范

（1）发短信要有称呼问好"……您好！"和署名。这既是对对方的尊重，也是让接短信者知道你是谁。

（2）短信祝福不宜太长，不要把别人的祝福短信转发过去，更有甚者，有的连名字都没改就直接转发了，这是不礼貌的。节日期间，接到对方短信并回复后，一般就不要再发致谢之类的短信。

（3）提醒对方最好用短信，有些重要电话可以先用短信预约。

（4）短信要及时清理，以免重要的短信进不来，及时删除自己不希望别人看到的短信和无用的短信。

（5）短信的内容选择和编辑要健康。短信反映了人的品位和水准，所以应当慎重。尤其收到色情、暴力等不文明的短信时，不应该再把它转发给别人。

2．短信的分类及注意事项

（1）工作交流的短信：同事间一些简单的工作交流，或感情沟通可用短信进行，但除非是上司主动要求或事先征得其同意，否则，下级不能以短信方式和上级谈工作。

（2）拜年短信：节假日通过发送短信表示祝福是十分便捷、迅速的，亲密朋友间用短信拜年应该自己编辑内容。对长辈不宜采取短信拜年的方式，而应该亲自登门或电话问候。

（3）提醒短信：对于一些重要事情，用短信方式婉转地提醒对方，比用电话多次确认要礼貌得多。但值得注意的是，在发短信之前，一定要进行电话或当面的邀请或确认。

（4）转发短信：转发短信要注意礼貌，一定要特别注意短信内容，不要发送调侃、无聊、有失大雅的短信。

使用移动通信工具时，绝对不允许扰乱公共秩序，给公众带来"听觉污染"。

（五）使用手机的禁忌

1．遵守公共秩序

在公共场合如音乐厅、美术馆、影剧院、图书馆等要求安静的场合，应让其处于静音或振动状态，不能对着手机大声通话。

不能在楼梯、电梯、路口、人行道等公共场合以及人来人往之处，旁若无人地使用手机，妨碍他人交通。

2．注意安全

在驾驶汽车的时候，不要使用手机通话，即使有耳机也不要用，要注意安全；不要在加油站、面粉厂、油库、医院重症监护室等处和飞机飞行期间使用手机，以免产生严重后果，它们所发出的信号可能引发火灾、爆炸，干扰医疗仪器的正常运行，给航班带来危险；涉及商业秘密、国家安全的事项最好不要在手机之中使用，因为手机容易出现信息外泄，产生不良事端。

3．保证畅通

告诉交往对象自己的手机号码时，务必力求准确无误。如果是口头相告，应重复一两次，以便对方进行验证；如是书写在纸上，应书写清楚。这是加强与外界的联络的前提。

手机要及时交费，不要因为忘记交费而被停机，致使他人与你失去联络。如果改换了手机号码，应尽早告知自己交往的对象，包括一些老客户，以保证彼此联络的顺畅。应经常使手机保持在开机状态，以方便他人与你联系。

如果别人拨打你手机时，你不方便接听，可以先行挂断，但事后应及时与对方联络。没有特殊的原因，回复他人不宜延后，而宜在 5 分钟内进行。尤其是商业人士，如果没有及时回复对方，很可能会失去商机。

很多人喜欢把电话号码存在手机里，使用方便，但需要注意的是，应该有一份备用的电话簿，以防手机丢失影响联络。

4．尊重私密

如果是其他人想通过你得知别人的手机号码，你应该在得到对方的允许之后，再告诉他人。尤其是一些重要的人的号码，不应该不负责任地将他的手机号码转告给别人。

与他人的手机通话内容和发送的短信内容均属于你们两人之间的秘密，未经对方许可，不应擅自透露给第三人知道。

需要注意的是，商业人士要用手机洽谈贸易，或用短信联系商业信息，里面涉及商业机密，因此商界人士不应随意将本人的手机借与他人使用，否则，可能会给公司造成巨大的损失。随意借用别人的手机也是不恰当的。

现在的手机大多都有拍照功能，有些人在一些场合往往没有多加考虑，未经他人许可就进行拍照，这是不礼貌的行为，我们不应随意地用手机拍摄和发送照片，这可能会侵犯他人的隐私。

三、网络通信礼仪

现代社会人们在工作和交往中，经常需要将某些重要的文件、资料等快速地送到身在异地的交往对象手中，这时常常使用电子邮件和传真等网络通信。

（一）传真机使用礼仪

1. 传真的特点

传真，又叫传真电报。传真按其内容及业务性质可以分为四种：相片传真、真迹传真、文件传真、报纸传真。在一些发达国家已广泛使用，成为办公室内不可缺少的一种通信工具。主要优点是操作简便、传送速度快、能传送真迹、可以自动收录稿件。在电话机上安装一台传真机，通过国际国内长途线路，在很短的时间内，就能把写在纸上的各种文字、照片、图表、绘画等资料，包括一切复杂图案在内的真迹传送出去，传送到国际、国内拥有传真机设备的用户手里，他们收到的传真如同复印机印出的一份副本稿件。

传真机有自动收录功能，只要预先输入程序，传真机就可以在无人状态下自动收录稿件。

传真机的缺点是发送的自动性差，发送文件需要专人在旁边进行操作，而且有时候它的清晰度不佳。

2. 写传真信件的礼节

写传真信件时，与写信一样，要真诚、文明、礼貌，格式与书信一样，称呼、问候语、签字、敬语、致谢词等都不能缺少，特别是信结尾处的签字容易被忽略。因为签字代表这封信是发信者知道并且同意才发的，否则任何人都可"冒名顶替"了。

3. 事前通报

现在许多传真机和电话机是一体的，传真机同时也是办公电话，发传真前要先打个电话，告诉对方你将发送传真，同时确认传真号码，传真信息应当在 5 分钟之内发送。发送时，要拨打对方传真号码，接通后听到传真信号，表示即可发送传真，如有人接电话，应通知对方有传真待发，等听到对方发出传真信号后才可发送传真。

4. 注意事项

（1）要认真地记好主要对象的传真号码，把本人或本单位所用的传真号码准确无误地告之自己重要的交往对象。

（2）发送传真，最好要避开对方工作繁忙的时间和休息时间，文件传真完后，要将文件拿走，否则容易丢失原稿，或走漏信息，造成严重后果；接收传真时，无人在场，而又必须接收，应当使本人或本单位所使用的传真机处于自动接收状态，而不宜经常将其关闭，需要注意的是，接收重要传真时，必须本人在场，以防泄密。

（3）收到他人发送过来的传真后，应立刻通知对方，以免对方牵挂。需要转交、转送他人发来的传真时，应尽快将传真送到指定的人手中，千万不可拖延时间，以免耽误对方的要事。

（4）文件传真时要注意私人文件、机密文件不能发送，多于 10 页的文件也不适合发送。需要高清晰、高质量的文件也不能发送，如个人简历和协议不适合发送。

（5）正式的传真必须有首页，上面应注明传送者与接收者双方所在单位及部门的名称、姓名、日期及总页数等信息。这样做可以使对方一目了然。如果是非正式传真，也应在所发资料上标注上 3-1、3-2、3-3 等，让对方很清晰地得知总共 3 页传真。如果其中一页不清楚或是没有收到，可立即告知，及时重发。

（二）电子邮件

电子邮件，又叫电子信函或电子函件。它是利用电子计算机所组成的互联网络，向交往对象所发出的一种电子信件。其优点是方便、快捷、省时、省费用，而且容量大，节约资源，同时又不会造成不必要的打扰。

随着互联网的发展，电子邮件日益普及。国际商务往来中联系贸易业务等，也是通过电子邮件进行沟通与交涉的。许多大公司在沟通时也都使用电子邮件的形式，如工作总结报告，对某一项目的策划方案等。因此，商务人员在使用电子邮件的时候，电子邮件书写规范与书信书写规范一样，只是发送方式不同，此外还有些必要的礼节规范是需要注意的。

1. 每一封邮件都应有一个主题

电子邮件在发送过程中都有一个主题，而且许多网络使用者是以标题来决定是否继续详读信件的内容，因此主题词应尽量与邮件的内容相关。一方面，收件人见到它便对整个电子邮件一目了然，以便对方快速了解与记忆，有助于对方权衡邮件的轻重缓急，分别处理，也有利于对方管理方便，有助于以后查询邮件；另一方面，由于计算机病毒猖獗，如果发送的邮件没有主题词的话，很可能会被收件人认为是计算机病毒侵入他的电脑而自动寄出的信，结果还没开启就先被删除了。

收到对方发送的电子邮件，回信时如果标题与内容不符，应该加以修改或重新命名。如果你与对方讨论一个新的内容，最好是重新撰写一个新的邮件而不要使用"回复"，这样便于收件人准确判断，重新分类。

2. 事先要杀毒

发送电子邮件时，若以附件形式发送邮件，应事先运用杀毒程序进行扫描，防止将文件中的病毒发给收信人；如果实在没有把握，也可将发送内容剪切至邮件正文中。

接收邮件时，对于来历不明的信件一定要谨慎处理，最好也先进行杀毒处理。

3. 注意写编码

我国内地与香港、澳门、台湾地区以及国外一些国家的中文编码各不相同，通信时如果使用不同编码，会出现乱码现象。因此，在国际商务交往中，商界人士使用中国内地的编码系统向生活在除中国内地之外的其他一切国家和地区里的中国人发出电子邮件时，必须同时用英文注明自己所使用的中文编码系统，以确保发信成功，使对方可以收到自己的邮件，并能正确阅读。

4．注意语言规范

（1）在书写英文邮件时，要注意避免单词拼写和语法错误，不要在英文邮件里全部使用大写字母，否则会给收件人阅读邮件造成困难，甚至可能被认为你是在故意为难他人。

（2）邮件中不可滥用省略。在写电子邮件时，很多人为了方便，喜欢用一些简化字，例如，用 u 代替 you，用 c 代替 see。其实这些简化字原本是在发电报时为了节省而使用的，如果用在邮件上会显得不够庄重和正式。尤其一些重要邮件，例如，商业邮件用简化字可能会影响到客户关系的成败，因此应尽量避免此种情况的发生。

（3）语言要简洁。邮件中的主要内容不要太长，语言描述要简练，主题要突出，行文要流畅。在线沟通讲求时效，电子邮件的内容应力求简明扼要，并追求沟通效益。一般信件所用的起头语、客套语、祝贺词等，在线沟通时都可以省略。

（4）电子邮件要便于阅读，尽量不要写生僻字、异体字。有些人为了强调和省略，在写电子信件中大量使用惊叹号，如“!!!!!!”，如要强调事情，应该在用词上特别强调，而不应使用太多不必要的标点符号。写完后还应该审查核定一下所有的字体和字号是否合适，因为太小的字号不仅使收件人看起来费力，也显得发件人粗心和不礼貌。当然，在邮件发送之前，还应检查一下打字是否正确。

（5）文字要谨慎。现在法律规定电子邮件也可以作为法律证据，因此，对公司不利的话，千万不要写上，如报价等。发邮件时一定要慎重。

（6）签名时将自己的名字写全。发邮件添加个人签名栏也是很有用的，即在你的邮件末尾增加几行字，包括你所在的部门名称、你的电话号码和传真号码，如有必要，还可以包括你的详细地址。

5．谨慎选择电子邮件功能

为了强化电子邮件的个人特色，许多先进的电子邮件软件，提供多种字体备用和各种信纸，但是商界人士必须慎用这类功能。一方面，电子邮件的收件人所拥有的软件不一定能够支持上述功能。这样一来，他所收到的那个电子邮件就很有可能会大大地背离了发件人的初衷，因而使之前功尽弃；另一方面，对电子邮件修饰过多，会使其容量增大，收发时间增长，浪费时间，而且往往会给人以华而不实之感。

6．邮件的收发

（1）确保邮件发送成功。有时因为网络的问题或计算机本身的故障，邮件可能发送不到收件人那里，因此重要的电子邮件在发邮件以前要得到对方的允许，或者至少让他知道有邮件过来，以确认你的邮件对他有价值。当邮件发送完毕后，你还可以通过电话等询问对方是否收到邮件并通知收件人及时阅读，以避免贻误商机。

（2）及时反馈。收到客商或他人的重要邮件，一定要及时回复，告知对方信件已经收到，请对方放心。当然，我们在发邮件给别人时，如果需要对方尽快做出回应，可在邮件中注明"请回复"类字样。

7．及时清理电子邮箱

电子邮箱容量空间有限，毫无意义的电子邮件会占用空间，也不方便文件的分类管理。因此商界人士要定期及时清理电子邮箱，将无用的电子邮件清除掉，空出邮箱空间，但是在删除邮件前，要及时将一些有用的电子邮件地址记下来并存入通讯簿中。

四、商务信函礼仪

信函，又称书信，是书信的正式称呼。它是人类最古老又最常用的一种沟通手段。在现代社会人际交往中，信函是一种应用极为广泛的书面交流形式。在公务交往中，信函依旧是职员所常用的有效而又实用的交流方式之一。

在一般情况下，单位及其职员在正式的公务交往中所使用的信函亦称公务信函。相对于普通书信，由于公务信函使用于正式场合，在礼仪方面通常有着更为标准而规范的要求。

（一）信函设计

在动手书写商务信函时，应先在脑海中形成一个粗略的草稿，做到胸有成竹。

首先，应仔细考虑一下写此信函的目的。

其次，在头脑中列出与此信相关的所有事实，做到完全熟悉并了解本事件最新的情况。

最后，尽可能地了解看信的人。"这对我有什么好处？"是大多数读信者的下意识的想法。

综合以上几点以后，一个粗略的草稿就拟定出来了。有时也可将收信人希望得到的解决方案列出来，便于其参考。当所有这些要点都被放进草稿中以后，就可以着手考虑其外观、版面、格式、风格，最终撰写出一封完善的信函，并于适当的时间寄给收信人。

1．外观设计

一封信的外观如何，如采用何种颜色的信封、使用何种规格的信纸、手写还是打印等，将给收信人留下最直观的第一印象，甚至会影响收信人收信和回应的方式。所以，许多大型的公司或企业为了对外树立统一的形象，都采用统一的信封和信纸，对正文的编排也有公司内部统一的要求。这为撰写商务信函提供了方便。但在没有统一设计要求的情况下，建议写信人尽可能认真挑选信封和信纸，用心设计正文的外观，如是私人信件，可以随信函附带一些表示问候或祝愿的小卡片，力求为自己塑造一个美好形象。

（1）信封（envelop）。目前的商务信函多以电子邮件或传真的形式发出，因此略去了信封和信纸选择的难度。如需要选择信封，应选择质量好的信封，因为这会为自己创造一种职业的、精致的印象。关于信封应注意以下几点。

① 信封的颜色最好是白色、米色、灰色以及其他保守的颜色。

② 在信封正面的中心写上或印上收信人的姓名、头衔、地址和邮编。

③ 本公司的名称、徽标或标语的印章，应盖在信封下部的左边或中心。

④ 将邮票贴在信封的右上角，不同的贴法会表达不同的含义。例如，邮票向右倾斜表示"我绝不再生你的气！"，向左倾斜表示"实在太抱歉了，请你原谅我吧！"。

（2）信纸（paper）。在书写商业长信时，最理想的选择是带有水印的 A4（297 厘米×210 厘米）信纸。短信和私人的致谢信、慰问函等则可选用一半大小的 A5 信纸。为确保所用的信纸和信封相互匹配，用小一号的信封装 A5 的信纸，这会给收信人留下和谐的印象。如果大小合适的话，也可以把 A4 的信纸折成 1/3 大小，而不是对折再对折，这样可以确保信从信封中取出时少些折痕，从而更易于阅读。

（3）正文（body）。在正式的情况下，如需拟写纸质信函，如代表公司订购商品或解决客户的投诉时，信函应采取打印的形式。而私人信函，或代表公司处理一些微妙的事件时，则应采取手写的形式，以便更好地表达写信人的感情。

（4）卡片（greeting card）。针对私人信函而言，适时地配有一些小卡片，有时会比一封完整的信函更合适，更能表达写信人所要表达的情感。如向读信人表达谢意、祝贺或慰问等感情时，一张令人愉快的卡片配上文字，通常更具有吸引力。

2．版面设计

一般来说，商务信函是由各个部分按同一基本的顺序和方式组织起来的。一封完整的商务信函一般应包含以下几部分。

（1）信头（letter head）。信头应包含写信人的公司的名称、地址、电话和传真号码、网址或电子邮件地址，还应有公司的徽标或标语等。信头一般都是事先印好的，位于信纸上方的左边、中部或右边的任意一个位置上。

有些国家的信头中还包括其他细节，如在英国，信头中就印着公司经理的姓名。

（2）编号和日期（reference and date）。在商务信函中，当一个公司向另一个公司发函时，双方都会给信函编号。编号应包括卷宗号码、部门代码或者该封信的签发人及打字员的姓名的首写字母。所有这些一般标有"我方编号："、"贵方编号："，以防混淆，例如：

我方编号：WDW/LP（Our ref: WDW/LP）

贵方编号：JBD/WM（Your ref: JBD/WM）

这些内容打印在紧挨信头下面的位置。

如果对方是外国公司，日期中月份应打印成英文全名，避免使用缩写，如 Dec.应改成 December。序数词后面的词尾-th，-st，-nd，-rd 可以省略，如可以用 May 5 代替 May 5th。年份中不能用 10 年代替 2010 年。

要避免将日期打印成数字形式（如 10/5/2010），否则容易引起混淆。因为英国人遵循日、月、年的顺序，而美国人遵循月、日、年的顺序，所以，10/5/2010 既可以理解为 2010 年 10 月 5 日，也可以理解成 2010 年 5 月 10 日。

（3）封内姓名和地址（inside name and address）。在距日期两至三行的左边是封内姓名和地址，其形式与其在信封上形式完全相同。包括收信人的姓名、头衔（相关的）和地址。而政府机构所发的信函则有可能在信末的左下端。注意拼写，以确保信函能迅速送达收信人。

（4）经办人或注意事项（attention line）。当发信人希望将信寄给某个具体的人或部门时，便加注经办人，置于封内地址下的二至三行处。如果收信人在前一封同一主题的信中使用了"主办人"，则回信时必须使用。

（5）称呼（salutation）。每封商务信函的开头必有称呼，即提称语，它是在信的开头对收信人所表示的敬语，其具体形式取决于写信人和收信人的关系。在一般情况下，商务以及公务信函里最标准的提称语是"尊敬的"。

如果写信人熟悉收信人，并与其有着良好、平等的关系，应称呼其名，如亲爱的哈利（Dear Harry）；如果写信人不熟悉收信人，则称呼他们的姓，如尊敬的史密斯先生（Dear Mr. Smith）；如果写信人根本不知道应该如何称呼收信人，则用表示尊敬的通用语，如尊敬的先生（Dear Sir）。

在称呼收信者时，必须注意以下几点。

① 姓名与头衔必须正确无误。在任何商务信函中，写错收信者的姓名与头衔都是绝不允许的。称呼收信者，有时可以只称其姓，略去其名，但不宜直呼其名或者无姓无名。

② 允许以直接致信的有关单位或部门作为抬头中的称谓语。在许多时候，以有关单位或部门直接作为收信者在礼仪上是许可的。

③ 可以使用中性名词称呼收信者。当不清楚收信者的性别时，以"董事长"、"经理"等不用辨别性别的中性称呼去称呼对方是比较稳妥的。

④ 切忌滥用称呼。初次致信他人时，千万不要滥用称呼。诸如"先生"、"小姐"一类的称呼，在不清楚收信者性别时就不宜采用。不能图省事，以"先生/小姐"去称呼收信者。不要乱用"阁下"、"老板"、"有关人士"这一类专用性称呼。

⑤ 平常的公务信函，不使用提称语亦可。在社交场合所使用的"尊鉴"、"台鉴"、"钧鉴"等古典式提称语以及在涉外场合所使用的"亲爱的"、"我的"等西洋式提称语，在普通的公务信函中一般均不宜使用。

（6）标题/事由（subject line）。一般来说，商务信函应一事一函。若一封信只涉及一件事，则应在称呼下面空两行的中央写标题，并加上底线以提醒收信人注意，这一标题叫主标题。若一封信涉及几件事，则应把每件事分段写，在每段的开始写分段标题。主标题不需要加句号，而分段标题后则应加上句号、冒号或破折号。

（7）信文（body）。信文是信函最重要的部分，表达了写信人的目的。所以，正文应整洁、易读，以激发收信人继续阅读的兴趣。因此，在拟写时应注意以下几点。

① 简明扼要，合乎逻辑，重点突出，层次清晰，语句通畅，文字正确。

② 主要内容前置。一封标准商务信函的内容，应当像一座倒置的金字塔，越是重要的内容越应当置于前面。因此，在正文的开端，即应直言自己认为最应当告诉收信者的信息以及收信者最希望了解的信息。

③ 每段主要讲述一个要点，并尽可能让每个段落长短大致相同。

④ 一信只议一事。为了确保商务信函发挥功效，并且尽量缩短其篇幅，最好一信只议一事。这样一来，不但可以突出主题，而且可以限制其篇幅。

⑤ 语言平易近人。尽管商务信函使用的是书面语言，写作者亦应即尽量使之生动、活泼、亲切、自然，既不应令其过于粗俗，也不应使之曲高和寡。

⑥ 信息正确无误。商务信函所传递的信息，应确保正确无误。为此应做到：避免写错字、用错标点符号；防止滥用成语、典故、外语；过于生僻的词语或易于产生歧义的举例，也不宜采用。

⑦ 防止泄露机密。商务信函，不应在其字里行间直接或间接地涉及商业机密。若打算将其邮寄或快递时，尤须注意此点。

⑧ 书面干净整洁，打印无误，布局艺术，力求让收信人有耳目一新的感觉。一般来说，正式的商务信函最好打印，而不是手写，这样可确保其书面的干净整洁。即使需要手写时，亦应避免随意涂抹、填补。另外，不要在行、格之外写字，不要掉字，不要以汉语拼音代替生字。

由于信文四周的空边起着对信文定格的作用，所以信纸两边边缘一般留 3 厘米空白，以避免拥挤。

除收信人姓名和地址总是采用单行距打印，对于特别简短的信，其他各项可以采用双行距打印。

若以前已有通信联系，应在回信的第一段中提及，而写信人的计划、希望及期望应在结尾段中表明。

（8）结尾（ending）。正文写完后，通常要向对方表示致敬或祝福。结尾敬语的书写是一种习惯，表示信函的结束。与主要正文间应间隔一行，国外称呼配套使用，如表 5-2 所示。

表 5-2

称　呼	结　束　语
尊敬的史密斯先生（Dear Mr. Smith）	你真诚的（Yours sincerely）
尊敬的先生（Dear Sir）	敬上（Yours faithfully）
尊敬的阁下（Dear Gentlemen）	此致（Yours truly）

由于称呼语和结尾敬语的使用只是出于一种礼貌而对内容没有什么影响，所以在当今的简化式中常常被省略。

我国一般正文结束后，另起一行空两格写"此致！"，下一行顶格写"敬礼！"。如果是祝福、祝愿，正文结束后，另起一行写"祝你"，下一行空两格写"幸福"或"安康"等祝福的话。

需要注意的是，当拟写纸质信函使用结尾敬语时，绝不能将其单独另页打印。

（9）签署（signature）。通常情况下，在结尾敬语下一行，应将写信人公司的名称打印好，以表示该信系公函，而非私人函件，然后再由写信人用黑色或蓝色水笔在公司名称之下签署自己的姓名，避免使用图章。由于手写签名有时难以辨认，大多数商务信函里应在手写签名之下用打字机打上写信人姓名及职务。

（10）附件（enclosure 缩写为 Encl.）。若随信附有附件，须在签署下注明，通常注明附件中的内容及份（件）数。

如：价格单（Encl. Price List）。

（11）抄送（carbon copy notation，C.C.）。若该封信函有副本寄给他人或其他单位，则应在签属下边的左边打印上"C.C."字样，并注明抄送单位。

如：C.C.大阪商会（The Osaka Chamber）。

（12）附言（postscript，P.S.）。如果在信的正文中遗漏了某事或者需要提醒对方某事，常常将附言补写在比"抄送"低两行的地方。现代信函多以电子邮件形式发出，所以避免了此项。如果拟写纸质信函，请尽量避免使用此项，因为附言可能产生写信人在下笔前计划不周之嫌，给收信人不好的印象。

例如，附言：贵方要求，我方将于明天早晨航寄三份样品。（P.S.As requested, we will airmail you three samples tomorrow morning.）

3．格式设计

一封商务信函的格式通常有三种——平头式、混合式和缩行式。书写时可以沿袭公司规定的格式，也可以自己选择格式。商务信函一般有四种格式。

（1）齐头式。在齐头式的信函中，每行都从左边边线开始，但信头有时也可置于中央。此种格式最受欢迎，便于打印，但布局不够美观。

（2）混合式。在混合式中，写信人的地址打印在信纸的中上部，而收信人的地址是从左边边线开始打印，结尾敬语连同签署是从中间稍偏右处开始打印。由于商务信函要求简单、明了，于是又出现了改良式和简化式。

（3）改良式。在改良式中，除了日期、结尾敬语和签署的排列与混合式相同外，其余部分是从左边边线开始。

（4）简化式。简化式有点儿像齐头式，但又省略了称呼和结尾敬语等部分。

当今由于主要的商务信函都是以传真或电子邮件的形式书写，对格式的选择，更多的考虑整体布局，给收信人一个清晰悦目的感觉。

4．选择书写风格

完成以上三个步骤后，一封粗略的信函基本完成。接下来所要做的就是设计信函的语言、语气和长度，使其更加完美。

（1）语言。写信的目的是让读信人明白写信人所要表达的意思，因此，在设计信函之前应仔细了解收信人，使信函的语言尽量符合收信人的学识和理解力。当信函是面向大众时，尽量使用简单的词语。而对于合作伙伴，则应使用专业术语，以表示对对方的重视。在任何情况下都应使用通用语言，诸如个人的俚语、内部行话和当地的表达方式等尽量不要使用。

（2）语气。信函的语气应能反映出写信人的个性以及信件本身的性质。如果想让收信人看信时有耳目一新的感觉，拟写的信函就一定要具有自己特有的风格。要清楚信函的目的，是劝慰、抱歉还是强硬。一定要尽量自然地运用自己的语言，适时地加上表示礼貌和尊敬的用语，如请（Please…）、感谢您（Thank you for…）、很抱歉地说（Regret to say…）等。如果对收信人不是十分了解的话，不要使用幽默的手法，因收信人应正确意识到所谈论问题的严肃性。

（3）长度。简洁是商务信函的特点之一，所以写作时应控制信函的长度。要时刻谨记写信的目的，只说必须说的，其他的则一律不提。收信人想看到的是你如何解决问题而不是一封解释问题为何会出现的长信。

（4）检查。当完成上述步骤后，还需要从头开始检查有没有拼写、标点或语法的错误。如有可能的话让别人帮忙检查。因为人通常很难发现自己的错误。检查完毕，各方面都没有问题时，一封完美的信函就诞生了。

（二）建立业务关系信函

建立业务关系是现代商务的第一个环节。良好的开端是成功的一半。因此，在拟写有关建立业务关系的信函时，应注意礼貌、得体，并应将自己要表述的内容清楚地叙述完整。它可能会帮助写信人获得客户，成功销售产品或服务，也可能起到相反的作用。通常可按如下步骤拟写。

第一，向收信人说明获得对方信息的方法和途径，以给收信人一个真诚的印象。

第二，简单明了地向收信人说明写信的意图。

第三，应向收信人介绍写信人公司的经营范围，以引起收信人的兴趣。

第四，为收信人提供一个有关公司财务状况及信誉状况的查询之处，进一步体现写信人想与收信人建立业务关系的真诚态度。

第五，写信人常常表达期盼合作与早日答复的愿望。

如果写信人有意进口，还可以向收信人索要产品目录、样品、价格单等。如果写信人是想推销自己的公司或产品，应用简洁的语言提及一些能给收信人带来崇敬之心的事情，如向收信人阐述自己与某些知名的公司做过的业务。最重要的是，要向收信人逐条列出自己公司所能提供的产品或服务及对方能够获得的利益。可附上价格单和产品目录。

例文：

尊敬的×××先生：

您好！

我公司从互联网上得知，贵公司是家用电器的主要进口商，目前贵方想要购买电风扇。因此，我方非常高兴地告诉贵方，我厂生产各种电风扇，最近又生产了一种名为"长风"牌的微风电风扇。它的质量和性能都经过了严格的检验，在附寄的附有插图的目录中对其设计及颜色作了清楚的解释。

由于此电风扇有许多改进之处，我方相信"长风"牌电风扇一定会畅销于贵方市场。若贵方有意经销"长风"牌电风扇或我方目录中的其他型号的电风扇，请告知详细的要求及贵方银行的名称和地址。

关于我方的资信情况，请向中国银行上海分行查询，地址为……

若蒙贵方及时回复，将不胜感激。

献上最美好的祝愿。

您真诚的朋友，

×××

销售经理

谨上

附件：

目录

价格单

（三）回复投诉信函

在收到首次索赔信函时，因为买卖双方都不知道索赔发生的真正原因，不知是产品或服务本身的缺陷，还是对方的不正确使用造成的，因此不应对客户做出任何承诺，写信人唯一能承诺的是积极地调查并妥善地处理此次索赔事件。由于此信函可能成为法律上的书面证据，所以，在处理这类信函时应采取谨慎的态度，措辞上要亲切、关注，让对方有亲近感。少用法律术语、专用名词、外来语及圈内人士的行话，而使用结构简单的短句，使对方一目了然，容易把握重点，不致产生歧义。

回复信函时，在首段中应对所发生的事件表示遗憾，但不要使用任何消极的词语，如"缺陷"等。

接下来，表达一个意思，即通过对方的描述尚不能确定出现问题的原因，因为公司所有的产品在投放市场之前都经过了彻底的检验，只有经过详细的调查之后才能给问题定性。千万不要对对方所说的问题表示质疑，这是对客户最大的不尊重，要相信客户的索赔会有助于公司完善产品或服务。

然后，向对方说明己方会采取何种措施处理此次事件，并表示会立即采取措施。

最后，让对方相信此次投诉将会得到积极的解决，表示己方会尽力调查清楚此次事件，并能完全遵守承诺。

例文：

尊敬的某某先生：

您好！

我们非常遗憾地得知贵方从我处购买的×××出现了问题。

我方所有的产品都是经过了严格的质量检验后出厂的，因此在进一步的检查结果出来之前，我方不能肯定贵方所购货物出现问题的原因。

我方将立即派人对此事进行调查，以确定出现问题的原因，给您一个合理的答复。

给贵方造成的麻烦深表歉意，我们保证全力处理此事。

您真诚的朋友，

×××

客户联系部经理

（四）通知函

通知函，又称告知函。它主要用以向外界通报某项事务处理的具体情况，或是某项业务的具体进展。从某种意义上讲，通知函往往可以在一定程度上发挥联络函的作用。写作通知函时，应注意下列要点。

（1）重在介绍客观情况。通知函的主要作用是向有关方面通报事态的发展、变化，而并非就此展开讨论或进行争论。

（2）注意介绍的连续性。在介绍当前状况时，通知函要注意与此前函件的呼应，以便使自己的情况介绍有头有尾，连贯一致。

（3）通报己方今后计划。在介绍客观事态的同时，亦应告知收信者己方的对策以及已经采取的行动。

（4）促进彼此合作。通知函的目的之一，就是要推动收信方与寄信方的合作。

（5）表达含蓄委婉。不论是介绍己方举措，还是敦促对方参与，在表达上都要委婉含蓄。要力戒语气生硬，强人所难，或者唠唠叨叨。

（五）感谢函

在公务交往中，感谢函是指专为感谢某人或某单位而写作的信函。一般而言，收到礼品、出席宴会、得到关照之后，均应寄出专门的感谢函。一封恰如其分的感谢函，往往可以显示写作者的教养。写作感谢函，通常应注意以下四点。

1．内容简练

一封感谢函，往往不必长篇宏论，喋喋不休。只要在信中将自己的感谢之意表达清楚了，即使只写三五句话亦可。

2．面面俱到

很多时候，在感谢函中应当致谢的对象不止一人，那么一定要向所有应予感谢者一一致谢，千万不要有所遗漏。

3．尽量手写

为了表示自己的真心实意，感谢函要尽量亲自动笔撰写，而不要打印。在任何时候，一封当事人的亲笔信，都会使人产生亲切感。

4．尽早寄达

在一般情况下，感谢函实效性很强。它最好是在有关事件发生后 24 小时之内寄出，并应尽量使之早日寄达。

第二节　现代商务会议礼仪

礼仪小故事

在东北亚博览会上，一外商相中一家企业的产品，正因语言沟通困难而着急时，大四的志愿者王芳恰巧碰到，王芳运用熟练的国际贸易专业知识和外语技能帮助他们解决了难题，并因其彬彬有礼的服务受到外商和参展企业的好评。王芳从上大一开始就是东北亚博览会的志愿者，熟悉展会的礼仪，因其彬彬有礼的服务和熟练的专业技能，被多家外贸企业看中，要与她签订就业协议。现在即将毕业的王芳，在别的同学为找工作而烦恼时，她却为选择去哪个单位工作而犹豫。

一、商务洽谈礼仪

商务洽谈是指在商务交往中，交易双方在维护各自经济利益的前提下，进行双向沟通，拟定协议、签署合同、要求索赔，或是为了处理争端、消除分歧，而坐在一起进行面对面的讨论，经过协商达成交易的行为。商务洽谈礼仪不是附着在商务洽谈之上的一种形式，而是商务洽谈本身的重要组成部分。它既是一门科学，也是一门艺术。

在国际商务交往中，商务洽谈是许多商界人士都会经历的一种商务活动，对外贸易发展得越快，商务洽谈也就越频繁，商务洽谈活动也就越显得重要。因洽谈而举行的有关各方面的会晤，称为洽谈会。洽谈比起商务谈判更普遍、更经常、更简约。它更多突出的是彼此和睦对话的方式，色彩更温和，形式更灵活。

（一）商务洽谈的基本原则

1. 平等互利的原则

在国际商务洽谈中，平等是国际商务洽谈的基础，互利是国际商务洽谈的目标。在商务洽谈中无论国家的大小、贫富，无论各方的经济实力强弱，组织规模大小，参与洽谈的团体、组织，只要有诚意，并且带着共同合作的愿望走到洽谈桌前，那么参加商务洽谈的主体地位都是平等的，没有高低贵贱之分，这是洽谈的一个前提条件。当事各方对于交易项目及其交易条件都拥有同样的否决权，协议的达成是双方相互协商共同认可的，不能一家说了算。这种相同的否决权和协商一致的要求，客观上赋予了各方平等的权力和地位。洽谈双方或多方，应在权益、责任上一律平等，这是国际商务洽谈的基础。

互利是指洽谈达成的协议对于各方都是有利的。洽谈的某一方在某一问题上的让步，就是另一方在该问题上的需求；而对于接受让步的一方，也会在其他问题上做出让步才能得到这些需求。这是互利原则的本质。只有充分认识并作出让步才能换取自己的真正需求。洽谈各方只有在追求自身利益的同时，也尊重对方的利益追求，立足于互补合作，才能互谅互让，使各自的需求都有所满足，此所谓互利原则。只有坚持这种平等互利的原则，商务洽谈才能在互相尊重的气氛中顺利进行，才能达到互助互惠的洽谈目标。

平等互利是商务洽谈中必须遵循的一条重要原则。本着平等互利的原则出发，有助于企业同外界建立良好的业务往来关系，是维持长期业务关系的保障。

2. 求同存异原则

求同存异原则是国际商务洽谈成功的关键。求同存异原则，是指洽谈作为一种谋求一致而进行的协商活动，参与洽谈的各方一定蕴藏着利益上的一致和分歧。因此，为了实现谈判目标，谈判者还应遵循：对于一致之处，达成共同协议；对于一时不能弥合的分歧，不强求一律，允许保留意见，以后再谈。

在国际商务洽谈中面对各方的利益分歧，各方都应从大局着眼，把共同利益作为出发点。国际商务洽谈不是兵战，也不是竞技场，要把谈判对象当作合作伙伴，而不是敌人。根据"两利相权取其重，两弊相衡取其轻"的古老教训，在可能力争时应尽量力争，在不可能奢望时，应考虑作出局部牺牲，让出眼前利益去换取长远利益。因此，贯彻求同原则，要求谈判各方善于从大局出发，要着眼于自身发展的整体利益和长远利益的大局，着眼于长期合作的大局，要在利益分歧中寻求相互补充的契合利益，达成能满足各方需求的协议。要善于运用灵活机动的谈判策略，通过妥协寻求协调利益冲突的解决办法，构建和增进共同利益。

表面上看，参与洽谈的各方，其价值观、需求、利益的不同会带来谈判的阻力，事实上并非如此，正是由于利益需求上存在分歧，才使得各方可能在利益需求上相互补充、相互满足，此所谓洽谈各方的互补效应和契合利益。因此求同存异还可以通过优势互补、劣势互抵的原理调动双方可以调动的各种因素，创造条件，趋利避害，把双方的利益最大化，使双方都成为赢家。可以说，善于求同存异，反映了谈判者较高的素质，历来是谈判高手智慧的表现。

3．目标原则

目标原则是洽谈各方最终为寻求好的谈判结果而要遵循的原则。目标原则是，洽谈各方都要树立双赢的概念，一切好的洽谈结局应该使洽谈各方都有赢的感觉。目标原则的运用，实际上是在遵循以上原则的基础上，尽量扩大双方的共同利益，即通过双方的努力降低成本、减少风险，使双方的共同利益得到增长，以最终使双方都有利可图。项目越大，越复杂，把蛋糕做得更大的可能性也越大，而后再讨论与确定各自分享的比例，这就是我们通常所说的"把蛋糕做大"。一切好的谈判不是拿一个蛋糕就急于一切两半，而是不仅仅注意切在什么地方，更应该注意在切分这个蛋糕之前尽量使这个蛋糕变得更大。

在商务洽谈中，如果把主要方面的原则先确定好，然后通过双方的努力把"蛋糕"做得足够大，那么其他方面的利益及其划分就显得相对容易多了。这就是我们应该在谈判中注意创造双赢的解决方案，也是谈判各方要运用的目标原则。

4．效益原则

人们在洽谈过程中，应当讲求效益，提高洽谈的效率，降低洽谈成本，这是经济发展的客观要求。效益原则是国际商务洽谈成功的保证。效益原则包括洽谈自身的效益和社会效益。

洽谈自身的效益是指以最短的时间、最少的人力和资金投入，达到预期的谈判目标。

如今科学技术的发展可谓日新月异，新产品从进入市场到退出市场的周期日益缩短。因此，企业往往在产品还没有上市之前就开始进行广泛的供需洽谈，想尽早打开市场，多赢得顾客，以取得较好的经济效益。这就从客观上要求国际商务洽谈人员要讲求洽谈效益，提高洽谈效率。

社会效益，是要综合考虑项目对社会宏观的影响，是洽谈主体应承担的社会责任。例如，在引进技术时要考虑是否符合本国的国情，在引进设备时要充分考虑本国的消化能力，在与外商合资建厂时要考虑该项目投产是否对环境造成污染等。效益的原则要求把实现组织自身微观效益和社会宏观效益统一起来。所以，在谈判中既实现了谈判者自身效益，又实现了良好的社会效益才符合效益的原则，只有这样才能保证谈判的成功。

5. 遵法守约原则

遵法守约原则是商务洽谈的根本。遵法原则是指商务洽谈必须遵守本国的法律、法规、政策，国际商务洽谈还应当遵循有关的国际法和对方国家的有关法规。商务洽谈的合法原则具体体现在：一是洽谈主体合法，即要审查洽谈参与各方组织及其洽谈人员的合法资格；二是洽谈议题合法，即洽谈所要交易的项目必须是法律允许的，对于法律明文规定禁止交易的项目，其洽谈显然违法，如买卖国家保护文物、贩卖毒品、贩卖人口、走私货物等；三是洽谈手段合法，即应通过公正、公平、公开的手段达到洽谈目的，而不能采用某些不正当的手段来达到洽谈的目的，如窃听暗杀、暴力威胁、行贿受贿等。

守约原则，商务洽谈的结果是以双方协商一致的协议或合同来体现，协议或合同条款实质上反映了洽谈各方的权利和义务，是洽谈活动的结晶。它代表着洽谈双方或各方在洽谈过程中的相互承诺，又根据有关的国际法规和国际惯例的要求制定，因此对洽谈各方具有同等的权威性、指导性和约束性，成为一定时期内在某项国际经济活动中洽谈各方的行为准则，各方必须遵守。在洽谈时，无论是货物买卖、合资经营、技术服务、工程承包、合作生产，还是委托代理、运输、信贷、租赁、保险等，都要依据某一国际法律或某种国际惯例的要求订立有效的契约。

（二）洽谈前的准备工作

在洽谈过程中，洽谈者之所以能够有理有据、滔滔不绝地阐述自己的观点，是因为洽谈前周密的准备工作，使洽谈者充满自信地参与洽谈。洽谈之前，准备工作做得是否充分，对洽谈结果有着直接的影响。

1. 确定洽谈目标

商务洽谈的目标，是洽谈过程的核心和导向。一般都由公司的决策层提出主导意向，再经各有关部门和业务专门人员进行可行性研究，多次反复推敲而成，最后报公司决策层审核通过，形成洽谈目标。洽谈目标是对主要洽谈内容确定的期望值，包括技术要求、考核和验收标准、技术培训要求、产品的质量和价格水平等。洽谈目标要有弹性，一般分为最高目标、中间目标、最低目标。洽谈者在谈判过程中根据洽谈目标，在其范围内自主掌握，留有余地。

2．选择人员

首席代表。根据对方的洽谈阵容，选出公司在洽谈时的主谈人即首席代表。要求双方的主谈人应当在职务、身份上大体相当。

洽谈班子。商务洽谈涉及的范围很广，它包括产品、技术、金融、市场、运输、保险、法律等，尤其国际商务洽谈还包括海关条例、外语等。因此洽谈班子的组成首先要考虑洽谈人员的知识结构，在此基础上，还要考虑参加洽谈人员的谈判经验、个人性格、应变能力等因素，组成合适的洽谈班子，参加洽谈人员数量在五人以下为宜。

3．信息搜集

"知己知彼，百战不殆。"在双方洽谈之前，如果能全面而深入地了解洽谈方，早作准备，就能在洽谈过程中"以我之长，克敌之短"，达到预期的效果。为此，在洽谈前必须广泛搜集对手信息，了解对手的各种资料。这些信息通常包括以下几点。

（1）对方公司的基本情况。国际商务洽谈首先要查清对方法人资格、对方身份以及经中国银行认可的外国银行的资本和信誉证明。然后了解洽谈方的诚信状况、经营范畴、历史沿革、主导产品、市场占有率、产品竞争情况、公司规模与管理水平等。

（2）洽谈对手的基本情况。洽谈前一定要充分了解主谈对手的个人情况，包括他的年龄、学历背景、资历、性格、爱好、做事风格以及他对我方的态度与评价等。对于参与此次洽谈的其他对手及对方的整个团队情况也应做到心中有数。

4．制订洽谈方案和策略

商务洽谈人员根据商务洽谈的目标和对洽谈方的了解制订洽谈方案和策略。洽谈方案的内容主要包括：洽谈的总体思想、原则和战略；洽谈各阶段的目标、准备和策略；洽谈准备工作的安排；提出条件和讨价还价的方法；对各种突变情况的预测与对策以及后方工作的安排等。

在国际商务洽谈中，从洽谈双方见面商议开始，到最后签约或成交为止，整个过程往往表现为开局、报价、磋商和成交这四个阶段。洽谈人员要想在全局上控制住整个谈判，同时又能正确处理好洽谈过程中出现的诸多问题，就必须把握好洽谈的各个阶段并采取相应的策略。如在洽谈时应当何时报价，就是一个策略性很强的问题。如果想要先入为主，率先夺得主动权，就要选择抢先出价。要是想后发制人就选择后报价。报价策略有西欧式报价策略、日本式报价策略、加法报价策略、除法报价策略等，需要根据具体情况来制定。

5．确定洽谈地点

根据商务洽谈举行的地点不同，可以分为客座洽谈、主座洽谈、客主座轮流洽谈以及第三地点洽谈。客座洽谈，即在洽谈对手所在地进行的洽谈。主座洽谈，即在我方所在地进行的洽谈。客主座轮流洽谈，即在洽谈双方所在地轮流进行的洽谈。第三地点洽谈，即在不属于洽谈双方任何一方的地点所进行的洽谈。

以上四种洽谈地点的确定，应通过双方或多方协商一致，不可自作主张。如果我方担任东道主出面安排洽谈，一定要在各个环节安排到位，合乎礼仪。

（三）洽谈礼仪

1．迎见礼仪

作为东道主，要提前到达约好的洽谈地点，迎接洽谈客户。迎见地点可以选择在大楼门口，也可以在洽谈厅门口。宾主相见，主人应与客户方的洽谈代表一一握手，并伴随介绍（注意介绍礼仪），邀请对方进入洽谈厅，请客人首先入座，或双方人员同时落座，主人一定不能自己抢先坐下。如果是等待客人已久，事先坐下了，当客户到来时，应马上起身致意邀坐。宾主双方人员到齐并均已入座，非谈判人员应退出洽谈场所，不准随意出入，以免影响洽谈的进行。

2．安排洽谈座次

在洽谈会上，如果我方身为东道主，那么不仅应当依照礼节布置好洽谈厅，预备好相关的用品，还应特别重视礼仪性很强的座次问题。只有在某些小规模洽谈会或预备性洽谈会中，座次问题才不那么重要。在举行正式洽谈会时，则不能不予以重视。因为它既是洽谈者对对方的尊重，也是洽谈者给予对手的礼遇。

举行双边洽谈时，应使用长桌子或椭圆形桌子。宾主应分坐于桌子两侧。若桌子横放，则面对正门的一方为上，应属于客方；背对正门的一方为下，应属主方，如图 5-1 所示；若桌子竖放，则应以进门的方向为准，右侧为上，属于客方；左侧为下，属于主方，如图 5-2 所示。

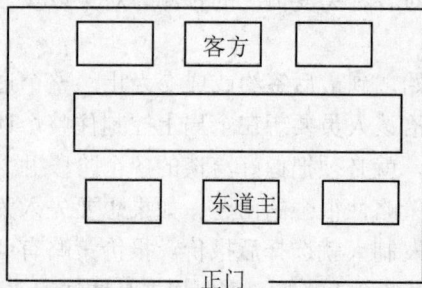

图 5-1

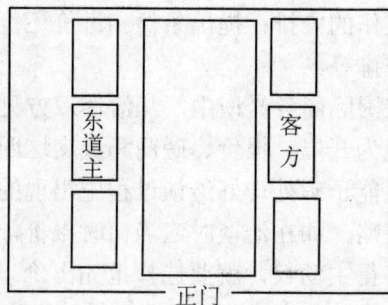

图 5-2

在进行洽谈时，各方的主谈人员应在自己的一方居中而坐。其余人员则应遵循右高左低的原则，依照职位的高低自近而远地分别在主谈人员的两侧就座。国际商务洽谈需要译员，则应安排其就坐于仅次于主谈人员的位置，即主谈人员之右。

举行多边洽谈时，为了避免失礼，按照国际惯例，一般均以圆桌为洽谈桌来举行"圆桌会议"。如此一来，尊卑的界限就被淡化了，如图 5-3 所示。

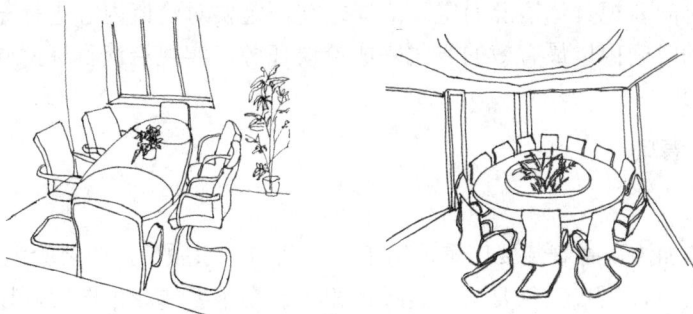

图 5-3

3．要用心倾听对方论述

商务洽谈中要健谈，更要成为一个好的倾听者。倾听能更好地了解对方的需求、目的、意图、立场、观点、态度等。倾听对方谈话时要用心，要真诚，要善于从对方的谈话中发现问题，从而也可以有的放矢地打动对方。口若悬河、滔滔不绝，不给对方发表意见的机会，甚至不礼貌地打断对方谈话，往往会让对方产生强烈的反感，使洽谈无法顺利进行，甚至导致洽谈失败。

4．洽谈要沉着冷静，人事分开

在洽谈时指望谈判对手对自己手下留情那是不可能的，要正确处理双方的关系，做到人事分开，朋友归朋友，谈判归谈判。商务洽谈在某种意义上来说是一种心理上、精神上、智力上的较量。因此，作为洽谈人员，与对手"交战"时要时刻保持头脑清醒、心态平和，才能沉着应战、以智取胜。洽谈中最忌讳的就是不冷静、急躁。当洽谈遇到挫折时，洽谈人员要冷静地分析洽谈的进展与已经达成的共识，希望能求同存异，寻找"柳暗花明"的最佳途径，避免洽谈陷入僵局以致关系破裂。

5．洽谈用语要文明

洽谈中的寒暄、开场、交谈、结束用语等，都应注意谈吐的礼貌文明，既要充满自信，又不能显得自傲；既要热情友好，又要不卑不亢；既要据实争辩，又要适度退让，以达到双赢的最佳结果。洽谈既是一个紧张思考的过程，又是一个具有高度语言运用艺术的过程。在这一过程中，洽谈用语的运用，如叙述、辩驳、论证、说服等功能被加以综合运用，并得到最大限度的发挥。洽谈的成功与失败，以及如何在最有利的条件下达到一致，建立合作协议，取得圆满的结果，在一定程度上都取决于洽谈中语言技巧的运用以及语言表达的礼仪。

在洽谈过程中，无论何种情况，都应待人谦和、彬彬有礼，要友善对待对方，即使存在严重的利益之争，也要尊重对方的人格。

6. 洽谈时间要合理

商务洽谈的时间要视具体情况而定。洽谈之前一定要对洽谈内容进行充分而妥善的准备，以便在最短的时间内以最有效的方式完成洽谈任务，实现洽谈目标，同时也可有效地提升工作效率。

（四）注意事项

1. 规范着装

洽谈人员在参加洽谈时着装要庄重，男士要穿西装、系领带，西装颜色以黑色为最佳，其次为深蓝色、灰色，领带颜色要与西装颜色相协调，不要选花色图案，以单色或斜条纹图案为佳，衬衫以白色为最佳，皮鞋以黑色为最佳。女士要求穿套装，化淡妆。其他服饰要求见第一章。

2. 注意举止

体态是一种身体语言。洽谈中，有人会有一些不经意的动作，它们能透露出有关内心动态的有用信息。如双手放在桌上，挺腰靠近桌面坐，表示洽谈态度积极。站立时双脚并拢，双手自然前合，目光友善，面带微笑，是谦恭、礼貌、诚意的表现。摸鼻梁或摸脑门、扶眼镜，同时闭目休整，是表示正集中地思考某个问题，准备做出重大决策，有时也可视作进退两难的境况在内心引起的紧张。洽谈者谈话时掌心向上，表示谦虚、诚实，愿意合作。握拳或紧握双手是感到信心不太足，鼓劲和自我激励的反映。以上这些动作表现出一定的人情味，能增加一个人的潜在影响力，也是一种礼仪和风度，在洽谈活动中能起到良好的效果。

人在某种环境下，可以通过自觉的意识，在语言、语气等方面显示出强硬和雄辩，显示出信心十足，绝不后退。但因为内心并不踏实，没有把握，便在下意识中借助动作来掩饰自己，平衡内心紧张和冲突。例如，频繁的擦汗动作，抚摸下颌，敲击桌面等都反映心情的紧张不安；洽谈者双臂紧紧交叉于胸前，流露出的是防御和敌意，这表示警觉和戒备心理。

通过观察洽谈者的动作也可以了解洽谈者的状况，如一只手撑着头，另一只手摆弄着笔、本子、钥匙等小东西，表明对讲话不感兴趣，精力不集中。稍息式的站姿，双手垂直或放在背后，眼光散视，不随话题的变化而变化，表明洽谈者倦怠分神。掌心向下，有控制、压抑、强制感。十指端相触撑起，呈塔尖状，并伴以身体后仰，则有高傲之嫌。

有经验、训练有素的洽谈人员能最大限度地避免无意识动作，镇定自若，显示出风雨不动安如山的风度。

当然，洽谈人员也不能总是正襟危坐。随着洽谈过程的进展，可以或坐或站，甚至做些必要的手势以助思想的表达、观点的阐发。同时，洽谈人员也应通过观察对方的举止动作，来理解其自觉不自觉发出的诸多信息。另一方面，自觉的体态运用也能微妙地、不知不觉地影响对方的心理。切忌做出抓耳挠腮等不雅观的动作。

二、商务会展礼仪

会展是会议、展览、大型集体活动的简称，而商务会展是指为了推销产品、技术或专利而组织的宣传性聚会。商务会展最常见的就是一些产品的展销会和一些培训会议。在商务会展上，参展商为卖而参展，参观者为买而参观，均有备而来。参展商可以在有限的时间内广泛地接触买主，购买商可以在有限的空间里广泛地了解产品，参展商可以与潜在客户在表示出兴趣时就抓住机会开展推销、洽谈工作，直至成交甚至当场回款，买卖双方可以完成介绍产品、了解产品、交流信息、建立联系、签约成交等买卖流通过程，展会起到沟通和交易作用。因此，参展商和主办单位非常重视提高工作人员的礼仪素质。会展礼仪服务是指在会展活动过程中一系列的礼仪服务，包括会展前的准备和会展中的接待服务等。

（一）商务会展的筹备

1．明确商务会展的主题

任何一个展览会都有一个鲜明的主题，一般来说，要根据展会举办地及其周边地区的经济结构、产业结构、地理位置、交通状况和展览设施等条件，首先考虑本区域的优势产业和主导产业来确定主题，其次考虑国家或本地区重点发展的产业来确定主题，再次考虑政策扶植地产业来确定主题。主题确定才能明确展览会的对象、展览会的规模、展览会的形式等问题，并以此来进行展览会的策划、准备和实施。

2．确定会展的时间和地点

会展举办的时间和地点，应根据会展的目的、对象、形式以及效果等多种因素综合考虑。

确定会展时间。会展时间的确定要根据市场对展品需要的季节变化来选择适当的时间，如市场对服装的需求季节变化大；根据展品生产周期来选择适当的时间，如农作物最好选择作物成熟期举办；展会举办时间不要和相同或相似的其他展会冲突；时间的选择要方便参展者和举办者，并考虑本行业的淡、旺季；考虑气候因素，一般展会选择春秋两季为宜。

确定会展地点。会展地点的选择主要考虑两个问题：一是选择主办城市或主办地；二是选择举办的场馆。

地点的选择可根据参展单位的地理区域不同、产品的消费市场来确定在本地、外地或国外。选择主办城市或主办地要考虑当地的市场开发程度、产业结构、经济特色和经济辐射能力；要考虑当地举办展览的硬件条件，如展览馆、会场、视听设备、通信设备、新闻中心、供水、供电能力；要考虑当地的交通运输条件、客运和货运能力；要考虑当地接待能力，如住宿是否方便，辅助设施是否齐全等问题；要考虑当地软件条件，如当地政府、相关行业、新闻媒体等是否支持，是否有足够的专业会展人才。

场馆的选择一是要考虑展馆的面积是否适合展览规模的需要。大型展览需要将展览分成若干个展区，每个展区由若干展馆组成。小型展览在一个展馆内举行。二是要考虑展馆的管理水平和服务质量，了解办展业绩和办展能力，它们直接影响展会的效果。此外还要考虑价格，如果是重型设备还要考虑它的承重能力。

3．发布举办信息和邀请函

当展览会的主题、时间、地点确定后，根据举办内容确定参展单位，对参展的单位发出正式邀请函，同时向社会发布招商广告。

邀请函或广告中应明确展览会的名称、举办者、宗旨、展会活动的形式、参加的对象、规模、举办展览会的时间和地点、报名参展的具体时间和地点、咨询有关问题的联络方法、展位费用、截止时间。注意不能以任何方式强迫对方参展。

4．展览会的广告宣传

展览会的广告宣传内容。展示展览会的会徽、会标和相关的宣传标语。

介绍展览会的宗旨、主题、特色、规模、内容、时间、地点、范围、配套活动的内容与形式，参展与参观的办法等以做广泛的宣传，吸引各界人士的注意。

宣传主办、承办、协办、支持、顾问单位的强大阵容，用以显示实力雄厚。

展览会的广告宣传形式。首先要成立一个专门的新闻发布组织，负责与新闻界的联系，提供有价值的新闻资料，以扩大影响范围，增强展览会的效果。然后利用各种宣传形式广为宣传。

宣传形式主要有大众媒体如电视、电台、报纸、网络、新闻发布会、媒体报道、期刊杂志等。

5．展览会的布展制作

布展工作主要包括：区域的合理分配；文字风格、色彩基调、图表、展品陈列方式、模型与实物的拼接组装；灯光、音响、饰件的安装；展板、展台、展厅的设计与装潢；参观线路等。布展的效果应达到与展出的物品合理搭配、互相衬托、相得益彰，以烘托展览会的主题，给人一种浑然一体、井然有序的感觉。

6．其他辅助工作

展览会的安全保卫工作；展品的运输、安装与保险；车、船、机票的订购；通信联络设备的准备；公关、服务人员的选拔与培训工作；为了预防不测，向保险公司购买数额合理的保险。如果主办的是国际展览，主办方还要选拔大量精通外国语言的公关、服务人员，并对其进行礼仪和各国民俗习惯的培训。主办方要协助国外企业办理相应的手续。

（二）会展接待服务礼仪

1. 主办方人员礼仪

主办方人员穿着要庄重，举止要文雅，在左胸佩戴胸卡，标明本人单位、职务、姓名。主持人应表现得庄重、诚恳、气派，增强公众对其主持的展览会和产品的信赖感。主办方对既定的展期、展位、收费标准等不能随意改动。

主办方人员要负责搞好与各参展单位的关系，做好各项服务工作。如对参展商的接待服务，协调参展商与参观者之间的关系，对参观者的引导服务、组织疏通等。

2. 参展方人员礼仪

参展方礼仪小姐应身穿色彩鲜艳的单色旗袍，胸披写有参展单位或其展品名称的红色绶带。参展方工作人员应统一着装，最好穿着本单位的制服，胸前佩戴标明本人单位、姓名、职务的胸卡。参展方要准备小礼品和展台资料，小礼品的目的是吸引客户的注意，展台资料包括企业介绍、产品目录、产品和服务说明、价格单、展台人员名片等。资料分为两类：一类成本较低，可以散发给每个参观者，如单页和折页资料；另一类是提供给目标客户的成套的、成本高的资料，这类资料不宜在展场提供，最好是展览后邮寄给客户。

参展方人员应具备与产品有关的专业素质。掌握展览知识和技能，用热情、诚恳、礼貌地接待每一位参观者。当参观者进入展位时，要面带微笑，主动与之打招呼"你好！欢迎光临！"以示欢迎。对于观众提出的问题，要做到百问不烦、认真回答。在讲解产品时，要注意语言流畅、声音洪亮。介绍的内容要实事求是，并突出自己展品的特色，必要时，还可做一些现场示范。讲解完毕，应对听众表示谢意。当听众离开时，工作人员应主动与其道别。

如果企业是在国外参加展览，尤其是国际著名的展览会，经常有首席执行官和高层决策者来参观，他们需要与级别相当的人进行交流，因此，参展方除了安排销售人员和技术人员外，还要选派高层管理人员在展位工作。此外参展方还需要安排翻译，以及对参加人员进行礼仪培训，而且参加人员要了解各国民俗。

需要注意的是，参展方人员要各尽其责，不得东游西逛、无故脱岗。绝不允许在参观者到来时坐卧不起，怠慢对方。对于个别不遵守展览会规则、乱摸乱动展品的参观者，要以礼相劝。要避免与参观者直接发生冲突，必要时，可请保安人员协助。

3. 参观展览会的礼仪

展览会的参观者，一般分为专业观众和普通观众。作为展览会的参观者，都要遵守大会的秩序，服从有关工作人员的管理。要与组织者共同维护展览会的秩序和声誉。不在会场嬉笑打闹，不乱动、乱拿展品。对讲解员的讲解要表示感谢。

普通观众大多是希望以比较优惠的价格购买自己喜爱的消费品，在展览会上他们通常是与逛商场差不多的一种休闲购物方式，会边比较边采购；事先并没有明确的购买目的，如果看到中意的消费品就购买。

作为商业人士通常是专业观众。作为专业观众，其花费（住宿费、餐饮费、交通费）是由其所在的企业承担，他们根据企业的安排，收集有关资料，参加有关会议，了解行业的竞争或产品状况；在入场前需要预先注册，有时需要支付一定的费用。

专业观众举止着装要职业化，到达展会现场要在登记处登记（当前一般的做法是留一张名片以简化登记）获得入场券，凭入场券入场。现在不少展览会都配备了安检设备，观众随身携带的物品需要通过安检。在入口处观众将入场券交工作人员，工作人员将发给专业工作证，观众要将该证件挂在脖子上。然后就可以按事先拟好的顺序参观。

专业观众在参观时要穿舒适的鞋，同时要注意休息，要带充足的饮用水，专业观众应有的放矢，制定合理的参观顺序，目标要明确，一些与自己企业业务无关的展台可以迅速通过。在大企业、重点企业的展台和有新产品的展台前应花较多时间参观交流。专业观众在与参展商交流时应简明扼要地自我介绍，并告诉他你在展位停留的目的。要了解参展商的产品能给用户带来什么好处？产品的竞争优势在哪里？要明确交流的目的，交流时要注意言简意赅，抓住主要问题，不要偏离话题。最好随身携带备忘本，在和参展商交谈时，对交谈中的要点要做记录，并随时检查核实。作为专业观众的商业人士对产品的选择既要谨慎，又要果断自信，充分利用展览会提供的优惠价格，选择合适的产品。

三、商务年会礼仪

商务年会通常是指商家或行业协会通过组织各类活动，在年终对本年度工作进行总结与庆祝，并对下一年工作进行规划与展望。

（一）年会的准备工作

商务年会有各种不同的类型，从举办单位来看，有行业举行的行业年会，有企业举行的年会；从举办的目的看，有同行业各企业的技术或负责人代表的技术交流大会，有的是员工总结大会，有的是答谢客户的大会；从形式看，有的是表彰性的，有的是娱乐性的，还有的是赛事性的。因此在计划之前需要明确召开会议的目的和目标，不同的会议需要不同的环境。

1. 明确年会主题

任何商务年会都有自己的主题、举办日、举办形式，主题的确定一般由领导集体决定，只有主题明确，负责筹备会议的领导班子成员才能围绕会议主题，有的放矢地确定计划、议程、期限、出席人员、预算等。

2. 建立商务年会筹备班子

召开一个大型的商务年会，要有许多人参与组织和服务工作。这些人应有明确的分工，各负其责。要建立各种小组，可以使他们在统一领导之下，各自独立地开展工作。一般会议由大会秘书处负责整个会议的组织协调工作。秘书处下设：秘书组，负责会议的日程和人员安排及文件、简报、档案等文字性工作；总务组，负责会场、接待、食宿、交通、卫生、文娱和其他后勤工作；保卫组，负责大会的安全保卫工作。根据会议规模的大小、性质的不同还可以增设其他必要的小组。

负责筹备会议的领导班子成员，应根据年会主题明确分工，确定工作任务及具体的要求，责任到人，最终才能实现商家举办年会的目的。

3. 确定与会人员和日程安排

根据年会主题和对象确定与会人员，确定与会人员是非常重要的工作。该到会的，一定要通知到；不应当到会的，就不应当参加。这里出现了差错，后果是很严重的。确定与会人员，可以采用以下方法：查找有关文件、档案资料；请人事部门提供；征求各部门意见；请示领导。

根据年会主题，秘书处要在会前把会议要讨论、研究、决定的议题搜集整理出来，列出议程表，合理安排日程，提交领导确定，以保证会议有秩序地进行。

4. 确定年会场地

商务年会场地的选择要根据年会主题、出席会议的人数及与会人员的身份，会议的目标和与会者的偏好等因素来综合考虑。

商务年会的场地按类型划分为商务型酒店和度假型酒店，按地理位置划分为市中心酒店和市郊酒店。

（1）商务型酒店。这类酒店无论在外部设计还是在内部装修，以及可提供的先进通信工具、适合会务的商用场地上（有特定的商务楼层），一般都充分体现了现代商务高效、快捷的内涵。酒店既能接待小型会议也能接待大型会议，有一个或多个多功能厅，24 小时全天候办公，有较强的服务能力，此外还有多个中、西式餐厅、各种商店、健身房、游泳池等设施。

（2）度假型酒店。这类酒店一般建在旅游胜地或海边，外部设计、园林规划、内部装修都充分体现了当地特色，集休闲、娱乐于一体。同时随着社会的发展，度假型酒店也能提供相应的会议设施、美食和各种代表地方和季节特色的活动，这些无疑大大方便了会议单位。

（3）市中心酒店。在选择位于市中心的酒店时需考虑酒店与机场距离（包括交通是否拥挤）。如果与会者来自国内或本地区，那么选择这样的酒店是明智的。会议筹划者一般喜欢选择位于理想的城市里且设施和功能齐全的市中心酒店，这样与会者的随行家属便有很多活动可以安排。

（4）市郊酒店。对于在当地可驱车前往的与会者来说，这类酒店是大受欢迎的。明确场地之后，需要同会议场所的销售部门直接联系，进行一个非常详细的报价咨询，建议最好货比三家，当然也需要同时与一两个会议场所保持联系以备急需时进行调整。

5. 发出通知

参加商务年会的名单确定后，即可向与会人发出通知，便于他们做好准备工作。有时准备工作量比较大，而距离开会时间还远，可以先发一个关于准备参加会议的通知。在开会前，再发出开会通知。通知一般用书面形式。内容包括会议名称、开会的目的、内容、与会人应准备什么、携带什么、开会日程、期限、地点、报到的日期、地点、路线等。与会人接到通知后，应向大会报名。告知将参加会议，以便大会发证、排座、安排食宿等。

6. 做好年会的预算工作

（1）交通费用预算。交通费用的预算要根据年会主题、举办地与出席人员的构成以及其所在地来考虑。可以分为出发地至会务地的交通费用，包括航班、铁路、公路、客轮以及目的地车站、机场、码头住宿地的交通费用；会议期间交通费用主要是会务地交通费用，包括住宿地至会所的交通费用，会所到餐饮地点的交通费用，会所到商务交际场地的交通费用，商务考察交通费用以及其他与会人员可能使用的预定交通费用；欢送交通费用及返程交通费用，包括航班、铁路、公路、客轮及住宿地至机场、车站、港口的交通费用。

（2）会议厅的租借费用。会议厅的租借要根据企业具体情况和年会的主题以及规模来决定。

会议厅场地租赁包括常用设施如音响系统、主席台、桌椅等。有些会议设施的特殊设备是另计费的，如投影仪、多媒体系统、摄录设备、移动式翻译系统、会场展示系统等。这些特殊设备在租赁时通常需要支付一定的使用保证金，租赁费用中包括设备的技术支持与维护费用。

（3）住宿费用。根据年会主题、举办地与出席人员的构成以及其所在地和年会时间长短来考虑住宿费用，住宿费是年会的主要的开支之一。正常的住宿费除与酒店星级标准、房型等因素有关外，还与客房内开放的服务项目有关。如客房内的长途通信、洗换、互联网、水果提供等。会议主办方应与酒店方明确关闭或者开放的服务项目及范围。

（4）餐饮费用。餐饮费用是年会的最主要的开支之一，费用的多少与会议的规模、出席人员的构成、数量有直接关系。

早餐通常是自助餐，当然也可以采取围桌式就餐，费用按人数计算即可。中餐及午餐基本属于正餐，可以依据参与人数拟定就餐形式，既可选择自助餐形式也可采用传统的圆桌就餐形式。需要注意的是，年会的餐饮费用还应包括联谊酒会的费用。

（5）会场茶歇费用。此项费用基本上是按人数预算的，预算时可以提出不同茶歇时段的食物、饮料组合。承办者告知的茶歇价格通常包含服务人员费用，如果主办方需要非程序服务，可能需要额外的预算。通常情况下，茶歇的种类可分为西式与中式两种——西式基本上以咖啡、红茶、西式点心、水果等为主，中式则以开水、绿茶或者花茶、果茶、水果、咖啡及点心为主。

（6）其他费用。其他费用是指年会过程中一些临时性安排产生的费用，包括打印、纪念品、模特与礼仪服务、演员演出费用、临时道具、传真及其他通信、快递服务、临时保健、翻译与向导、临时商务用车、汇兑等费用。

7. 现场考察

做好年会预算后，进行实地考察是十分重要的，以确保年会当天万无一失。

实地考察的内容可包括：视察选定的场所和设施，检查并比较各项设施；协调会务工作人员的活动；根据会议的具体情况，设计并安排会场的布局，细致周到地设计好所有的细节；准备年会所需要的所有设备，并提前安放在指定位置，提前调试好设备，并进行演练，确保年会的顺利进行。

8. 拟定商务年会餐单

餐饮安排通常有两种形式——自助餐或者圆桌餐，类别有中式、西式及清真系列。事先要依据餐饮预算、与会人员情况、个人私忌等选定好菜式，明确好菜单及上菜顺序。

需要特别注意的是，会议前期考察时注意餐厅及用具的卫生情况，不能让就餐者出现健康问题。

9. 安排年会节目

商务年会中为烘托气氛一般都安排节目演出，节目内容要与年会主题相辅相成，特别是有外国宾客在场的情况下，节目既要体现年会主旨又要满足宾客品位、照顾到外国客人的感受和兴趣。可以选取一些带有我国传统民俗特色的节目供他们欣赏，也可以精心挑选一些他们国家特有风情的文娱节目，让外国宾客能在异国他乡体验到宾至如归的亲切感。

许多商务年会的余兴活动是舞会，举行舞会既可以活跃气氛，也可以拉近公司员工与员工、员工与领导间的距离，增强交流，打破隔阂。年会舞曲的确定要事先选取好。选择曲目时应根据与会人员年龄、身份、职务挑选，多以交谊舞曲为主，如若年轻人较多，可适当穿插几支快节奏的迪曲、拉丁舞曲、恰恰舞曲助兴。

（二）年会礼仪

1. 会议签到

为掌握到会人数，严肃会议纪律，凡大型会议或重要会议，通常要求与会者在入场时签名报到。商务年会最好要有签到制度，便于掌握出席人数。会议签到的通行方式一般有签名报到、交券报到、刷卡报到。负责签到工作的人员，应及时向会议的负责人进行人数通报。

2. 装扮得体

出席商务年会服装一定要整齐，装扮一定要得体。通常年会的请柬上一般都会注明参加时的着装要求。着装要根据商务年会的日程安排选择适合的服装，一般男士应穿西服套装或其他突出个人个性化特征的正装，出席较隆重的舞会最好穿晚礼服或燕尾服。女士应穿长或短的晚礼服。

出席年会前还应进行必要的修饰。最好事先沐浴，除去身上的异味，换上干净衣服，梳理好发型。为防止体味可适当喷一些香水，但不要太浓，留一些淡淡的香气即可。出席年会特别是舞会前最好不要吃葱、蒜等刺激性食品，不要吃得过饱以免出现打嗝等生理反应。去舞会前最好清理好牙齿。女士出席舞会要化妆，舞会化妆不宜过浓，只化淡妆即可。

3. 准时到会

商务年会是公司一年中规模较大、较为隆重的一次商业聚会。所有与会人员都应高度重视，积极参与。准时到会是商务人员高度重视的表现之一。应邀参加公司年会的人员，必须按邀请函上规定的出席时间准时到达现场，最好提前几分钟。迟到、早退都是对举办方、组织者的不尊重。

4. 会间茶歇

大型商务年会一般不需要会间茶歇，但是答谢大客户的商务年会和对公司或者组织高层会议，会间茶歇是很重要的。

茶歇通常准备点心、饮品、摆饰、服务等，一般不同时段可以更换不同的饮品、点心组合。

茶歇大致上分为中式与西式，中式的饮品包括矿泉水、开水、绿茶、花茶、红茶、奶茶、果茶、罐装饮料、微量酒精饮料，点心一般是各类糕点、饼干、袋装食品、时令水果、花式果盘等。西式茶歇饮品一般包括各式咖啡、矿泉水、低度酒精饮料、罐装饮料、红茶、果茶、牛奶、果汁等，点心有各类甜品、糕点、水果、花式果盘，有的还有中式糕点。

5. 现场记录

商务年会是商家一年一次的重要会议，要进行现场记录，记录方式一般有笔记、录音录像等，一般可单用某一种，也可交叉使用。负责手写笔记会议记录时，对会议名称、出席人数、时间地点、发言内容、讨论事项、临时动议、表决选举等基本内容要力求做到完整、准确、清晰。

根据现场记录编写简报。有些重要会议，往往在会议期间要编写会议简报。编写会议简报的基本要求是快、准、简。快，是要求其讲究时效；准，是要求其准确无误；简，则是要求文字精练。

6. 认真听讲，专心观看

到达会场要进出有序，按照会议安排落座，开会时应认真听讲，不要私下小声说话或交头接耳，发言人发言结束时，应鼓掌致意，中途退场应轻手轻脚，不影响他人。

年会中一般穿插节目表演，演出前商务人员不要高谈阔论，或走来走去找熟人，若见到熟人点头致意即可，不可大声说笑和喊叫。在观看演出时，要认真观看，作为观众应将一切通信设备关掉或将其设置为无声状态，演出过程中不能发出声音，如说话、对节目大加评论、随着音乐打拍子、哼曲调等。观看演出要尊重每一个演员的劳动，每逢一个节目结束时，都应当报以热烈的掌声。

7. 邀舞礼节

商务年会上一般安排舞会，每位参与者都应注意邀舞礼节。

正规的舞会第一场舞由主人夫妇、主宾夫妇共舞。第二场由男主人与主宾夫人、女主人与男主宾共舞。舞会上男主人应起到组织作用，要尽可能多地与女宾跳舞，首先要陪没有舞伴的女宾跳舞，或者为她们介绍舞伴，并照顾好其他客人。其他男士带女伴出席舞会时，应把女伴介绍给女主人，并与女伴跳第一支与最后一支舞。当有人把女宾介绍给一位男宾时，这位男宾必须要请这位女宾跳一支舞。

在舞会上，男士应处于主动地位，主动邀请女士跳舞，但不能仅同一位女士跳舞。舞会上不可以男士与男士、女士与女士共舞。男士邀请女士应当走到其面前，向对方点头邀请，待对方同意后，请女士走在前面，陪伴其步入舞池。如果女士婉拒则不应勉强对方。

舞会上，女士可以拒绝男士的邀请，但是要婉言谢绝，注意不要伤及对方的情面，可以称自己身体不适，想休息一会儿。但是要特别注意的是，当你拒绝了一位男士的邀请后，就不能在一曲未完时又接受另一位男士的邀请。

（三）年会的会后结算总结

商务年会结束时，要把年会的纪念品发给参会者，将年会期间的录像刻成光盘发送给参会人员。商务年会的结算是指商务年会中与各个合作方进行对账结算，开具发票；商务年会总结包括年会的会议资料的收集和保管；对整个会议流程进行详细的总结等。商务年会会后结算总结是成功的商务会议必不可少的最后环节，既体现了组织者的优质服务，又能为下一次年会再次成功举办积累经验。

第三节　现代商务仪式礼仪

🎁 礼仪小故事

张洪与合作伙伴共同投资建成的一个大型商场马上就要开业了。选择何时开业和邀请哪些人员出席？开业都需要做哪些工作？为此，他们专门成立了一个讨论小组，经过讨论最后决定，在周末上午10点举行开业仪式，考虑到商场位于某居民小区附近，他们除了提前进行各种媒体宣传外，还在该小区进行宣传，除邀请社会名流、有关领导、合作单位、供货商和新闻界的人士来参加开业典礼外，还特意邀请了在该小区居住的有名望的人士和居民委员会的领导参加开业庆典。为了突出热闹、喜庆的原则，他们在典礼现场悬挂了很多彩球、彩带，还别出心裁地挂了很多大红宫灯，使现场颇有隆重、热烈的气氛。为防止现场混乱，事先他们特意安排工作人员维持秩序，对开业时需要做的工作做了周密细致的安排。

典礼开始之后，尽管围观的群众较多，由于事先安排专人负责，现场秩序井然，典礼结束后，张洪向来宾一一道别致谢，并赠送给每位来宾一份精巧的纪念品。送走了来宾，张洪与合作伙伴来到商场门口迎接顾客。由于事先周密安排，早有工作人员向顾客发放纪念品和进行会员的登记工作。开业的晚上在大红宫灯的照耀下，格外喜庆、隆重、热闹，顾客们接踵而来，这次开业典礼举办得非常成功。商场开业典礼喜庆的场面被新闻媒体广为传播，受此影响，加上其经营有方，后来顾客经常光顾这家商场，而商场也因此受益。

一、开业仪式礼仪

开业仪式也称开业典礼，是指在公司开业、项目完工、某一建筑物正式动工，或某项工程正式开始，为了表示庆祝，而按照相应的程序所进行的一项专门的仪式。一个好的开业典礼不但能赢得参加开业典礼的人们的信赖，而且还能借此机会在社会公众中广为传播。从仪式礼仪的角度方面来看，开业仪式只是一个统称。它包括开幕仪式、开工仪式、奠基仪式和破土仪式等。

（一）开业仪式的常见形式

1. 开幕仪式

开幕仪式是开业仪式的具体形式之一。通常它是指企事业单位、宾馆、商店、银行等公司正式启用之前，或是商品的展示会、博览会、订货会正式展示之前，将要举行的相关仪式。当开幕仪式举行之后，公司、企业、宾馆、商店、银行将正式营业，有关商品的展示会、博览会、订货会将正式接待顾客与观众。

举行开幕式需要宽敞的活动空间，一般商店门前广场、展厅门前、室内大厅等处，可作为开幕仪式的举行地点。

开幕仪式的主要程序包括以下几项。

（1）主持人宣布仪式开始，介绍来宾，全体肃立。

（2）邀请专人来揭幕或剪彩。揭幕的具体做法如下：揭幕人走向彩幕前恭位，礼仪小姐用双手将开启彩幕的彩索递交揭幕人，揭幕人随后目视彩幕，双手拉启彩索，使其展开彩幕，全场目视彩幕，全体人员鼓掌并由乐队奏乐。

有的开幕仪式设有可进入的幕门，在本单位主要负责人的亲自引导之下，全体人员依次进入幕门，有的是象征性的幕门，不能进入。如图 5-4 所示，第四届广东国际酒饮博览会开幕仪式的幕门，就是象征性的，不能进入。

图 5-4

图片来源：广东省潮人海外联谊会潮商会网站（www.gdcsh.com）

（3）本单位主要负责人致辞答谢与会者。

（4）来宾代表发言祝贺。

（5）本单位主要负责人陪同来宾做随行参观。开始正式接待顾客或者观众，以及对外营业或对外展览宣告开始。

2．开工仪式

开工仪式是指工厂准备正式开始生产产品、矿山准备正式开采矿石而专门举行的庆祝性活动。

举行开工仪式的场所大都在生产现场举行，参加开工仪式人员的着装除司仪人员按惯例应着礼仪性服装之外，东道主一方的全体职工均应穿着干净而整洁的工作服出席仪式。

开工仪式的主要程序主要包括以下几项。

（1）主持人宣布仪式开始。介绍各位来宾，全体肃立，然后开始奏乐。

（2）在司仪的引导下，本单位的主要负责人陪同来宾到开工现场的机器开关或电闸附近肃立。

（3）主持人宣布正式开工，此时应请本单位的职工代表或参会来宾代表来到机器开关或电闸旁，先对到场的人欠身施礼，后再用手启动机器或合上电闸；全体人员此时应鼓掌致贺，并由乐队开始奏乐，如图 5-5 所示是新加坡 65T 全回转拖轮 2#船（HH1007）举行开工仪式。

图 5-5

图片来源：海洋财富网（www.hycfw.com）

（4）全体职工各就各位，上岗进行操作。

（5）在本单位主要负责人的带领下，全体来宾参观生产现场。

3．奠基仪式

奠基仪式，通常是一些重要的建筑物，如大厦、场馆、亭台、楼阁、园林、纪念碑等，在动工修建之初正式举行的庆贺性活动。

奠基仪式现场的选择与布置，有一定独特的规矩。奠基仪式举行的地点，应选择在动工修筑建筑物的施工现场。奠基的具体地点，按常规在建筑物正门的右侧。在一般情况下，用以奠基的奠基石应为一块完整无损、外观精美的长方形石料。在奠基石上，通常文字应当竖写。在其右上款，刻有建筑物的正式名称。在其正中央，刻有"奠基"两个大字。在其左下款，则刻有奠基单位的全称以及举行奠基仪式的具体年月日。奠基石上的字体，以楷体字刻写，并且最好是白底金字或黑字，如图 5-6 所示为中国科学院合肥物质科学研究院"科学家园"举行的开工奠基仪式。

在奠基石的下方或一侧，一般还安放一只密闭完好的铁盒，内装有与该建筑物相关的各项资料以及奠基人的姓名。届时，它将同奠基石一道被奠基人等培土掩埋于地下，以志纪念。

在奠基仪式的举行现场一般设立彩棚，里面安放该建筑物的模型或设计图、效果图，在现场各种建筑机械就位待命。

奠基仪式的程序主要包括以下几项。

图 5-6

图片来源：中国科学院合肥物质科学研究院网站（www.hfcas.ac.cn/jqyw/2006/2006-12/12.3b.htm）

（1）主持人宣布仪式开始，介绍来宾，全体肃立。

（2）奏国歌。

（3）单位负责人对该建筑物的功能以及规划设计进行简介。

（4）来宾致辞道贺。

（5）主持人宣布正式进行奠基。同时乐队演奏喜庆乐曲，或锣鼓喧天。首先由奠基人双手持握系有红绸的新锹为奠基石培土。随后，再由主人与其他嘉宾依次为之填土，直至将其埋没为止。

4. 破土仪式

破土仪式是指在道路、河道、水库、桥梁、电站、厂房、机场、码头、车站等正式开工之际而专门为此举行的破土动工仪式。

由于破土仪式举行的地点是在工地的中央或其某一侧，为防止举行仪式的现场出现道路坎坷泥泞、飞沙走石的状况，要事先进行清扫、平整、装饰。

如果来宾较多，尤其是有年龄较大的来宾时，在现场附近临时搭建以供休息的帐篷或活动房屋，使来宾免受风吹、日晒、雨淋，并稍事休息。

破土仪式的程序主要有以下几项。

（1）主持人宣布仪式开始，介绍来宾，全体肃立。

（2）奏国歌。

（3）主要负责人致辞。内容以表示感谢和对该项目的介绍为重点。

（4）来宾致辞祝贺。

（5）主持人宣布正式破土动工。一般做法是：首先由众人在破土之处周围肃立，并且目视破土者，以示尊重。破土者一般由单位的主要负责人担任。接下来，破土者双手执系有红绸的新锹垦土三次，以示良好的开端。最后，全体在场者一道鼓掌，并演奏喜庆音乐或燃放鞭炮。

一般而言，奠基仪式与破土仪式在具体程序方面大同小异，而其适用范围亦大体相近。故此，这两种仪式不宜同时举行于一处。

开业仪式涉及面广、影响大、时间紧凑，要在短时间里营造出现场的热烈气氛，需要精心的准备。

5. 竣工仪式

竣工仪式，又称落成仪式或建成仪式。它是指本单位所属的某一建筑物或某项设施建设、安装工作完成之后，或者是某项纪念性、标志性建筑物，如纪念碑、纪念塔、纪念堂、纪念像、纪念雕塑等建成之后，以及某种意义特别重大的产品生产成功之后所专门举行的庆贺性活动。

举行竣工仪式的地点，一般应以现场为第一选择。例如，新建成的厂区之内、新落成的建筑物之外，以及刚刚建成的纪念碑、纪念塔、纪念堂、纪念像、纪念雕塑的旁边。

在竣工仪式举行时，全体出席者的情绪应与仪式的具体内容相适应。比方说，在庆贺工厂、大厦落成或重要产品生产成功时应当表现得欢快而喜悦。在为纪念碑、纪念塔、纪念堂、纪念像、纪念雕塑的建成举行竣工仪式时，则应表现得庄严而肃穆。

竣工仪式的程序主要有以下几项。

（1）主持人宣布竣工仪式开始，介绍来宾，全体肃立。

（2）奏国歌或演奏本单位标志性歌曲。

（3）本单位主要负责人发言。以介绍、感谢、回顾为主要内容，如图 5-7 所示为上海世博会阿联酋国家馆主体建筑竣工仪式。

图 5-7

图片来源：建设新闻网（www.114news.com/build/32/n-187232.html）

（4）进行揭幕或剪彩。

（5）全体人员向竣工仪式的"主角"——刚刚竣工或落成的建筑物，郑重其事地行注目礼。

（6）来宾致辞。

（7）进行参观。

6. 下水仪式

下水仪式，是指在新船建成下水之时所专门举行的仪式。准确地讲，下水仪式乃是造船厂在吨位较大的轮船建造完成、验收完毕、交付使用之际，为其正式下水启航而特意举行的庆祝性活动。

按照国际上目前通行的做法，下水仪式基本上都是在新船码头上举行的。届时，应对现场进行一定程度的美化。例如，在船坞门口与干道两侧，应饰有彩旗、彩带。在新船所在的码头附近，应设置专供来宾观礼或休息之用的彩棚。

对下水仪式的主角新船，亦须认真进行装扮。一般的讲究，是要在船头扎上由红绸所结成的大红花，并且在新船的两侧船舷上扎上彩旗，系上彩带。

下水仪式的主要程序有以下几项。

（1）主持人宣布仪式开始，介绍来宾，全体肃立，乐队奏乐，或锣鼓齐奏。

（2）奏国歌。

（3）由主人简介新船的基本状况。例如，船名、吨位、马力、长度、高度、吃水、载重、用途、工价等。

（4）由特邀掷瓶人行掷瓶礼。砍断缆绳，新船正式下水。

行掷瓶礼是下水仪式上所独具特色的一个节目。它在国外由来已久，并已传入我国。它的目的是要渲染出喜庆的气氛。它的做法是身着礼服的特邀嘉宾双手持握一瓶正宗的香槟酒，用力将瓶身向新船的船头投掷，使瓶破之后酒香四溢，酒沫飞溅。在嘉宾掷瓶以后，全体到场者须面向新船行注目礼，并随即热烈鼓掌。此时，还可在现场再度奏乐或演奏锣鼓，施放气球，放飞信鸽，并且在新船上撒彩花、落彩带。

（5）来宾代表致辞祝贺。

7. 通车仪式

通车仪式也称开通仪式，是指在重要的交通建筑完工并验收合格之后，所举行的正式启用仪式。例如，公路、铁路、地铁以及重要的桥梁、隧道等，在正式交付使用之前，均会举行一次以示庆祝的通车仪式。

举行通车仪式的地点，通常为铁路、公路、地铁新线路的某一端，新建桥梁的某一头，或者新建隧道的某一侧。在现场附近，以及沿线两旁，一般插上彩旗、挂上彩带。在通车仪式上，被装饰的重点是用以进行"处女航"的汽车、火车或地铁列车。在车头之上，一般系上红花。在车身两侧，一般插上彩旗，系上彩带，并且悬挂上醒目的大幅宣传性标语。

通车仪式的程序主要包括以下几项。

（1）主持人宣布仪式开始。介绍来宾，全体肃立。

（2）奏国歌。

（3）主要负责人致辞，主要介绍即将通车的新线路、新桥梁或新隧道的基本情况，并向有关方面表示谢意。

（4）来宾代表致辞祝贺。

（5）正式剪彩。

（6）首次正式通行车辆。届时，宾主及群众代表一起登车而行。有时，往往还须由主人所乘坐的车辆行进在最前方开路。

8. 通航仪式

通航仪式，又称首航仪式。它所指的是飞机或轮船在正式开通某一条新航线之际，所正式举行的庆祝性活动。（程序与通车仪式相同）

（二）开业仪式的筹备工作

1. 筹备原则

开业仪式的筹备要遵循热烈轰动、丰俭有度和安排周密的原则。

（1）热烈轰动是指在开业仪式的进行过程中营造出一种欢快、喜悦、隆重而又令人激动的气氛。

（2）丰俭有度是指举办开业仪式及其对仪式筹备工作的整个过程中，对于经费的支出要量力而行，既要该花得花，又要节约、节制、俭省。

（3）安排周密指的是在筹备开业仪式的时候，一方面要遵行礼仪惯例，另一方面又要根据具体情况具体分析，要周密细致、妥善安排、注重细节、分工明确、有条不紊，防止临场时"兵荒马乱"。

2. 舆论宣传工作

开业仪式的目的是为了扩大宣传，树立企业形象，因此舆论宣传工作十分重要。

要做好舆论宣传工作。就要选择有效的大众传播媒介，广泛张贴告示，以引起公众的注意。其内容一般包括：开业典礼举行的日期和地点；单位的经营特色；开业时对顾客的馈赠和优待；购物折扣；顾客光临时应乘坐的车次、路线等。需要注意应把广告设计得美观、大方，有特色，因为这也是企业形象的一个方面。开业广告或告示一般在开业前的3～5天内发布为宜。另外，还可以邀请一些记者在开业典礼举行之时，到现场进行采访、报道，予以正面宣传。

3. 来宾邀请工作

开业典礼是否成功，在很大程度上与参加典礼的主要宾客的身份、职能部门的范围和参加典礼的人数有直接关系。因此，在开业典礼准备工作中，邀请上级领导、知名人士、各职能部门负责人或代表、合作单位与同行单位的领导、社会团体的负责人、新闻媒体方面的人士等参加。

邀请来宾的请柬应认真书写，并应装入精美的信封，须提前几天邮寄给有关单位和个人。重要人物的请柬，由专人送达对方手中，以便对方早作安排。

4．场地布置工作

开业典礼的现场布置很重要，能够起到烘托气氛的作用。

一般开业仪式举行的地点可在正门之外的广场，也可以在大厅。

来宾一律站立。一般不布置主席台或座椅。贵宾站立之处铺设红色地毯，并在场地四周悬挂横幅、标语、气球、彩带等装饰物。

来宾赠送的花篮、牌匾应在醒目之处摆放。

提前备好来宾的签到簿、本单位的宣传材料。

5．接待服务工作

在开业仪式现场，一般由事先安排的专人负责来宾的接待服务工作。服务接待人员要分工负责，各尽其职。主要负责人亲自出面接待贵宾；礼仪人员接待一般来宾；准备饮料和点心。

6．礼品馈赠准备工作

举行开业仪式向来宾赠送的礼品如果选择适当会有很好的效果。礼品应具有宣传性、独特性和纪念意义。向来宾赠送的礼品应既与众不同，又具有本单位的特色，使人爱不释手，过目不忘，同时具有一定的纪念意义，使拥有者能珍惜、重视。礼品可选用本单位的产品，也可在礼品及外包装印上本单位的企业标志、广告用语、产品图案、开业日期等，具有广告宣传作用。

7．开业程序的拟定工作

开业仪式一般有开场、过程、结尾三大基本程序。

（1）开场程序主要包括奏乐、邀请来宾就位、宣布仪式正式开始、介绍主要来宾。

（2）开业过程是开业仪式的核心内容，一般包括本单位负责人讲话、来宾代表致辞、启动某项开业标志等。

（3）结尾主要包括开业仪式结束后的现场参观、联欢、座谈等内容。它是开业仪式必不可少的尾声。

为使开业仪式顺利进行，在筹备时要根据开业形式拟定具体程序，并选定适合的仪式主持人。

（三）参加开业典礼礼仪

1．主办方礼仪

仪容仪表。出席开业典礼的人员要做到仪容整洁、服饰规范。女士要适当化妆，穿深色西装套裙或套装。男士应梳理好头发，刮净胡须，穿深色西装或中山装。需要注意的是，最好着统一式样的服装，尤其是开工仪式，除司仪人员着礼仪性服装外，全体职工应穿着干净而整洁的工作服出席仪式。

准备充分。主要包括请柬的发放应及时，无遗漏；选择好开业场地、安排好席位、座次；安排好来宾的迎送车辆；做好服务接待工作等。

遵守时间。不得迟到、无故缺席或中途退场。仪式应准时开始、准时结束。

态度友好、行为自律。主办方人员要以主人翁的身份热情接待来宾，做到有问必答、主动相助。不做与典礼无关的事，不许嬉笑打闹和东张西望，表现出心不在焉的样子。

2. 宾客礼仪

准时参加。提前3～5分钟到达现场，如有特殊情况不能到场，应尽早通知主办方，说明理由并表达歉意。

准备好贺礼。贺礼可以选择花篮、镜匾、楹联等，以表示对开业方的祝贺，并在贺礼上写明庆贺对象、庆贺缘由、贺词及祝贺单位。

代表发言的宾客致贺词要简短，以祝贺顺利、发财、兴旺为主，不能随意发挥。

广交朋友。到场后应礼貌地与周围的人打招呼，可通过自我介绍、互换名片等方式结识更多的朋友。但开业典礼开始就不宜再交谈。

注意文明礼貌。典礼开始要遵守秩序，对开业仪式的过程要礼节性支持。如鼓掌、合影、跟随参观、写留言等。仪式结束后要礼貌告辞，应和主办人握手告别，并致谢意。

开业是公司正式运营的第一天，可谓大喜的日子。在这个节骨眼上，一点点的失礼行为都会给这气氛增添不和谐的因素。所以，一切行动都要格外慎重。

二、剪彩仪式礼仪

剪彩仪式起源于1912年，美国圣安东尼奥州的华狄密镇有一家大百货公司将要开业。开张这天的一大早，老板按当地风俗，在开着的店门前横系一条布带，防止公司未开张前有闲人闯入。这时，老板的10岁女儿牵着一条哈巴狗从店里匆匆跑出来，无意中碰断了这条布带。等在门外的顾客以为这是该店为了开张而搞的独特仪式，便蜂拥而入，争先购物。公司的生意，自然兴隆无比。不久，当老板的一个分公司又要开张时，想起第一次开张时的盛况，老板便有意让小女儿把布带碰断，果然效果又很好。于是，人们争相效法。这种仪式发展到了今天，就叫"剪彩"。

（一）准备工作

同开业典礼的准备工作一样，剪彩典礼也需要做好舆论宣传、发送请柬、场地布置、灯光与音响的准备等工作。其具体做法可以参考开业礼仪的筹备工作。在有的开业典礼上剪彩仪式属于其中的一个环节。剪彩仪式的准备工作主要介绍剪彩工具的准备。

1. 彩带

剪彩仪式中万众瞩目的"焦点"是彩带，传统的彩带是整匹未曾使用过的红色绸缎，在中间结成数朵花团而做成。正式的剪彩仪式上红色缎带上所结的花团不仅要硕大、生动醒目，而且其具体数目往往还比现场剪彩者的人数多一个。随着节约意识的不断增强，很多"彩带"已经开始使用长约 2 米的红缎带或红布条作为变通。

2. 剪刀

剪彩者剪彩时应该人手一把崭新、锋利的剪刀，这样就避免了因剪刀不好使而让剪彩者出洋相。主办方在剪彩仪式结束后，可以将每位剪彩者所使用的剪刀经过包装之后，送给对方作纪念。

3. 手套

供剪彩者剪彩时戴的手套是白色薄纱手套，这样会显得郑重，在准备白色薄纱手套时，一定要保证手套洁白无瑕、大小适度、数量充足、人手一副。但一般情况主办方也可以不准备。

4. 托盘

托盘是在剪彩仪式上由礼仪小姐托在手中，用作盛放红色缎带、剪刀、白色薄纱手套的。托盘通常会首选银色的不锈钢制品，而且还要崭新和洁净。正规的剪彩仪式上，托盘在使用时铺上红色绒布或绸布。

5. 红色地毯

为了提升档次和营造一种喜庆的气氛，剪彩现场铺设红色地毯，通常铺设在剪彩者正式剪彩时的站立之处。它的长度根据剪彩者人数的多寡而定，宽度则应在 1 米以上，很多时候也可不铺设地毯。

（二）安排剪彩人员

1. 确定主持人和剪彩者

主持人要求外表端庄，口齿清楚，反应敏捷，大局观强。

在剪彩仪式中，确定剪彩者是非常重要的。剪彩者的身份地位与剪彩仪式的档次高低有着密切的关系，剪彩者通常由上级领导、单位负责人、社会名流、合作伙伴、员工代表担任。剪彩者可以是一人，也可以是多人，但一般不超过五人。剪彩者确定后，要提前安排专人通知对方，征求对方的同意，不可勉强对方。如果是由多人同时担任剪彩者时，还应分别告知是何人与他同担此任，这样做是对剪彩者的一种尊重。

2. 礼仪小姐的选定

礼仪小姐的基本条件是身材修长、相貌较好、气质高雅、善于交际。主办方可以邀请几位专业的礼仪小姐，或者就由主办方的女职员担任。为了增加剪彩仪式热烈而隆重的喜庆气氛，礼仪小姐要事先培训。礼仪小姐主要负责引导宾客、拉彩带、捧花、递剪刀等工作。礼仪小姐应文雅、大方、庄重，最好能盘起头发并化淡妆，在着装方面可以穿红色旗袍，也可以穿深色或单色的套裙，但是一定要整齐统一。

（三）剪彩程序

按照惯例，剪彩既可以是开业仪式中的一项具体程序，也可以独立出来由其自身的一系列程序所组成。独立举行的剪彩仪式通常应包括以下环节。

1. 来宾就座

邀请来宾入场、就座。在一般情况下，剪彩者应就座于前排。若多人剪彩时，应按剪彩时的具体顺序就座，即主剪者位于中间，距离主剪者越远位次越低，且右侧位次高于左侧位次。

2. 宣布仪式开始

在主持人宣布剪彩仪式开始后，全场起立，奏国歌或请乐队奏乐或燃放少量鞭炮来烘托现场的热烈气氛。此后，主持人应介绍到场的重要嘉宾，并对他们表示谢意。

3. 致辞

致辞者依次为东道主单位的代表、上级主管部门的代表、地方政府的代表、合作单位的代表等。致辞内容要言简意赅，并富有鼓动性，使场面隆重而热烈。发言的重点分别应为介绍、道谢与致贺。

4. 进行剪彩

主持人宣布进行剪彩。礼仪小姐先登场，有两名礼仪小姐拉直彩带，其余站在彩带后一米左右举好托盘。现在有的剪彩仪式礼仪小姐直接用托盘捧花，不用单独拉直彩带。

负责引导的礼仪小姐从右侧出场，在剪彩者左前方引导剪彩者，若剪彩者仅为一人，则其剪彩时居中而立即可；若剪彩者不止一人时，则其同时上场剪彩时，应列成一行，并且使主剪者行进在前。引导小姐引导剪彩人员，使主剪者应居于中央的位置站立，其余剪彩者的位次按身份（即主剪者的右侧高于左侧，距离主剪者站立愈远位次便愈低的位置）各就各位。

剪彩者行至既定位置之后，应向拉彩带和捧花团的礼仪小姐含笑致意。当剪彩者均已到达既定位置之后，负责托盘的礼仪小姐应前行一步，到达剪彩者的右后侧，以便为其递上剪刀、手套。当负责托盘的礼仪小姐递上剪刀、手套时，剪彩者亦应微笑着向对方道谢。

在主持人向全体到场者介绍剪彩者时，剪彩者要面带微笑向大家欠身或点头致意。

在正式剪彩时，剪彩者应首先向捧花团的礼仪小姐示意，待其有所准备后，就应集中精力，右手持剪刀，表情庄重地将红色缎带一刀剪断。若多名剪彩者同时剪彩时，其他剪彩者应注意主剪者的动作，与其主动协调一致，力争大家同时将红色缎带剪断，剪彩以后，红色花团应准确无误地落入负责托盘的礼仪小姐手中的托盘里，而切勿使之坠地。剪彩者在剪彩成功后，可以右手举起剪刀，面向全体到场者致意，然后将剪刀、手套置于托盘之内，举手鼓掌。此时，全体人员热烈鼓掌，必要时还可奏乐或燃放鞭炮。接下来，剪彩者可以依次与主人握手道喜，随后便可以列队在负责引导的礼仪小姐的引导下退场。退场时，剪彩者一般宜从右侧下台。待剪彩者退场后，其他礼仪小姐方可列队从右侧退场。

不管是剪彩者还是礼仪小姐在上下场时都要注意井然有序、步履稳健、神态自然，在剪彩过程中更是要表现得不卑不亢、落落大方。

剪彩后，主人应陪同来宾参观，向来宾赠送纪念性礼品，或设宴款待来客。

一般来说，剪彩仪式宜紧凑，忌拖沓，所耗时间愈短愈好。短则一刻钟即可，长则至多不宜超过 1 个小时。

如图 5-8 所示为深圳广播电视大学 30 周年书画摄影设计作品展举行的剪彩仪式。

图 5-8

图片来源：http://www.szrtvu.com.cn/n1256c90.aspx

三、交接仪式礼仪

交接仪式，一般是指施工单位依照合同将已经建设的工程项目或安装完成的大型设备经验收合格后，正式移交给使用单位而专门举行的庆祝仪式。它既是商务伙伴对已成功合作的庆祝，并对给予过自己支持、帮助和理解的社会各界的答谢，又是接收单位与施工、安装单位巧妙地利用时机，为双方各自提高知名度和美誉度而进行的一种宣传活动。因此举行交接仪式有着重要的意义。

（一）仪式的准备工作

1. 邀请来宾

邀请来宾一般由交接仪式的施工、安装单位一方负责。出席人员包括：施工、安装单位的有关人员，接收单位的有关人员，上级主管部门的有关人员，当地政府的有关人员，行业组织、社会团体的有关人员，社会知名人士，新闻界人士以及相关协作单位人员等。此外还要尽可能争取多家媒体的参与，并为其提供便利或派专人协助工作，如果邀请海外的媒体人员参加交接仪式，必须遵守有关的外事规则与外事纪律，事先履行必要的报批手续。在具体拟定来宾名单时，施工、安装单位要主动征求接收单位的意见。合作伙伴可以根据自己的实际情况提出一些合理化的意见，但不能过于挑剔。确定参加者的总人数时，结合场地的条件和本身的接待能力，参加交接仪式的来宾人数应越多越好，这样会场的气氛会显得热闹。

确定主持人，要求外表端庄，口齿清楚，反应敏捷，大局观强。

2. 现场的布置

交接仪式会场的选择要考虑交接仪式的重要程度、是否要求对其保密、交接仪式的具体程序、内容、规模，以及出席者的具体人数等因素。通常交接仪式的举行地点选择在已经建设、安装完成并已验收合格的工程项目或大型设备所在地的现场。也可根据具体的情况，酌情考虑安排在东道主单位本部的会议厅或者由施工、安装单位与接收单位双方共同认可的其他场所。

在交接仪式的现场，入会场的入口处、主干道两侧和交接物四周，悬挂彩带、彩球、彩旗，地面放置色泽艳丽、花朵硕大的盆花，用以烘托气氛。

在交接仪式的会场，可以临时搭建一处主席台，在主席台上空，要悬挂横幅，上面应写"某某工程项目交接仪式"，或"热烈庆祝某某建筑正式投入使用"。主席台上面铺上一块红地毯。来宾赠送的祝贺性花篮摆放在主席台正前方或分成两行摆放在现场入口。

3. 物品的预备

在交接仪式上，应由东道主提前准备需要使用的物品，主要包括：由交接双方正式签署的已经公证的接收证明文件，即验收文件；交付给接收单位的全部物资、设备或其他物品的名称、数量明细表，即一览表；用来开启被交接的建筑物或机械设备的钥匙，在一般情况下，钥匙具有的只是象征性意味，故预备一把即可；烘托喜庆气氛的彩球、彩旗、彩带、横幅、花篮、花盆等物品；为来宾准备的赠礼应突出其宣传性、纪念性，礼品可以选择被交接的工程项目、大型设备的微缩模型。

（二）交接仪式的基本程序

1. 交接仪式开始

在宣布交接仪式开始之前，主持人应邀请有关各方人士在主席台上就座，主持人宣布交接仪式开始，介绍嘉宾，全体肃立。

2. 奏国歌或东道主单位的标志性歌曲

为使交接仪式显得庄严和隆重，全体与会者必须肃立，奏国歌或东道主单位的标志性歌曲。

3．进行交接

主要是由施工、安装单位的代表面带微笑，双手将验收文件、一览表或者钥匙等象征性物品，正式递交给接收单位的代表。接收单位的代表面带微笑，双手接收有关物品。之后，双方热烈握手祝贺。至此，标志着有关的工程项目或大型设备已经被正式地移交给了接收单位。在该项程序进行的过程中，现场要演奏或播放节奏欢快的喜庆性歌曲，营造一种热烈而隆重的气氛。这一程序也可由上级主管部门负责人或当地政府领导人为工程项目剪彩所取代。如图 5-9 所示为 2010 年上海世博会专用游艇交接仪式。

图 5-9

图片来源：http://www.oceanalexander.cn/img/news/4.html

4．致辞

致辞者依次为施工、安装单位的代表，接收单位的代表，来宾代表。发言一般均为礼节性的，点到为止。原则上时间以 3 分钟为限。

5．结尾

主持人宣告交接仪式结束。全体与会者应较长时间地热烈鼓掌。安排全体来宾进行参观或观看文娱表演。

（三）参加人员礼仪

1．东道主礼仪

东道主一方参加交接仪式的人员，他们代表本单位的形象，因此要求他们仪表整洁、妆容规范、服饰得体、举止大方、保持风度，在为发言者鼓掌时，不能厚此薄彼。在交接仪式举行期间，东道主一方的人员不能东游西逛、交头接耳、打打闹闹。

东道主一方的全体人员应当自觉地树立起主人翁意识，热情友好待客，不管自己是否专门负责接待工作，都应当自觉地为来宾服务。面对来宾提出问题或有需求时，要尽力予以帮助和解决。如果力不能及，要向对方说明原因，并且及时向有关方面反映。

2. 来宾礼仪

被邀请者接到正式邀请后，应以单位或个人的名义向东道主表示热烈祝贺，为表示祝贺之意，要略备贺礼，向邀请单位赠送，贺礼一般为花篮、牌匾、贺幛等。并在贺礼上写明庆贺对象、庆贺缘由、贺词及祝贺单位。被邀请者在参加仪式时，还应郑重其事地与东道主一方的主要负责人分别握手，并口头道贺。

被邀请者要准时到场，如因故实在不能出席，则应尽早向东道主道歉并说明原因。仪式结束后应和主人握手告别，并致谢意。

第四节　现代商务位次礼仪

礼仪小故事

　　王强是一家企业的老总，有一项目需要合作伙伴。刘总和张总分别是两家企业的老总，他们都有意向要与王总合作。在选择合作伙伴时，王强决定亲自分别与二人洽谈。王强先约刘总吃工作餐，他亲自开车接刘总，到达地点，王强等了一刻钟，刘总才下楼。刘总看到王强的新车，赞叹道："真气派！"王强笑着寒暄几句，就打开副驾驶座边的车门，请刘总上车。而刘总像没看见一样打开后右侧的车门，坐在了后座上。到了地点，刘总等王总给开车门才下车。在就餐时，刘总话语很少，闷头吃。告别时，刘总表示很希望与王强合作。过了几日，王强约张总吃工作餐，同样是他亲自开车接张总，还没到地点，老远就看到张总在等待。不等王总下车，张总就示意不用下车，径自打开副驾驶座边的车门坐在副驾驶座上，坐稳后打量新车，称赞道："王总你太有眼光了！"一路上从车聊到合作。到了地点，张总不等王强给开车门就下了车，宾主二人互相谦让，走进餐厅。就餐过程中，张总就合作的前景谈了自己的看法。过后，王强经过权衡最终选择与张总的企业合作。

一、行进中的位次排列礼仪

所谓行进中的位次排列，指的是人们在步行的时候位次排列的顺序。作为商务人员经常陪同、接待客商或领导步行到某处洽谈、参观，并担任引导者，这需要注意在不同场合的位次排列礼仪。在行进过程中，需要注意排列的次序。一般来说，有平面行进礼仪、上下楼梯礼仪、出入电梯礼仪与出入房间礼仪四种场合。

（一）平面行进礼仪

商务人员陪同客商行进时，位次顺序是：前者高于后者，内侧高于外侧，中央高于两侧。即横向行进时，陪同人员应该把内侧（靠墙一侧）让给客人，把方便留给客人。如果客商比较熟悉环境，如故地重游，应让客商在前行进，以便其选择自己喜欢的方向，即两人前后行进时，前方高于后方，把选择方向的权利让给地位高的人或客人，这是走路的一个基本规则。如果客商不熟悉环境，商务人员要充当引导员的身份，

在客商斜前方 1.5 米的距离引导，如果是在走廊里，则让客商走在路的中央，如图 5-10 所示。走在客商前面引导时，行进过程中，要始终让身体稍微侧转，面向客商。

当多人并排行走时，高低的顺序依次是：中央、内侧、外侧。如公关部长与工作人员接待客商参观时，一行三人行走时，客商在中央，公关部长在内侧，工作人员在外侧。

让我带您到接待室去吧。

在走廊里，走在客人的斜前方，与其保持 2~3 步的距离，让客人走在路的中央。

图 5-10

（二）上下楼梯礼仪

无论是上下楼梯或是自动扶梯，上下楼梯最好不要并行，并排行走会阻碍交通，是没有教养的标志。要靠右侧通行，要纵向行进，位次顺序是以前方为上。男女同行时，一般女士优先走在前方。需要注意的是，如果与着裙装（特别是短裙）的女士同行时，上下楼时应该女士居后，如图 5-11 所示。在楼梯上行走时，中途不要停下聊天。

图 5-11

（三）出入电梯礼仪

1. 出入电梯的次序礼仪

商务人员陪同客商出入有人控制的电梯时，应先按电梯呼梯按钮。电梯到达门打开时，陪同者要请让客人先进入电梯，告知所要到达的楼层，到达所到楼层时，要请客商先出电梯。即陪同者后进后出，客人或长辈先进先出。

出入无人控制的电梯时，陪同人员应先行进入电梯，一手按"开门"按钮，一手拦住

电梯侧门，礼貌地请客人或地位高的人进入电梯。

当到达客人或地位高的人所要求的楼层时，陪同人员一手按住"开门"按钮，另一只手做出请的动作，可说："××层到了，您先请！"待客人走出电梯后，自己立刻快步出电梯，并热诚地为其引导行进的方向。

2．电梯内的站立次序

在电梯轿厢内，陪同人员应靠边侧站立，面对或斜对客人，电梯内越靠近里面，越是尊贵的位置。中途有其他客人乘梯时，陪同人员应礼貌问候。在日本，电梯内的位置有"上下座"之分。"上座"是在电梯按钮一侧最靠后的位置；其次是这个位置的旁边；再其次是这个位置的斜前方；最差的"下座"就是挨着操作盘的位置，因为这个人要按楼层的按钮，相当于"司机"。

（四）出入房间礼仪

商务人员陪同客商或上级出入房间时，当门是向内开式时，打开后，商务人员先行入内，然后一只手按着门把，请客商进入。出房间时商务人员先开门请客商先出。

若门是向外开式时，商务人员打开门后同样地单手按住门把，请客商入内，就好像将客商送进去般的姿势，然后自己再进去，背对门将门带上，引导来客入座。若室内光线暗，陪同人员要先进去为客人开灯，然后请客商进入。出房时，陪同人员要先出去，为客人推门导引，客人后出门。

如有特殊情况时，如双方均为首次到一个陌生房间，陪同人员宜先入房门。

（五）注意事项

行进过程中不要与客商相距过近或过远，避免与对方发生身体碰撞。万一发生，务必要及时向对方道歉；行进过程中不要抢步，速度不要太快或太慢，以免妨碍周围人的行进；行走时忌尾随于他人身后，甚至对其窥视、围观或指指点点；行进过程中，要表情自然，适当为客商作介绍，忌表情冷漠，一言不发；忌与已成年的同性在行走时勾肩搭背、搂搂抱抱。在西方国家，只有同性恋者才会这么做。

乘坐电梯时要注意尽量少说话，因为电梯里不是一个私密空间，你所说的任何话都可被周围人共享。如果一定要与同伴聊天或谈工作，也请放低声音，不要打扰其他人员。在电梯小小的空间里还要避免凝视他人。电梯里是绝对禁止吸烟的，有些国家在电梯里吸烟是违反法律的。

二、乘车的位次礼仪

乘车是在商务活动中最普遍的一种交通方式，在选择不同的车辆时，要注意选择不同的位次排列，这样才能体现出一个商务人员应有的修养。

（一）乘坐轿车位次礼仪

1. 专职司机驾驶轿车乘坐位次礼仪

由专职司机驾驶的轿车通常是公务用车，用于接待客人。乘坐轿车上下车时，一般情况让客人先上车，后下车。需要注意的是，不同座位尊卑有差异。公务接待时轿车的上座指的是后排右座，也就是司机对角线位置，因为后排比前排安全，右侧比左侧上下车方便。公务接待时，副驾驶座一般叫随员座，坐秘书、翻译、保镖、警卫、办公室主任或者导引方向者。

（1）在双排五人座轿车上，座位由尊而卑依次应当为：后排右座、后排左座、后排中座、副驾驶座，如图5-12所示。如果要考虑安全问题，在轿车上，后排座位比前排座位要安全得多。最不安全的座位，当数前排右座；最安全的座位，则是后排左座，即司机后面的座位。高级将领、高级领导、包括中国港、澳的一些专家人士，不管方向盘在哪里，都要喜欢在司机后面。因为那个位置最安全。最不安全的位置是副驾驶座，如图5-13所示。一般情况虽然后排3个座位，但是通常坐两人。

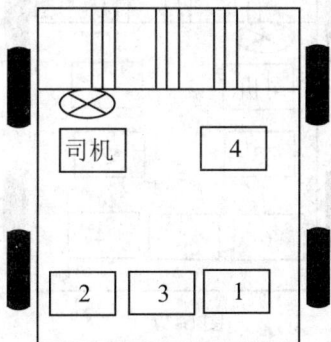
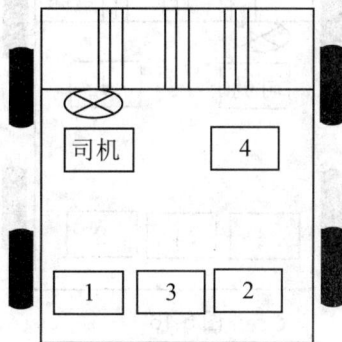

图 5-12 图 5-13

（2）在双排六人座轿车上，座位由尊而卑应当依次为：后排右座、后排左座、后排中座、前排右座、前排中座，如图5-14所示。

（3）三排七座轿车上，其他六个座位的座次，由尊而卑依次应为：后排右座、后排左座、后排中座、中排右座、中排左座、副驾驶座，如图5-15所示。

2. 轿车主人驾驶时乘坐位次的礼仪

当主人亲自开车时，以副驾驶座为上座，这既是为了表示对主人的尊重，也是为了显示与之同舟共济。

（1）在双排五座的轿车里，座位由尊而卑依次是：副驾驶座、后排右座、后排左座、后排中座，如图5-16所示。如果是主人开车送友人夫妇时，友人的男士应坐在副驾驶座，其妻子坐后排座。

（2）三排七座轿车上其他六个座位的座次，由尊而卑依次应为：副驾驶座、中排右座、中排左座、后排右座、后排中座、后排左座，如图 5-17 所示。

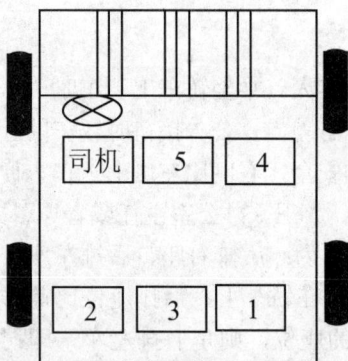

图 5-14

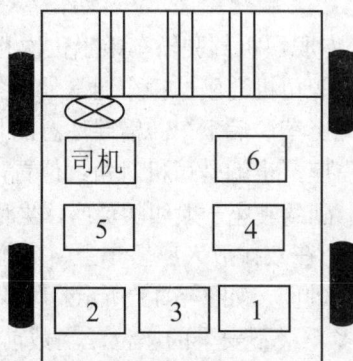

图 5-15

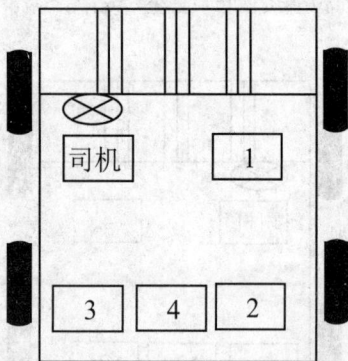

图 5-16

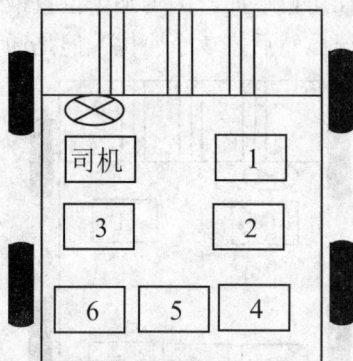

图 5-17

需要注意的是，当主人亲自驾车时，若一个人乘车，则必须坐在副驾驶座上；若多人乘车，必须推举一个人在副驾驶座上就座，不然就是对主人的失敬。

西方文化中，坐车时在有男士的情况下，坐在前面的女士意味着和驾车的男士有非同一般的关系，而男士在后排坐在两位女士的中间更是极不可取的顺序，极易引起误会。

（二）乘坐吉普车的位次礼仪

吉普车是一种轻型越野客车，是四座车。不管由谁驾驶，其座次由尊而卑均依次是：副驾驶座、后排右座、后排左座，如图 5-18 所示。

（三）乘坐大中型轿车的位次礼仪

乘坐大中型轿车，无论由何人驾驶，以距离前门的远近，来排定其具体座次的尊卑。

即以前排为上，后排为下；同排座位以右为尊，即右高左低，如图 5-19 所示。

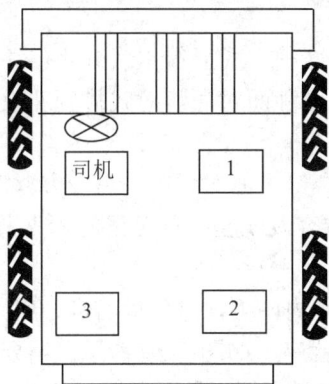

图 5-18

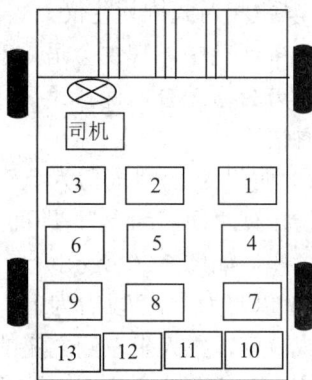

图 5-19

（四）乘坐其他车辆的位次礼仪

乘坐火车需要对号入座，乘坐公共汽车或地铁时，需要排队上车，座位可供选择的余地并不太大。通常，临窗的座位为上座，临近通道的座位为下座。与车辆行驶方向相同的座位为上座，与车辆行驶方向相反的座位为下座。

（五）注意事项

坐轿车时，按照惯例，应当请位尊者先上车，最后下车。位卑者应当最后上车，最先下车。在与同等地位的人上下车时，要互相谦让。如果很多人坐在一辆车中，谁最方便下车谁就先下车。在轿车抵达目的地时，如果有专人恭候负责拉开轿车的车门，这时位尊者应先下车。

在许多城市，出租车的副驾驶座经常是不允许乘客就座。这主要是为了防范歹徒劫车。其实质也是出于安全考虑。因为轿车的前排，特别是副驾驶座，是车上最不安全的座位，该座位女性或儿童不宜就坐。通常，在正式场合乘坐轿车时，应请尊长、女士、来宾上座，这是给予对方的一种礼遇。同时也要尊重嘉宾本人的意愿和选择。在相互谦让座位时，除对位尊者要给予特殊礼遇之外，对待同行人中的地位身份相等者，也要以礼相让。在有妇女、儿童、老年人、残疾人或身体欠佳者时应优先就座。

三、会客与谈判的位次排列礼仪

（一）会客的位次排列礼仪

会客，也称会晤或者会面，在国际商务交往中，是商务人士之间相互交往的一种商务活动形式。在商务会客时，安排位次要注意基本的礼节。

1．宾主相对式排列礼仪

在商务活动中，宾主会晤，双方常常面对面而坐。这种方式显得主次分明，往往易于使宾主双方公事公办，保持距离，适用于公务性会客，这种面对面相对式排列礼仪通常又分为两种情况。

（1）面门为上。"面门为上"是指宾主双方就座后，一方面对正门，另一方背对正门。此时位次排列"面门为上"，即面对正门之座为上座，请客人就座；背对正门之座为下座，由主人就座，如图5-20所示。

（2）以右为上。"以右为上"是指宾主双方就坐于室内两侧，进门后右侧之座为上座，应请客人就座，主人坐左侧之座的下座，宾主面对面地就座，如图5-21所示。需要注意的是，当宾主双方不止一人时，客人就坐于进门后的右侧里面的位置上，而客人的随同人员坐在离门较近的位置。主人面对客人就座，主人的随同人员面对客人的随同人员就座，如图5-22所示。

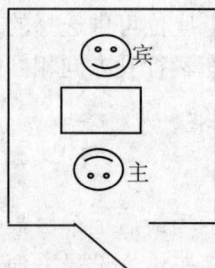

图 5-20

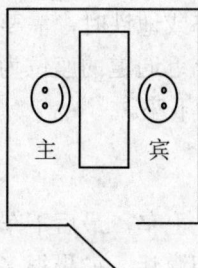

图 5-21

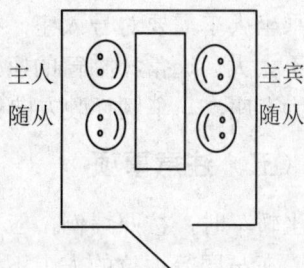

图 5-22

2．宾主并列式排列礼仪

在商务活动中，宾主会晤，双方为表示地位相仿，平起平坐，关系密切，而采取的并排就座的方法。

（1）宾主一同面门而坐。此时讲究"以右为上"，即主人宜请客人坐在自己的右侧面。若双方不止一人时，双方的其他人员可各自分别在主人或主宾的侧面按身份高低依次就座，如图5-23所示。

（2）宾主双方在室内同侧并排就座。宾主双方同在室内的右侧或左侧就座，其尊卑顺序"以远为上"，即距门较远的座位为上座，应当让给客人；距门较近的座位为下座，主人就座。

（3）主席式。当东道主在正式场合同时会见两方或两方以上的客人时，一般应由主人面对正门而坐，其他各方来宾则应在其对面背门而坐。这种安排像主人正在主持会议，故称为主席式。主席式主要适用同时接待两方或两方以上的客人，如图5-24所示。

（4）自由式。自由式通常用在客人较多，座次无法排列，或者大家都是亲朋好友，没有必要排列座次时。即会晤时有关各方均不分主次、不讲位次，而是一律自由择座。故称自由式的座次排列。进行多方会面时，此法常常采用。

图 5-23

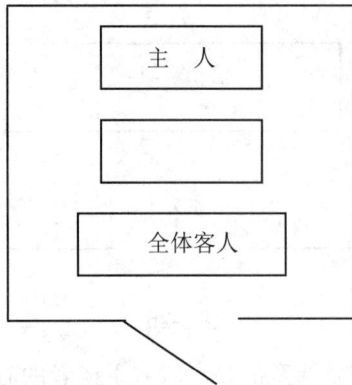

图 5-24

需要注意的是，在商务会晤时当多人并排就座时，尊卑顺序应"居中为上"，即应以居于中央的位置为上座，请客人就座；以两侧的位置为下座，而由主方人员就座。它是并列式排位的一种特例。

（二）谈判时的座次排列

在商务交往中，当不同的公司为了各自的经济利益而在一起进行接洽商谈时，就出现了谈判。谈判是商务活动的一种特殊形式。由于商务谈判往往直接关系到交往双方所在单位的切实利益，因此谈判具有不可避免的严肃性。举行正式谈判时，有关各方在谈判现场具体就座的位次，要求是非常严格的。从总体上讲，排列正式谈判的座次，可分为以下两种基本情况。

1. 双边谈判时座次排列

双边谈判，指的是由两个方面的人士所举行的谈判。在一般性的谈判中，双边谈判最为多见。举行双边谈判时，应使用长桌或椭圆形桌子，宾主应分坐于桌子两侧。双边谈判的座次排列，主要有两种形式。

（1）横桌式座次排列。横桌式座次排列，是指谈判桌在谈判室内横放，客方人员面门而坐，主方人员背门而坐。除双方主谈者居中就座外，各方的其他人士则应依其具体身份的高低，各自先右后左、自高而低地分别在己方一侧就座，如图 5-25 所示。

（2）竖桌式座次排列。竖桌式座次排列，是指谈判桌在谈判室内竖放。具体排位时以进门时的方向为准，右侧由客方人士就座，左侧则由主方人士就座。各方的主谈人员应在自己一方居中而坐。其他人士则应依其具体身份的高低，各自先右后左、自高而低地分别在己方一侧就座，如图 5-26 所示。

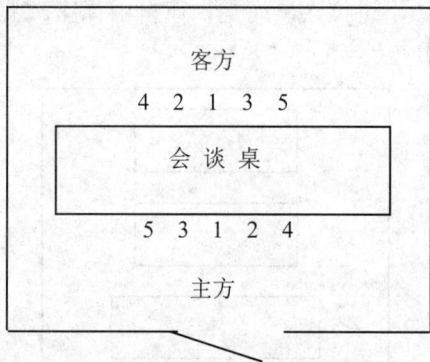

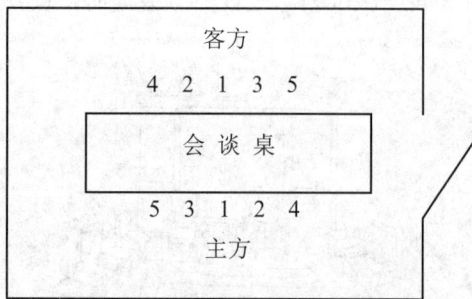

图 5-25   图 5-26

需要注意的是，双方主谈者的右侧之位，在国内谈判中可坐副手，而在涉外谈判中则应由译员就座。即应安排译员坐于仅次主谈人员的位置，即主谈人员之右的位置。

2. 多边谈判

多边谈判，在此是指由三方或三方以上人士所举行的谈判。多边谈判的座次排列，主要也可分为两种形式。

（1）自由式座次排列。自由式座次排列，即各方人士在谈判时自由就座，而毋须事先正式安排座次。

举行多边洽谈时，为了避免失礼，按照国际惯例，一般均以圆桌为洽谈桌来举行"圆桌会议"。如此一来，尊卑的界限就被淡化了。

（2）主席式座次排列。主席式座次排列，是指在谈判室内，面向正门设置一个主席位，由各方代表发言时使用。其他各方人士，则一律背对正门、面对主席之位分别就座。各方代表发言后，亦须下台就座。

四、会议与宴会的位次排列礼仪

商务人士经常参加国内、国外各种会议，位次礼仪不一样，稳妥的办法是，如果参加一个排定座位的会议，最好等着有关人员将自己引导到座位上去。

（一）会议时的位次排列

国际商务交往时的商务会议按规模划分，有大型会议、小型会议和茶话会之分，座次排列各不相同。

1. 大型商务会议

大型商务会议，一般是指与会者众多、规模较大的会议。它的最大特点是，会场上应分设主席台与群众席。前者必须认真排座，后者的座次则可排可不排。

（1）主席台位次排列。大型会场的主席台，一般应面对会场主入口。在主席台上的就座之人，通常应当与在群众席上的就座之人呈面对面之势。在其每一名成员面前的桌上，均应放置双向的桌签。

主席台位次排列，具体又可分为主席团位次排列、主持人座席和发言席的位置。

第一，主席团位次排列。主席团，是指在主席台上正式就座的全体人员。按国际惯例主席团位次是：前排高于后排、中央高于两侧、右侧高于左侧（国内政务会议是左侧高于右侧）。

第二，主持人座席。会议主持人通常居于前排的右侧就座，或者居于前排正中央。

第三，发言席。在正式会议上，发言者发言时不宜坐于原处发言。发言席的常规位置一般在主席团的正前方或主席台的右前方。

（2）群众席排座。在大型商务会议上，主席台之下的一切座席均称为群众席。群众席的具体排座方式有以下几种。

第一，自由式择座。即不进行统一安排，而由大家自行择位而坐。

第二，按单位就座。它指的是与会者在群众席上按单位、部门或者地位、行业就座。它的具体依据，既可以是与会单位、部门的汉字笔画数的多少、汉语拼音字母的前后，也可以是其平时约定俗成序列。按单位就座时，若分为前排后排，一般以前排为高，以后排为低；若分为不同楼层，则楼层越高，排序便越低。

2．小型商务会议

小型商务会议，一般指参加者较少、规模不大的商务会议。它的主要特征是全体与会者均应排座，不设立专用的主席台。

小型商务会议的排座，目前主要有如下三种具体形式。

（1）面门设座。它一般以面对会议室正门之位为会议主席之座。其他的与会者可在其两侧自右而左地依次就座。

（2）依景设座。依景设座，是指会议主席的具体位置，不必面对会议室正门，而是应当背依会议室之内的主要景致之所在，如字画、讲台等。其他与会者的排座，则略同于前者。

（3）自由择座。自由择座是指不排定固定的具体座次，而由全体与会者完全自由地选择座位就座。

3．茶话会议

在商界，茶话会主要是指为联络老朋友、结交新朋友、具有对外联络性质而举行的招待性质的社交活动。因该活动以参加者不拘形式地自由发言为主，并且备有茶点，而称为茶话会。茶话会主要是以茶待客、以茶会友，但是实际上，它的重点不在"茶"，而在于"话"，是借此机会与社会各界沟通信息、交流观点、听取批评、增进联络、为创造良好的环境而举行的社交活动。茶话会的位次安排主要有四种。

（1）环绕式。环绕式就是不设立主席台，把座椅、沙发、茶几摆放在会场的四周，不明确座次的具体尊卑，与会者在入场后自由就座。这种安排座次的方式，与茶话会的主题相符，目前多采用此种方式，也最为流行。

（2）散座式。散座式排位，常见于在室外举行的茶话会。座椅、沙发、茶几四处自由地组合，甚至可由与会者根据个人要求而随意安置。这样就容易创造出一种宽松、惬意的社交环境。

（3）圆桌式。圆桌式排位，指的是在会场上摆放圆桌，请与会者在周围自由就座。

圆桌式排位又分两种形式：其一是在会场中央安放一张大型的椭圆形会议桌，请全体与会者在圆桌前就座，这种方式适合人数较少的情况；其二是在会场上安放数张圆桌，请与会者自由组合就座。这种方式适合人数较多的情况。

（4）主席式。在茶话会上，主席式排位并不是要在会场上设主席台，而是指在会场上，主持人、主人与主宾应被有意识地安排在一起就座，并且按照常规，居于上座之处。

（二）宴会的位次排列

在国际商务交往中，组织宴会时，宴会的位次安排是最重要的一环，通过宴会的位次安排把客人的尊重表现出来。

举办正式宴会，一般均应提前排定其位次。宴会的排位，通常又可分为桌次安排与席次安排两个具体方面。

1．桌次的安排

在国际商务餐宴请活动中，往往采用圆桌布置菜肴、酒水，也有的采用长条桌。如果所设餐桌不止一桌，桌次排列情况如下。

（1）以右为上。当餐桌分为左右时，应以居右之桌为上。此时的左右，是在室内根据"面门为上"的规则所确定的，如图5-27所示。

（2）以远为上。当餐桌距离餐厅正门有远近之分时，通常以距门远者为上，如图5-28所示。

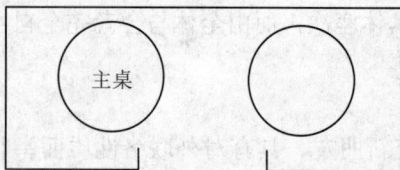

图 5-27

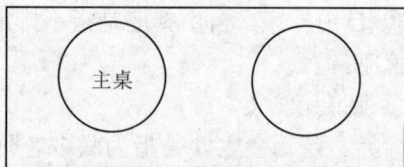

图 5-28

（3）居中为上。当多张餐桌并排列开时，一般居中央者为上。其余餐桌根据具体情况以右为上（见图5-29）或以远为上（见图5-30）。

图 5-29

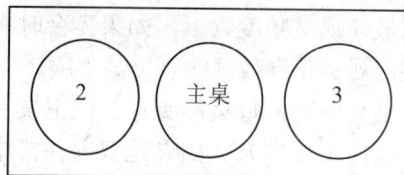

图 5-30

在大多数情况下，当多张餐桌排列时以上三条桌次排次的常规往往是交叉使用的。即在安排多桌宴请的桌次时，要注意"面门定位"、"居中为上"、"以右为尊"、"以远为上"等规则，此外还应兼顾其他各桌距离主桌的远近。通常，距离主桌越近，桌次越高；距离主桌越远、桌次越低，如图 5-31～图 5-33 所示。

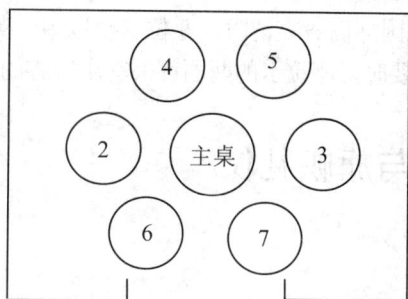

居中为上、以右为上

图 5-31

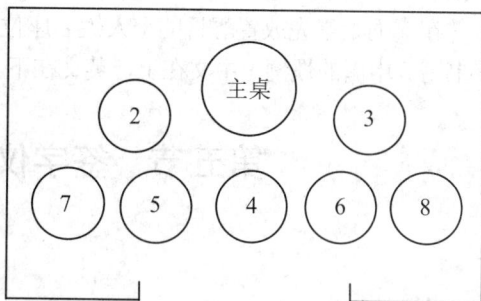

面门为上、以远为上、居中为上、以右为上

图 5-32

需要注意的是，在安排桌次时，所用餐桌形状要一致。餐桌的大小除主桌可以略大外，其他餐桌要基本一致不要大于主桌或过小；在宴请时为了确保赴宴者及时、准确地找到自己所在的桌次，可以在请束上注明对方所在的桌次、安排引位员引导来宾按桌就座，或者在每张餐桌上摆放桌次牌；如果是国内宴请，两张餐桌并排时，要以左为尊，即主桌在左。

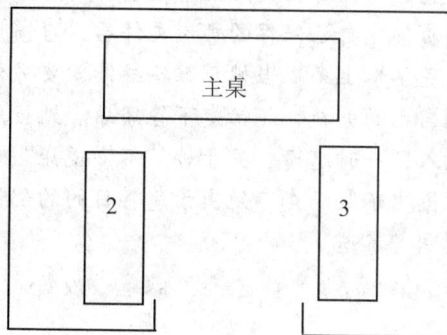

以远为上、以右为上

图 5-33

2．席次的安排

商务宴请时，每张餐桌上的具体位次也有主次尊卑的分别。

（1）主人席位。面门为上，即主人之位应当面对餐厅正门。有两位主人时，双方则可对面而坐，第一主人面门，第二主人背门。如果是夫妇，西方宴请女主人面门，男主人背门。

以最佳观赏角度为上，如果宴会时有高雅的演出，或者有优美的景致供用餐者欣赏，这时候，观赏角度最好的座位是上座。

多桌宴请时，每桌都要有一位主桌主人的代表在座，位置一般和主桌主人同向，有时也可以面向主桌主人。如果是双向并排中间为过道，则以靠墙的位置为上座，靠过道的位置为下座。

（2）客人席位。以右为尊，即主宾一般应在主人右侧之位就座，也称主宾位。如果主宾身份高于主人，为表示尊重，也可以安排在主人位子上坐，而请主人坐在主宾的位子上。宾主双方其他赴宴者有时候不必交叉安排，客人一方坐在主人的右侧，陪同人坐在主人的左侧，这样介绍起来、认识起来都非常方便。国际商务宴请时，主宾要交叉就座。

大型商务宴请中，为了便于来宾准确无误地在自己位次上就座，一般安排引位员引导来宾就座，并在桌面上事先放置醒目的个人姓名座位卡。国际商务宴请时，座位卡要以中、英文两种文字书写。中国的惯例是中文在上，英文在下。必要时，座位卡的两面都书写用餐者的姓名。

第五节　签字仪式与旗帜礼仪

礼仪小故事

一位热心公益事业的演员发起一场义演捐助山区失学儿童的活动，她代表自己所在的演艺公司，协同其他几个演艺公司与某慈善协会签署活动公约的时候，犯了低级错误。女演员签完自己保存的那份文件后，习惯性地坐在唯一的签字席上不动了，似乎在等待影迷送签名本上来。当她正准备继续索要另外的文本时，其他代表制止了她。女演员这才意识到自己的失礼，赶忙走下签字席。她虽然大力澄清，说自己只是怜惜山区儿童，想得太过投入，一时忘情。关于她"不懂规矩"、"连签字仪式上也不忘耍大牌"的负面消息却在娱乐圈内不胫而走，她出于慈善目的的倡议也被渲染地带上了极其强烈的功利色彩，使其不禁叫苦不迭。

资料来源：瞿文明，夏志强. 每天学点礼仪学[M]. 北京：中国华侨出版社，2010.

一、签字仪式礼仪

签字仪式，通常是指订立合同、协议的各方在合同、协议正式签署时所正式举行的仪式。举行签字仪式，不仅是对谈判成果的一种公开化、固定化，也是有关各方对自己履行合同、协议所作出的一种正式承诺。因此在商务活动中有重要合同、协议签署时通常要举行签字仪式。

（一）签署合同的准备礼仪

1. 布置签字厅

签字厅室内铺满地毯，除了必要的签字用桌椅外，其他陈设都不需要。正规的签字桌为长桌，上面铺设深绿色的呢绒。在签字桌上，应事先安放好待签的合同文本、签字笔及吸墨器等。如果是与外商签署涉外的商务合同，还需要在签字桌上插放有关各方的国旗。插放国旗时，在其位置与顺序上必须按照礼宾序列而行。例如，签署双边性涉外商务合同时，双方的国旗应插放在该方签字人员桌椅的正前方；签署多边性涉外商务合同时，有关各方的国旗应依一定的礼宾顺序插在各方签字人员的身后。

2. 预备合同文本

在正式签署合同之前，应由举行签字仪式的主方负责准备待签合同的正式文本，这是商界的习惯。在决定正式签署合同时，就应当拟定合同的最终文本。它应当是正式的不再进行任何更改的标准文本。按常规，主办方应为在合同上正式签字的有关各方均提供一份待签的合同文本。必要时，还可再向各方提供一份副本。在签署国际商务合同时，按照国际惯例，待签文本应同时使用宾主双方的母语。待签的合同文本，应以精美的白纸精制而成，按大八开的规格装订成册，并以高档质料，如真皮、金属、软木等作为其封面，所用的纸张务必高档，印刷务必精美。

（二）签字仪式时的位次排列

签字仪式可分为双边签字仪式和多边签字仪式。

一般而言，举行签字仪式时，座次排列的具体方式共有三种基本形式，它们分别适用于不同的具体情况。

1. 并列式

并列式排座，是举行双边签字仪式时最常见的形式。按照仪式礼仪的规范，签字桌应当横放于室内，双方出席仪式的全体人员在签字桌之后并排排列，也可以依照职位的高低，自左至右（客方）或是自右至左（主方）地排列成一行，站立于己方签字人的身后。当一行站不完时，可以按照以上顺序并遵照"前高后低"的惯例排成两行、三行或四行，原则上，双方随员人数应大体上相近。双方签字人员居中面门而坐，客居右，主居左。双方各自的助签人，应分别站立在各自一方签字人的外侧，以便随时对签字人提供帮助，如图 5-34 所示。

2. 相对式

相对式签字仪式的排座，与并列式签字仪式的排座基本相同。二者之间的主要差别，只是相对式排座将双边参加签字仪式的随员席移至签字人的对面。双方的随员，可以按照一定的顺序在己方签字人的正对面就座，如图 5-35 所示。

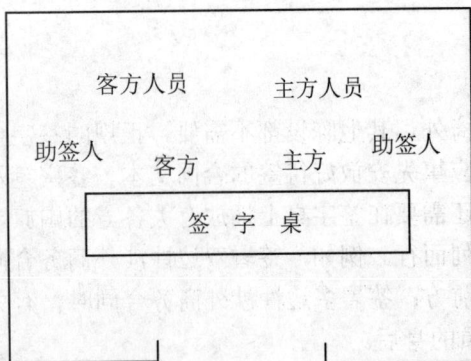

图 5-34

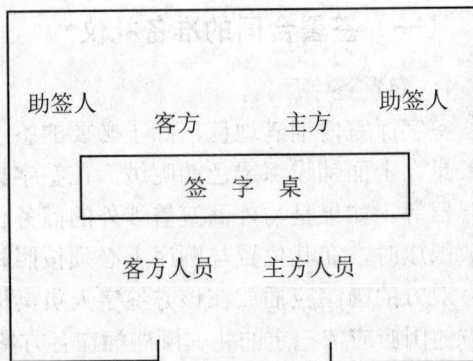

图 5-35

3. 主席式

主席式排座，主要适用于多边签字仪式。其操作特点是：签字桌仍须在室内横放，签字席设在桌后，面对正门，但只设一个，并且不固定其就座者。举行仪式时，所有各方人员，包括签字人在内，皆应背对正门、面向签字席就座。签字时，各方签字人应以规定的先后顺序依次走上签字席就座签字，然后退回原位就座。

（三）签字仪式的程序

签字仪式的程序一共分为以下四项。

1. 仪式的开始

仪式开始之后，有关各方人员进入签字厅，坐在既定的位次上。

2. 正式签署合同文本

签字时双方应按国际惯例遵守"轮换制"，即主签人首先签署己方保存的合同文本，而且签在左边首位处，然后由助签人员互相交换文本，再签署他方保存的文本。这一做法的含义是轮流使有关各方均有机会居于首位一次，以显示机会均等，各方平等。

3. 交换各方正式签署的合同文本

在签字人正式交换有关各方正式签署的合同文本时，各方签字人应热烈握手，互致祝贺，并相互交换各自一方刚才使用过的签字笔，以作纪念。全场人员鼓掌，表示祝贺。

4. 互相道贺

交换已签的合同文本后，按照国际上通行的用以增添喜庆色彩的做法，有关人员，尤其是签字人要当场干上一杯香槟酒。并且，在商务合同正式签署后，应提交有关方面进行公证，此后才正式生效。随后，双方一般还会合影留念。

5．退场

签字仪式完毕后，应先请双方最高领导者退场，然后请客方退场，东道主最后退场。整个签字仪式以半小时为宜。

（四）签字人员的服饰礼仪

按照签字仪式的礼仪规定，签字人、助签人以及随员，在出席签字仪式时，男士应当穿着深色西装套装、中山装套装，并且要搭配白色衬衫与深色皮鞋，还必须配上单色领带，以示正规。在签字仪式上露面的礼仪人员、接待人员，可以穿自己的工作制服，或是旗袍一类的礼仪性服装。

二、旗帜礼仪

在国际商务交往中，所有位次排列礼仪里，国旗排列礼仪是最为重要的。国旗代表国家的尊严，是国家的标志，因此旗帜的悬挂往往备受重视。

（一）升挂国旗的场合

在国际商务交往中，国际经济合作的重大项目奠基、开工、落成、开业以及其他重大庆典活动时，升挂项目所在国和有关国家的国旗。

举行展览会、博览会、经贸洽谈会等国际商务活动时，升挂参加国的国旗。国际商务合作举行正式签字仪式时，在签字桌中间摆一旗架，悬挂签字双方的国旗，如图5-36所示。

有的国家在签字厅内设有两张桌为签字桌，双方签字人各坐一桌，双方小国旗分别摆放在各自的签字桌上，其他参加签字的人员分别坐在签字桌的对面，如图5-37所示。

图 5-36

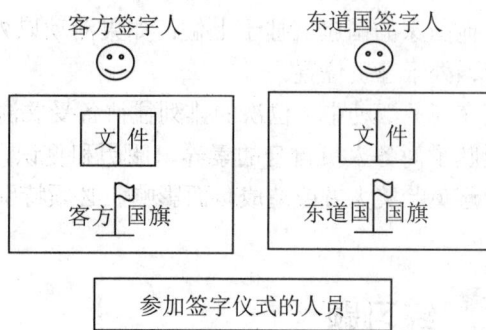

图 5-37

（二）国旗与其他旗帜位次排列

当国旗与其他旗帜悬挂时，具体是指国旗与其他组织、单位的专用旗帜或彩旗同时升挂时的顺序排列。按照《中华人民共和国国旗法》及其使用的有关规定，我国国旗代表国家，所以必须居于尊贵位置。

1. 居前为上

当国旗跟其他旗帜有前有后时，国旗位居前面，即当我国国旗与其他旗帜呈前后列队状态进行排列时，一般必须使我国国旗排于前列。

2. 以右为上

当国旗与其他旗帜分左右排列时，国旗位居其他旗帜的右侧。

3. 居中为上

当国旗与其他旗帜有中间与两侧之分时，国旗位居中央，即中央高于两侧，居中为上。

4. 以大为上

当国旗与其他旗帜有大小之别时，国旗不能够小于其他旗帜。

5. 以高为上

当国旗升挂位置与其他旗帜升挂位置有高低之分时，国旗为高。

（三）中国旗帜与其他国家旗帜同时使用礼仪

在国际商务交往中，有的时候会出现中国旗帜和其他国家旗帜同时悬挂的情况，这时应分别对待。

在我国境内，我国国旗与多国国旗并列升挂时，中国国旗应处于荣誉地位。外国驻华机构、外商投资企业、外国公民在同时升挂中国和外国国旗时，必须将中国国旗置于上首或中心位置。外商投资企业同时升挂中国国旗和企业旗时，必须把中国国旗置于中心、较高或者突出的位置。

如果活动以我方为主，即我方扮演主人的角色时，以右为上，客人应该受到尊重，因此其他国家的国旗应挂于上位；如果活动以外方为主，即由外方扮演主人的角色，中国国旗应该处于尊贵位置。

在商务活动中，位次的排列往往备受关注。因为位次是否规范、是否符合礼仪的要求，既反映了商务人员自身的素养、阅历和见识，又反映了对交往对象的尊重和友善的程度。为了避免贻笑大方或造成负面影响，必须特别注意在不同场合的位次排列礼仪。

练习题

1. 下列人员参加国际商务洽谈，请为他们安排合理的座次，即把代表人员的字母填入图 5-38 中代表座位的圆圈中。

东道主：

A．董事长

B．公关部经理

C．秘书

D．翻译

外方：

E．副总经理

F．外联部经理

G．驻华工作人员

H．翻译

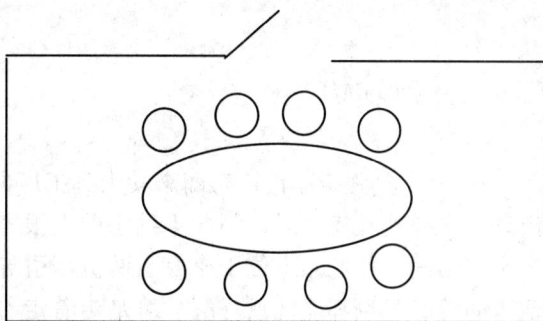

图 5-38

2．以下是一个小型会议的参加人员名单，请为下列人员安排会议的座次，把代表人员的字母填入图 5-39 中代表座位的圆圈中。

A．董事长

B．公关部经理

C．秘书

D．翻译

E．外联部经理

F．外联部工作人员

G．公关部工作人员

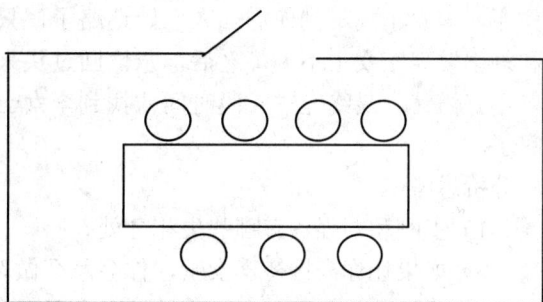

图 5-39

3．请依据下列的情境回答问题。

如果您是一个公司的总经理。一个与贵公司来往密切的公司与另外一个公司合并，并准备举行大型的开业典礼。请您回答以下问题。

（1）如果接到参加典礼的邀请函，您会（　　　）。

A．欣然前往，略带薄礼

B．持观望态度，看同行的反应

C．业务旁落，断绝往来

（2）如果您觉得不去为好，理由是（　　　）。

A．该公司以后的业务与自己不再有关，所以没有迎合它的必要

B．合并的大事都不早和自己打招呼，根本就不尊重合作伙伴

C．公司公关经费紧张，能省则省

D．参加典礼的公司太多，不能凸显自己的地位

（3）如果您决定前往，请问您觉得送什么贺礼比较好？

4．请为即将开业的外贸公司设计一个剪彩开业仪式。

案例分析

1. 王刚和刘强奉命接待客商李女士到工厂参观考察。他们工厂的每个车间建筑都是彩钢活动房，外观一模一样，因此不熟悉的人很容易迷路。一开始王刚和刘强还能注意让李女士走在中间，他们二人位于李女士两侧，引导李女士参观并进行介绍。遇到拐弯或进出其他车间等时，也都能注意提醒。可是走着走着，王刚和刘强不自觉地就走在了一起，聊了起来，在一个车间里，李女士兴致勃勃地观看工人操作，而王刚和刘强没有观察到李女士已经停下，两人竟只顾聊着向前走了。等李女士发现并赶到外面时，已经看不到王刚和刘强的身影。由于车间建筑外观都一样，加上当时王刚和刘强穿的是和工人一模一样的工作服，李女士找不到他们二人，她迷路了，只好站在车间外面等王刚和刘强来找她。王刚和刘强发现李女士不见了之后，急忙回过头来寻找，可是李女士为了参观也换上了工作服，不好辨认。最终经过一段时间才找到李女士，此时，李女士已全无参观的兴趣，借故告辞了。

分析思考：

(1) 王刚和刘强各有哪些失礼之处？

(2) 如果让你来接待李女士，你会怎么做？

2. 我国国内某公司年末工作总结大会召开在即，一直负责外贸工作的小吴和公司商务部的同事一起布置会场。最后摆放座次标签时，公司商务部部长特意嘱咐小吴"左大右小"，小吴没听见，按国际惯例先将董事长的名签放在主席台的中间位置，然后依次是总经理在右、副总经理在左。会议召开就座时，总经理也没怎么看主席台上的标签，习惯性地坐到了董事长的左侧，坐下一会儿后他才发现面前的标签上写的不是自己的名字。总经理自我解嘲地笑着站起身和副总经理换座位，似乎并没有在意。部长看看小吴，小吴疑惑不解。

分析思考：

(1) 小吴为什么疑惑？

(2) 小吴错在哪儿？

3. 李刚为人热情，谁家有个大事小情的都喜欢找他帮着张罗。他的这一优点被领导发现，他所在工厂的新工艺流水线即将投入运营，厂里准备把各方面领导和相关人士请来，开个简短的开工仪式。领导把主持开工仪式这一任务落实到他的头上。李刚第一次主持如此大型的活动，有些紧张，要知道来的可都是平时只能在电视里见到的大人物，可是马虎不得。他开始了认真准备，拟定了开工仪式程序给领导过目。领导也没看，说由他做主。为了保险起见，李刚事先还组织同事演练了一番，看上去严丝合缝。

开工仪式那天，首先安排的是请领导到还没运转的生产线上参观，参观完返回礼堂，宣布开工仪式正式开始，全体起立奏国歌，然后大家又来到生产线旁，由厂领导下令开始运转设备。但是仪式进展的速度也比原来设想的慢了很多，原定半小时的开工仪式用了一个小时还没结束。有几位重要的领导因日程安排得比较紧，还没等产品下线就急着先走了。

分析思考：

（1）李刚的开工仪式设计是否合理？

（2）为什么开工仪式进展的速度比原来设想的慢？

（3）如果让你来设计开工仪式，你会怎么安排？

4．销售部小李奉命接待一重要外地客商，客商一行5人，第一次到公司拜访。小李顺利接到客商，在回公司的路上，小李不停地介绍指点两侧的风景。到公司后，进入电梯时小李抢先踏入，靠在最里面站好，他想把更多的空间留给客人。电梯上小李觉得不能冷场，又口若悬河地和客商攀谈，但却没有多少回应，客商只是礼貌地微笑，小李有些尴尬。电梯停止时，小李又抢先挤出电梯，要为客商指路，结果不小心踩到客商，小李连连向其道歉。

分析思考：

（1）请分析小李错误之处。

（2）如果遇到此类情况，你应该如何做？

5．王刚在一家生产车床企业的营销部工作，他一直为产品找销路而东奔西走。一次一家在当地有影响的企业订购他们企业的一批车床用于整个车间使用，按他们企业的常规，车床运到企业后，技术人员到场安装调试完毕，验收合格交付使用即可。这一次王刚跟领导商量想要搞一个交接仪式，扩大企业的影响。经领导同意批准后，王刚又和订购他们车床的企业协商，该企业也想扩大影响，他们的想法不谋而合。在来宾邀请上，双方协商除按常规邀请相关人员外，还有意识地邀请了使用车床生产的相关企业和使用车床生产出来产品的企业与媒体。在精心策划下，交接仪式办得热烈隆重，经媒体传播产生了轰动效应。结果王刚所在的企业与订购他们车床的企业都订单不断，达到了双赢。

分析思考： 王刚做了哪些工作达到了双赢？

6．王芳想买一台打印机，好友告诉她北京一家公司生产的打印机又便宜又好，于是她在上午上班时间拨通了这家公司的电话。第一次电话响了七八声，却没有人应答。下午，王芳又拨通了这家公司的电话，电话铃响了五六声后，终于有人不紧不慢地接起："喂！"对方拿起电话，没有报自己的名字，也没有报自己公司的名称，只是懒洋洋地吐出这一个字。"您好，请问这里是某某公司吗？"王芳不太确定自己是否打对了电话。"什么事啊？"对方冷淡地问。"你好，我想买一台打印机，请你给我介绍一下你们公司的产品好吗？"王芳问道。"我们公司的产品有很多，打印机也有很多型号，你想要哪种？"对方马虎地回答道。"你能不能详细一点地告诉我到底有哪几种型号和功能呢？我也好选择一下。"王芳有些困惑地问道。"唉呀,这个问题一时半会说不清楚啊!"对方有些不耐烦了,并没有详细地解答王芳的疑问,接着电话中传来了吃东西的声音。"噢,那谢谢你啊!我考虑一下再决定吧。"王芳挂上了电话,第二天,她直接去商场买了其他品牌的打印机。

分析思考:

(1)王芳为何不买这家公司的产品?

(2)这家公司负责接线的员工有何失礼之处?这家公司应如何培训员工?

7.李丽毕业于某校秘书专业,声音甜美、形象好,刚刚参加工作就被安排到经理办公室,担任秘书。上班第一天,刚跟经理谈了几句,经理便急匆匆地外出了,期间李丽接了几个电话,并一一详细做了记录,经理回来后,李丽将记录交给经理。经理紧接着开始忙碌起来,不一会儿,他办公桌上的电话响了,三声响铃之后,经理也没空理会,李丽见状把电话拿起,刚说了句:"您好!请问您找哪位?"电话那头传来一个中年男子低沉、沙哑、强硬的问话:"你是谁?"浓重的口音里充满了怀疑和不友好,李丽用平静的语气反问他:"那么,请问您要找哪一位呢?"对方有些急了,没好气地说:"你先说你是谁?""你怎么回事?"李丽强压怒火回答,"请您注意一下您的电话礼仪好不好?您应该问'请问您是哪位?'或者'请问×××在不在?'"李丽的教导果然奏效,对方的声调立刻低了很多,连声说:"好好,我以后一定注意。请问王经理在不在?" 李丽像一个得胜的将军一样把电话交给了经理。经理讲了一会儿电话后抬起头对李丽说:"总经理请你接电话。"

分析思考:

(1)请详细分析李丽这一天的工作是否得当?哪些地方需要改进?哪些地方做得到位?

(2)如果遇到此类情况,你将如何做?

第六章　现代商业服务礼仪

【学习要求】

① 了解宾馆的环境礼仪，以及宾馆的门童服务礼仪。

② 掌握宾馆的总台及客房服务礼仪。

③ 掌握餐饮接待服务礼仪。

④ 了解导游服务礼仪。

⑤ 了解商场的环境礼仪，掌握商场的服务礼仪。

⑥ 了解银行大堂经理服务礼仪，掌握银行柜台服务礼仪。

第一节　宾馆服务礼仪

礼仪小故事

一次，某宾馆保安小李接从出租车下车的二位客人，从他们一边急匆匆行走一边谈话中得知客人想回宾馆拿点东西，然后再乘出租车去找一位朋友。小李马上为客人叫好出租车等待客人下来。当客人从宾馆急匆匆出来，见到待命的出租车时，既感激又惊讶，因为他们忘记了让出租车等候，也根本没有想到小李会帮他们叫好车等他们下来，他很高兴地连声向小李道谢。几天后，客人要离开酒店了，小李主动帮助他们把行李装上车，客人非常高兴，连声道谢，表示这家宾馆服务好，下次还住这家宾馆。

宾馆服务是指宾馆服务业利用专门的设施、设备为消费者提供的住宿、餐饮、娱乐、健身等服务。普通小型宾馆一般提供住宿、餐饮。在现代社会大型宾馆还有展览厅、会议厅、歌厅、游泳池等，具有招待会议、娱乐、健身、购物等服务功能。许多商务礼仪都适用，但是它有特殊性。宾馆服务提供给消费者的通常是"一段美好的时光"，宾馆提供给消费者的产品大部分是带不走的"服务"或"使用"，而消费者对宾馆的印象也主要是对环境、服务质量的感受。因此，在宾馆服务中，环境、服务员的礼貌和礼仪对宾馆的形象，以及消费者对产品和服务的认可度有极大的影响。

一、宾馆的环境礼仪

宾馆环境有外部环境和内部环境之分，外部环境主要是建筑物周围的环境；内部环境主要是指客房、餐厅、娱乐室、健身房、礼堂等，以及顾客涉足的场所，如大厅、走廊、电梯等。

宾馆的环境礼仪，是指宾馆的环境应使客人产生舒心、愉悦的感觉，感觉到宾馆对自己的重视，感受到物有所值。顾客在宾馆停留的时间短则几天，长则数月，甚至几年，宾馆可以称为顾客在异乡的"家"，好的环境能使顾客产生到"家"的感觉，因此，"家"的气氛就显得十分重要。

（一）干净整洁

干净整洁是宾馆环境质量的第一要素，干净整洁的环境使人心情愉悦、感觉轻松，能减旅途的疲乏，有宾至如归的感觉。反之，则使人心情不愉快、心烦意乱、令人讨厌，导致客源流失。

因此，宾馆应时刻保持窗明几净，地面清洁，装饰完好，给人以刚刚认真打扫过的感觉，使刚入住的客人有良好的第一印象，使常住客人有始终如一的感受。

（二）安静无噪音

噪音污染是现代城市污染中最为严重的，噪音污染对身体的伤害很大，会影响情绪、对生活工作造成很严重的危害。为此，保持安静，避免噪音是宾馆环境质量的重要要素之一。安静无噪音有利于客人的正常休息活动。

宾馆的内部环境要做到安静无噪音，第一，在房间安排上，客房安排尽量避免靠近电梯、楼梯、马路。第二，房间窗户要用夹胶玻璃隔音窗或双层窗，以减少外部噪音的干扰。宾馆大厅墙体有一部分建议用玻璃砖。通透的玻璃砖应用于外墙，可提供良好的采光效果，并有延续空间的感觉。玻璃砖为低穿透的隔音体，能阻绝噪音的干扰。第三，房间内部，天花板、墙壁、地板都可采用吸声降噪性能优异的吸声材料。如使用布艺来消除噪音，这也是较为常用的有效办法。如墙壁采用壁纸，或"软包"装饰，窗帘、地毯也可以消除噪音，尤其窗帘的隔音作用最为重要。

（三）舒适幽雅的环境氛围

宾馆的环境氛围是由建筑装饰、环境布置、灯光照明、背景音响、宾馆主色调以及服务员仪态等因素所构成的。它的氛围应体现宾馆的特色和管理者的用心。

宾馆的格调应与大多数客人的志趣相接近，置身其间使人有和谐、雅致、独特的感受。

幽雅舒适的环境氛围，能陶冶性情，令人心旷神怡、流连忘返。宾馆布置的舒适温馨使人心情愉悦，能使人感受到家庭的温馨与舒适。

我国近年的主题酒店就是利用其氛围可以体现出鲜明的文化性，而形成差异化，使它可以满足顾客差异化需求，而获得竞争优势，吸引顾客忠诚。

二、门童服务礼仪

（一）个人形象礼仪

宾馆的门童一般均为男性。若以女性取而代之，则往往称之为礼仪小姐。他们是宾馆的形象，对其着装和形象要更加注意。

门童服装应当干净、整洁、挺括。礼仪小姐着装应当简约、保守，可以化淡妆，但不宜佩戴首饰。目前，许多宾馆的礼仪小姐通常穿着特制的旗袍上岗，需要注意的是，旗袍切勿开衩过高。

门童站立要挺直，走路要自然、稳健、仪表堂堂、面带微笑、目光炯炯。礼仪小姐穿着特制的旗袍站立时，可站"丁"字形或"V"字形，颌略收，双手交叉置于肚脐位置上，应面带微笑，给人以婷婷玉立的感觉。

需要注意的是，门童或礼仪小姐绝不允许抱肩、叉腰、弯腿、弯腰或倚物，并且禁止与异性、熟人、出租车司机聊天、逗乐。

（二）接待礼仪

来宾馆住宿的客人，有的是自驾车，需要引领、指挥车辆到停车场相应的停车位，指挥车辆时，动作要标准规范，声音要洪亮。当客人到来时，门童要开启轿车车门。一般先开启右车门，然后用右手挡住车门的上方，提醒客人不要碰头。并对其说"您好，欢迎光临！"，然后引导客人到宾馆门前，主动为其开门，并作出"里面请"的手势。

遇到行动不便的老人或残疾人，还须上前搀扶。若对方系海外来人，在上前搀扶之前，应先征询一下对方的意见，如"先生，需要我搀扶您一下吗？"得到允许后，才可行动。倘若适逢下雨，门童或礼仪小姐应主动为客人撑伞。遇到常来常往的客人，在问候对方时，还应当表现出对对方的熟悉，比如说："您好，欢迎再次光临！"，"您好，您回来了！"被人认了出来，对客人而言，是一种自尊心的满足，将会令其心情愉快。

遇到车上装有行李，应立即招呼门口的行李员为客人搬运行李，协助行李员装卸行李，并注意有无遗漏的行李物品。如没有行李员，应主动帮助客人将行李卸下车，并携行李引导客人至接待处办理登记手续，行李放好后即向客人交接及解释，并迅速返回到岗位。

有重要客人或团队客人光临时，门童、礼仪小姐应在宾馆负责人的带领下，列队迎候。在客人进入宾馆正门时，门童或礼仪小姐需要主动为之拉门，并在作出"里面请"的手势的同时，对其说"您好，欢迎光临！"。

需要注意的是，在问候对方时，声音切勿过冷、过硬、过高。若来宾不止一人时，应不厌其烦、不怕重复地一一问候到每一个人。

另外，门童要牢记常来本店客人的车辆号码和颜色，以便提供快捷、周到的服务。

（三）行李服务接待礼仪

有的宾馆专门设置行李接待人员，也有的宾馆行李接待的任务交由门童或保安负责。

客人抵达时，要热情相迎，主动帮助客人拿行李，并问清行李件数。如果客人坚持自己携带，要尊重客人意愿，不可强接。对客人的任何行李，均应轻拿轻放，切忌乱扔或乱压，对贵重易碎的行李更要注意。

陪同客人到总服务台办理入住手续时，要站在客人身后侧两三步等候，看管好客人的行李，并且随时听客人的吩咐。

引领客人时，要注意引领礼仪、电梯礼仪。抵达既定的楼层后，有客房服务人员接待。如果客房服务人员没在，可先与客房服务人员取得联系。客房服务人员引导，然后随客人身后进入客房。

进入房间，按客人要求放置行李，并与客人核对清楚，如客人无其他要求，应迅速礼貌告别。如"先生，请好好休息，再见！"，面对客人，后退一步，再转身退出房间，将门轻轻关上。

当客人离店、需要行李员帮助时，行李员应按约定时间到达客房。无论房门是否开关，均要敲门，得到允许方能入内。并说"您好！我来帮您运行李"。在问明客人行李的件数及具体要求，确认行李后，应小心而负责地把行李运到客人预约的轿车上，并将其放入行李箱内。当客人到达后，应就此向客人进行详细的交代，免得对方有所遗忘。而后，应向客人欠身施礼，与客人告别说"祝您一路顺风"、"欢迎再次光临"等话语。

（四）送别礼仪

当客人离开宾馆时，负责离店的门童应主动上前向客人打招呼并为客人叫车。等车停稳后，替客人打开车门，请客人上车；如果客人有行李要主动帮客人将行李放上车，而且要协助客人核实行李件数。客人坐好后，为客人关上车门，注意不可用力过猛，不要夹住客人的手脚。车辆即将开动时，门童或礼仪小姐要站在车的斜前方一米远的位置，躬身直立，上身前倾15°，双眼注视客人，举手致意，微笑道别，说："再见"、"一路平安"、"一路顺风"、"谢谢您的光临"、"欢迎您再来"、"祝您旅途愉快"等道别语。

此外，当团队客人、大型会议、宴会的与会者集中抵达或离开时，门童要提高工作效率，尽量减少客人的等候时间。对重点客人车辆抵达或离店要先行安排，重点照顾。

当候车人多而无车时，应有礼貌地请客人按先后次序排队乘车。载客的车多而人少时，应按汽车到达的先后顺序安排客人乘车。

三、总台服务礼仪

总服务台概念起源于希尔顿饭店大堂的"Helpdesk"，来客无论是住宿、会议、活动、查询、退住都可以在总服务台找到相关服务。

总服务台在宾馆服务中所起的地位和作用至关重要，它是宾馆对内对外联系的总渠道。它发挥着接待中心、服务中心和指挥中心的作用。总服务台是宾馆联系客人的一条最重要的纽带，有接待、预订、结账、问询等工作，要求服务人员精通业务，行动敏捷，准确无误，尤其是服务礼仪要求更为重要。

要求服务人员仪容端正，礼貌站立，精神饱满，务必要按规定着装，并且在各个细节上力求一丝不苟。总台服务人员的标志牌，应一律佩戴于左胸，而且必须戴得端端正正。他们在讲话的时候，应做到速度适中、口齿清晰、语言文雅、语气轻柔。

（一）接待服务礼仪

客人来到总台时，要面带微笑，热情问候"您好！欢迎光临！"、"请问，您预订过吗？"、"您好！我能为您效劳吗？"、"请问，您需要我做什么？"。在听完客人的要求后，应尽量给予满足。如有必要确认或重复时，应当先说一声对不起。倘若不能满足客人的要求，应向其做出合理的解释，并主动向其介绍其他可以满足其要求的地方。必要之时，还可主动地替对方联系。

如果同时接待较多的客人，应按照先来后到的合"礼"顺序，依次为之服务。同时为多人办理住宿手续时，要做到办理一个，接待另一个，招呼后一个，使客人不受冷落。

需要查验客人的证件时，先要说明理由，然后尽快归还，并且说一声"谢谢"。在递交客人客房钥匙或现金时，应双手捧交，并说一声"某某先生，请您收好"。在把客房钥匙或磁卡交给客人时，应对客房加以解释、介绍，如："某某女士您好！我们为您准备了朝南、看海的房间，房间号是×××号，这是房间钥匙，请您收好，有什么要求，您随时可以吩咐。祝您晚安！"

（二）预订服务礼仪

预订来宾馆住宿的客人可分为预订团体、预订散客。团体预订要记好总人数、男女数、住宿天数及要求。

预订有电话预订和客人直接来预订。电话预订数量多，要按接电话的礼仪要求做，敬语当先，礼貌接待，例如，"您好！这里是某某宾馆！"。客人直接来宾馆预订，要主动热情接待，及时予以答复。

订房内容必须认真记录，并向客人复述，以防遗漏。记录的内容包括住宿的时间、天数、人数、房间数以及客人的一些要求。如果不能满足要用友好、遗憾和理解的态度对待客人，要表示歉意，或者帮助协调解决。

例如，因为客满无法接受预订，"对不起！先生，很遗憾，29 日的客房已订满，需要我帮助您联系其他宾馆吗？"或者告知其联系方式。

再如，因为房间要求不符合，"对不起！先生，8 日临海的客房已满，有其他房间，条件也不错，而且 10 日就能有临海的客房，您看……"

订房后要信守契约，恪守时间，事先做好客人来店前的准备工作，按预订的客房安排，并及时与客人沟通核实。

（三）结账服务礼仪

客人来总服务台结账时，要热情问候，当场核对住店日期，收款项目当面说清，服务要迅速、准确，钱款、账单要双手递接。

当结账客人比较集中时，要礼貌示意，让客人依次等候，不要因为人多着急，结算更要认真核实，以免忙中出错。

结账完毕，应礼貌告别："欢迎您再次光临，再见。"

（四）问询服务礼仪

接待问询时，倾听要专心，应目视对方脸部眼鼻三角区，以示尊重与诚意。

对因有急事而词不达意的客人，应安抚客人，尽快领会其意图，或劝其稳定情绪后再说；对于长话慢讲、详细询问的客人要有耐心，不要着急抢话，等客人问完之后再回答；对于语言难懂的客人，要仔细听清楚，然后回答，必要时要用笔纸交流。

答复客人的问询，要做到百问不厌、有问必答，不能敷衍了事。回答问题要用词得当、简洁明了，不能用"大概"、"也许"之类没有把握或含糊不清的话来敷衍搪塞。经过努力确实无法回答，应表示歉意，待了解清楚后再告诉对方。

多人询问时，要先问先答，急问快答。

（五）注意事项

1. 沟通协调各部门工作

总服务台要注意保持与各部门沟通协调，以避免造成部门之间沟通不完善，影响工作，造成损失。

如总服务台要与客房部多联系多协调，随时随地通报客房占用情况及可提供出租的房间。迅速更新有关客人迁出和换房的信息以及保持客房和客人住房情况的最新记录。保证查验客房房态与实际客房之间有关客人住宿情况的准确性，快速敏捷地为客人分配已整理好的洁净的空房，避免住店客人账单上的差错。

2．注意形象，礼貌待客

总台服务人员在为客人服务时，应当站立。为客人服务时，应笑容可掬地目视客人，态度和蔼，表情亲切。

服务动作姿势要优美。不要弯腰驼背、双脚交叉、一脚高踏，两手不准插兜、随意挥舞、指手画脚，身体倚或趴在工作台上等不雅行为是不允许的。

总台服务人员在工作中要积极主动，对前来的客人要主动打招呼，并提供必要的服务，而不允许守株待兔，非等客人开口之后才去搭理人家。

在服务过程中，语言要文明，话要讲明白、说清楚，要耐心细致地解答客人的疑难。不允许使用"不清楚"、"不了解"、"不知道"、"没听说过"、"您打听旁人去吧"等失礼的回答。

对于客人有关账单的疑问，要耐心解释，直到对方满意为止。不要嘲笑对方"您可真细心呀！"、"您还在乎这两个小钱，何必为它费劲呢？"。要牢记结算清楚是工作人员的义务，也是客人的权利。

遇到住店客人打来的求助电话，应给予必要的帮助。暂时不能解决的，应作好笔录，在交接班时，还应作出必要的交代。不允许遗忘、推诿或置之不理。

3．纠纷处理得理也要让人

如果与顾客发生纠纷，要注意礼貌，对客人要耐心解释，切忌争吵。遇到问题要冷静分析，查找原因，灵活处理。如果是宾馆责任，要深表歉意，主动承担；如果是客人的责任，要妥善处理，"得理也让人"，以提高宾馆的声誉。

四、客房服务礼仪

客房是客人在宾馆停留时间最长的地方，要使客人有"宾至如归"的感觉，就必须做到让客人处处感到安全、舒适、整洁、安静。

（一）接待服务礼仪

客房服务员在得到客人将要到达的通知后，应立即做好准备工作。

客人到达前要调好室温，如果客人是晚上到达，要拉上窗帘，开亮房灯，铺好夜床。完成准备工作后，楼层服务员应整理好个人仪表，要有礼貌地站在梯口旁，恭候宾客到来。

在客人到达时，要面带微笑，热情问候："您好！欢迎您！"并行15°鞠躬礼。

随后，即应在前引路，将客人带入客房。在打开房门之后，应先请客人入内。进入客房后，针对接待对象按"三到"（"客到、茶到、毛巾到"）的要求进行服务。如客人喜欢饮冰水、用冷毛巾，也应按其习惯送上。

然后对房内的设备和宾馆内的设施稍作介绍，当问明客人再无疑问之后，应立即退出，以免妨碍客人休息。在向客人告别时，应告诉对方："您有什么问题，可以随时找我。"

离开时，要后退一步，再转身走出，随即把门轻轻带上，让客人安心休息。

（二）日常服务礼仪

打扫房间是所有宾馆客房服务人员日常必须做的工作，高档宾馆要求更高。

1. 端茶送水

高档宾馆要求，每天早晨客人起床后，要把开水送到房间。客人在房间会客，应按"三到"服务要求送上茶水和香巾。客人外出，应说"祝您愉快"。客人外出回来也要送茶和香巾。晚上一般不送浓茶，以防浓茶有刺激性，影响客人睡眠。房间的开水每天要换 3～4 次，早晨、午餐前、午间休息后和晚上各换一次。冷水具每天早晨要撤换，要视客人饮用情况换送。客人自带咖啡需要沸水冲饮，要及时提供沸水，客人喜欢冷饮，要随时补充冰箱饮料，以保证供应。如有访客，开水、凉开水及饮料的供应要视需要情况及时补充。

普通宾馆，一般在房间内备有电茶壶，客人根据需要自行解决。

2. 整理房间

整理房间一般按照客人的接待规格、要求和宾馆"住房清扫程序"进行整理。整理房间，应尽量避免干扰客人休息和工作，最好要选择客人不在，外出时打扫。

整理房间时，进房间前首先要看清门把手上的牌子，如果挂有"请勿打扰"的牌子，就不要打扰客人，稍后再去。

进房门前，要敲门，客人同意后，方可轻轻推开房门入内，同时自报家门："您好！我是客房服务员，现在可以打扫卫生吗？"得到允许后，方可打扫。清扫时如果客人挡道，要礼貌客气表示歉意并请求帮助，如："先生，对不起，请让一让，好吗？"。打扫完毕，与客人告别要表示歉意和感谢"对不起，打扰了，谢谢！"。然后礼貌离开，即后退一步，转身走出房间，轻轻关门。

敲门后仍无动静，可再连续两次，不见回音，可用钥匙开门，如果发现客人在睡觉，应马上退出，轻轻关门，稍后再去。

需要注意的是，打扫房间时，无论客人在否，都要将门打开，如果客人在房间内，可以半掩门，但是不能关门；不能擅自翻阅客人的文件，移动客人的物品，打扫后要归回原位，且无损害；不能向客人索取任何物品；不能在客人房间看电视，更不能接打客人的电话；不能打听客人私事；宾客在交谈时，要尽量回避，不要插话，更不能趋前旁听。

3. 委托代办和其他服务

要认真、细致、及时、准确地为客人办好委托代办的事项，如洗衣、房间用餐、访客接待和其他客人委托代办的事宜。

4．安全检查

宾馆要对客人的生命财产安全负责，确保客人的安全是客房部的一项极其重要的职责。如果因措施不力或工作疏忽，使客人的人身或财物受到损害，不仅宾馆在经济上要受到损失，更严重地损害宾馆的声誉。因此，必须在每个服务环节上有安全措施。

5．其他注意事项

工作时不能与人闲聊或大声说话，夜晚讲话要轻声细语；在走廊行走时，遇到客人要问好，要给客人让路，一般不能超越客人行走，如有急事要表示歉意，方可越过客人急行，但不能在走廊奔跑。

（三）送别服务礼仪

首先，做好客人临行前的准备工作。要了解客人离店的日期、时间，所乘交通工具的车次、班次、航次，所有委托代办的项目是否已办妥，账款是否已结清，有无错漏。问清客人是否需要提前用餐。早晨离店的客人是否需要叫醒，什么时间叫。如房间有自动叫醒钟，应告诉客人如何使用。最后要问客人还有什么需要帮助做的事情。如是否需要运送行李，安排老弱病残客人的护送工作等，如果有的事情在本部门不能完成，应与有关部门联系，共同协作，做好离店的准备工作。

其次，要做好检查工作。检查客人有无物品遗留在房间，如有要提醒客人。当客人离开宾馆时，应将其送至电梯间门口，并热情地与之告别。

最后，要迅速进入房间，再一次检查有无客人遗忘的物品，如有应立即派人追送，如送不到应交总台登记保管，以便归还。同时，要检查房间小物品如烟灰缸或其他手工艺品有无丢失，电视机等设备有无损坏，如有应立即报告主管，妥善处理。

第二节　餐饮服务礼仪

礼仪小故事

　　李丽应聘到酒店担任大堂经理。望着年轻的李丽，许多服务员产生怀疑"她能行吗？"。一天，一位顾客一手拿着啤酒瓶，一手拿着玻璃片怒气冲冲对着服务员大声喊道："你们是卖酒，还是暗害顾客？"原来这位顾客喝啤酒时，发现瓶里有玻璃片，于是他喊服务员，当时正值高峰，客人很多，服务员没有及时赶到，这位顾客火冒三丈便大声喊了起来，李丽迅速到前，急切、关心而又焦急地问道："先生，喉咙和舌头伤到没有？"当客人表示没受伤时，李丽露出欣喜的表情："先生，幸亏你是一个心细的人，要是粗心的人，那麻烦可就大了，伤着可了不得，多招罪呀！"这时顾客的情绪有所缓和，"真对不起，这种事还从来没发生过，不巧让您碰上了，使您受惊了，万分抱歉。"这一番话使客人的情绪基本平静了。"这样，我们给您换听装啤酒，您先就餐，这边我们马上与厂家联系处理"，李丽的一番处理，一场可能引起的风暴平息了。又一次，在为台湾客商来当地投资举行的酒会上，宾主频频碰杯，服务员忙进忙出，一位服务员不小心将桌上的一双筷子拂落在地。服务员连忙道歉，但过于紧张又将桌上的小碗打碎在地。客商的脸上顿时多云转阴，煞是难看，"唉，你怎么这么不当心，这筷子落地意味着考试落第，名落孙山，碗又打碎，第一次在大陆投资，就这么讨个不吉利。"服务员尴尬万分，不知如何是好，一桌人也目瞪口呆。这时，李丽来到客人面前，拿起桌上新换的筷子，双手递上去，嘴里发出一阵欢快的笑声："先生。筷子落地哪有倒霉之理，筷子落地，筷落，就是快乐，就是快快乐乐。""碗碎了，这也是好事成双，我们中国不是有一句老话吗？岁岁平安，这是吉祥的兆头，应该恭喜您才是呢。您这次回大陆投资，一定快乐、平安。""我在这里向您表示祝贺！"行了一个满族女子的万福礼，顺势将筷子和碎碗片拾起。李丽的一番话语及幽默的举动，客商顿时转怒为喜，站起来笑着说："您说得真好！借你的吉言和口彩，我们大家快乐平安，为我的投资成功，来干一杯！"

几次事件的处理使大家对她刮目相看，李丽赢得了大家的信任和支持。

餐厅一般设迎宾员、领位员、值台员、传菜员等岗位，如果酒店是独立的以餐饮服务为主，门口还设有保安。保安礼仪与宾馆门童礼仪相近（见本章第一节门童服务礼仪），不同的是保安还要负责酒店的安全。餐饮服务员工作量大、频繁、需求多、时间长、工作强度大。

一、准备工作

每天开始营业前，应做好充分的准备工作，这是搞好接待服务的基础，同时也能起到吸引更多宾客就餐的作用。

（一）清洁卫生

服务员应提前上岗，这样可以有充足的时间做好各项准备工作。餐厅的地面应清扫、拖净或打蜡；应擦亮门窗玻璃，擦净桌子、椅子、工作台，摆齐桌椅，做到整个环境清洁整齐。

上岗前服务员要搞好个人卫生，包括洗澡、梳头、剃须、刷牙、洗手、修指甲，并注意不吃韭菜、大蒜、大葱等具有强烈气味的食品。然后换上工作服，服装必须干净、整齐，佩戴工号，并根据要求化妆，要做到精神饱满、热情大方、彬彬有礼地接待宾客。

（二）摆台

摆台就是为客人就餐确定席位，提供必需的餐具的工作。它是把各种餐具按要求摆放在餐桌上，是餐厅配餐工作中的一项重要内容。这是餐厅服务中要求比较高的一项工作，是一门技术，摆的好坏直接影响服务质量和餐厅的面貌。它包括铺台布、安排席位、摆放餐具、餐巾折花、美化台面等。铺设的餐台要求做到台面清洁卫生，餐具、调味品、鲜花等摆放得当。要求既能方便顾客就餐，又能使餐厅整洁美观。需要注意的是，中餐摆台与西餐摆台不同。

中餐宴会摆台要根据宴会的性质、形式、主办单位的具体要求、参加宴会的人数、面积等来制订方案。中餐宴会多采用圆台，其台形设计按厅堂的大小和自然条件来布置。一般有圆形、正方形等，总的要求是左右对称，出入方便。确定台形后，要按就餐人数安排座椅。主人的座位应正对厅堂入口处，其视线应能纵览全厅。

隆重的宴会，餐桌要铺设花草。在大圆台的正中用细枝、山草、枫叶、松针等衬底，上面用各种鲜花铺成图案。也可直接摆放小型花篮或插花。其目的是美化餐桌，烘托宴会的气氛。

台布要求定位准确，十字居中，凸缝朝向主、副主人位，下垂均等，台面平整。桌裙长短合适，围折平整或装饰布平整，四角下垂均等（装饰布平铺在台布下面）。

餐椅布置要求从主宾位开始拉椅定位，座位中心与餐碟中心对齐，餐椅之间距离均等，餐椅座面边缘距台布下垂部分 1.5 厘米。

餐具布置，餐碟间距离均等，餐碟标志对正，相对餐碟与餐桌中心点三点一线；距桌沿约 1.5 厘米；味碟位于餐碟正上方，相距 1 厘米；汤碗摆放在味碟左侧 1 厘米处，与味碟在一条直线上，汤勺放置于汤碗中，勺把朝左，与餐碟平行；筷架摆在餐碟右边，与味碟在一条直线上；筷子、长柄勺搁摆在筷架上，长柄勺距餐碟 3 厘米，筷尾距餐桌沿 1.5 厘米；筷套正面朝上；牙签位于长柄勺和筷子之间，牙签套正面朝上，底部与长柄勺齐平；葡萄酒杯在味碟正上方 2 厘米；白酒杯摆在葡萄酒杯的右侧，水杯位于葡萄酒杯左侧，杯肚间隔 1 厘米，三杯呈斜直线，向右与水平线呈 30°角。如果折的是杯花，水杯待餐巾花折好后一起摆上桌，如图 6-1 和图 6-2 所示。

图 6-1

资料来源：http://www.soluxeint.com/2010/0915/157.html

图 6-2

资料来源: http://image.baidu.com/

注意摆台要讲究卫生, 拿碟正确手法是手拿餐碟边缘部分; 摆杯正确手法是手拿杯柄或中下部。餐巾折花要一次性成形, 花型逼真, 美观大方。

二、接待服务礼仪

（一）迎宾员接待服务礼仪

餐厅迎宾员: 要求衣着华丽、整洁, 仪容端庄, 举止优雅, 言语热情。

迎宾员要求站在餐厅大门两侧便于工作, 注视过往行人的位置, 随时准备招呼客人, 开门迎客。当客人走向餐厅, 临近大门时迎宾员应主动、热情地问候客人, 如"先生您好, 欢迎光临"。使客人一进门就感觉他们是最受欢迎的人, 进餐厅用餐变成一种享受。

（二）餐厅引位员接待礼仪

餐厅引位员: 要求衣着整洁, 独具特色, 精神饱满, 热情大方。

客人进入餐厅后, 立即面带微笑上前迎候, 礼貌问候并向客人了解来宾的人数, 是否预订等情况, 然后引领客人就座。

引位时, 应用手示意并说"请跟我来"、"这边请"、"里面请"等, 把客人引到相应位置。有预订的客人, 非特殊情况不可随意更改位置。

对未预订的客人, 应根据客人的要求和具体情况灵活安排。一般情况, 情侣、夫妻可引领到餐厅一角安静就餐, 便于小声交谈; 打扮时髦, 容貌姣好的女士, 可引领到众人可看到的位置; 对年老体弱的宾客, 最好把他们引领到出入方便的地方; 如果是重要宾客光临，服务员要把他引领到餐厅最好的位置上。要注意的是，不应勉强客人。

对用餐高峰时在休息室等待的客人，要表示真诚的歉意，"先生十分抱歉，今天客人太多，委屈您了"，并及时、按次序引领入座用餐。

（三）餐厅值台员接待礼仪

1．礼貌迎接

客人走近餐桌时，值台员应主动热情地向客人问候、致意。

按先宾后主，先女宾后男宾的顺序给客人拉椅让座。帮助客人挂好衣帽。无衣架的餐厅最好备有椅套，当客人脱去外衣搭在椅背上时，及时套上椅套。

客人就座后，"送茶候餐，递巾暖客"，应及时上茶，上香巾。

2．恭请点菜

如果不是事先包餐，餐厅值台员应及时主动地递上菜谱，请顾客点菜。菜单要干净无污，递送时必须恭敬，切不可把菜单随手往桌上一扔。要微笑站在客人一侧，耐心等候，让顾客有充分的时间考虑，不要催促顾客点菜，要认真、准确、记录客人所点饭菜和饮料，同宾客说话时要面带笑容，精力集中，话语亲切、委婉。如遇客人点到已无原料的菜饭，应致歉，求得宾客谅解。如客人点出菜单上没有的菜肴时，切不可一口回绝，可以说："请允许我与厨师长商量一下，尽量满足您的要求。"点菜完毕，要复述一遍，得到客人确认后，迅速将菜单送到厨房。

3．推荐菜单

推荐菜单是餐厅值台员有礼貌地向客人介绍本店特色菜的一种方式。餐厅值台员应通过观察分析，根据客人的心理、就餐目的、人数、饮食爱好，有针对性地向客人推荐菜点，推荐时要讲究说话艺术："我们这儿的×××菜很有特色，您看怎样？"这样既有礼貌，又运用了推销技巧。

4．上菜

上菜，就是由餐厅服务人员将厨房烹制好的菜肴、点心送上餐桌布置好。有些酒店将上菜分成两个环节，走菜和布菜，走菜是由专门的走菜员将菜送到包房门口，或者送到餐桌旁，餐厅值台员负责布菜。有的酒店走菜和布菜都由餐厅值台员一人负责。一般有包房的酒店都设有走菜员。

上菜要选择正确的操作位置。中餐宴会的上菜要选择在陪同人员之间进行，也可以在副主人的右边进行，这样有利于翻译或副主人向来宾介绍菜名、口味。上菜不要在来宾之间进行。上菜时要轻步向前，轻托上桌，到桌边左脚向前，侧身而进，托盘平稳，放盘到位，报准菜名，动作轻快。上菜的顺序一般是：先冷盘，后热菜，依次是汤、面点，最后是水果，冷盘一般是在开席前几分钟端上餐桌的，客人入席后，冷盘吃至一半左右时，上第一道热菜，如宾客就餐速度快，应通知厨房出菜稍快一点，否则可稍慢点。上面点的顺序，各饭店、各派系有所不同，有的在汤后面上，有的穿插在中间上，有的甜、咸面点一起上，有的交叉分开上，但甜面点在汤后上比较适宜。

在上菜过程中，要注意菜点摆放的位置，也就是如何布菜。在中餐宴会上，冷盘放在中间，如有若干小碟冷盘在周围，荤素颜色要搭配好。每上一道菜，都要将桌上的菜肴进行一次位置上的调整，将剩菜撤下或移向副主人一边，将新上的菜放在主宾面前，以示尊重来宾，台面要保持"一中心"、"二平放"、"三三角"、"四四方"、"五梅花"的形状，使台面整齐美观。布菜时，要注意将食物形态的正面朝向主人、主宾，以供主人、主宾欣赏。上附带佐料的菜肴时，要先上佐料，后上菜。上菜时如台面没有空位时，应拿走空盘，或剩菜最少的菜盘，将其换成小盘端上，但是要征求客人的意见。菜上齐后，应告诉客人"菜已上齐，请慢用"。

分菜，是指在中餐宴会中，对名贵菜、特殊菜、整体菜、汤类等，由服务员分给每位宾客。分菜是一项技术性较高的工作，它反映了服务员的服务水平，同时也体现出服务人员的礼节礼貌。在分菜之前，服务员要先将菜送上桌，让宾客观赏一下。分菜既可在餐桌上进行，也可在工作台上分好后再送给宾客。分菜的程序是先宾后主。分菜时要掌握好数量，做到邻座一个样，先分后分一样。做到一勺清，一叉准，一勺一位。有卤汁的菜肴，分菜要带卤汁。给每位宾客分完后，菜盘内要留下四分之一左右，以示菜的宽裕和准备给客人添加。

5. 斟酒

"酒水、冷盘，优先上桌"，这是中国人就餐的习惯，酒既能助兴，又能刺激食欲；冷盘色彩美观，造型好看，便于观赏，味多样，清淡爽口，适于饮酒。中餐一般常用三种酒，一种是白酒，分高度酒和低度酒；一种是色酒，如葡萄酒、黄酒等；一种是啤酒，有人将啤酒归为色酒，也有人将其归为饮料。饮料有碳酸饮料、果蔬饮料、茶饮料、奶饮料等。

宴会开始，宾主一入座，主人一般就要举杯祝酒。所以在开宴前 5 分钟左右，须将葡萄酒作为礼酒斟好，白酒和饮料一般待宾客入座后再斟。斟酒前，应向来宾示意一下，征求意见。在开瓶前应以左手托瓶底，右手扶瓶口，酒标面向客人，经客人查验确认后，方可当面打开瓶盖。斟酒时，服务员应站在客人的右侧，右脚向前侧身而上，左脚微微点起。右手拿瓶斟酒，手势自然，拇指在瓶的内侧，其余四指在瓶的外侧，握住酒瓶的中部，使酒瓶的牌名向内朝向宾客，瓶口和杯口不可相碰，瓶口离杯口 1～2 厘米。斟酒时，动作要稳妥，手法要轻缓。

斟酒的程序一般是先主宾，再主人，然后顺时针方向逐一进行。如两个服务员同时为一桌客人斟酒时，可以一个从主宾开始，另一个从副主人开始，均按顺时针方向进行。斟酒时，左手可自然地放在背后，切不可放在椅背上；托盘斟酒时，要注意托盘不超过椅背，并保持平衡。在宾客就餐过程中，要随时注意每位宾客的酒杯和水杯，见杯内酒水只剩三分之一时，就应及时斟酒。斟白酒尤其是高度酒时，首先要征求一下宾客的意见。

在宾客用餐的整个过程中，值台员应始终站立桌旁，随时准备应答宾客的招呼，提供各种周到的服务。

值台员应及时把顾客已使用完毕的骨碟、菜盘、烟灰缸，以及一切用不着的或暂时不用的餐具、用具从餐桌上撤下，并根据需要换上干净的餐具、用具。撤换时应注意：不要将卤汁滴在客人身上；应将洒落在桌上的少许菜、汁轻轻收拾干净；撤菜盘的位置与上菜的位置应相同；应尊重客人的习惯，如果客人将筷子放在骨碟上面，换上新骨碟后，仍将筷子按原样放好。为宾客斟酒、上菜，手指切忌触摸酒杯杯口，也不能碰及菜肴。如有宾客不慎将餐具掉在地上，服务员应迅速上前取走，马上为其更换干净的餐具。宾客有意吸烟时，应及时主动上前帮忙点火。如有宾客的电话，应走近宾客轻声呼唤，不得在远处高喊。

值台时，一定要神情专注，用目光巡视四周，随时应答客人的招呼，做到忙而不乱，有条不紊。客人用餐没有结束，即使营业时间已过，也不能催促客人，或者做出收盘、打扫卫生等不礼貌的逐客之举。

对宾客提出的各种要求，不得置之不理，合理要求能够做到，要及时完成，确实无法满足时，也应及时答复，并耐心解释，表示歉意。如果宾客提出无理要求，要妥善委婉处理。

三、结账服务礼仪

值台员为客人上完最后一道菜时，要开始做结账的准备工作：清点所用酒水、香烟、茶叶、调味品等，列出清单，但此时不能找客人结账，而是等宾客就餐完毕进行结算。

账单要项目清楚，计算准确。结账时不宜用手直接把账单递给宾客，而应把账单放在放有小方巾的托盘里，送到宾客面前。为了表示尊重和礼貌，放在托盘内的账单要正面朝下递给主人，不要让来宾知道餐费的数目，更不能大声地向主人索要餐费，这是极其失礼的行为。有的酒店是客人直接到前台结账，这就要求值台服务员应及时将客人消费情况，清点准确，报到前台，便于结账。

四、送客礼仪

客人准备离开餐厅时，值台人员要提醒客人不要遗留物品，如有剩菜，询问剩下的菜肴是否打包带走，如果需要，要协助客人打包。

客人走时值台人员应及时拉椅让路，并感谢客人的光临，礼貌告别："欢迎再次光临"，目送客人离开。客人离开餐厅后应迅速检查，查看是否有客人遗留的物品，然后进行清理。

客人离开餐位，走到餐厅门口时，迎宾员应拉门送客，热情地向客人致意、道别："欢迎再来"。

第三节　导游服务礼仪

礼仪小故事

　　王斌是西藏某旅行社的导游，一次他接待一批外地游客，来到机场接团后，王斌看到团队都是老年人，才得知原来他们是当地组织的夕阳红团队，与团长简单交流后，他亲热地招呼大家，并帮助他们拿行李上车，但心里不免为旅行路线担心。行程的第一站是拉萨，一路上，王斌尽可能合理安排游客休息，帮助照顾他们，但是，两天旅游下来，游客精疲力竭，加上高原反应，一部分游客已经吃不消了，有打消旅游返回的念头。游览时王斌已经感到他们有些力不从心，想到按计划明天要去日喀则，那里的海拔比拉萨高，老人就更吃不消了，可是来一趟不容易，也许对于这些老年人他们这一辈子就这一回。经过再三思考，王斌与团长协商建议更改旅游线路，到林芝。王斌解释"日喀则的景点多数是寺庙，海拔比拉萨高，高原反应会更重，而林芝海拔相对低，植被多、空气好，以自然风光为主，有益于缓解高原反应。"大家都同意了。王斌迅速向旅行社回报，经核算每人成本高出 300 元费用，没有任何异议地补齐了费用，而后王斌重新确认接待联系事项。去林芝的路上，海拔逐渐降低，大家明显感觉舒服多了。随着绿色植被的增多，优美的风光渐入眼帘，老人们开始兴致勃勃地欣赏优美的景观，听着王斌详细的讲解……旅行顺利地结束了，大家表示不枉此行，临行时大家非常感谢王斌，团长特意要了王斌的联系方式，表示下次临来前一定先找他协商旅游线路，并希望还能由他接团……

一、导游准备礼仪

　　接团前应事先准备好足够的旅游团客人乘坐的旅游车，并督促驾驶员将车身和车内清洗、清扫干净。准备好醒目的接团标志，最好事先了解全陪的外貌特征、性别、装束等。

　　提前联系好食宿，协调旅游路线，了解旅游线路情况。了解游客的民族、宗教信仰、饮食习惯、年龄构成等。

　　在接待不同国别客人时，应考虑到他们所能接受的服饰图案，以及颜色的喜好。导游最好根据其颜色喜好选择着装。

二、导游迎接礼仪

　　地陪导游员应手持导游旗或者接站标识，比预定的时间提前到达车站、码头、机场迎接，而不能让客人等候接团导游。

接到客人后，应说"各位辛苦了"、"欢迎各位来到……"然后主动自我介绍，讲清自己的姓名、身份、工作单位，也可由第三者代为介绍，根据游客的具体情况选择恰当的见面礼。

介绍过后，迅速引导客人来到已安排妥当的旅游车旁，指导帮助客人有秩序地将行李放入行李箱后，再招呼客人按次序上车。客人上车时，最好站在车门口，起到扶老携幼、照顾游客和清点人数的作用。

客人上车坐稳稍作歇息后，将旅游活动的日程表发到游客手上，以便让其了解此行游程安排、活动项目及停留时间等。为帮助游客熟悉城市，可准备一些有关的出版物给客人阅读，如报纸、杂志、旅游指南等。

注意观察客人的精神状况，如客人精神状况较好，在前往酒店途中可介绍一下沿途街景；如客人较为疲劳，则可让客人休息。

三、导游住宿礼仪

到达酒店后，地陪导游应先下车，由领队或全陪组织游客下车，地陪导游先去办理入住手续。

领队和全陪分房的时候要照顾老年人和带孩子的家长，尽量让他们的房间靠近电梯，如果是一大家人则尽量让他们做邻居。分房要迅速，不要让客人在大堂里长时间等候。如果房间出现问题，可以直接找地陪导游协助解决。

地陪导游最好要协助客人登记入住，并快速熟悉客人情况，随后将每个客人安排妥当。

客人进房前地陪导游要先简单介绍游程安排，并宣布第二天日程细节。第二天活动如安排时间较早，应通知总台提供团队客人的叫早服务，并记住团员所住房号，再一次与领队就细节问题进行沟通协调。

要询问游客的健康状况，如团队中有身体不适者，首先要表示关心，如客人需要去医院进行治疗，则要帮助客人联系医院，以保证第二天游程计划的顺利实施。

与游客分手时，要将自己的联系方式、房间号码告知游客。

要记清游客房间号码，不要单独去异性游客的房间，如果必须找游客联系相关事宜，记住不要随便进游客房间，最好站在门口，表达要尽量简短，不要让游客在门口站太久；也最好不要随便让游客来你的房间。

四、导游参观讲解礼仪

（一）参观礼仪

到旅游景点游览时，最佳方案是地陪导游在前组织讲解，全陪导游在后组织、看管游客以防掉队。有的旅行社只有一人负责，这时导游就要一方面讲解，另一方面组织游客，防止掉队。

在景点介绍的时候，如果人多最好用麦克风，要始终在游客左前侧方行走，如果有转弯的地方，要在转弯的外侧给游客指路。

导游员要强调景区中的卫生清洁，提醒游客不要乱扔垃圾、攀折花木等行为。对文物古迹要跟游客强调保护珍惜，不要破坏文物，自己更不能带头违反规定。

（二）讲解礼仪

导游讲解并不是单靠动口就可以圆满完成的，应该用态势语言来辅助导游讲解。导游员如果把站姿、眼神、手势、表情等处理得恰到好处，就会增加讲解的效果和魅力。凡是不注意游客视觉反应，完全凭自己的口才来进行导游讲解，是不会成功的。讲解时的态势语言艺术有站姿、目光、手势等。

1．站姿

站姿能显示导游员的风度。一般说来，导游人员讲解时，身体要挺胸立腰，态度要庄重，所谓"站如松，坐如钟"就是这个姿态。导游人员若在车内讲解，必须站立，面对客人，肩膀可适当倚靠车厢壁，也可用一只手扶着椅背或扶手。在实地导游讲解时，应停止行走，面对客人，把全身重心平均放在脚上，上身要稳，要保持稳定的姿势。

2．目光

导游讲解是导游员与游客之间的一种面对面的互动。这种面对面的互动，双方可以进行"视觉交往"。游客往往可以通过调动视觉器官——眼睛，从导游员的一个微笑、一个眼神、一个手势中加强对讲解内容的理解。

同时，导游在讲解时用余光观察游客的动态，掌握游客的信息。

3．手势

导游讲解时的手势不仅能强调或解释讲解的内容，而且能生动地表达讲解语言所无法表达的内容，使讲解生动形象，为游客所看得见、悟得着。

导游手势在讲解中的作用有以下两种。

（1）用来表达导游讲解的情感，使之形象化，具体化，即所谓"情意手势"。例如，用握拳的手有力地挥动一下，既可渲染气氛，也有助于情感的表达。

（2）用来指示具体的对象，即"指示手势"。例如，现在我们来到了中国历史上最后一位封建帝王溥仪在长春市伪满洲国皇宫的寝宫，在二楼东边的（用手指东边）是皇后婉容的生活区，西边的（用手指西边）是皇帝的生活区。

4．声音

声音是传递信息的一种物质载体，导游要使游客听得美、听得清、听得乐。导游的声音就要达到字正腔圆，悦耳动听。字正就是要求咬字准确，吐字清晰，读音响亮，送音有力，使游客听得清晰、能听明白。所谓腔圆，就是要求导游的声音清亮圆滑，婉转甜美，流利自然，富有音乐美。要求语调上起伏有致，灵活多变。节奏上要求抑扬顿挫、轻重缓急。这样才能使游客听得美、听得清、听得乐。

五、旅游驾驶员服务礼仪

旅行社驾驶员工作的任务是安全、准时、舒适地把客人送到目的地。

服务时要做到礼貌、主动、耐心、热情、安全。具体而言，就是见到客人要主动离座，打开车门，表示欢迎，并彬彬有礼地说："您好，欢迎光临。"驾驶员应主动帮助客人提行李物品，并轻轻放在车上。无论里程远近，时间早晚，都要热情礼貌。待客不应以貌取人，也不应以财取人。当汽车抵达目的地时，驾驶员要告诉客人已经到达。然后，驾驶员打开车门，请客人下车，表示告别，并提醒客人"请不要忘记身边的物品"。在行程中要遵守交通规则，为客人提供冷暖风时要事先征求客人的意见。车上扩音器要注意控制音量，不可声音过大，使客人心里烦躁。驾驶员在与游客交流的过程中，要与导游人员保持一致，协助导游的工作。

六、送客礼仪

为游客送行，应使对方感受到自己的热情、诚恳、有礼貌和有修养。

旅游活动结束前，要提前为游客预订好去往下一站或返程的机（车、船）票；所预订车票最好将游客乘坐的车厢、船舱集中安排，便于旅游团进行统一、协调活动。

临别之前应亲切询问游客有无来不及办理、需要自己代为解决的事情，应提醒客人是否有遗漏物品并及时帮助解决。

导游必须组织将游客送到火车站、码头、机场。火车、轮船开动或飞机起飞以后，应向游客挥手致意，祝游客一路顺风，然后再离开。如果自己有其他事情需要处理，不能等候很长时间，应向游客说明原因并表示歉意。

七、注意事项

（一）交谈注意事项

交谈是导游员同游客交往的普遍形式，在赴饭店或旅游景区的过程中，交谈这一环节是不可缺少的。

导游员在与游客交谈时要遵循"五不问"，即一不问年龄（尤其是女性），二不问婚姻，三不问履历，四不问工资收入，五不问家庭地址。交谈时距离不要太近，以相距半米为佳；手势不要太多，更不要唾沫横飞。不谈及诸如疾病、死亡等不愉快的事情；不谈荒诞离奇、耸人听闻、黄色下流的话题。

与游客谈话时，不要左顾右盼，心不在焉，不要注视别处或看手表，更不要轻易打断别人的谈话。交谈时，表情要自然、大方，语音、语调要柔和、轻松，态度要真诚，避免给人以冷漠、傲慢、慌乱、随便的感觉。

（二）导游注意事项

（1）导游要尊重旅游者的宗教信仰、风俗习惯，特别注意他们的宗教习惯和禁忌，并且向有关人员提醒。

（2）旅行社徽章或标牌应佩戴在上装左胸的正上方，每次活动要提前到达岗位，不耽误出发时间。导游员要严格遵守时间。导游必须及时把每天的活动时间安排清楚地告诉每个旅游者，并且随时提醒。

（3）导游要高举导游旗，不能扛在肩上，更不要反复摇晃或拖在地上。身体不可摇摇摆摆、焦躁不安、直立不动，或把手插在裤兜里，更不要有怪异的动作，如抽肩、缩胸、乱摇头、不停地摆手、舔嘴唇、抽鼻子等。

（4）使用话筒时，应斜拿在嘴边，不要太靠近嘴，也不要遮住面部。在试话筒声音时，忌用手拍打麦克风或用嘴吹麦克风。清点人数时，要用目光默数，忌用手指人，最好不要数出声来。

（5）导游讲解时，不要吸烟或吃东西。导游期间，不吃葱、蒜、韭菜等有气味的食物。行走时，不要搭肩；候车、等人时不要蹲歇；与人交谈时，双手不宜叉腰或放在衣袋内。

（6）不许随地吐痰，乱扔垃圾；不许在游客面前打哈欠、修指甲、剔牙齿、挖耳朵、掏鼻子；咳嗽、打喷嚏时，应用手帕捂住口鼻，偏向一旁并说"对不起"。

（7）对待国内和国外游客要一视同仁。

（8）应准备一些常用的药品、针线及日常必需品，将应付突发事件需要联系的电话号码（如急救、报警、交通票务服务、旅行社负责人、车队调度等）随时带在身上。

（9）游览有危险因素的景点或进行有危险的活动，如爬山、攀岩、游泳等，一定要特别强调安全问题，并备有应急措施。

（10）旅游期间一旦发生意外事件，要沉着冷静，既要安抚客人，稳定客人情绪，又要快速拿出周密的处理方案和步骤，尽量减少事件带来的负面影响。

第四节　商场服务礼仪

礼仪小故事

一次，王梅在接待一位年近花甲的老大娘买面包时，老大娘买了两个面包，由于她忙着又去接待另一位顾客，老大娘道声谢后就走了。这时王梅才想到钱还没收，王梅一看，大娘离柜台不远，便略提高声音，十分亲切地说："大娘，您看——"，老大娘以为什么东西忘在柜台了，便走了回来。王梅便举着手里的包装纸说："大娘真对不起，您看我忘了把您的面包包好了，让您这么拿着，容易落上灰尘，多不卫生呀！"说着，接过大娘的面包包装好，迅速地开好票，对大娘说："大娘，这面包每个3元，共6元钱。""呀，你看看，我还忘记给钱了，真对不起！""大娘，没什么，我妈也有您这么大年纪了，她也什么都好忘！"

当顾客走进商场时，不仅希望买到称心的商品，还希望能够享受到良好的购物环境，得到满意的服务。购物环境是吸引顾客的硬件条件之一。

一、商场环境礼仪

商场环境，主要指商场建筑特点，并在此基础上所设计的商场整体风格，营业场所的布局，商品的陈列和灯光、色调、音乐等，以及由此所创造出来的空间效果。

商场购物环境本身就是一种礼节。良好的购物环境，可使顾客一走进商场就感受到和谐、优雅、亲切的气氛，即使是在无人售货的超级市场，顾客仍可以从良好的购物环境中，感受到服务礼仪的存在。

（一）建筑物的外观形象

建筑物的外观形象给顾客以"第一印象"，这个印象的优劣会影响顾客的购买心理和行为。良好的外观形象，能够引导顾客由表及里地去了解企业，增强对企业的惠顾感，激发顾客的购买欲望。现代化的商场，应当有独特的建筑风格，使人在较远的距离内就能获得鲜明的印象。简洁大方、色彩明快的外部建筑，给人以庄重典雅、豪华的感觉；巧妙的橱窗设计，不仅可以使顾客赏心悦目，还可以增强宣传效果；夜晚的霓虹灯，各色彩灯，可以在夜色中映出商场的外观，表现出商场的文明、繁荣和现代气派。

（二）营业大厅的环境效果

一走进商场，就要让顾客感受到热情、亲切和舒适的气氛。营业大厅的装饰，很容易产生这样的效果。有些大型商场，迎门布置电视屏幕墙，一会儿映出"欢迎光临"等礼貌用语，一会儿交替出现商品介绍、时装表演等图像。商场大厅中，有的商场设有五彩缤纷的喷泉、倒垂的水帘、流入假山下的池塘、池塘内游动的鱼儿，有的商场大厅用鲜花摆成的美丽的花坛……俨然一座独具匠心的庭园。置身其中，仿佛在游园中购物。

集游乐和购物于一体，是现代化商场的一个重要特点。购物不再是一种辛苦的劳动，而将成为一种惬意的享受。

有些小型商场虽不宜摆花坛、装喷泉，却可以用铺大理石地板、墙壁镶嵌艺术品、大幅玻璃风景画、大面积墙式镜子等方式，创造出体现小商场特色的现代化风格。

（三）商场的灯光的布置

商场的灯光是吸引顾客、便于顾客挑选购物的重要设备。传统的日光照明，不利于光线的调节，而且日光直接照在商品上，有损于商品质量。用灯光照明，可按照设计者的意图利用灯光，使用光线，设计出一种柔和、舒适的购物环境。

灯光能够起到调节顾客视觉和感觉的作用，使顾客在购物过程中精神饱满、心情愉悦。灯光的布置不宜平均使用，可采用集束照明、彩色照明等定向照明方法，把灯光重点集中射向各种商品，这样既可以使商品更加鲜明夺目，又可以引导顾客观赏和选购，激发顾客的购买欲望。

此外，商场的灯光不宜过亮或过暗，灯光过亮会使人感到紧张、刺眼；灯光过暗，会使人感到沉闷、压抑。有的商场从购物大厅中，还不时传来阵阵轻松、优美和悠扬的音乐，更能营造出一种舒适、愉快的购物气氛。

（四）商场营业场所布置

营业场所是商场的主体，营业场所的布置，要充分利用营业面积，既要便于商品的展示与销售，同时又要方便顾客购物，为顾客提供服务。

商场的商品是五光十色的，设计具有统一风格的货架和柜台，可以使整个大厅显得协调整齐，同时可以映衬出商品的鲜明特色。但柜台的形式，应根据商品的形状、特点而有所改变。柜台的摆布，不应局限于传统的直线式、岛屿式，可以是曲线、弧形、扇形、菱形、圆形等，也可以是便于顾客挑选的敞开式，独具特色的小单元、店中店等。这样既可以打破千篇一律、单调呆板的传统模式，又能给顾客以面目一新、千姿百态的感觉，仿佛处处有新的商品在等待着顾客的光临。

货位的布局有许多技巧，在商场，第一眼看到的地方，应摆放那些鲜艳美观、招人喜爱的商品，给顾客留下良好的第一印象。其他惹人注意的位置，也应摆放美观大方的商品。一般来讲，销售次数多、销售量大、选择性不强的商品，应设置在顾客最容易接近的位置；销售次数少、花色品种复杂、贵重的商品，应设在商场的深处。消费上相关联的商品，货位应邻近，以便于顾客购买和售货员的协作；性质不同的商品，尤其是相互影响的商品，货物要隔开，以避免干扰和污染；大件商品要考虑到顾客购买后易于搬运等。

（五）商场货位分布图

商场有成千上万种商品，要使顾客方便顺利地找到所需要的商品，就要在商场中设置货位分布图，标明各类商品的位置。

货位分布图一般设在进门后显要位置上，在每一层的楼梯入口处也应设有醒目的标牌。货位分布图和标牌要设计精美，既方便，又实用。

（六）自动滚梯

自动滚梯能顺利地把客流导向高层，减轻顾客的疲劳。一个现代化的商场，要安装自动滚梯，自动滚梯本身就是一种礼貌，它仿佛在以热情的态度对顾客说"欢迎您到楼上来"。

自动滚梯的位置，可以有多种选择，如果设在营业大厅的一角，有利于节省营业面积；但若将自动滚梯设立在大厅中显要位置上，既可以方便顾客找到，把顾客尽快引导上楼，又可以使顾客在登梯上楼的同时，观赏购物大厅的环境和商品，可谓一举多得。

（七）服务台和收款台

现代化商场都设有服务台和收款台。

服务台的功能是为顾客解答问题，指导购物，并为顾客提供必要的服务。一个现代化的商场，应在醒目的位置设立服务台。服务的内容要齐全，商场里的服务台就是商场的窗口，可以从服务台人员的服务态度，所包含的服务内容，看出这家商场的服务质量和经济实力。因此，服务台应安排有经验的训练有素的人员值班，热情、主动、耐心地为顾客解决困难，提供优质服务。

收款台应设在所售商品货位的附近，其色彩和形式与周围柜台既要有明显区别，又要和谐统一，位置可略高于货位，以便于顾客找到。收款台数量要适当，布置要均匀，并采用先进设施和收款方式，以减少顾客等候时间，尽可能给顾客提供付款方便。

（八）商场休息区

商场休息区也是商场的形象之一。商场设置休息区，可以给顾客提供小憩的机会。休息区的设置，体现出商场对顾客的关心与礼貌，使顾客感到亲切与温馨。休息区可以出售饮料、食品，提供诸如代存已购商品等项服务。

休息区中备有桌椅，如果配备极具创意且时尚的休息椅，既衬托了商场的氛围，又让顾客放松心情，而且时尚小椅占用的空间也小。有创意的休息区，还能起到促进营销的作用。如运动、休闲区，可设置足球外形的休息椅，不仅能供休息，还从视觉上促进了主题营销，可谓一举两得。

休息区位置的选择，可以利用商场的边角空间。在那里能开辟出更多环境幽雅的休息区。如布置青藤、秋千椅、悬挂窗式壁画等，楼层死角区会立刻呈现生机，使顾客如同坐在花园里小憩。

有些商场还开办了"娱乐城"，吸引儿童玩耍，并代为顾客照顾儿童，使家长安心购物。

商场环境礼仪，就是通过购物环境的设计，处处体现出为顾客着想，为顾客提供热情、周到服务的宗旨来体现，只有关心顾客，尊重顾客，才能与顾客沟通感情，建立起企业的信誉。

二、商场营业员服务礼仪

（一）准备阶段

营业员上班前要修饰仪容仪表。大商场的营业员一般要求穿着统一规定和专门设计的识别服、结领带、领结或飘带，服装必须整洁。不规定统一服装的，营业员上班也必须穿着整洁得体，并按要求佩戴好工号牌或证章。女营业员应化淡妆，不佩戴首饰，不蓬散长发。男、女营业员都应以让人感到整洁、美观为宜。

在顾客到来之前，营业员要提前到达工作现场，清扫环境卫生。

货架、柜台、地面、商品，都要保持清洁，商品陈列要丰满有序、整齐美观。营业员要整理好个人仪容，精神饱满地等待顾客的到来。有些商场在开门前，由经理带领工作人员，站在店门口，彬彬有礼地恭候顾客光临。

（二）彬彬有礼的服务

商场服务礼仪不仅表现在营业场所的设计上，更重要的是通过营业员彬彬有礼的服务体现出来。营业员的工作，绝不仅仅是简单地出售商品，同时还要做到热情周到，文明礼貌，遵守柜台纪律，讲究职业道德。

1. 举止要大方得体

营业员要站立服务，站立时，身姿要挺拔自然，精神饱满，面露笑意，给人一种亲切感。目光关注着店堂内，特别是走近柜台前顾客的情况，随时准备提供热情周到的服务。营业员在商场内站立、走动、取物、收款等举止动作，都要表现出文明礼貌，训练有素。帮助顾客挑选商品，动作要轻巧利落，不出声响。

2. 语言要文明礼貌

营业员给顾客留下良好的第一印象非常重要，顾客来到柜台前，营业员应面向顾客，笑脸相迎，轻轻点头致礼，亲切问候："您好"、"您来了"、"欢迎光临"，顾客在柜台前浏览商品时，不管其买与不买，售货人员都要端庄站立，表情微笑自然，目光不断地注视客人予以关心的商品，用目光鼓励顾客挑选，使顾客感觉到你随时都会为他提供服务。顾客浏览商品时，营业员不要过早打招呼，要让顾客有充足的时间轻松地挑选。千万不要提前说"这件怎么样"、"穿上试试"，这样使顾客有压力，放弃购买。当顾客需要招呼时，再不失时机地走去，问"您需要点什么？"或是回答顾客提出的问题。一个称职的营业员，应在顾客未开口之前，预测到顾客的购物意向。

营业员在服务过程中，应有较好的语言修养，语言文明礼貌，讲究艺术性，能够取得顾客的信任，使顾客感到亲切、愉快。最基本的文明礼貌语是"您好"、"请"、"谢谢"、"劳驾"、"不必客气"、"很抱歉"、"请原谅"、"没关系"、"欢迎您下次再来"、"再见"等。

3．态度要热情周到

顾客挑选商品时，要主动热情介绍；顾客提出问题和展示商品时，要有耐心，要百问不厌，百挑不烦；不要计较顾客买与不买、买多与买少，更不要计较顾客要求的高低和态度的好坏。需要注意的是，向顾客介绍、展示商品的时机选择很重要。展示过早，会使顾客产生戒心；展示过迟，顾客已转移了注意力，丧失了良机。向顾客介绍商品要诚心实意、实事求是，不要夸大其词。

顾客购物，总爱挑选，要做到百拿不厌，顾客反复挑选的反应是买意坚定，营业员不能嫌烦，应表示"没关系，如果不满意，我再拿一件，供你比较"。

当同时有几位顾客时，营业员要做到"接一顾二招呼三"，手上接待第一位顾客，眼睛照顾第二位顾客，嘴巴招呼、安抚好第三位顾客。在前一位顾客选择时，可利用时间差来接待后一位顾客。当换一位顾客接待时，要表示歉意，比如说一声："对不起，让您久等了"。

顾客指出所要的商品时，营业员要表示："好的"，然后迅速取出商品，有礼貌地递过去。如果顾客要的商品柜台上没有时，可以抱歉地说："对不起，我到仓库里去看看，请您稍等。"若这种商品本店确实没有时，可以说："请您稍等，我帮您联系一下。"若联系不上时，可对顾客说："对不起，等联系好了我再通知您好吗？"或是向顾客推荐同类商品。如果顾客选不到满意的商品，可以对顾客说："实在对不起，还请您多多关照"等。

当夫妇二人一同来买东西时，应先问女宾好，向女宾介绍商品，但也不可冷落男宾。向顾客介绍商品时，要运用全面的商品知识，可以很有礼貌地征询顾客的意见："您看怎么样？"而不能将自己的观点强加于顾客。要多用敬语、赞语："非常漂亮"、"很合适"、"您真有眼力"等，

此外，还要做到处处为顾客着想，为顾客提供方便，维护消费者权益。需要包扎的商品，应捆紧扎牢，递到顾客手中；需要试验的商品，要当场试验，并交代说明。

4．送客礼仪

当顾客离开柜台时，不管其是否购买商品，营业员应点头行礼，微笑送别，并使用道别语："谢谢您"、"欢迎您以后再来"、"有什么不周到的地方，请多原谅"，然后用目光送顾客离去。

第五节　银行服务礼仪

🎁 礼仪小故事

2013年8月26日，杭州萧山人老傅和几个朋友来到某银行北干支行窗口要求办500张

存折，而原因竟是"为了出一口气"。

原来，14 日，老傅拿着一张 20 万元的本票，到该行办转账业务，却被银行告知，转账之前必须得先开户，办一张存折。"我手上已经有两张你们银行的卡。"不过，柜台工作人员仍坚持，因急于转账，老傅"屈服"了。

回到家里，老傅越想越不是滋味，他质疑北干支行有意强拉顾客存款。一怒之下，就出现了第一幕的情景，"你不是要我办存折吗？我就多办几张！"

据悉，银行并没规定限制一张身份证可办多少张存折。当办到第 70 张时，银行忍不下去了，相关负责人出面了，她说，傅先生的两张银行卡都是信用卡，信用卡是无息的，对顾客的收益是没有体现的。而对于"拉存款"的质疑，银行也没否认。"开户开在哪里，这个存款就体现在该网点，这种情况在其他银行都存在。"最后，经过协商，银行负责人向老傅当面道歉，老傅也同意不再无故办理存折了。

资料来源：http://news.sina.com.cn/o/2013-08-29/183928082095.shtml

银行是由国家批准设立的以存款、贷款、汇兑、储蓄等业务，承担信用中介的金融机构。银行面向社会服务绝大部分是通过银行营业网点进行的。本节的银行服务礼仪就是针对银行营业网点的服务而言。银行营业网点不但要为老百姓提供金融服务，也是银行业面向社会的窗口，营业网点展现了整个银行的风貌。

一、准备礼仪

（一）服务设施

银行的服务设施，一般是指在银行业的各个服务网点所应当设置以备顾客使用的各种设备和用具等。

（1）服务设施要完善齐全，这不仅体现着银行的实力，也是现代银行业服务于百姓必不可少的。银行一些设施为了便民服务需要，要悬挂于墙身，如要悬挂行名、行徽、所名以及对外营业的时间牌，按惯例均应采用长方形铜质材料或其他金属质地的材料制作，并应当排列恰当地镶嵌在营业厅大门外两侧；要悬挂经营金融业务的许可证以及正式的营业执照；要有标明年月日时分的时钟和办理各项业务的标示牌；要有储蓄利率牌（办理外汇业务者，也要有汇率牌），以及业务宣传牌等；悬挂辨别人民币真伪的宣传性挂图。要设有专供客户使用的意见簿和服务监督电话。在大堂内还需要布置咨询台、书写台、休息区、营业柜台服务区、贵宾服务区。此外，营业大厅之内，一般在营业柜台服务区面向顾客一侧可放置一台验钞器。有条件的话，应在营业大厅之内安装空调、暖气，以便做到室内冬暖夏凉，为客户创造一个更为良好的环境。

其中，咨询台通常应设立在营业大厅入口处附近，并且配有业务熟练、口齿清晰、责任心强的工作人员，负责解答客户所提出的各类疑难问题，并引导客户办理各项有关的银行业务。书写台上则应当配备充足齐全的各类单据、能正常使用的签字笔、钢笔、墨水、印泥、别针以及计算器和老花镜，以方便客户填写储蓄单之用。

休息区要有供客户休息之用的座椅和饮水机。座椅应当宽大舒适，并且有一定的数量。在座椅附近，可摆放一些报刊，供客户休息、等候时阅读。饮水机上的水每天要更换，要有足够用的桶装水和一次性口杯。

（2）银行的服务设施一定要干净整洁。各种服务设施不但布局要合理，而且摆放要有序，并且要时时保持整洁。营业的大厅，要有一定的高度。采光要充足，灯光要明亮，空气要流通，色调要和谐。要认真做到室内桌、椅、柜摆放有序，办公用具一律定位放置。墙上无积尘、无蛛网、窗上无灰垢、无污痕，地上无纸屑、无烟蒂，室内无杂物、无垃圾。不准在室内外乱贴广告、标语、通知。对此，要以经常性的检查、抽查来加以督促。

（3）银行服务设施必须便民。对于各类常设性的便民设施以及自助式的存、取款设备，应定期进行全面的检查与维修，并将有关的电话号码公告于社会。

另外，要检查叫号机及自助设备、电子显示屏是否正常运行，各大银行自助电话线路是否通畅。

（二）银行工作人员的准备礼仪

1．着装与饰品礼仪

银行工作人员的服装不仅代表了个人形象，更是银行整体形象的展示。银行工作人员的服装是统一定制的西服套装，男装：春秋冬季节套装，包括衬衣、裤子、领带、外套。夏季：短袖衬衣、裤子、领带。女装：春秋冬季节套装，包括衬衣、裤子、外套、领带。夏季：短袖衬衣、裤子、裙子。银行工作人员上班前要整理检查自己的制服是否整洁、挺括、完好，特别是衣领、袖口尤其要干净。银行制服应上班穿戴整齐，下班后脱下挂在衣架上，很好地养护。银行一线工作人员都有佩戴标明本人姓名、职务的身份胸卡或工牌。上班前一定要检查工牌是否佩戴。

银行工作人员基本上要求不能佩戴太夸张的饰品，耳环最好戴耳钉，项链的坠子不要太大，戒指最好不戴，手链手镯之类禁止佩戴。男士饰品：手表应佩戴稳重、大方、不张扬、轻便款型的腕表。

2．仪容仪表礼仪

银行从业人员应该淡妆上岗，以塑造银行职业的美好形象，展示银行从业人员的整体素质和美感。女士妆以淡雅为主。具有比较强的包容性，它将与服饰和办公环境巧妙地融为一体。自然而然，没有明显的痕迹。银行员工要注意面容清洁卫生，保持牙齿、眼睛、眼镜、耳朵、鼻子等的清洁，显示出职业精神。男员工应注意保持面部的滋润和清洁，做到每天都要清洁面容、洗发、剃净胡须，鼻孔内毛发应及时修剪，要经常检查自己的头发是否过长或整洁，不能有头皮屑，不可以漂染和焗异色头发，发长不超过一寸，发尾不触及衣领，鬓角不遮耳线，女士也要经常检查自己的头发是否整洁，女士刘海儿不能遮眉，侧发不能掩耳，应该整齐梳于脑后。长发，必须盘起，尽量将刘海儿梳起，不允许在工作时梳披肩发。

需要注意的是，如果视力不好，可以戴眼镜。眼镜要注意随时擦洗，上面不要留下灰尘。作为银行员工，必须经常清洗手部，经常修剪指甲，不能留长指甲。女士不能涂有色指甲油。

二、大堂经理礼仪

大堂经理是银行营业网点的形象大使，要求大堂经理应以良好自身形象、高度的责任心、文明的言谈举止、丰富的金融知识，穿梭服务于客户之间，确保客户在银行网点顺心、舒心享受各项金融服务，也充分展示银行良好的社会形象。

大堂经理必须站立接待客户（可坐下与客户谈业务），要热情、文明地对进出银行的客户迎来送往，从客户进门时起，大堂经理就主动地迎接客户，询问客户需求，对客户进行相应的业务引导、分流，诚恳、耐心、准确地解答客户的业务咨询。根据客户需求，主动向客户推介、营销银行先进、方便、快捷的金融产品和交易方式、方法，为其当好理财参谋。

大堂经理要负责维护正常的营业秩序，提醒客户遵守"一米线"，根据柜面客户排队现象，及时进行疏导，减少客户等候时间；要密切关注营业场所动态，发现异常情况及时报告，维护银行和客户的资金及人身安全；快速妥善地处理客户提出的批评性意见，避免客户与柜员发生直接争执，化解矛盾，减少客户投诉。对客户意见和有效投诉的处理结果在规定时间内及时回复。要做到眼勤、口勤、手勤、腿勤，穿梭服务于客户之间。

营业结束后，大堂经理要负责检查大厅设备运行情况；关闭电子显示屏、饮水机等设备电源；查看客户意见簿、意见箱，及时处理客户意见及建议，经上级研究同意后，对提供联络方式的客户，应提供反馈意见；填写大堂经理工作日志，总结当日服务情况，对重点客户信息及市场动态，分析整理上报。

银行大堂经理的重要作用主要表现在建立和维护客户关系上，如接待引导客户、解答客户咨询、了解客户特殊需求、注意目标客户、留意客户交易习惯、满足重点客户特殊需求、处理客户不满以及为客户办理离柜业务等。

三、柜台服务礼仪

（一）迎接顾客礼仪

柜台服务人员应在距离客户 3 米以内时面带微笑，目视客户。当客户走近时应迅速起立，起立时动作要优雅，不能太突兀。这要求柜台服务人员要随时保持积极的对客服务状态，并及时调整坐姿。如服务员因手上有未完成的业务或不便站起迎客时，应停下手中的业务，向客户点头示意，行注目礼。

柜台服务人员面带微笑向客户说"请坐"，并且四指并拢，掌心向上的指引手势，目光随着手势方向移动，指引客户入座。如是熟客或重点客户，应尊称客户姓名。向客户问候指引时要落落大方地注视客户，向客户表达积极主动热情的服务态度。注意观察客户的情绪，为后续服务奠定良好的基础。

（二）确认客户业务信息

服务前应调整好柜台扩音器，并注意检查声音从扩音器中传出时是否清晰、悦耳。待客户坐稳后及时询问"请问有什么可以帮到您"，"请问您办理什么业务"。客户办理业务过程中，服务人员如果需要称呼客户时，应使用"某先生/女士"这种个性化的称呼，给客户以亲切感。如果知道客户的姓名，一定要在客户服务中坚持尊称姓名，因为每个客户都希望得到尊重。与客户交流时应注意目光的正确运用，面部表情亲切、自然，与客户交谈时，语速适中，语调亲切。为客户办理业务时，身体要前倾，配合目光注视、微笑服务以及甜美的语言，以体现积极主动的服务态度。注意客户重要信息资料的保密。注意核实客户办理业务的种类，确认了解清楚客户办理业务的具体情况。

（三）业务办理

每一位来营业厅办理业务的客户都希望得到迅速、准确、高效的服务，因此服务员应加强业务技能的培训，能熟练优质地对客服务。为顾客办理业务时应严格遵守服务流程。在不违反服务流程的基础上，能同时合并办理的则同时办理，尽可能缩短办理业务的时间。

当客户递交过来存折、现金、证件等物品时，服务人员需双手接过，并微笑致谢。与客户交谈，语意要准确、简洁、清楚、条理分明；语音、语速适中，吐字清晰；语态要亲切温和，语气要谦敬委婉。客户办理业务过程中，服务人员如果需要暂时离开座位时，应主动告知客户，并说："对不起，我需要离开一会儿，请您稍等。"回来后，服务人员需向客户致歉，说："对不起，让您久等了。"注意相关业务的说明，向客户介绍业务时，尽量避免使用专业术语令客户不易理解。坚持"唱收唱付"，让客户明白业务办理的具体情况。服务过程中应注意客户信息的保密，服务时的语音、手势、呈递单据都要注意尊重客户的隐私。

办理业务时要注意：现金收款业务，要先收款后记账；现金付出业务，要先记账后付款；转账业务，则要收妥作数。业务办理必须按规定使用统一印制、内容标准的凭证，联次要齐全，字迹要书写得清晰工整，印章要有效、齐全、清晰，并且一定要在规定之处加盖整齐。

业务办理完毕，服务人员双手向客户呈递票据或文件，票据或文件正面朝上，呈递给客户，需要客户签名时，服务人员应请客户核对后在指定位置签名确认。遇到需特别给客户提示的部分，应适当提醒。待对方签字完毕，双手接回文件。提醒客户核对并收好相关物品"这是您的票据，请收好。"如果客户办理的是比较大额的取款业务，没带包时，服务人员需主动为客户提供手袋。

柜台服务员可根据客户的特点及业务状况进行一些柜台促销。柜台促销时应注意柜台外等候区客户的情况。切不可因为促销业务时间过长而降低服务效率，如等候客户人多，则应缩短促销时间，或请客户经理协助完成。向客户促销时，应注意业务宣传单的展示动作及业务讲解时的语气，应给客户留出选择及决定的时间，注意语气上不要催促客人，不要给客人"强买强卖"的感觉。如客户有意愿办理促销业务，应马上请客户经理过来协助办理，并及时向客户表示感谢。只有优质的柜台服务才有可能创造柜台营销的机会。

业务办理还要注意风险防范，在经办业务过程中要坚持利用身份核查系统认真做好客户身份识别工作，尽职审核客户身份，谨慎处理各项业务，才能不让犯罪分子得逞，抵制风险案件的发生。

（四）送别礼仪

业务办理完毕，柜台服务人员应面带微笑，主动起身送别客户。应尊称客户姓名并说"请慢走"、"感谢您的配合"等。客户离开柜台时，柜台人员可为客户递上服务卡片（注意名片接送礼仪），并配合"这是我的服务卡片，有什么我可以做的，请随时联系我"、"期待再次为您服务"等服务语言。送别客户时应注意目光的运用。不能客户刚一转身则立马做其他业务，应坚持目送客户离开柜台区域。及时调整心态，并保持良好状态迎接下一位客户。

（五）柜台整理

及时整理，创造舒适的服务环境，是对客户尊重的体现。客户离开柜台后，柜台服务员应迅速地整理好业务单据，并保持业务办理区域的整洁。进行整理时应注意客户遗留单据及资料，防止客户信息的外泄。如遇到银行客户柜台上遗留物品，银行工作人员应按银行柜台服务规定妥善处理。

需要强调的是银行安保，要在营业时间之内设有流动的保安人员，而且银行的安保措施更为重要。不仅要防盗、防抢，而且也要防火、防水、防风。当顾客取款额较高或者老人、妇女单独来银行取款时，保安人员要适当加以保护。如果不能走出营业厅，可以目送顾客到停车处，看顾客上车后再将视线转移到其他地方，如果允许的话，可以直接将顾客送上车。

练习题（模拟训练）

1. 模拟宾馆门童迎宾服务过程。

2. 模拟宾馆总服务台接待客人住宿、订房、结账等服务。

3. 模拟餐厅值台员接待顾客的服务过程。

4. 模拟导游员接待旅游团，安排住宿，组织旅游的过程。

5. 模拟商场营业员接待顾客购物服务的过程。

6. 模拟银行柜台服务员接待储户取款的服务过程。

案例分析

1. 2010 年 2 月 21 日下午 2 时许，义乌城西分理处柜台上一名外地口音的男子正在办理银行借记卡业务。柜员毛晓峰在审查身份证时，发现其携带二代身份证上的照片虽为该男子本人，但证件号码通过联网核查系统时号码是错误的。

柜员通过询问身份号码是否变动或更换，有无带旧身份证，该男子回答身份号码是有变动，旧身份证早已不知去向。这回答引起了柜员的警觉，再仔细通过对这张身份证的鉴别，发现这是一张仿真度较高的虚假第二代居民身份证……经过再次询问，发现了诸多漏洞……柜员毛晓峰及时将此事件上报当班营业经理，在大堂经理和保安的共同协助下，在稳住该客户的同时及时向 110 报警。公安人员确认该身份证为假证，并把该男子带回警局调查。

资料来源：http://stock.zgjrw.com/static/news/dzyh/20100302/6340312227271642500.html

分析思考：

（1）银行柜员如何识别骗局？

（2）分析银行大堂经理的职责。

（3）论述银行柜员服务礼仪。

2. 小李是某三星级酒店餐饮部的服务员。一次，有三个客人在酒店餐厅就餐，他们点了很多菜，其中的一道菜叫"海参扒肘子"。当最后一道菜上来时，小李发现餐桌上已经没有足够的空间可以放下新的菜品了，于是她不假思索地把新上的菜放在了客人吃的还剩一个肘子的海参扒肘子的餐盘上。其中一个客人发现后，半开玩笑地跟小李说："小姐，我们这道菜还没有吃完，你怎么就把菜放到上面了？"小李当天的心情正好不好，听到客人说的话，更是不舒服，于是就顶了一句："到这儿来吃饭，还在乎这么一个肘子吗？又不是没有钱。"本来开玩笑的一句话，经小李这么一说，客人笑意全无。于是，两个人就争吵了起来。客人觉得面子上很过不去，于是向餐厅经理投诉，小李受到经理的批评，向客人道歉。同时，酒店只得又重新做了一盘海参扒肘子给客人。

分析思考：

（1）分析小李错误之处。

（2）论述餐厅值台礼仪。

3．西方游客在游览河北承德时，有人问："承德以前是蒙古人住的地方，因为它在长城以外，对吗？"导游员答："是的，现在有些村落还是蒙古名字。"又问："那么，是不是可以说，现在汉人侵略了蒙古人的地盘呢？"

导游答："不应该这么说，应该叫民族融合。中国的北方有汉人，同样南方也有蒙古人。就像法国的阿拉伯人一样，是由于历史的原因形成的，并不是侵略。现在的中国不是哪一个民族的国家，而是一个统一的多民族国家。"游客听了都连连点头。

分析思考：

（1）请评价导游回答得体之处。

（2）论述导游组织参观讲解礼仪。

4．一天某商场工艺品柜台来了一位日本人，服务员微笑致意"欢迎光临"，这位日本人走走看看，来到摆放砚台的柜台，停了下来，反复观看。小王迎了上去问："需要点什么？"这位日本人表示想买两方砚台送给朋友，他指着两方刻有荷花的砚台对营业员小王说："这两方砚台大小正合适，可惜的是造型……"客人的话使营业员小王不解，这块砚台造型多好啊！他刚要辩解，小刘迎上前去，热情回答说："书画用砚台与鉴赏用砚台是不一样的，对石质和砚堂都十分讲究，一般以实用为主，您看，这方鱼子纹歙砚，造型朴实自然，保持着砚石自身所固有的特征，石质又极为细腻，比方荷花砚更好，而且砚堂平阔没有雕饰，用这样的砚台书写研墨一定能得心应手，使用自如。"然后将清水滴在这三方砚台上，请客人自己亲自体验这三方砚石在手感上的差异，最后，客人满意地买下了两方鱼子纹歙砚。

分析思考：

（1）日本人为什么不喜欢荷花砚台？

（2）分析小刘接待成功之处。如果小王竭力推销荷花砚台能成功吗？

5．某宾馆总服务台在上午 10:00 收到了邮局送来的报纸、信和包裹。小杨签收后立刻开始分发。在核对时发现有 516 房张先生一个包裹，但张先生此时可能已经退房了。因为他昨天订的今天 10:30 登机的机票正是小杨送去的，而此时已经是 10:15 了。小杨当即询问了收银处，得知客人已在 9:00 退房离开了酒店。无奈他只好将此事报告上级。

分析思考：

（1）此类事情该如何处理？

（2）分析对宾馆的启示。

第七章　现代商务礼仪危机与处理

【学习要求】
　　① 了解现代商务礼仪危机的概念。
　　② 掌握引发商务礼仪危机的因素。
　　③ 熟悉我国主要贸易伙伴国家的礼俗。
　　④ 掌握现代商务礼仪危机的处理。

第一节　现代商务礼仪概述

礼仪小故事

　　王丽刚刚参加工作，担任一家对外贸易企业的秘书。圣诞节前，单位给国外有业务往来的企业邮寄圣诞贺卡，细心的王丽发现寄往日本的贺卡是红色的，建议换贺卡，老总不解，王丽告诉他日本的讣告是用红色的，老总连忙通知把贺卡换掉。又有一次德国的客商来，老总联系酒店招待客商，到了酒店，德国客商看到 666 的房间号，脸色有些不快，酒桌上王丽把话题转到我国的习俗上，解释 666 在我国是六六大顺，代表吉利，是祝贺合作顺利的意思，德国客商紧绷的脸上有了笑容。原来德国人不喜欢 666，一场礼仪危机就这样被王丽化解了。由于王丽表现突出，实习期未满就被提拔为经理助理一职。

一、现代商务礼仪危机的概念

　　在现代商务沟通中，由于各国、各地区文化环境、礼仪风俗、教育背景、民族背景等方面的差异，不可避免地会出现一些尴尬失礼的现象。这种现象往往导致现代商务合作产生危机，因此我们通常把这种失礼现象引发的危机称为现代商务礼仪危机。

　　引发商务礼仪危机的因素主要是由于文化差异因素造成的。文化差异，会造成不同人的思维方式和行为规范的不同，之所以会有这种不同，就是因为不同的群体，不同的国家或地区的人们，他们始终接受着不同的教育、生活在不同的社会环境下，从而也就有不同的思维方式与行为习惯。以至于在现代商务活动中，很容易导致交往双方的误解并引发礼仪危机。

二、引发现代商务礼仪危机的因素

（一）宗教信仰因素

宗教信仰是一种社会意识形态，它对人们的生活习惯、经济、文化、政治都有着深刻的影响。由于宗教信仰的关系，长期以来形成了一定的宗教习惯和禁忌，佛教、伊斯兰教、基督教为世界三大宗教，此外，还有印度教、犹太教、道教等，不同宗教习惯和禁忌各不相同。

1. 佛教

佛教发源于公元前 1500 多年的古印度。目前主要分布在亚洲的东部和东南部，佛教的戒（禁忌）有两个方面：一方面是针对出家人的；另一方面是针对在家修行者的。

佛教对出家人的要求和禁忌非常严格，规定出家人饮食方面的禁忌很多，其中素食是最基本、最重要的一条。素食的概念包括不吃"荤"和"腥"。"荤"是指有恶臭和异味的蔬菜，如大蒜、大葱、韭菜等。所谓"腥"，是指肉食，即是各种动物的肉，甚至蛋。不过素食的范围也比较广，例如，辣椒、生姜、胡椒、五香、八角、香椿、茴香、桂皮、芫荽、芹菜、香菇类等都可食用。豆制品、牛奶和乳制品，如奶酪、生酥、醍醐等也都不在禁止之列。佛教要求僧人不饮酒，包括不饮一切能麻醉人的饮料，如粳米酒、果酒、大麦酒、啤酒等。

对于在家的居士，要求阴历朔日、初八、十四、望日、二十三、二十九日为持斋的日子。

因此，与出家人同桌就餐时，不宜将素菜荤叫，不宜对僧人敬酒、劝酒，或者劝吃肉，也不宜提议同僧人干杯（茶、饮料等）。如果与在家修行者同桌就餐一定要询问当天是否为持斋的日子。

佛教徒内部不用握手礼节，不要主动伸手与僧众相握，尤其注意不要与出家的尼众握手。非佛教徒对寺院里的僧尼或在家的居士行礼，以合十礼为宜。佛教徒购买佛饰时忌说"购买"，只能用"求租"或"尊请"之类的词，否则被视为对佛祖的不敬，会招来灾祸。

2. 基督教

基督教发源于公元 1 世纪巴勒斯坦地区犹太人社会，主要集中分布在欧洲、美洲和大洋洲。基督教主要有三大派系：天主教、东正教、新教。

基督教信徒忌讳崇拜除上帝以外的偶像，并且不准制作或跪拜偶像，因此向基督徒赠送礼品，要避免上面有其他宗教的神像或者其他民族所崇拜的图腾。

基督教信徒禁忌食带血的食物，即不能把动物的血作为食物，勒死的牲畜也在基督教禁食食物之列，这与禁食动物血的禁忌是一脉相承的。因为勒死（包括病死，或其他非宰杀原因死的）动物的血液未流出，已被吸收于肉中，故不能食。基督教规定，教徒每周五及圣诞节前夕（12 月 24 日）只食素菜和鱼类，不食其他肉类。天主教还有禁食的规定，即在耶稣受难节和圣诞节前一天，只吃一顿饱饭，其余两顿只能吃得半饱或者更少。在基督徒眼中"13"和"星期五"是不祥的，要是 13 日和星期五恰巧是同一天，他们常常会闭门不出。

3．伊斯兰教

伊斯兰教为穆罕默德所创，伊斯兰一词原意为"顺从"，指顺从安拉（中国穆斯林亦称真主）的意志，7 世纪初产生于阿拉伯半岛。伊斯兰教分逊尼派和什叶派两大教派，主要传播于亚洲、非洲，以西亚、北非、西非、中亚、南亚次大陆和东南亚最为盛行。

伊斯兰教在中国旧称回教、清真教。主要以回族、维吾尔族、塔塔尔族、柯尔克孜族、哈萨克族、乌孜别克族、塔吉克族等少数民族为主信仰伊斯兰教。在中国伊斯兰教主要是逊尼派。

伊斯兰教除敬畏、崇拜真主以外，严禁崇拜任何偶像或向任何具体形象顶礼膜拜，也就是不准向任何画像、雕像、塑像行礼。为了反对和防止任何形式上的偶像崇拜现象，伊斯兰教禁止在墙壁、地毯、衣服等饰物上装饰人或动物的图案。

伊斯兰教在饮食方面的禁忌：禁食自死物、溢流的血和"诵非安拉之名而宰的动物"；禁食猪肉、猛禽，哺乳动物除牛、羊、鹿、骆驼外，其余都不准吃；在所有的自死物中，鱼类是例外的，但是不准吃没有鳞、没有鳍的鱼。伊斯兰教对植物性的食物没有任何禁忌。但是伊斯兰教严禁饮酒，还禁止从事与酒有关的营生。也禁止饮用一切与酒有关的致醉物品。此外，对宰杀的动物方式也有要求，伊斯兰教要求穆斯林在宰杀牛、羊、鸡等可食动物时，诵"以安拉之名"表示结束该动物的生命是奉安拉的名义进行的，不是出于仇恨该动物，也不是由于它弱小可欺，这样宰杀的动物，其肉是合法可食的、是清洁的。

伊斯兰教认为，男子从肚脐至膝盖，妇女从头至脚都是羞体，外人禁止观看别人羞体，违者犯禁。因此，穆斯林妇女除了穿不露羞体的衣服外，还必须带盖头和面纱，这项规定至今在有些伊斯兰国家（如沙特阿拉伯、伊朗等）仍然施行。如图 7-1 所示是最传统的伊斯兰教妇女的服装。

图 7-1

4. 印度教

印度教形成于 8 世纪，源于古印度韦陀教及婆罗门教，印度教有三大主神：梵天、毗湿奴和湿婆。印度教徒认为牛是湿婆神的坐骑，被视为神圣的动物，所以禁止食用牛肉或牛皮制品。但是他们认为牛奶如母乳，喝牛奶。印度教的寺庙不允许牛皮制品入内，需赤脚入内。印度人视头部为神圣的，不能抚摸小孩头部。他们视左手不洁净，不能用左手递物给他们。妇女要穿着适当，上衣不能过短等。

在现代社会，人们日常往来接触更加频繁，每个人的信仰不同，在交往中要注意尊重他人的宗教信仰，尤其是以某种宗教为国教的国家，他们的生活方式和宗教没有区别，如在北非和西亚、南亚的许多国家，宗教就是一种生活方式。因而，在与他们交往中要时刻考虑其宗教信仰，尊重他们的生活习惯，避免礼仪危机的发生。

（二）风俗习惯的因素

风俗习惯是指一个国家或民族在长期生活和社会交往中形成、传承、沿袭的行为习惯、生活方式、礼仪形式、节假日等约定俗成的风气和习惯。表现在饮食、服饰、居住、礼节、婚姻、丧葬、经商、爱好和禁忌等社会生活的各个方面。

如不同国家对颜色、数字、图案、饮食、动物、花卉等都有不同的偏好和禁忌。以白色为例，印度视白色为不受欢迎的颜色，摩洛哥人一般不穿白衣，认为白色为贫穷的象征，而在阿尔及利亚和几内亚，白衣斗篷是贞节、纯洁的象征。在西欧，婚纱为白色象征纯洁。例如，数字"4"，日语和朝语的发音与"死"的发音相同，美国一家企业向日本出口棒球，棒球四个一组用绿色礼盒包装，绿色在日本人的心目中是不祥之色，加上四个一组，结果销路不好。再如花卉中，以菊花为例，菊花与梅、兰、竹，自古就是中国文人心目中的"四君子"，是中国文人人格和气节的写照，而且被赋予了广泛而深远的象征意义，而在欧美多数国家是丧礼用花。

饮食上，韩国人喜欢吃狗肉，但是在韩国举办世界杯期间，欧美就曾发起"抵制韩国吃狗肉"的运动，这就是东西方文化的差异。

东西方由于文化差异，许多观念也不一样。如在多数的西方文化中，讨论工作时，通常是下属坐着，上级站着，但在多数东方文化中，则通常是上司坐着，下属站着，原因是西方人认为站着更能控制局面。站立似乎是西方人社会交往的一种习惯，他们通常站着开会，站着接待，聚会时站着交谈；而在东方文化中，前排中间的座位是权力或高贵的象征。

世界上不同国家、不同地域的风俗习惯千差万别，这就为现代商务沟通带来了障碍。

（三）语言文字因素

世界语言种类繁多、分类复杂，其中使用人数超过 1000 万的语言共有 69 种，包括汉语、英语、法语、西班牙语、俄语、阿拉伯语、印度语、孟加拉语、日语、葡萄牙语、德语等。其中，前 6 种为联合国官方用语。而使用人口超过 100 万的语言有 140 多种，非洲是世界上语言种类最多的大陆，其独立语言为 800～1000 种。

商务沟通是以语言文字为媒介的，不同语言沟通时，需要翻译。即使是涉及经济信息或商品信息的语言，在转换成为另外一种语言文字时都不只是简单的语义翻译，而需要把不同文化表达转换过去，语言文字的文化因素直接制约着沟通的正常进行。

例如，中国的"白象"牌电池的名称直译为"White Elephant"，而在英文中的"White Elephant"恰恰暗指"不中用的东西"；芳芳牌化妆品如果用拼音直译就是"Fang"，而"Fang"这个单词在英语中是"毒牙"的含义；雄鸡牌鞋油中的"雄鸡"为"cock"一词，在英语里有"下流"的意思。由此可见，如果用上面的品牌名称在说英语的国家销售其产品，销路一定不好。需要翻译出适合其国情的品牌才行。这一点美国的可口可乐做得非常好。

美国的可口可乐是世界第一大知名品牌，可口可乐（Coca-Cola）在进入中国市场销售时，根据英文谐音，一开始翻译成"啃蜡蝌蚪"，中国消费者无法理解，随后该公司研究了数以万计的中国字词，终于将其翻译成"可口可乐"这四个发音动听、意思完美的中国字，从此，可口可乐公司顺利打入中国市场，获得了丰厚的贸易利益。

如果翻译不考虑国情就会产生不良后果，例如，美国百事公司在泰国发展不顺利，其原因是美国百事公司有一句十分经典的广告语"与百事共生存"，但这句广告语在泰国却受到了抵制，因为这句话如用泰语翻译有"与百事一起从坟墓中走出来"的意思，因此导致商业机会的丧失而受到损失。

由此可见，语言文字是文化的重要载体，语言文字的差异是现代商务活动中最大的障碍之一。

（四）非语言因素

非语言交流通常指用非语言行为或身体语言交流，它是传递信息的一种方式。非语言行为主要是指人们在交往中，包括表情、眼神、声音、接触距离、姿态、手势、肢体等除语言以外的一切行为。在人际交往中不仅是通过语言交流，还有 60%～65%的人际交流是通过非语言交流来完成的。

在现代商务沟通中，言语的交谈尽管占据了谈判中大部分的时间，但是，人们的理解、容忍、舒适感和整个情绪都受到非语言因素的强烈影响。然而，由于各民族的文化差异和历史背景迥异，在一种文化中高雅的行为举止，在另一种文化中却被视为极为粗俗。例如竖大拇指，中国人认为竖大拇指表示赞赏、夸奖，暗示某人真行，在美国和北美表示支持和赞同，可是在澳大利亚却是骂人的含义。这说明非语言行为具有很强的文化属性。在不同文化背景下，人们的同一肢体语言所表达的意思是有差异的，由于文化差异，同一个动作或行为会被不同文化背景的人理解为不同的信号和信息。再如，"OK"手势，在美国及许多国家表示"好"或"是"，但是在日本表示钱。因此在美国商人与日本商人谈判结束后，在签订合同时，美国商人向对方做出了"OK"手势后，日本商人的脸色会突然变得很难看。美国商人是想表示"很高兴我们谈成了这笔交易"，但日本商人却理解为"他在向我们提出要钱的暗示"。这种由非语言行为引起的误解甚至引发的危机在国际商务活动中屡见不鲜。

（五）思维方式的因素

思维和语言有密切的联系，并受到社会文化等因素的制约。不同国家、不同民族的思维方式有许多差异，尤其是东西方人由于教育背景和社会文化熏陶的不同，他们的思维方式有很大的差异，这必然会导致人们表达方式、对问题的认知和处理方法上出现差异。

在表达方式上，东方文化喜欢委婉的表达方式，重视意会，讲究拐弯抹角，而西方文化非常看重坦率，重视言传，把坦率看作是真诚的表现，讲究单刀直入。西方文化认为委婉与真诚有很大差距，它与装假有相似之处。

为此，在交流上，东方文化的特点是进入正题时缓缓进入，而且为了达到缓缓进入主题，开场白一般表现为谦虚，或者"拉家常"。而西方文化，是单刀直入，把开场白看成是啰唆，有不愿意进入正题的嫌疑，"拉家常"是窥探他人隐私，会引起不快。

由于文化差异的存在导致对事物的看法也不同，并且会无意识地把这些观念带到谈判桌上。

下面的案例更能说明这一点。

几个商人在一条船上开国际贸易洽谈会，突然船开始下沉。

"快去叫那些人穿上救生衣，跳下船去。"船长命令大副。

几分钟后，大副回来了。"那些家伙不肯跳。"他报告说。

于是，船长只得亲自出马。不一会，他回来告诉大副："他们都跳下去了。"

"那么您用了什么方法呢？"大副忍不住问道。

"我告诉英国人跳水是有益于健康的运动，他就跳了。我告诉法国人那样做很时髦，告诉德国人那是命令，告诉意大利人那样做是被禁止的，告诉苏联人这是革命的……"

"你是怎么说服美国人的呢？"

"这也很容易，"船长说，"我就说已经帮他们上了保险。"

上面的案例充分说明了不同国家由于教育背景和社会文化熏陶不同，思维方式的差异，导致对问题的认知不同。这种由思维方式引发的危机在商务活动中也时有发生。

在现代商务活动中，礼仪危机的存在是不可避免的，为了成功地达到沟通目的，规避危机，就要充分了解他国的文化，克服语言和非语言障碍，了解其风俗习惯、谈判风格。

第二节　主要贸易伙伴国家的礼俗

礼仪小故事

　　某企业与英国一家企业合资建厂，工厂建成，要举行开工仪式，作为东道国的中方负责筹备开工仪式的准备工作。一切准备就绪，下午该企业副总经理与公关部以及其他部门的经理组成工作小组前去检查工作。望着道路两旁鲜花丛中的菊花和百合，公关部经理皱起了眉头，检查完毕，工作小组总结检查结果，公关部经理建议把菊花和百合换成玫瑰，因为在英国菊花和百合是葬礼用花，而玫瑰是英国的国花。听了公关部经理的一番话，考虑到明天英方总经理和代表团出席庆典，大家非常着急，一致决定马上联系相关单位连夜换花。第二天，开工典礼顺利进行，望着英方总经理的笑容和两旁盛开的玫瑰，工作小组的成员们笑了。事后副总经理在谈及此事说："我们差点让英国人认为我们把工厂建在了墓地上，让合作蒙上不愉快的阴影。"

一、美国

　　美国全称美利坚合众国（The United States of America），是一个多民族的移民国家。美国在宗教信仰上是一个没有国教的多宗教国家，但是宗教信仰非常普遍，居民信奉基督教最多，此外还有罗马天主教、犹太教、东正教、佛教、伊斯兰教、印度教等。

（一）节日风采

　　在美国，节日异彩纷呈，圣诞节与复活节前后两周均不宜做商务拜访。

　　感恩节，也叫火鸡节，是美国传统的节日，每年 11 月的最后一个星期四是感恩节。感恩节是美国人全家欢聚的节日，类似中国的春节。

　　圣诞节，每年 12 月 25 日，是美国人最大最热闹的节日。圣诞夜是一个狂欢的夜晚。美国人常常通宵达旦地举行庆祝活动。送礼物和装饰家庭，是他们最重要的庆祝方式。

　　7 月 4 日为独立日，5 月的第 2 个星期天为母亲节。除 6～8 月多去度假外，其余时间宜访问。

（二）社交礼仪

　　美国人很注重问候礼貌，无论认识不认识，见面一定会问好，道早安、午安、晚安。

在美国，朋友之间通常是熟不拘礼，即使是初次见面，也不一定非先握手不可，时常是点头微笑致意，礼貌地打声招呼"嘿"或"你好"就行了，或直呼对方的名字表示亲热。正式场合，见面介绍后握手要简短有力，美国人认为有力的握手代表诚恳坦率。美国人讲话中礼貌用语很多，"对不起"、"请原谅"、"谢谢"、"请"等脱口而出，显得很有教养。例如，美国海关的人员常用语"请你打开箱子"、"请你把护照拿出来"，检查完毕时，还会说"祝你旅途愉快"等，但他们不喜欢别人不礼貌地打断他们讲话。美国人谈话时不喜欢双方离得太近，两人的身体保持一定的距离，一般应保持 120~150 厘米之间，最少也不得小于 50 厘米。在美国崇尚"女士第一"，"女士优先"是文明礼貌的体现。

在美国，12 岁以上的男子享有"先生"的称号，但多数美国人不爱用先生、夫人、小姐、女士之类的称呼，认为那样做太郑重其事了。他们喜欢别人直接叫自己的名字，并视为亲切友好的表示。美国人很少用正式的头衔来称呼别人。正式头衔一般只用于法官、军官、医生、教授、宗教界领袖等人物。尤其是行政职务，美国人从来不以此来称呼。

美国人热情好客，哪怕仅仅相识一分钟，你就有可能被邀请去看戏、吃饭或出外旅游。到美国人家去登门拜访，必须事先约定，贸然登门是失礼的。就是给亲朋好友送礼，如果他们事先不知道的话，也不要直接敲门，最好把礼物放在他家门口，然后再通知他自己去取。美国人有晚睡晚起的习惯。

应邀去美国人家中做客、参加宴会或到人家去住一周或度周末，最好给主人带上一些小礼品，如一盒糖、一瓶酒、化妆品、儿童玩具、本国特产等。对家中的摆设，主人喜欢听赞赏的话，而不愿听到询问价格的话。美国人给自己花钱，非常大手大脚；但给别人花钱，美国人是出奇地仔细，分得非常清。同美国人一起到外吃饭，付费一般 AA 制，即使对方是女性亦如此。即便美国人提议出去吃饭，通常仍是各自付费。

美国人没有送礼的习惯，在圣诞节时才会给亲人或好友送礼，平时多为寄贺卡而已。美国人虽不注重礼物的价值，但却十分讲究礼物的包装。

在与美国朋友交往中，切忌问及他的房子是多少钱买来的？一个月有多少钱收入？你多大岁数了？你结婚了吗？家住哪里？因为美国人十分忌讳这类话题，随便询问个人问题，等于冒犯了他的尊严。

（三）服饰与饮食

美国人着装崇尚自然，以宽大舒适为原则，自己爱穿什么就穿什么，不像英国人那样总要衣冠楚楚，美国人不太讲究穿戴。在旅游或海滨城市，男士穿游泳裤，女士穿三点式游泳衣，再披上一块浴巾，就可以逛大街或下饭馆了。但正式场合，美国人就比较讲究礼节了。接见时，要讲究服装，注意整洁，穿着西装，特别是鞋要擦亮，手指甲要清洁。服装颜色方面，在美国南部，女人喜欢蓝色系，而新英格兰人由于皮肤红润，所以那里的人喜欢购买适合自己皮肤颜色的衣服。在德克萨斯州，圣诞节过后买淡茶色物品的人就会增加起来。

美国人饮食喜"生"、"冷"、"淡"的食物，强调营养搭配，以食用肉类为主，尤其喜欢吃牛肉、鸡肉、鱼肉、火鸡肉。快餐受欢迎，如汉堡、比萨饼、热狗、炸鸡。不吃狗肉、猫肉、蛇肉、鸽肉、羊肉、淡水鱼与无鳞无鳍的鱼，以及动物的头、爪、内脏。

（四）爱好与禁忌

美国是一个极为重视商品及包装色彩的国家。美国人大多喜爱鲜艳的颜色，即明朗、活泼、亮丽的色彩，对红、蓝、白三色特别有好感。在美国，有些商品及包装的色彩已约定俗成。如大部分食品的包装采用黄色（如桃子）和棕色（如酒类）包装，暗示丰满和新鲜，但咖啡、番茄和饮料习惯用红色包装，豆类为绿色，鸡蛋则为白色（纯洁）；凡与肌肤接触的商品，如肥皂、润肤霜等习惯采用柔和的中性色和粉红色。在药物中，黄色（和谐）的维生素销路最好，止痛药最好是白色的，儿童药浅色的最受欢迎；对清洁剂之类的商品，一般采用蓝色（吉祥）或白色的包装；在超级市场销售的商品，包装多采用淡雅或接近自然的色彩。

美国人忌用珍贵动物的头部作商标图案，也不喜欢在商标图案中出现一般人不熟悉的古代人物。他们忌用蝙蝠作图案、包装，蝙蝠、黑猫象征吸血鬼，被认为是凶神的象征。忌说"白"和"胖"（流行富瘦黑、穷白胖）。忌在称呼长者时加"老"字。美国人不喜欢黑色，它是丧葬、失望和晦气的象征。忌讳数字13、3、666与星期五。

美国人忌讳和穿睡衣的人见面，这是严重失礼的。他们认为穿睡衣等于不穿衣服。美国人不提倡人际间交往送厚礼，否则会被涉嫌认为另有所图。

美国人偏爱白猫图案（逢凶化吉）和白头秃鹰（国鸟）图案，把蜗牛看作是吉祥的象征，常以玻璃或其他材料制成的蜗牛赠送亲友。

美国禁忌色的实例：日本的钢笔制造厂向美国出口钢笔时，在装有银色的钢笔盒内，用紫色天鹅绒挂里儿，在美国遭到了反感。在美国使用商品的商标，都要到美国联邦政府进行登记注册，不然商品会被别人冒名顶替。销往美国的商品最好用公司的名称作商标，便于促销。

（五）谈判风格

美国商人的谈判风格总的印象：性格开朗、乐观大方、热情自信，办起事来干脆利落，不拘小节、讲究实际、反对保守、直言不讳。美国人有强烈的创新、竞争意识和进取精神。整体风格外向，没有僵化的传统。美国人以不拘礼节著称，通常不主动送名片给别人，只是双方想保持联系时才送，如果你给美国人送名片，对方也会接过去，若对方没有把他的名片送给你，你也不必介意。

美国人在谈判、会议等正式交往中，没有敬茶、吃水果等应酬，而是打过招呼后马上谈正事。喜欢速战速决，喜欢买者提出"一揽子"条件，一旦条件符合，即能较快拍板。"一揽子"条件，不仅要包括产品设备本身，而且还指该企业的形象信誉、公共关系以及介绍销售该产品的一系列办法。由于深深受到犹太民族追求商业利益的秉性的影响，他们重实际、重功利、守信用、重效率等。美国人的法律意识根深蒂固，生活中的一切方面都可以诉诸法律。

美国商人喜爱表现自己的"不正式"、"随和"与"幽默感"。能随时随地说几句幽默话的人，往往易为对方接受。

美国商人时间观念很强，他们与人交往中，能遵守时间，很少迟到。到单位访问前，必须先约定，最好在即将抵达时，先通个电话告知。美国人在业务交往中十分讲究准时，但在纽约、休斯敦、洛杉矶等大城市有例外，由于交通拥挤，不能准时到会，迟到 10 分钟也不会引起非议。

二、日本

在日语中，"日本"意为"日出之国"。日本民族构成比较单纯，大和民族占绝对多数，少数民族阿伊努人主要居住在北海道地区。常住外国人口：从国籍看，韩国、朝鲜居第一位，中国居第二位，巴西居第三位，菲律宾居第四位。通用语言是日本语。大多数日本人既信神道教又信佛教，有的还信多种宗教。在信教者当中，信神道教的人占 96%，信佛教的人占 76%，信基督教的人占 1.4%，其他占 12%。

（一）节日风采

日本人的节日主要有元旦、成人节、男孩节、女孩节、樱花节、敬老节和文化节等。国家节日：天皇诞生日——12 月 23 日（1933 年）。

（二）社交礼仪

日本是礼仪之国，比较注重礼节。在日常生活中，互致问候，鞠躬脱帽。初次见面，相互鞠躬，交换名片，不握手。只有老朋友和熟悉的人才互相握手拥抱。若对方是女士，待对方伸手后才可握手，但不可用力或久久不放手。日本人一般不以香烟待客，从不主动敬烟。

在社交场合，比较注重等级、地位、身份。茶道也是日本人用作交际的一种传统习俗。

日本是礼仪之国，待人接物非常讲究礼仪。日本人在迎接客人时一般要提前到场，他们非常注意地位同等，如果不是特殊的客人，他们很少把迎接工作搞得过大，因为他们会觉得，这会使客人变得不自在甚至惭愧。

日本人在贸易活动中常有送礼的礼节。他们认为礼不在贵，但选择时要讲点特色，有一定的纪念意义。日本人等级观念非常强。对象不同，礼物的档次应有所区别，如果送给日本总裁的礼物跟送给副总裁的礼物没有差别，那么前者就会觉得受辱，而后者也觉得难堪。需要注意的是，送给日本女性客人的礼物，应由女性来给。日本人有一个习惯，主人应向初次见面的客人送一份礼物，但并不要求初次来访的客人非要带上礼物不可。

日本大多数成年人都有名片。日本人在交换名片时要行鞠躬礼，而且根据对象不同，会有 15°、30°、45° 等鞠躬度，男女鞠躬要求又存在不同。日本人在交换名片时，要双手递上，同样，对方递交来的名片也要双手去接。接过名片后，仔细看和读，同时微笑点头，并两眼平视对方，说上一句"见到你很高兴"之类的客套话。如果把收到的名片随手装入口袋，就意味着没有把对方放在眼里，就是故意使对方丢尽脸面。

（三）服饰与饮食

日本人无论在正式场合还是非正式场合，都很注重自己的衣着。在正式场合，男子和大多数中青年妇女都着西服。男子穿西服通常都系领带。和服是日本的传统服装，其特点是一般由一块布料缝制而成。现在男子除一些特殊职业者外，在公共场所很少穿和服。日本妇女喜欢描眉，她们普遍爱画略有弯度的细眉，认为这种最具现代女性的气质。

日本饮食一般称为和食，即日本料理，有"五味"、"五色"与"五法"之说，五味是指日本人在不同的季节里，饮食的口味往往有不同的侧重，通常是春苦、夏酸、秋滋、冬甜，还有黄色，此外还好食涩味；五色是指菜的色彩搭配一般是绿春、朱夏、白秋、玄冬，还有黄色；五法是指和食的烹饪方法主要有蒸、烧、煮、炸、生等五种。和食是以大米为主，多用海鲜、蔬菜，讲究清淡与味鲜，忌讳油腻。

日本人非常喜欢喝酒，爱喝西洋酒、中国酒和日本清酒。在日本，人们普遍喜欢喝茶，形成了讲究"和、敬、清、寂"四归茶道。

日本人用餐时，要摆上一长矮桌，男子盘腿而坐，女子要跪坐。

日本人口味偏重甜、酸和微辣，不爱吃肥肉和猪内脏，也有人不吃羊肉和鸭子。早餐多为牛奶、面包和稀饭。午、晚餐多为大米饭、蔬菜和各种鱼类，有吃生鱼片的习惯。

（四）爱好与禁忌

日本人最忌讳的数字是"4"、"9"，"4"与死发音相同，而"9"与苦发音类似，就是在赠送礼品时，也勿以 4 和 9 为数。无论是就餐、住宿应避开 4 号桌、4 层楼或 4 个人等。日本商人对"2 月"和"8 月"也很忌讳，因为是营业淡季。他们还忌讳 3 人一起合影，认为中间的人被左右两人夹着，是不幸的预兆。日本人敬重数字 7。

礼物包装的图案应忌讳金色的猫（晦气）、狐狸（贪婪）和獾子（狡诈），日本人很喜欢猕猴和绿雉。收到礼物时不宜当面打开。荷花是丧礼时的用花，不能相送。菊花是皇室的标志，樱花是日本的国花，而樱花、乌龟、仙鹤及松、竹、梅等图案的礼品，日本人可普遍接受。日本人不喜欢紫色，认为这是悲伤的色调；最忌讳绿色，认为是不祥之色。

注意不要询问朋友买东西的价格，参加喜庆活动时，不说"切割"、"分离"、"归去"，交谈中不评论政治问题。

看望病人不能送盆花和带有泥土的花，会被理解为"扎根"。同时还要注意不要送山茶花、仙客来花、白色的花和淡黄色的花。

（五）谈判风格

日本人是非常讲究面子的，他们认为直接拒绝对方会惹怒对方或使对方难堪，是极大的粗鲁无礼。因此，他们不愿对任何事说"不"。这给洽谈带来一定难度。因此，在洽谈中，要善于察言观色，仔细体会"是"是表示同意，还是不同意，还是有待考虑。只有懂得日本的语言或非语言的暗示、信号，才能准确把握日本人的实际态度，掌握谈判的进展。

在日本人的观念中，个人之间的关系占据了统治地位。与找上门的客商相比，日本人更乐于接触经过熟人关系介绍来的客商。

在商务谈判中，日语的隐含意思比较多，弄不好就引起对方误解。最好找一名精通日语洽谈且双方都信任的翻译。

因为日本人很注重和谐的人际关系，因此在谈判中，日本人有相当一部分的时间和精力是花在人际关系中的。在洽谈开始时，如果直接进入业务谈判，那么对方会认为你不值得交往，你以后就会处处碰壁。因此在洽谈之初，都少不了一番"寒暄"。如果你与日本人有过交往，那么就应尽力地回忆一下过去双方的交往与友谊。如果你与日本人初次见面，可以谈谈日本人的各个方面，可以通过迂回的形式称赞对方；也可以谈谈中国的历史、中国的哲学，特别是儒家文化，日本人对这些方面很感兴趣，有的还达到了专家水平。如果你在这方面有所研究，日本人就会对你肃然起敬，有助于接下来的谈判。

日本人是不带律师参加谈判的。他们觉得带律师参加谈判，就是蓄意制造以后的法律纠纷，是一种不友好的行为。

日本人注重集体观念，不喜欢个人主义和以自我为中心的人。他们有很强的事业心、进取精神，工作勤奋刻苦，态度认真且一丝不苟，事前的准备工作充分。在日本企业中，决策不是由最高领导层做出的，而是实行自下而上的集体决策。在谈判中，也是率团参加，因而我方也要率团或至少等同于对方的人数，否则，日本人就会怀疑你的能力、代表性以及在公司中的人际关系；同时，他们也认为你不把对方放在眼里，是极大的失礼。当遇到一些日本人事先没有准备过或内部协商过的问题时，日本人很少当场明确表态、拍板定论。

日本人比较注重交易的长远影响，并着眼于建立长期的交易关系，不十分讲究眼前利益。因此，在谈判中，往往善于搞"蘑菇战"。当然，这是有其特定背景的。日本人在实施拖延战术的过程中，会想方设法了解你的意图，而你却很难搞清他们的意图。如果你急于求成，他们就会拼命杀价，经常把你折磨得筋疲力尽，有时能拖到临上飞机前才接受你的价格和条件。

三、德国

德国全称德意志联邦共和国，德国居民中 90%以上为德意志民族，只有人数很少的丹麦人、吉卜赛人和索布族人等。而外国移民人数高达 720 万，占全国总人口的 8.8%，使德国成为欧洲最大的移民国家。

德国国语为德语，属印欧语系日耳曼语族。40%的居民信奉基督教新教，50%的居民信奉罗马天主教。

德国居民人口素质高，大学生的入学率高达 36%，居世界前列。在研究与开发部门工作的人员约有 47.5 万，其中 1/2 是科学家和工程师。德国少年儿童 6～18 周岁，实行 12 年义务教育，其中 2～3 年必须上职业学校。

（一）节日风采

圣诞节是德国的重要节日，就像中国的春节，圣诞节的假期是 12 月 25—26 日，但很多的企业和政府机关都从 12 月 24 放到 1 月 2、3 日。

德国的狂欢节，莱茵河地区每年从 2 月的第 2 个星期四开始，庆祝 1 周左右，科隆从每年 11 月 11 日 11 时 11 分开始，要持续数十天。狂欢节结束前的最后一个星期日称为"女人节"，是狂欢节的最高潮，这天妇女们不仅可以坐在市长的椅子上，而且可以拿着剪刀在大街上随意剪下男人的领带。迪特福特，位于巴伐利亚中部，每年 2 月，这里和德国其他一些地方一样，有着在狂欢节化装游行的传统。不同的是，这里的狂欢节是中国味的，因此被称为"中国人狂欢节"。

啤酒节是德国也是世界上规模最大的民间庆典之一，从每年的 9 月最后一周开始，到10 月第一周结束，故又称"十月节"。节日期间，人人开怀畅饮，举办地点在慕尼黑，所以其号称为"啤酒之都"。啤酒节的开幕式由市长主持，亲手打开第一桶啤酒，宣告节日开始。每年有数百万游客前来参加庆典，如图 7-2 所示。

复活节在每年过春节月圆后第一个星期日和星期一，日期不确定，一般在 3 月底 4 月初。复活节是德国的第二大传统节日，它是最古老

图 7-2

的基督教节日。至今仍保留着许多习惯，如节前准备复活兔子和复活节彩蛋，以此来欢庆春回大地，万象更新。

元旦的庆祝活动主要在除夕，即 12 月 31 日夜晚举行。晚上很热闹，人们燃放鞭炮，欢呼新年的到来。为了欢庆新年，很多大的城市都要放烟火，举办音乐会。

（二）社交礼仪

德国人勤劳、朴实、有朝气、守纪律、好清洁、爱音乐。德国人在人际交往中对礼节非常重视。与德国人握手时，有必要特别注意两点：一是握手时要坦然地注视对方；二是握手的时间宜稍长一些，晃动的次数宜稍多一些，握手时所用的力量宜稍大一些。

重视称呼是德国人在人际交往中的一个鲜明特点。对德国人称呼不当，通常会令对方大为不快。一般情况下，切勿直呼德国人的名字。称其全称，或仅称其姓，要尊重博士头衔，称呼对方多用"先生"、"女士"等。作为女士，在人们向她打招呼时不一定非要站起来，但站起来更有礼貌；而男士在某位女士向他打招呼时一定要站起。与德国人交谈时，不宜涉及年龄、职业、婚姻状况、纳粹、宗教信仰、政治面貌甚至个人收入。在公共场合窃窃私语，德国人认为是十分无礼的。

交谈中不打听个人私事，不评论政治，忌讳四个人交叉谈话，也不能只听别人谈话，自己不发言，更不爱听恭维话或窃窃私语。

德国人不习惯送重礼，所送礼物多为价钱不贵但有纪念意义的物品，以此来表示慰问、致贺或感谢之情。去友人家赴宴，客人带上点儿小礼物，一束鲜花、一盒巧克力糖果或一瓶酒足矣。当然，去德国朋友家做客的中国人如能送给女主人一件富有民族风格的小纪念品，定会受到主人由衷的赞赏。同许多西方国家一样，赠送礼物时必须打好包装，而受礼人必须当面打开，否则被误认为对礼物不满意。礼物以实用为原则，拒绝礼物是不礼貌的，除非礼物超出规范。

（三）服饰与饮食

德国人在穿着打扮上的总体风格是庄重、朴素、整洁。在一般情况下，德国人的衣着较为简朴。男士大多爱穿西装、夹克，并喜欢戴呢帽。妇女们则大多爱穿翻领长衫和色彩、图案淡雅的长裙。德国人在正式场合露面时，必须要穿戴得整整齐齐，衣着一般多为深色。在商务交往中，他们讲究男士穿三件套西装，女士穿裙式服装。德国人对发型较为重视。在德国，男士不宜剃光头，免得被人当成"新纳粹"分子。德国少女的发式多为短发或披肩发，烫发的妇女大半都是已婚者。

德国人早餐比较简单，以面包、牛奶为主，辅以咖啡。午餐是正餐，主食多吃面包、蛋糕、面条、米饭，辅以土豆、猪瘦肉、牛肉、鸡鸭肉、蛋类，不大喜欢羊肉、海鲜。晚餐以冷餐为主。啤酒、葡萄酒和果汁是德国人的主要饮料。忌食核桃、油腻的东西，对餐具比较讲究。德国人的主食为肉类、马铃薯、色拉等。在肉类方面,德国人最爱吃猪肉,其次是牛肉。用猪肉制成的各种香肠,令德国人百吃不厌。在饮料方面,德国人最喜欢的是啤酒。

德国人在用餐时,有几条特殊的规矩:吃鱼用的刀叉不得用来吃肉或奶酪;若同时饮用啤酒与葡萄酒,宜先饮啤酒,后饮葡萄酒,否则被视为有损健康;食盘中不宜堆积过多的食物;不得用餐巾煽风。

(四)爱好与禁忌

色彩禁忌:茶色、红色、深蓝色、红黑相间及褐色,尤其是墨绿色。礼品包装不用白色、黑色和棕色。

数字禁忌:同西方国家相同,德国人视"13"和"星期五"为不祥之数。

图案禁忌:与英国相似。

交际禁忌:送礼忌讳送钱。送核桃(不祥之物)、菊花、玫瑰、蔷薇都是不合适的。鲜花不能用纸包扎,花的枝数和朵数不能是"13"和双数。

德国人对黑色、灰色比较喜欢。德国人心目中有一种信念,认为在路上遇到烟囱清扫工,便预示着一天都会交好运。

(五)谈判风格

德国人有很强的时间观念,他们非常守时,约定好的时间,无特殊情况,绝不轻易变动。如果你在谈判时迟到,那么德国人对你那种不信任的反感心理就会溢于言表。在签订合同之后,对交货日期或付款日期应严格遵守,任何要求宽限延长日期或变更都是不会被理睬的。

德国人非常自信,他们对本国的产品极有信心,在商务谈判中,他们常常会用本国的产品作为衡量的标准。他们在商务谈判中,坚持己见,权利与义务划分得清清楚楚。这不但在商业活动中是这样,就是在日常生活中,权利与义务的意识也很强。

德国人有"契约之民"的雅称。他们崇敬合同,严守合同信用,因此,他们对合同条文研究得比较仔细,要求谈判协议上的每个字每句话都十分准确。一般说来,签订合同之后他们就绝对会履行,不论发生任何问题也决不毁约。

德国人还有一种名副其实的讲究效率的声誉。他们企业的技术标准极其精确,对于出售或购买的产品,他们都要求是最高的质量。

德国人的思维具有系统性和逻辑性,在谈判前往往准备得很充分、很周到、很具体。因此,德国人不太热衷于采取让步的方式,而显得缺乏灵活性和妥协。但德国人经常在签订合同之前的最后时刻试图让合作方降低价格。

日本人喜欢在晚上洽谈生意,德国人恰好相反。在德国,一般人都认为晚上是家人团聚的时间，而且他们认为你也具有相同的想法，因此他们不会在晚上约你。同样，如果你冒昧地请德国人在晚上进行商务谈判，那是不受欢迎的。

四、法国

法国全称法兰西共和国，"法兰西"由法兰克部落之名演变而来，意为"勇敢的"、"自由的"。法兰西人为主约占90%，还有布列塔尼、巴斯克、科西嘉、弗拉芒、加泰隆等少数民族，语言为法语。79%的居民信奉天主教，20%的居民信奉基督教新教、犹太教和伊斯兰教等宗教。

（一）节日风采

圣诞节（12月25日），是法国最为重大的宗教节日之一，与我国春节一样，法国的圣诞节是个合家团聚的日子。加上元旦，假期可达10天左右。

复活节亦称"耶稣复活瞻礼"或"主复活节"，是为纪念耶稣复活的节日。每年春分（3月20日或21日）月圆之后的第一个星期天，介于3月22日及4月25日之间，次日星期一放假。

7月14日为法国的国庆节，全国放假一天。

狂欢节，在3月份，按照传统风俗，节日时要穿上滑稽可笑的服装举行庆祝活动。

愚人节（4月1日），习惯上，这一天可以随意编造谎言。

法国的节日和法国人的休假时节都不是进行商务会面的"黄金时间"。这里每年的8月份以及圣诞节、复活节，全国都在放假。在巴黎，除了旅游者外几乎别无他人。法国人喜欢度假，任何劝诱都无法使法国人错过一个假期来谈生意。甚至在7月的最后一个星期或者9月初，法国人心思仍在度假中。

（二）社交礼仪

法国人重视社交礼仪。无论购物办事，不相识的人，总要先互道"您好"，笑脸相向，离开时道声"再见"。下班换班，下班的人总要一一向同事道声再见。接班的人也会依次与正在上班的同事先打招呼。

开门时，前面的人出了门，总要继续侧身用手撑着门让后面的人出来，后面的又重复同一动作，以方便他人，这是公共场所的礼貌习惯。法国奉行"女士第一"的原则，如遇女士，开门时，男士会侧身请女士先进或者先出。

社交中，习惯行握手礼，有一定社会身份的人施吻手礼。少女常施屈膝礼。男女之间，女子之间及男子之间，还有亲吻面颊的习惯。社交中不愿他人过问个人私事。

在人际交往中，法国人对礼物十分看重，但又有其特别的讲究。喜欢具有艺术品位和纪念意义的物品，不喜欢以刀、剑、剪、餐具或是带有明显广告标志的物品。男士向一般关系的女士赠送香水，也是不合适的。接受礼品时，若不当着送礼者的面打开其包装，则是一种无礼的表现。

法国人时间观念强，工作计划性强。干什么事情都讲究预约：请人吃饭要预约，去银行办事要预约，修车要预约，找医生看病要预约，甚至连理发也要预约。因公登门要预约，私人拜访更得预约，而且有些约会"提前量"惊人。没有预约，你去了以后常常会吃闭门羹。

（三）服饰与饮食

法国人日常生活中的服饰比较随意，讲究舒适和突出个性，注重服饰的华丽和式样的更新。法国的时装领导世界潮流，法国的男士和女士都穿戴得极为讲究。在他们看来，衣着代表一个人的修养和身份。在正式的社交场合，对着装的要求较严格。妇女视化妆和美容为生活之必需。

法国是世界三大烹饪王国之一。法国人讲究饮食与饮食礼节，就餐时保持双手（不是双肘）放在桌上，一定要赞赏精美的烹饪。法国饭店往往价格昂贵，要避免订菜单上最昂贵的菜肴，商业午餐一般有十几道菜，要避免饮食过量。

法国人喜欢吃面食，面食种类繁多。肉食上喜欢吃牛肉、猪肉、鸡肉、鱼子酱、蜗牛、鹅肝、蛙腿，不吃肥肉、宠物、肝脏之外的动物内脏、无鳞无鳍的鱼。爱吃奶酪，用各式各样的奶酪待客。

法国人餐前喝开胃酒，吃鱼喝白葡萄酒，吃肉喝红葡萄酒，餐后喝白兰地。法国人不太喜欢鸡尾酒。在正式宴会上"交谈重于一切"，只吃不谈是不礼貌的。

（四）爱好与禁忌

法国人喜爱艺术和娱乐活动。

法国人大多喜爱蓝色、白色与红色，他们忌讳的色彩主要是黄色与墨绿色。法国人所忌讳的数字是"13"与"星期五"。法国的国花是鸢尾花（百合花）。忌孔雀（祸鸟）、仙鹤（淫妇）、大象（笨汉）。视菊花、杜鹃花与核桃等为不祥之物。

（五）谈判风格

法国人见面时要握手，并且迅速而稍有力。女士一般不主动向男士伸手。熟悉的朋友可直呼其名，对年长者和地位高的人士要称呼他们的姓。一般则称呼"先生"、"小姐"等，且不必再接姓氏。

法国人认为法语是世界上最高贵的语言。在大多数的交易中，即使他们的英语讲得很好，也往往会坚持用法语来谈判，只有恰好是在国外而且在商业上有所要求时，才会做出让步。

约会要事先预约，准时到场，简短互致问候后，直接进入讨论要点，商业用语几乎都用法语。商业款待多数在饭店举行，只有关系十分密切的朋友才邀请到家中做客。在餐桌上，除非东道主提及，一般避免讨论业务。交谈话题可涉及法国的艺术、建筑、食品和历史等。告辞时，应向主人再次握手道别。受到款待后，应在次日打电话或写便条表示谢意。

法国商人常用横向式谈判。横向式谈判就是先为协议勾画出一个大致的轮廓，然后再达成原则性协议，最后确认谈判协议上各个方面的内容。因此，在洽谈中常写各种书面的"纪要"或"备忘录"一类的文件，为以后的谈判及正式的协议奠定基础和基调。这与美国人逐个议题磋商的谈判方式不同。

法国人一般依赖自己的力量，依靠自己的资金来从事经营，而较少考虑集团和社会的力量，因此他们办事不勉强，不逾越自己所拥有的财产范围。如果法国人在谈判时有足够的经济实力逼迫你让步，他们是不会手软的。如果协议有利于他们，他们会要求你严格遵守协议，如果协议对他们不利，他们就会一意孤行地撕毁协议。

法国人的时间意识是单方面的。在商务谈判中，他们经常迟到，却总能找到许多堂皇的理由。但是，如果你由于什么原因而迟到，他们就会非常冷淡地接待你。而且，在公共场合如正式宴会，还有种非正式的习俗，那就是主客身份越高，他或她来得越迟。

法国人天性比较开朗，比较注重人情味，所以他们非常珍惜交易过程中的人际关系。有人说，在法国"人际关系是用信赖的链条牢牢地互相联结的"。这种性格也影响到商业上的交往。一般说来，在尚未互相成为朋友之前，法国人是不会与你做大笔生意的。当主要谈判结束后设宴时，双方谈判代表团负责人通常互相敬酒，共祝双方保持长期的良好合作关系。

五、英国

英国全称大不列颠及北爱尔兰联合王国，原住居民克尔特人（包括苏格兰人、威尔士人、爱尔兰人）是少数民族。英格兰人是主要民族。

英国是世界上向国外移民历史最悠久、移出人口最多的国家。居民 60%信奉基督教新教，其余为天主教、伊斯兰教、犹太教和极少量的佛教。英国的国花说法不一，有人说是玫瑰，有人认为是月季，还有人说是蔷薇。其实三者同属蔷薇科，是"姐妹花"。

（一）节日风采

圣诞节是英国最重要的家庭节日。12 月 25 日和 26 日两天是国家法定节日。在圣诞节这天，家庭聚会并吃传统的圣诞午餐或晚餐。圣诞节这天没有公共交通，在 12 月 26 日节日这天，交通也受到限制。

　　每年 1 月 1 日庆祝新的一年开始。人们举办各种各样的新年晚会，女王发表新年祝词，各种教堂在除夕夜都做守岁礼拜。在苏格兰，新年前夜被看作是大年夜，甚至是比圣诞节更有节日气氛的时候。

　　情人节（2 月 14 日）是 3 世纪殉教的圣徒圣华伦泰逝世纪念日。情人们在这一天互赠礼物，故称"情人节"。

　　复活节在 3 月末和 4 月中旬之间。公共假期从星期五一直到复活节后的星期一，这时候又有特别的宗教活动，孩子们会收到巧克力彩蛋。在复活节当天，城镇有复活节游行。在复活节前的星期四，女王每年会访问一座不同的大教堂，送当地居民一些金钱，作为象征性的礼物。

（二）社交礼仪

　　英国人崇尚彬彬有礼、举止得体的绅士和淑女风度。

　　年长的英国人，喜欢别人称呼他们世袭头衔或荣誉头衔，至少要用先生、夫人、阁下等称呼。英国人在初次相识见面、久别重逢和将长期分别的情况下行握手礼，男子间从不相互拥抱。男女在公共场合不拉手。

　　尊重妇女、女士优先成为时尚，无论是同行、进门、乘车、出入电梯等都遵循女士优先的原则。若走在街上，男人应在外侧，以保护女士不受伤害。

　　英国人待人非常客气，即使家人也不例外，"请"、"谢谢"、"对不起"、"你好"、"再见"等礼貌用语不离口。登门访客，必须先敲门，经允许后才能入内，并敬语不离口。接受他人邀请或收到请柬，应马上有回音，若复信应寄给女主人，赴宴提前到达，不能迟到。最好备一份薄礼：一小瓶酒或一束鲜花，送贵重的礼物有行贿之嫌，不要随便更改计划。

　　英国人在为人处世上比较谨慎和保守；在待人接物上讲究含蓄和距离；在人际交往上崇尚宽容和容忍；在社交场合强调绅士风度。

　　在交往中，不打听别人的私事，如年龄、工作、家庭、信仰、党派等。忌讳在老年人面前提及年龄，轻易不能上前搀扶。

（三）服饰与饮食

　　英国人十分注重衣着，喜欢名牌商品，品牌意识很强，而且非常注重绅士派头，爱以衣帽取人，讲究衣冠楚楚。尽管如此，英国人还注意节省衣着开销，一套衣服穿上 10 年、8 年是常事。

　　英国人穿西服时，双排扣的要全扣上；单排扣的平时可不扣，正式场合也只扣其中一个，衬衣的袖口要扣上，穿西装要打领带，但忌打斜条纹的领带。

　　在访问客人时，男人进门须脱帽，进入教堂也如此，而妇女进教堂必须戴帽或头巾，至少得有面纱。英国人只有在海滨或在家闲居时才可穿凉鞋，否则便为不雅。英国青少年不如美国青少年那样青睐牛仔系列。

在饮食上"轻食重饮",日常的伙食为面包、牛肉、火腿、土豆、炸鱼和煮菜。就餐时忌食胡萝卜。英国人视茶如命,喝红茶,先在杯中倒入牛奶,然后冲茶、加糖。有早茶和下午茶,喜欢在酒吧喝威士忌。

在英国是"注意着礼节吃",餐具也不能发出碰撞的声响,否则会带来不幸。在英国人的家宴上,除了女主人外,别人不能碰茶壶。

(四)爱好与禁忌

与所有欧美国家相同,英国人忌讳数字"13"和"星期五"。同时"3"也是个不祥之数,有一火不点三支烟的说法,忌讳"666"。

英国人偏爱蓝色、白色,厌恶墨绿色(纳粹军服颜色)、黑色(丧服颜色)。

忌用山羊、大象(象征愚蠢)、孔雀(视为淫鸟、祸鸟)、黑猪(不祥之兆)、菊花(丧花)、百合花(死亡)、蝙蝠(吸血鬼象征)图案。送礼时,也不送菊花、百合花。英国人喜爱宠物尤其是猫和狗,但是不喜欢黑猫。

(五)谈判风格

英国人比较讲究绅士风度,对对方的修养和风度也很关注。如果能在谈判中显示出你很有教养和风度,就会很快赢得对方的尊重,并为谈判成功打下良好的基础。同时英国人的等级观念是非常严格而深厚的。与英国人谈生意时,在人员选择上应注意级别对等原则,以示平等和尊重。

英国人具有绅士风度,这使得英国人善于交往、讲究礼仪、对人比较友善和容易相处。自信自己的行为完美无缺。但在商务谈判中,对小商人应了解其情况,谨慎行事。英国人事先的准备往往很差,这表现在英国的产品经常推迟交货。其结果使得英国人在涉外洽谈中很被动,经常不得不接受一些显得有点苛刻的交易条款。外国谈判者常常会在一份英国合同上就交货订立索赔条款,因为只有这样才可靠。同时,英国人在谈判的关键阶段又非常固执己见,也不愿多花费力气,是一种非此即彼、不允许讨价还价的谈判态度。

英国谈判者有一个弱点,即除了说英语以外不会讲其他语言,因为有不少国家都将英语作为第二语言,所以他们设想世界上其他人都会讲英语或想学会讲英语,并以之为自豪。在与英国人做生意时,最好尽可能使用英语。

英国人在谈判中比较灵活,他们常常在开场陈述时十分坦率,愿意让对方得到有关他们的立场和观点。他们能够提出积极性意见,并对别人提出的建设性方案做出积极的反应。在洽谈中即使形势对他们不利,他们仍保持高度诚实。

英国商人在贸易方面的习惯,主要有:英国人购物,要求物品完美无缺;英国进口商十分认真,因此询价时间较长;合同条款应十分清楚,避免不必要的纠纷;每年8月及圣诞新年前后，是贸易交往淡季。

六、俄罗斯

俄罗斯全国有 130 多个民族，其中俄罗斯人占 82.9%，主要少数民族有鞑靼、乌克兰、楚瓦什、巴什基尔、白俄罗斯、摩尔多瓦、日耳曼、乌德穆尔特、亚美尼亚、阿瓦尔、马里、哈萨克、奥塞梯、布里亚特、雅库特、卡巴尔达、犹太、科米、列兹根、库梅克、印古什、图瓦等。高加索地区的民族成分最为复杂，有大约 40 个民族在此生活。居民多信奉东正教，其次为伊斯兰教。俄语是俄罗斯联邦全境内的官方语言，各共和国有权规定自己的国语，并在该共和国境内可与俄语一起使用。主要少数民族都有自己的语言和文字。

（一）节日风采

洗礼节是俄罗斯东正教节日，在公历 1 月 19 日。这一天往往是基督教的入教仪式，新生儿在命名日受洗。在洗礼节那天人们除去教堂祈祷外，还要到河里破冰取"圣水"。

1 月 18 日晚是占卜日，特别是女孩子，在这一天晚上要占卜自己的终身大事。

狂欢节又名"谢肉节"，是一年中最热闹的节日之一。时间在复活节的第 8 周，过 7 天，每一天都有不同名称，第 1 天为迎节日，第 2 天为始欢日，第 3 天为大宴狂欢日，第 4 天为拳赛日，第 5 天为岳母晚会日，第 6 天为小姑子聚会日，第 7 天为送别日。节后第 7 周内是斋期，不杀生，不吃荤。人们在谢肉节期间举行各种欢宴娱乐，跳假面舞，做群众游戏等。

（二）社交礼仪

俄罗斯的姓名包括三个部分，依次为名、父称、姓。女人结婚后一般随男人姓，有的保留原姓。在俄罗斯人当中，不同的场合不同对象有不同的称呼。在正式公文中要写全称，非正式文件中一般写名字和父称缩写。表示有礼貌和亲近关系时，用名和父称。平时长辈对晚辈或同辈朋友之间只称名字。在隆重的场合或进行严肃谈话时，用大名。平时一般用小名，表示亲近时用爱称。对已婚妇女必须用大名和父名，以示尊重。俄罗斯看重社会地位，可称呼姓和职务、学衔、军衔。现在也流行"先生"、"小姐"、"夫人"等称呼。

迎接客人的礼节：捧出"面包和盐"来，是向客人表示最高的敬意和最热烈的欢迎。铺着绣花的白色面巾的托盘上放上大圆面包和面包上面放一小纸包盐。

亲吻礼：在比较隆重的场合，有男人弯腰吻妇女的左手背，以表尊重。长辈吻晚辈的面颊三次，通常从左到右，再到左，以表疼爱。晚辈对长辈表示尊重时，一般吻两次。妇女之间好友相遇时拥抱亲吻，而男人间则只互相拥抱。亲兄弟姐妹久别重逢或分别时，拥抱亲吻。在宴会上喝了交杯酒后，男方须亲女方嘴。

俄罗斯人的文明程度较高，不仅家里比较整洁，而且很注意公共卫生，极少有人在公共场所乱扔果皮核，偶尔为之，不仅会受到谴责，还要被罚款。

（三）服饰与饮食

俄罗斯人讲究仪表，爱好打扮。正式场合穿西装或套裙，妇女有时穿连衣裙。衣服上所有纽扣都系好。敞开衣服不系纽扣，或者拿在手上、系在腰间等是不文明的行为。俄罗斯人在公共场合比较注意举止，从不把手插在口袋或袖子里，也不轻易地脱下外衣。

俄罗斯人日常以面包为主食，鱼、肉、禽、蛋和蔬菜为副食。他们喜食牛、羊肉，但不太爱吃猪肉，偏爱酸、甜、咸和微辣口味的食品。俄罗斯人的早餐较简单，吃上几片黑面包、一杯酸牛奶就可以了。但午餐和晚餐很讲究，他们要吃肉饼、牛排、红烧牛肉、烤羊肉串、烤山鸡、色肉丸子、炸马铃薯、红烩的鸡和鱼等。俄罗斯人在午餐和晚餐时一定要喝汤，而且要求汤汁浓，如鱼片汤、肉丸汤、鸡汁汤等。凉菜小吃中，俄罗斯人喜欢吃生西红柿、生洋葱、酸黄瓜、酸奶渣以及酸奶油拌色拉等。进餐时，吃凉菜的时间较长。不吃海参、海蜇、黄花菜和木耳。

俄罗斯人喝啤酒佐餐，喜欢喝高度烈性的"伏特加"和"格瓦斯"的饮料，也喜欢喝我国产的"二锅头"，而且酒量也很大。俄罗斯人在喝红茶时有加糖和柠檬的习惯，通常不喝绿茶。妇女和儿童喜欢吃冰淇淋、酸牛奶和果子酱。

（四）爱好与禁忌

俄罗斯人有"四爱"，即爱喝酒、爱吸烟、爱跳舞和爱运动。俄罗斯人爱喝酒，男人们几乎没有不喝酒的，女人中喝酒的人也不少，而且大都是喝烈性酒。俄罗斯人吸烟也很普遍，而且爱吸烈性烟。跳舞是俄罗斯人的爱好，每个人都有一两个体育专长。

俄罗斯人特别忌讳"13"这个数字，认为它是凶险和死亡的象征。相反，认为"7"意味着幸福和成功。俄罗斯人不喜欢黑猫，认为它不会带来好运气，也不喜欢兔子玩具和图案。黑色象征死亡，酷爱红色。

俄罗斯人认为镜子是神圣的物品，打碎镜子意味着灵魂的毁灭。但是如果打碎杯、碟、盘则意味着富贵和幸福，因此在喜筵、寿筵和其他隆重的场合，他们还特意打碎一些碟盘表示庆贺。

俄罗斯人通常认为马能驱邪，会给人带来好运气，尤其相信马掌是表示祥瑞的物体，认为马掌即代表威力，又具有降妖的魔力。

遇见熟人不能伸出左手去握手问好，学生在考场不要用左手抽考签等（左手凶，右手吉）。

（五）谈判风格

俄罗斯人在商务谈判中，比较欣赏对方友好的仪表，如果你不修边幅来进行洽谈，会使他们反感。

俄罗斯人虽有拖拖拉拉的作风，但在谈判桌前绝对精明，他们常常是经过充分准备的，热衷于向对方索要资料，而在介绍自身时却很消极。并且谈判时对对方的产品，在技术、产品的通用性、可靠性、质量上审查十分认真。

俄罗斯人善于讨价还价，不接受对方的第一次报价。他们深深懂得如何在交易中以少换多。为了压低价格，他们一般采取"欲擒故纵"、"降价求名"、"虚张声势"的方法。

俄罗斯人善于在文字上做文章，订合同时，他们会做到滴水不漏，对对方要求极为严格，善钻合同的空子，对合同的索赔条款非常重视。需要注意的是，俄罗斯人经常不能按约定的时间、质量、数量交货。

第三节　现代商务礼仪危机处理

礼仪小故事

> 一次，周总理设宴招待外宾。上来一道汤菜，冬笋片是按照民族图案刻的"卍"字，"卍"字在汤里一翻身恰巧变成了法西斯的标志"卐"。外客见此，不禁大惊失色。周总理对此也感到突然，但他随即泰然自若地解释道："这不是法西斯的标志！这是我们中国传统中的一种图案，念'万'，象征'福寿绵长'，是对客人的良好祝愿！"接着他又风趣地说："就算是法西斯标志也没有关系嘛！我们大家一起来消灭法西斯，把它吃掉！"话音未落，宾主哈哈大笑，气氛更加热烈，这道汤也被客人们喝得精光。——在外交场合出现法西斯的标志很容易引起外交纠纷，尤其是曾经遭受法西斯铁蹄蹂躏的国家，他们看见这种标志是很反感的。周总理的解释及时解除了他们的误会，但令人叫绝的是周总理借题发挥，号召大家一起来消灭法西斯，把那个菜吃掉。一场意外的礼仪危机，经周总理反意正解，反倒起了活跃宴会气氛的作用。

在现代商务社会活动中，商务礼仪危机的存在是不可避免的，它潜伏在商务活动中，可以被解释、阐明、利用，但不能被消除和撤销，如果策略得当，可以化解礼仪危机。

一、化解商务礼仪危机的原则

（一）客观性原则

在现代社会交往中，由于人们来自不同地区，有着不同的文化背景，其风俗习惯、思维方式等有很大差异，这种差异必然要导致文化冲突，因此礼仪危机是客观存在的，潜伏在社会交往中，是不可避免的。

在现代社会交往中，为了成功达到沟通目的，要客观看待礼仪危机，正确认识礼仪危机的存在，尽量避免其发生。一旦发生危机，处理时要客观看待礼仪危机的发生，了解发生礼仪危机的原因，遵循客观事实，及时处理。

（二）尊重原则

在现代社会交往中，每个人的成长文化环境，决定了他的行为和思维方式，要想与不同文化环境背景的人交流，达到有效沟通，就必须尊重对方的文化意识、思想感情和风俗习惯。

因此，在社会交往中，要尊重对方，克服本民族的优越感，深刻认识到不同文化在沟通中的差异，避免习惯性思维。当交往对象的服饰、风俗习惯等与本民族不同时，要尊重对方，不瞎猜、不作评。

（三）理性原则

在社会交往中，礼仪危机一旦发生，要理性对待。面对礼仪危机要冷静、沉稳，不能烦闷，只有冷静、沉稳才能分析礼仪危机产生的原因，是有意导致，还是文化冲突无意识产生。这样才能在处理过程中有针对性，应付自如，左右逢源。本节开始的礼仪小故事是服务员无意识导致，周总理幽默化解了礼仪危机。面对有意产生的危机则要理智处理，针锋相对。

例如，在日内瓦会议期间，一个美国记者先是主动和周恩来总理握手，周总理出于礼节没有拒绝，但没有想到这个记者刚握完手，忽然大声说："我怎么跟中国的好战者握手呢？真不该！真不该！"然后拿出手帕不停地擦自己刚和周总理握过的那只手，然后把手帕塞进裤兜。这时很多人在看周总理如何处理。周总理略略皱了一下眉头，他从自己的口袋里也拿出手帕，随意地在手上擦了几下，然后走到拐角处，把这个手帕扔进了痰盂。他说："这个手帕再也洗不干净了！"——尽管中美当时处于敌对状态，但周总理一贯的思想，还是把当权者和普通美国民众分开。在谈判桌上横眉冷对，那是一点情面也不讲的。但会场外，他可是统战高手，尽量做工作，力图潜移默化。他对普通美国民众一直是友好的，包括新闻记者在内。所以，在那个美国记者主动要和周总理握手时，周总理没有拒绝。但这个记者看来纯粹要使周总理难堪，否则不会自己主动握手，然后又懊悔不迭地拿手帕擦手。周总理在他擦手之前，也不会意识到他会这样做。当时大堂里人很多，就看周恩来下不下得了台。所以周总理也拿出手帕擦手。请注意两人做法不同的是：记者擦完手后仍把手帕塞回裤兜，而周总理是擦完手后把手帕扔进了痰盂。周总理的意思是：你的手帕还能用，我的手帕因为擦了以后沾染了你的细胞和病菌，再也不可能洗干净使用了，所以我就把它扔到痰盂里去。

（四）灵活性原则

现代社会处在多元文化交融的环境，面对随时可能产生的礼仪危机，要灵活处理。

灵活性原则一方面表现在商务交往中，跨文化沟通时，要认识到自己的价值观念和行为习惯受本民族的影响，交往对象不一定能理解和接受，要随时准备改变自己的做事方式和行为。

另一方面，在社会交往中，礼仪危机一旦产生，随着情况的发展会不断地发生变化，原定的预防措施或抢救方案考虑不太周到，为使危机不再进一步恶化，处理工作要根据具体情况，灵活运作。

二、现代商务礼仪危机处理措施

（一）及时有效沟通

高效率工作是快速反应不可缺少的条件，礼仪危机处理的目的在于尽最大可能控制事态的恶化和蔓延，把因危机事件造成的损失减少到最低限度。因此在危机发生后的第一时间，要实施有效的沟通措施，以避免造成更大的损失。企业发生危机时就像堤坝上的一条裂缝一样，马上修补可以避免很多损失，如果速度迟缓，几十分钟就会导致溃坝，危机吞噬的是企业、品牌的信誉。如果没有引起重视或缺乏危机处理经验等，而错过了最佳处理时机，导致事件不断扩大与蔓延，就会产生巨大损失，甚至导致企业破产。及时有效的沟通能使企业在最短时间内重塑或挽回其良好声誉及形象，赢得时间就赢得了形象，就能尽快迅速恢复良好的商务氛围。

（二）利用好传播媒介

危机发生后，要掌握对外报道的主动权，传媒本身就是信息，要善于利用传播媒介与公众进行传播沟通，以此控制危机产生的不良后果。因此，必须第一时间向媒体提供真实的事件情况及随时提供事件发展情况，如果不主动公布消息，媒体和公众就会去猜测，而猜测推断出的结论往往是负面的。这个时候消费者很敏感，信心也很脆弱，看到负面的消息后很容易相信，甚至是放大这个消息的危害程度。所以，这个时候必须及时坦诚地通过媒体向大众公布信息与事件处理进展，这样可以有效填补此时舆论的"真空期"，因为这个"真空期"你不去填补它，小道消息、猜测，甚至是竞争对手恶意散布的消息会填满它。而后就是与政府及相关部门进行沟通，得到政府的支持或谅解，甚至是帮助，对控制事态发展有很大的帮助。同时也要对企业的合作伙伴如供应商、经销商等进行沟通，以免引起误解及不必要的恐慌。同时要尽快挖掘正面报道，公司正采取什么措施补救。这样，利用媒介扭转不利局面，通过宣传把损失降低，避免陷入新闻危机。通过媒介了解组织公众，倾听他们的意见。化被动为主动，利用媒介调整宣传内容，重点强调公司是如何消除危机影响，并确保危机不再发生。在媒介的参与监督下邀请权威机构来帮助解决危机，以恢复社会公众对公司的信任。

（三）全面准确处理危机

危机事件发生后，一方面，尤其是初期，由于种种原因，信息传播容易失真，为了避免误解和造谣引发新的危机，要及时准确传递有关信息，不隐瞒省略某些关键细节；另一方面，危机事件可能会涉及或影响企业内部和外部各个方面。在处理危机时既要考虑内部，又要考虑外部。既要注意现在的影响，又要注意未来潜在的影响。这就要求企业要全面准确处理危机。

（四）态度诚恳，勇于承担

有些企业发生危机时若自身没有问题，通常都会撇清关系，急于跳出来反驳，与媒体、消费者，甚至政府打口水仗，这样的结果往往是即使弄清楚了事实的真相也适得其反，失去了公众对其的好感，更容易导致事件的扩大，扩展到企业诚信问题、社会责任问题等方面。

正确的做法是，危机产生后，言语要委婉，态度要诚恳，虚心接受公众的批评，给公众留下良好的印象。在没有查清事实真相前，要以积极的态度配合调查，对媒体及公众的质问不要过多的表态，要马上请第三方权威部门介入，让权威部门为自己说话，有了证据之后再主动联系媒体，让媒体为自己说话，必要的时候再让消费者为自己说话，但自己尽量不要在事件还未明朗、大众存在误解的时候去说话。如果自己确实有责任与过失，要主动道歉，勇于承担责任，不用更多解释，只说一句："对不起，我们承担全部责任"以赢得公众的谅解。事后，发布企业的改正进程，赔偿措施，这样有利于消除消费者的不满情绪，博取同情，而后尽快让事件过去。

练习题

1. 简述引发影响商务礼仪危机的因素。
2. 分析美国、日本、英国、法国、德国、俄罗斯在节假日和民俗禁忌上有何相似之处和不同点。

3．简述与日本贸易时在商务礼仪上应注意的事项。

4．简述化解礼仪危机的原则。

案例分析

1．我国一家外贸公司与印度一家商贸公司最近做成了一笔生意。为表示合作愉快，中方决定向印方赠送一批具有地方特色的工艺品——皮质相框。中方向当地的一家工艺品厂订制了这批货，这家工艺品厂也如期保质保量地完成了生产。当赠送的日子快要临近的时候，这家外贸公司一位曾经去过印度的职员突然发现这批皮质相框是用牛皮做的，就及时制止他们又让工艺品厂赶制了一批新的相框，并在原材料的选择上特地考察了一番。最后将礼品送给对方时，对方相当满意。

分析与思考：

（1）如果选用牛皮做的相框会发生什么情况？为什么印度商人不愿意接受牛皮做的礼品？

（2）如何避免商务礼仪危机？

2．在一家涉外宾馆的中餐厅里，正是中午时分，用餐的客人很多，服务员忙碌地在餐台间穿梭着。有一桌的客人中有好几位外宾，其中一位外宾在用完餐后，顺手将自己用过的一双精美的景泰蓝食筷放入了随身带的皮包里。服务员小王在一旁将此景看在眼里，不动声色地转入后堂，不一会儿，小王捧着一只绣有精致花案的绸面小匣，走到这位外宾身边说："先生，您好，我们发现你在用餐时，对我国传统的工艺品——景泰蓝食筷表现出极大的兴趣，简直爱不释手。为了表达我们对您如此欣赏中国工艺品的感谢，餐厅经理决定将您用过的这双景泰蓝食筷赠送给您，这是与之配套的锦盒，请笑纳。"这位外宾见此状，听此言，自然明白自己刚才的举动已被服务员小王尽收眼底，颇为惭愧。只好解释说，自己多喝了一点，无意间误将食筷放入了包中，感激之余，更执意表示希望能出钱买下这双景泰蓝食筷，作为此行的纪念。餐厅经理亦顺水推舟，按最优惠的价格将其记入到外宾的账上。

分析与思考：

（1）分析小王做法，有利之处在哪里？运用了哪些礼仪危机处理原则？

（2）如果直接指出会是什么结果？

3．判断图 7-3～图 7-5 分别是何种宗教建筑标志？与不同宗教人士进行贸易需要注意哪些方面？

图 7 3

图 7-4

图 7-5

参 考 文 献

1. 李国茹，张立峰. 旅游接待礼仪[M]. 长春：东北师范大学出版社，2006.

2. 金正昆. 商务礼仪教程[M]. 第3版. 北京：中国人民大学出版社，2009.

3. 翟文明，夏志强. 每天学点礼仪学大全集[M]. 北京：中国华侨出版社，2010.

4. 李晶. 现代国际礼仪[M]. 武汉：武汉大学出版社，2008.

5. 郝凤波. 商务礼仪[M]. 北京：地震出版社，2008.

6. 哈佛管理前沿编辑组，哈佛管理通讯编辑组. 新商业礼仪[M]. 罗杰，译. 北京：商务印书馆，2007.

7. 张秋野. 酒店服务礼仪[M]. 杭州：浙江大学出版社，2009.

8. 金正昆. 商务礼仪[M]. 北京：北京大学出版社，2005.

9. [美]杰奎琳·惠特摩尔. 最权威商务礼仪课[M]. 姜岩，译. 石家庄：河北教育出版社，2008.